作者简介

　　劳埃德·卢埃林-琼斯，英国知名学者。先在英国赫尔大学攻读戏剧，后在加的夫大学求学，获得古代历史学硕士和博士学位。曾在爱丁堡大学任职，自2016年开始在加的夫大学担任古代史教授。其研究聚焦于古代希腊社会文化，特别是服饰和视觉文化。他曾频繁前往伊朗等地，对波斯帝国的历史和文化有深入研究，出版的关于波斯帝国的学术专著在社会上获得了广泛好评。

译者简介

　　冯丽平，国际关系学院英语系讲师，北京大学亚非语言文学专业博士。从事翻译工作多年，曾在《明清小说研究》《红楼梦学刊》等期刊发表多篇论文。

内容简介

　　在这本书中，劳埃德·卢埃林-琼斯教授讲述了波斯帝国壮丽辉煌的历史。公元前550年，居鲁士二世征服了米底王国，建立了波斯帝国，他也被后人称为"居鲁士大帝"。之后，他又陆续征服了吕底亚、巴比伦和埃及等地。在大流士一世即位后，波斯帝国的疆域更是横跨亚洲、非洲和欧洲三大洲，从利比亚一直延伸到亚洲的草原。大流士一世采取了一系列改革措施，例如制定法律、组建军队、修建御道和宏伟的建筑、铸造货币，还实行了宗教宽容政策，以管理文化多元、族群多样而复杂的帝国。波斯帝国发展到了鼎盛阶段。但由于波斯帝国未能建立起稳定的继承制度，每当一位君主去世，它的弱点就会暴露出来。内部的家族纷争，加上其他因素造成的国力消耗，致使波斯帝国于公元前330年被马其顿的亚历山大征服。波斯帝国的存在戛然而止了，尽管它在此时远称不上衰落，仍然生机勃勃。

　　现代人对波斯帝国的理解传统上来自古希腊作家的记载。在过去的许多个世纪里，现代人的观点受到了这些记载和建立在古典文化基础之上的西方史学著作的影响。本书作者调用了包括伊朗最新的考古发现在内的有关波斯帝国的第一手史料，叙述了真正"波斯版本"的伊朗古代历史，见解独到而新颖，重塑了对古代世界的理解。

The Age of the Great Kings
万王之王的时代

波斯人

Persians

[英]劳埃德·卢埃林-琼斯 著
Lloyd Llewellyn-Jones

冯丽平 译

世界知识出版社

图字：01-2024-6443
地图审图号：GS（2025）0827

Persians: The Age of The Great Kings
by Lloyd Llewellyn-Jones
Copyright © 2022 Lloyd Llewellyn-Jones
First published in 2022 by WILDFIRE
an imprint of HEADLINE PUBLISHING GROUP
All rights reserved.

图书在版编目（CIP）数据

波斯人：万王之王的时代 /（英）劳埃德·卢埃林 - 琼斯著；冯丽平译. -- 北京：世界知识出版社，2025. 5. -- ISBN 978-7-5012-6917-4

Ⅰ. K124.4

中国国家版本馆 CIP 数据核字第 2025DJ6557 号

责任编辑	张子悦
责任出版	赵 玥
责任校对	张 琨
书　　名	波斯人：万王之王的时代 Bosi Ren : Wan Wang zhi Wang de Shidai
作　　者	［英］劳埃德·卢埃林 - 琼斯 著
译　　者	冯丽平
出版发行	世界知识出版社
地址邮编	北京市东城区干面胡同 51 号（100010）
网　　址	www.ishizhi.cn
电　　话	010-65233645（市场部）
经　　销	新华书店
印　　刷	北京盛通印刷股份有限公司
开本印张	889 毫米 ×1194 毫米　1/32　14.5 印张
字　　数	337 千字
版次印次	2025 年 5 月第一版　2025 年 5 月第一次印刷
标准书号	ISBN 978-7-5012-6917-4
定　　价	98.00 元

版权所有　侵权必究

这只神秘的酒杯,

就是亚历山大的明镜,

国家的一切都一目了然。*

——哈菲兹

---

* 《哈菲兹抒情诗全集》(上),邢秉顺译,湖南文艺出版社,2001年,第9页。——编者

献给我的学生，无论过去，还是现在，
感谢你们与我一道踏上返回波斯的旅程。

致　谢

近三十年来，古代波斯研究已发展成为一门严谨的学科，是世界古代史和考古学研究的重要组成部分。公众想要进一步了解波斯和波斯人的热情持续高涨。人们对波斯的历史很感兴趣。因此，我希望这本书能满足人们的兴趣，推动进一步的研究。

我写这本书，是出于对研究和传播波斯历史的热情。我也把它写成了对伊朗人民的爱的宣言，因为我深深地迷恋伊朗和伊朗人民。然而，伊朗几乎没有哪一周不登上新闻的，而且似乎总是出于负面原因。伊朗被西方媒体诋毁成了"恐怖主义的鼻祖""激进主义、偏狭和仇恨的发源地""威胁世界和平的中心"。西方的"伊朗恐怖症"意味着，我们是在蒙着眼睛看伊朗。这意味着，我们忽视了该国丰富的文化遗产、深厚且引以为豪的历史，以及社会制度的多样性。西方媒体也未曾公正地看待伊朗人民，因为以我多年来去该国旅行的经历来看，他们是最热情、最欢迎来客、最有文化的民族。伊朗人非常了解自身古老的遗产，并且以此为荣。实际上，这是我多次造访哈马丹、波斯波利斯、设拉子、苏萨、伊斯法罕、亚兹德、卡尚、德黑兰，以及这个美丽国家的许多其他城市、乡镇和村庄，亲身体验得来的事实。我在旅途中收获了很多欢迎、善意和礼貌，所以我想回报在此期间波斯人给予我的温暖。我想感谢伊朗朋友和同事为我付出的一切。我特别想向法尔纳兹、福鲁吉、马哈茂德、阿明、穆吉、莱利、纳西姆、库罗什、卡米和帕尔瓦奈致以诚挚的祝福。

在此书的准备过程中，我遇到了一群对我帮助很大的人。他们阅读草稿、提供建议，敦促我更努力、更好、更清晰地思考。我要感谢伊芙·麦克唐纳、里安·摩根和克莱尔·帕里。我要特别感谢尽心尽力的优秀博士生杰克·内波尔，他认真阅读了每一版的手稿，并且提供了宝贵的建议和常识。他还将书中出现的主要人物整理了一遍——这是真正出于爱的举动。我还要感谢萨比尔·阿米里·帕里安、凯文·马哈茂迪、佩吉曼·阿巴尔扎雷和洛朗·加尔布兰准许我使用他们拍摄的美丽照片。加的夫大学古代史专业的同事在我最需要帮助的时候伸出了援助之手，我非常感激他们的情谊。野火出版社的亚历克斯·克拉克和基础读物出版社的布里安·迪斯特尔伯格在本书的创作过程中一直给予我支持和鼓励。他们的评论和建议总是一针见血，值得称赞。我热烈而真诚地感谢他们为我完成这项作品所给予的一切帮助。我还要特别感谢富有远见的文学经纪人亚当·冈特利特。

我最要感谢的是家人和朋友：我永远善良的父母威廉和吉莉恩，以及我了不起的伴侣达维德·皮诺。我也要感谢让-伊夫和多米尼克·皮诺带我去你们家（而且还经常开车送我去凡尔赛）。最后，感谢里安、阿利德、伊万和梅本，感谢你们成为我挚爱的第二家庭，感谢你们所做的一切。

劳埃德·卢埃林-琼斯
加的夫，2021年5月

缩写说明

我已尝试引用已知的古代作者的说法及其作品全称来帮助不熟悉标准学术缩写的读者。这既适用于古代希腊、罗马的文献,也适用于古代西亚、北非的文献。然而,对想要寻求进一步研究的读者来说,了解一些参考文献的缩写体系可能会有用。

阿契美尼德王家铭文

A^1	阿尔塔薛西斯一世(Artaxerxes Ⅰ)
A^2	阿尔塔薛西斯二世(Artaxerxes Ⅱ)
A^3	阿尔塔薛西斯三世(Artaxerxes Ⅲ)
C	居鲁士(Cyrus)
D	大流士一世(Darius Ⅰ)
D^2	大流士二世(Darius Ⅱ)
X	薛西斯(Xerxes)
B	巴比伦(Babylon,居鲁士圆柱铭文)
B	贝希斯敦(Bisitun,大流士一世铭文)
E	阿勒万德(Elvend)
H	哈马丹(Hamadan)
M	帕萨尔加德(Pasargadae)

N	纳克什·鲁斯塔姆（Naqšh-i Rustam）
P	波斯波利斯（Persepolis）
S	苏萨（Susa）
V	凡湖（Lake Van，亚美尼亚）
Z	苏伊士（Suez）
SC	印章（Seal）
VS	花瓶（Vase）
W	重量（Weight）

因此，A^3Pa 指阿尔塔薛西斯三世在波斯波利斯的铭文 a；D^2Sb 指大流士二世在苏萨的铭文 b。

波斯波利斯文献

PFT	波斯波利斯卫城泥板文书（Persepolis Fortification tablets）
PF	哈洛克在1969年出版的关于波斯波利斯卫城泥板文书的研究（Persepolis Fortification tablets published by Hallock 1969）
PFa	哈洛克在1978年出版的关于波斯波利斯卫城泥板文书的进一步研究（further Persepolis Fortification tablets published by Hallock 1978）
PF-NN	哈洛克转译但尚未出版的关于波斯波利斯卫城泥板文书的研究（Persepolis Fortification tablets transliterated by Hallock）
PFS	波斯波利斯卫城印章（Persepolis Fortification

	seal，圆柱形印章）
PFS*	刻有铭文的波斯波利斯卫城印章（Inscribed Persepolis Fortification seal，圆柱形印章）
PFs	波斯波利斯卫城印章（Persepolis Fortification stamp seal）
PFS-N	只在PFa中证实过的波斯波利斯卫城印章

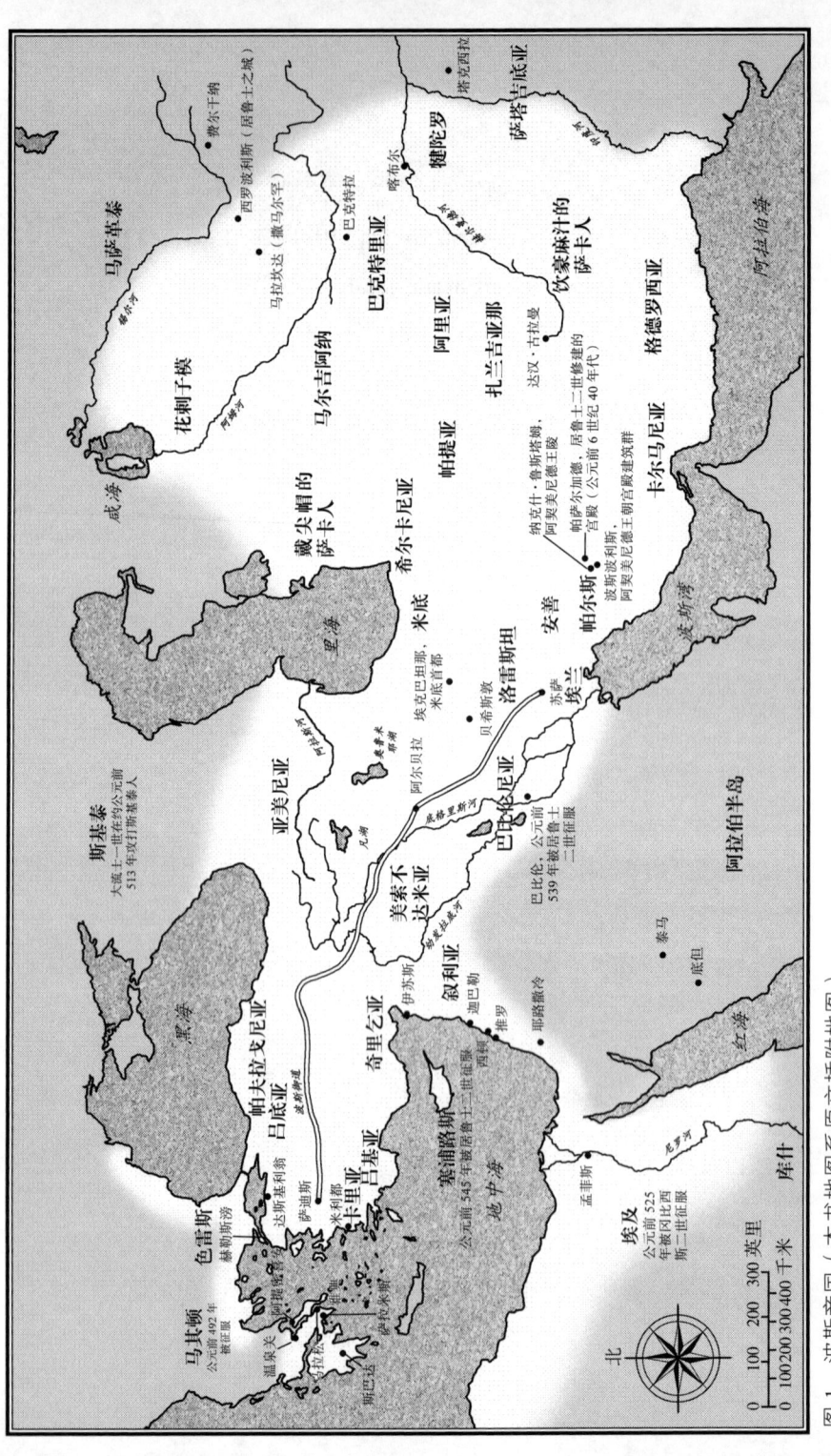

图 1 波斯帝国（本书地图系原文插附地图）

目　录

序　言　波斯波利斯，公元前 488 年　　　　　　　1
导　言　　　　　　　　　　　　　　　　　　　　5

第一部分　建立帝国

第 1 章　米底人和波斯人　　　　　　　　　　　35
第 2 章　英雄今日得胜归　　　　　　　　　　　52
第 3 章　居鲁士大帝的生死传说　　　　　　　　82
第 4 章　埃及的权杖　　　　　　　　　　　　　96
第 5 章　真理与谎言　　　　　　　　　　　　　108

第二部分　身为波斯人

第 6 章　波斯的官僚体系　　　　　　　　　　　139

第 7 章	帐篷下的宫廷	162
第 8 章	构建权威	170
第 9 章	另一种名义的奴隶制	181
第 10 章	王冠与妃子	188
第 11 章	礼仪政治	210
第 12 章	查拉图斯特拉如是说	220

第三部分　全盛时期的帝国

第 13 章	大流士退出历史舞台	245
第 14 章	薛西斯号令群雄	253
第 15 章	让战争猛犬四出蹂躏	265
第 16 章	危险关系	286
第 17 章	时代正在变化	300
第 18 章	幸福或不幸福的家庭	318
第 19 章	血亲兄弟	329
第 20 章	女人当心女人	351
第 21 章	残暴的欢愉终将以残暴结束	368
第 22 章	人们尊敬亚历山大	388

后　　记　曾经的波斯，现在的伊朗	411
主要人物	427
延伸阅读	439
编辑后记	448

序 言
波斯波利斯，公元前 488 年

> 现在你若问"大流士王统治了多少国家"，看看那些托举王座的雕像你便能知晓，你也会晓得，波斯人的长矛所行之远；你还会晓得，波斯人在远离波斯之境征战四方。
> ——大流士大帝陵墓正面的铭文

时逢公元前488年春天的诺鲁孜节，波斯人正以盛宴、聚会和赠礼庆祝他们的新年，阿契美尼德家族的大流士大帝——万王之王、万国之王，正坐在波斯波利斯宫城中央的御座上，宽宏大度地接受帝国臣民的致敬。来自巨大青铜喇叭的胜利的号角声划破天空，随后由大鼓、铙钹、叉铃、竖琴和七弦竖琴组成的管弦乐队奏响了一支节奏鲜明的进行曲，这预示着作为节日欢庆核心的盛大仪式即将拉开帷幕。使节们从四面八方赶来波斯波利斯，为大流士进献贡品：他们从利比亚、巴基斯坦、欧亚大草原南部、埃及、小亚细亚、美索不达米亚、叙利亚、印度远道而来，带着黄金、绿松石、青金石、羊毛挂毯、丝绸外衣、棉质长袍和香料，牵着名马、骆驼、绵羊，甚至狮子，走进了高大、雄伟的正殿。他们恭顺地伏在大帝面前，抓住他的长袍下摆，虔诚地亲吻他的双脚。

使节们在他面前列队行进，使团一个接一个，队列整齐，彰显了帝国幅员辽阔、物产丰富。大流士以这种方式审视他的帝国，获得了极大的满足感。他肯定在为自己的成功而微笑，因为他的确是一位强大的国王，是七境域内无人能与之媲美的统治者。他英勇非凡的证据就在这里，正逐一在他眼前走过。即使那卑劣的小希腊躲过了一劫，仍未被占领，又怎么样呢？还有其他机会可以将这个卑劣的文明边陲踩在脚下。此外，他成功建立帝国的证据正在自己的眼前行进，接受检阅，如果还需要证据证明帝国拥有良好的秩序和运转效率，大流士只需要观察这个规模壮观且纪律严明的成果展示典礼即可。他的臣民也非常乐于参与其中，因为他们不是受辱的奴隶，不曾因压迫栽倒在地，在君主面前也不瑟瑟发抖。他们在荣耀的帝国事业中是君主积极的合作伙伴。所以，他们热情地向大流士表露忠心、争相效劳、进献贡品。或者，至少大流士自己选择这么认为。

这种外交赠礼仪式是大流士对帝国的理解中固有的，以至他命人将此情此景以着色的石头浮雕形式刻绘下来。这些浮雕位于通向波斯波利斯宏伟的阿帕达纳宫（Apadana，意为觐见大厅）的阶梯上。在附近的纳克什·鲁斯塔姆，大流士岩壁陵墓的正立面上，他也命工匠雕刻了类似的场景。这是他为自己必将到来的大限之日而准备的。这些浮雕展现了他敬奉神圣的保护神阿胡拉·马兹达的场景：他站在御座高台（古波斯语为 takht）之上，这座高台耸立在那儿，比帝国不同族群代表的头顶还高出不少，这是一场展现各族互惠合作、关系融洽的庆典——关于大流士治下帝国多样性的视觉庆典。一段刻在岩石上的古波斯楔形文字吸引着观者去细数其上的人物，他们代表了帝国疆域内不同的地理区域（每个人都身着"族群服饰"，以便更加清楚地说明这一点）。为了确保没有遗漏，工匠仔细地标记了每个人物：

> 此乃波斯人，此乃米底人，此乃埃兰人，此乃帕提亚人，此乃阿里亚人，此乃巴克特里亚人，此乃索格底亚那人，此乃花剌子模人，此乃扎兰吉亚那人，此乃阿拉霍西亚人，此乃萨塔吉底亚人，此乃犍陀罗人，此乃印度人，此乃饮豪麻汁的萨卡人，此乃戴尖帽的萨卡人，此乃巴比伦人，此乃亚述人，此乃阿拉伯人，此乃埃及人，此乃亚美尼亚人，此乃卡帕多西亚人，此乃萨迪斯人，此乃伊奥尼亚人，此乃海那边的斯基泰人，此乃色雷斯人，此乃戴遮阳帽的伊奥尼亚人，此乃利比亚人，此乃努比亚人，此乃来自马卡的人，此乃卡里亚人。（DNe）

大流士陵墓上的王家辞令强调了这样一个观念：所有被征服的族群都联合起来，为他服务，他是一位伟大的国王、一位"长矛所行甚远"的武士国王，他们遵从他的法度，拥护他的王权。因此，大流士不仅被誉为"大帝"和"万王之王"，还被尊称为"天下万民之王""万国之王"，以及"广阔无际的大地之主"。所有臣服的族群都被置于大流士的统治之下，他亦明确表示，他不会宽恕任何动乱或容忍任何反抗。"我告诉他们，"他郑重其事地说，"他们要按照我的旨意行事。"大流士通过展现这种和谐互惠的景象，向世人宣告，在团结一致、目标统一时，帝国运作得最好。当他统治的所有族群都接受了他提出的"家"的概念时，帝国运行平稳。通力合作时，他们肯定能从"波斯治世"（Pax

Persica）中获益。

在公元前488年的诺鲁孜节庆典上，当时年62岁的大流士登上王座并接受使节们的敬意和他们的珍贵礼物时，陪伴他左右的是他的儿子和他选择的继任者——薛西斯。这个年轻人长相俊美、思想独立且心意虔诚，他已在帝国的行政体系中担任帕提亚总督一职。正是在帕提亚，他磨炼了自己出任行政官员（没有什么比一个好的记录管理员更让大流士满意的了）和法官的能力。30岁时，薛西斯回到宫廷，伴随在父亲左右，成了阿契美尼德王朝的王储。然而，他不是大流士的长子，甚至亦非次子。大流士的儿子众多，有些比薛西斯年长得多。虽然大流士的妻妾为他生了不少儿子，但薛西斯是他登上波斯王座后所生的第一个儿子，出身高贵，因此传位于他也无可非议。此外，由于他的母亲是受人爱戴又相当聪慧的阿托莎（居鲁士大帝之女），他身上还流淌着居鲁士大帝的血液。仅凭这一点，他就比其他任何兄弟都更有资格继承王位。大流士很有信心，阿契美尼德王朝将在薛西斯的统治下继续繁荣下去。薛西斯最重要的妻子阿梅斯特里斯已经为他生了很多健康的男孩，而她也将成为这个王朝的一位充满争议的女家长。在公元前488年的春天，阿契美尼德王朝的前景是稳妥的。

导　言

这是一部讲述波斯历史的书，但是不同于其他讲述波斯历史的书（并不是说此类书有很多）。这本历史书使用真实、当地的古波斯史料，讲述了一个与众不同的故事，它不同于那些我们早已熟悉的、基于古希腊记载的故事。这个故事由波斯人来讲述，他们讲述的是波斯内部的故事。因此，它是波斯版本的波斯历史。

这本书的内容也比较新颖。书中出现的波斯人远非希腊人想象中的野蛮人，他们智力超群，在社会和文化上成熟发达，在经济上繁荣兴盛，在军事上强大有力。这一"波斯版本"（这个短语借自罗伯特·格雷夫斯在1945年写的一首战争诗的标题）将我们置于一个新的现实之中。对于波斯在古代世界的地位，它为我们提供了一个独到、有时令人吃惊的解释。它也突出了伊朗对于世界文明的贡献。

在这本书中，我们将穿越时空，描绘波斯帝国的崛起、扩张和巩固，从伊朗西南部一个普通的部落社会到历史上第一个统治世界的超级大国。我们将考察波斯帝国的君主，即强大的阿契美尼德王朝专制统治者的生活，并探讨王朝政治如何影响整个帝国的治理。我们会看到大量令人难忘的人物——国王及其妻子、太监、士兵、囚犯、税吏，我们会停下来探索他们生活的世界：他们的宗教观念、政治理念，以及领土抱负；我们也会了解他们如何生活、在哪里生活，吃什么、穿什么、想什么，以及怎么死的。此书既是古代伊朗第一个伟大帝国的政治史，又是对波斯人所在世界的社会-文化探索。

波斯帝国的建立使得东西方之间首次重要且持续的联系成为可能，并为后续的古代帝国奠定了基础。它在定义一个成功的世界帝国的样貌这一点上的重要性，我们怎么强调都不为过。波斯帝国在历史上首次开启了国际对话，因为总的来说，波斯统治者还是开明的专制君主。他们对自己的王权采取了一种令人惊讶的自由放任态度。不同于那些追随波斯人的步伐，成为狂热帝国主义者的罗马人或英国人，波斯人并不想将自己的语言强加给被征服的族群。而英国的殖民者、士兵、商人，以及官员，则将"女王的英语"带到了每一块大陆，将其强加给那些被奴役的族群。从不列颠尼亚到叙利亚，罗马人将拉丁语用作商业、金融、律法和秩序的语言。对于每一个生活在罗马帝国境内的人而言，拉丁语都是必需的。但波斯人从不将他们的语言强加给被统治的族群。他们更喜欢用当地的语言发号施令，并规定亚兰语为帝国境内的一种通用语，以促进有效且公正的交流。在宗教领域，也是如此。如果只是为了确保控制富裕的神庙，以及强大祭司的忠诚，波斯国王一般谨慎地表现为地方宗教信仰的积极守护者。即使是在很小的行政区域，波斯人也会授予神庙特权，并承认当地神灵的护佑。波斯人也不像罗马人和英国人那样，在统治疆域内打造视觉烙印。没有一种波斯"风格"被强加于帝国的建筑之上。这种不寻常的现代且开明的观念模式可以用一个古波斯语词加以概括，即 vispazanānām，大流士大帝也常用它来描述自己帝国的文化多样性。

古波斯帝国的铭文也喜欢强调帝国的多样性（尽管它们总是以波斯为中心）。正如大流士的一段铭文所记录的，"这便是我坐拥的王国，从居住在索格底亚那之外的萨卡人那里开始直到埃塞俄比亚，从印度一直延伸到斯巴达"（DPh）。在波斯波利斯发现的另一篇文献将波斯划为了世界的中心，但也表明了，这个帝国是波斯万神殿主神、"智慧之主"阿胡拉·马兹达赐予大流士的礼物，他将这个最珍贵的礼物交给了波斯国王：

> 阿胡拉·马兹达是伟大的神。他立大流士为王，将这片广阔土地的王权赐予大流士王，其中包括波斯、米底和说其他语言的土地、山川平原之境、海这边和海那边的土地，以及沙漠这边和沙漠那边的土地。（DPg）

大流士和他的继任者控制着一个从波斯延伸开来，西至地中海、东至印度、南至阿曼湾、北至东欧大草原的帝国，囊括了埃塞俄比亚和利比亚、希腊北部和小亚细亚、阿富汗，以及印度河上游的旁遮普。帝国境内拥有无数的沃土农田，上面种了大麦、椰枣、扁豆和小麦；帝国的疆域内还蕴含丰富的珍贵矿藏——铜、铅、金、银和青金石。论财富，当时世界上没有哪一个王国能与它匹敌。

波斯人统治着古代世界最大的帝国之一。而更令人瞩目的是它从崛起至成就伟业的过程。它兴起于一个微不足道的部落领地，这个领地位于现今伊朗西南部的法尔斯省。在古波斯语中，这片地区被称作"帕尔斯"（Pārs）或"帕尔萨"（Pārsa）。这一称呼后来被古希腊人听作"波西斯"（Persis），正是这一名称随后变成"波斯"(Persia)流传至今。阿契美尼德家族是波斯帝国的统治家族，也是这本书的主题。这个名称取自同名的始祖Achaemenes（阿契美尼斯），居鲁士大帝和大流士大帝都声称他为自己的祖先。Achaemenes也是波斯语名字Haxāmanish的希腊语译名，而这个波斯语名字又源自古波斯语haxā-（意为朋友）和manah（意为思想的力量）。这个源于父族名称的王朝便被操古波斯语的人称为Haxāmanishiya，即阿契美尼德。

此书中的人名基本上被拉丁化（那些只在古波斯语文献中才被提及的人除外，书末附有主要人物的名字）了，这只是一种权宜之计，虽然不甚令人满意，但这亦算是提及这段历史主要人物时的一种解决方式。因为经过数个世纪的了解，我们更熟悉Darius（大流士，即古希腊语Dareîos的拉丁化译名），而非真正的古波斯语词Dārayavaush。这难免令人遗憾，因为古波斯语名字内涵丰富，并且也是一种有力的宣告，旨在反映承用此名之人的特点和地位。此外，重要的波斯习俗和价值观也反映在人名中，这为我们了解波斯人的心态提供了一个很好的视角。例如，Dārayavaush的意思是"坚守仁善"，这无疑体现了大流士的王者角色。薛西斯的真名是Xshayarashā，意思是"号令群雄"，而希腊人和罗马人所熟知的四位阿尔塔薛西斯（Artaxerxes），他们的古波斯语名字为Artaxshaça，意为"以神圣真理统治"。居鲁士在古波斯语中则一直是Kūrush，意为"敌人的羞辱者"。对于一位名声建立在公正、宽容和善良之上的国王而言，这是一个有趣的称号。

古波斯语名字拉丁化的过程，高度暗示了波斯的历史是如何被从完全西方化的视角擅用和改写的。我们沿用Darius而非

Dārayavaush，正是对西方历史编纂学的腐化历程，以及对真正的波斯文化独特性受到破坏的悲情控诉。

当谈及波斯历史时，名字和命名都很重要。以"波斯"这个名字为例，它的使用本身就充满争议。曾经为西方所熟知的波斯就是现在的伊朗（Iran，该国的全名是伊朗伊斯兰共和国）。在今天的西方，以及中东的部分地区，伊朗经常被视为一个"贱民国家"，即一个在世界上最不稳定的地区煽动战争的"麻烦制造者"。伊朗被认为是西方，特别是美帝国主义公开的敌人。对西方人来说，伊朗是"中东恐怖主义"的发源地和"社会压迫"的代名词。伊朗已经变成一个"肮脏"的词语。由于伊朗一词与统治该现代民族国家的伊斯兰政权的关系，伊朗文化也受到了贬低和谴责。伊朗人非常清楚，新闻标题、电视纪录片、杂志文章，以及无处不在的社交媒体平台是如何向世界展示他们形象的。有关伊朗和波斯这两个词的感受在不断变化，在日常话语中，这两个词经常重合，可以被用作同义词。在1979年后定居美国或欧洲的伊朗人看来，"波斯"被用来意指一个"更好的"境地和时代。人们可能会认为，一个简单的方式，即用"波斯"指代前伊斯兰时期，用"伊朗"指代伊斯兰时期，可能是解决术语问题的实用方案。但是，实际上并非如此，这样简单的标记方式并不足以解决问题。

1934年12月28日，英国驻波斯大使许阁森爵士写信给英国外交部东方司司长乔治·伦德尔："我们刚刚收到了一封来自波斯政府的荒谬照会。"他解释道："信上要求我们用'伊朗'和'伊朗人'，而非'波斯'和'波斯人'。"仔细考虑此请求后，伦德尔不得不回信给许阁森爵士："我知道这个问题是因希罗多德而起，他没能预见现代波斯人的敏感，因此他在提及这个国家时不够礼貌。"

在1935年3月的诺鲁孜节庆典上，短暂的巴列维王朝（1925—1979年）的首位统治者礼萨汗宣布，不应再使用"波斯"这一陈旧的词来指代他所统治的国家。他选择改用"伊朗"一词。礼萨汗意识到，在西方人的想象中，"波斯"一词自希罗多德时代起，就一直是"颓废""奢靡""思想落后"等形象的同义词。那些到过波斯的西方旅行者对这种古老的印象进行了扩展，在他们的报道和回忆录中，"波斯"被精心地塑造成了一个奇异之地，神秘莫测、笼罩在黑暗阴影之下，充满阴谋诡计、专制君主、被奴役的妇女，并且拥有超乎想象的财富。礼萨汗对这些陈词滥调自然是颇为熟悉。他写道："每当说起或写到'波斯'这个词，外国人就会立刻想起软弱、无知、悲惨、缺乏独立性、混乱无序和无能，这些都是波斯上一个世纪的特征。"

1935年，礼萨汗尚没有找到合适的词语来形容西方对他统治的国家形象的挪用，因为直到1978年，巴勒斯坦裔学者爱德华·萨义德才提出了一个礼萨汗或许能够使用的术语，即"东方主义"（Orientalism）。这一术语描述了西方帝国主义话语再现中东世界"殖民地"和文化的方式，这种再现方式为西方殖民事业加以辩护，并支持这一行径。简而言之，"东方主义"就是一种表现他者性（Otherness）的特殊方式。"东方"几乎是欧洲人的发明，自古以来便是充满传奇故事、异国情调、令人魂牵梦绕的回忆和景致，以及非凡经历之地。礼萨汗意识到，源自希腊语的"波斯"一词的内涵，削弱了伊朗在现代世界的潜力。"伊朗"则源自中古波斯语ērān，本用于指代伊朗民族，后延伸指代帝国本身。伊朗之外的族群，比如希腊人和罗马人，被统称为"非伊朗人"（anērān）。礼萨汗认为，"伊朗"才是他所统治的国家的恰当名称，这个名称植根于这片土地、历史和民族。

那么，我们应该用哪个词："波斯"还是"伊朗"？"波斯"可以被用来描述这个从公元前6世纪居鲁士二世开始被诸多专制君主统治的王国。因为该名称指的是伊朗高原西南部的一片特定的土地，那是阿契美尼德部落的家园，所以从狭义上来讲，它也是指波斯帝国。那么，"伊朗"呢？它也是一个可以接受的术语。从种族、地理和历史的角度来看，自远古以来，便有一个"大伊朗"概念，它从俄罗斯南部、乌克兰和多瑙河流域延伸到高加索山脉、里海，之后一直延伸到中亚广袤的平原和印度西北部地势崎岖的地区。在此论述中，波斯帝国（最狭义的"波斯"）实际上就是这个"大伊朗"的代表。"伊朗"和"波斯"两词将贯穿本书，本书对这两个词不予以评价。

*

如果波斯帝国是这样一个主宰世界、定义时代的实体，那么为什么古代波斯人没有被赋予他们应有的历史地位呢？这种怪异现象在一定程度上可以由以下事实来解释：19世纪早期之前，尚未有人能接触到任何真正的波斯帝国时期的文献资料。1835—1837年，英国东印度公司的亨利·罗林森推断出古波斯楔形文字是一种表音文字，之后成功破译了它。1837年底，他完成了对于大流士大帝下令雕刻的贝希斯敦铭文的抄录，并将其开头段落的译文寄给了英国皇家亚洲学会。但是完整译文的出版直到1849—1851年才最终完成，而且学者们对古波斯语的领会进展缓慢。诚然，破译古波斯语是破译埃兰语、巴比伦语，以及最终破译阿卡德语（亚述人的语言）的关键，学术界很快就将注意力转向了美索不达米亚丰富的文学及碑铭遗产，波斯研究由此遗憾地落在了后面，与此同时，亚述学却开始蓬勃发展。

因此，波斯帝国只能通过两种不同的外部来源进入西方的历史意识：《圣经·旧约》和古典时代希腊、罗马作者的作品。大体而言，《圣经·旧约》文本支持波斯人。因为正是伟大的波斯国王解放了"巴比伦之囚"，并应允他们返回家园，在耶路撒冷所罗门王原初的圣殿遗址上重建了新的（第二）圣殿。在《圣经·旧约》中，波斯人是上帝的仆人，他们支持犹太人拥有家园的权利，波斯是值得合作和拥护的超级大国。然而，古典时代的作者几乎完全以负面的视角描绘波斯。大帝们被刻画成荒淫无度、反复无常且神经错乱的暴君，波斯帝国则被视为对希腊"自由"理想（无论其含义如何）的压迫性挑战。在希腊人的描述下，波斯人胆小懦弱、诡计多端、阴柔羸弱、报复心强、不知羞耻，他们成了野蛮主义的代表。

波斯人与其庞大的帝国对希腊人的想象力产生了显著的影响。希腊人对他们强大的东方邻国念念不忘。希腊艺术中包罗了数不清的波斯人形象，将他们展现为骄奢的暴君和战败的士兵；希腊文学中也满是各种各样的波斯奇闻逸事的细节，其中提及了听起来像是波斯人的名字（然而这些名字是假的），也提及了贡赋、律法、说实话的习惯、酗酒和黄金。希腊人常常谈论柑橘类水果、骆驼、马匹、孔雀、公鸡、猎狮、花园，以及以帕勒桑（parasang）*

---

* 古代波斯的长度计量单位，1帕勒桑约合6千米。——编者

为计量单位的道路系统。他们以昂贵的服装和纺织品，精致的食物和饮料，豪华的餐具、羽扇和蝇掸，以及象牙家具为例，描述了波斯人极其富贵、傲慢、自大和奢侈的生活方式。他们还讲述了波斯王妻、妃子、其他女眷和太监，以及刺穿刑、十字架刑和其他许多可怕的刑罚，这些刑罚既持续时间久，又折磨人。这份巨量的"波斯主义"清单有助于塑造希腊人的自我身份认同，尽管它很少提及波斯人的真实生活。古典时代的雅典社会被他们自行塑造成了波斯文明的镜像。似乎只有当雅典人想象通过波斯人的眼睛来审视自身时，他们才最能意识到自己的"雅典性"。例如，希罗多德在《历史》(*Histories*)的第五卷中描述了雅典人挑唆伊奥尼亚人反抗时，大流士一世对伊奥尼亚人焚毁波斯控制的城市萨迪斯的反应。希罗多德说，波斯国王从一开始关注的就是雅典人，而不是伊奥尼亚人：

> 大流士问，雅典人是什么样的人？得到答案后，他命人取来弓。他接过来后，张弓搭箭，一举射向天空。当箭羽飞入空中，他大喊："宙斯啊，请容许我向雅典人报仇雪恨！"语毕，他吩咐随从在每次摆餐时提醒他三遍："主公，不要忘记雅典人。"

只有希腊人，而且是支持雅典的希腊人，才能写出这一幕。大流士不太可能过多地考虑遥远的雅典人，他脑海里有更重要的事情要思量，比如斯基泰人和印度。但这个故事清楚地向我们展示了雅典人的骄傲自大和自我膨胀。将自己想象成令大流士心力交瘁的死敌，给了雅典人一种价值感。

希罗多德进一步扩展了这一想法。据他所说，正是对雅典支持伊奥尼亚叛乱的记忆，导致了波斯在公元前490年和公元前480年采取对希腊的军事行动。后一次征战尤其值得一提，因为尽管此时薛西斯已经继承了父亲的王位，但希罗多德仍继续强调雅典人留给大流士的深刻记忆。后一次入侵也是公元前472年上演的埃斯库罗斯的伟大悲剧《波斯人》(Persians)的主题。在剧中，薛西斯被描述为一个残酷的暴君，他试图摧毁雅典和其他希腊城邦所享有的自由。随后，阿契美尼德王朝专制统治者压倒性的势力被幸运地击退，这成了诗歌、戏剧、艺术和新的叙事史中值得庆祝的事情，就如希罗多德所创作的《历史》所描述的那样。

经过仔细观察可以发现，希罗多德笔下的薛西斯是一个极度复杂的人物。他时而狂暴残忍，时而像孩子般闷闷不乐，时而又出人意料地自作多情、涕泗横流。《历史》一书中最重要、最令人意想不到的事件之一，便是薛西斯在回顾自己为入侵希腊而集结的舰队时竟情绪崩溃、潸然泪下，字里行间流露出的细腻情感堪比真正伟大的虚构作品。正如希罗多德所解释的，他"心生怜悯，因为他意识到人的生命是如此短暂"，并且觉得这一切太令人沮丧了。整部《历史》都强调了暴君人性的冷漠，而他却对不可避免的死亡有着如此深刻的共鸣，这便是希罗多德一项非凡的心理发明。一位精神错乱的领导者（上一分钟这样，下一分钟那样）管控着一个残酷的中央集权专制国家，自希罗多德首次创造出这个印象以来，它就成了一直困扰着自由民主人士的噩梦。但这与波斯版本里**真正**的薛西斯没有什么关系。

这并不是说，希罗多德对波斯历史的观点应被完全视为一堆胡乱捏造的道德故事。不是的，毕竟他生来便是波斯的臣民——

他的家乡哈利卡那索斯是波斯帝国的一部分，他一定对这一帝国（部分地区）的运作方式有所了解。他当然记录了自己生活的那个年代流传的波斯故事，从《历史》一书中也有可能提取出真实、信息充沛且富有启发性的波斯资料。不过，要完成这一过程须得小心谨慎。希罗多德的主要目的就是把那面镜子举到波斯人面前。镜子反射回来的成像表明，波斯人是希腊人的反面，且是彻底的反面。

还有一些希腊作者与希罗多德差不多生活在同一时期。由于他们与波斯人有更加直接的接触，他们的一些作品内容显得更加丰富。例如，色诺芬在公元前401年加入了雇佣军，一路从希腊进军至巴比伦，受雇于波斯王子小居鲁士。尽管色诺芬也忍不住略微贬低自己的写作对象，但他的作品《长征记》（*Anabasis*）和《居鲁士的教育》（*Cyropaedia*）是有用的第一手资料，它们从一个士兵的视角记录了波斯人的生活。相比之下，更能让人直接受益的是尼多斯的克特西亚斯的作品。克特西亚斯是一位希腊医师，在阿尔塔薛西斯二世统治期间担任波斯宫廷的御医。他与波斯王室近距离接触长达17年，还学会了古波斯语。他常与波斯帝国的贵族交谈，收集了有关他们家族历史和王朝传统的第一手资料。他那本厚厚的畅销书《波斯志》（*Persika*，遗憾的是，如今只留存些许残篇）从知情者的角度展示了波斯的独特历史。克特西亚斯转述了曾在波斯贵族府邸里讲述、传诵和表演的故事、寓言与传说。学者们一度认为，克特西亚斯只不过是一个讲故事的人，但现在人们认为，他对我们理解波斯人是如何对待"历史"的做出了重要贡献。

从公元前550年左右到公元前4世纪30年代左右（亚历山

大大帝的时代），每一代希腊人都有自己独特的方式，可以根据需要重新确认自己的身份，以对抗不断变化但始终存在的波斯威胁。希腊人对波斯人的着迷，集中体现在他们想方设法最大限度地降低波斯作为超级大国的信誉。希腊人诽谤和讽刺波斯人，旨在抚平自己痛苦和恐惧的伤口。这些伤口皆源于希腊作为邻近帝国的地区，必须要面对有着相当真实的领土扩张野心的波斯帝国，而且也没有任何证据表明，这一威胁会消退。为了提高希腊人的士气，他们运用舞台、雕塑及其他艺术形式创造了一系列可以起到"宣泄作用"的形象。这些艺术形象毁谤、贬低和蔑视波斯人，强化了希腊人（尤其是雅典人）的卓越地位。其中之一就是一个可以追溯到公元前5世纪60年代中期的红彩陶大酒瓶。它被称为"欧律墨冬瓶"（Eurymedon Vase）。瓶上的图画是为庆祝公元前467年雅典人在小亚细亚的欧律墨冬河打败波斯军队而创作的"纪念品"。它是在某种饮酒聚会上使用的，可能是士兵的聚会。当此酒瓶在一群重装步兵中传递时，瓶上的波斯人也随之在这些步兵之间被推搡拉扯。每个饮酒人都紧握酒瓶，重演瓶上的场景。"现在我是欧律墨冬，"他吹嘘道，"看着我，干死这波斯人！"这个酒瓶形象是对士兵情绪的一种直观的可视化显示，然而，这个场景很可能反映了一个活生生的现实。"欧律墨冬瓶"是公元前5世纪60年代的雅典时代精神的一种表现。这是一个精心设计的玩笑，针对当时出乎意料、实属巧合的政治军事事件，显示了希腊人对付野蛮波斯人的天然优势。

这个遭受羞辱、战败和毁灭的波斯形象能将我们带往何处呢？它直接将我们带到了欧洲的启蒙时代，那时知识分子开始理论化地阐释西方为何在世界秩序中占据这样的主导地位，以及白人文明的传播为何如此成功。他们提出了一个激进的理论：欧洲人的优越性并非如中世纪和文艺复兴时期的人们所认为的那样来自基督教，而是源于古希腊的文化传统。他们断定希腊人发明了自由和理性，然后罗马人在一系列带有文明教化意义的帝国式征服中，将这些珍贵的礼物传播到了整个欧洲。处于希腊和罗马边缘的其他文化都是野蛮的。在所有的野蛮人中，最坏且最具威胁者自然就是波斯人，因为他们想要一统世界。这违背了白人至上的自然秩序。孟德斯鸠在1721年出版的《波斯人信札》(*Persian Letters*)一书中提出了这个概念。他写道："欧洲人天生适合自由，亚洲人则天生适合被奴役。"1787年，苏格兰历史学家约翰·吉利斯进一步阐述了此观点，他坚持认为，波斯人"奴役了小亚细亚的希腊人，亚洲专制统治的恐怖第一次威胁到了欧洲"。数十年后，进入新的世纪，为了造福所有种族和遏制野蛮人，在世界各地传播给予自由的希腊文化的好处，成了鲁德亚德·吉卜林所说的"白人的负担"。

1889年9月，年轻但前途远大的英国议会议员乔治·纳撒尼尔·寇松开始了为期3个月的波斯之旅（这也是他唯一一次访问该国）。在波斯波利斯闲逛时，他深深震撼于自己的所见所闻，将波斯波利斯废墟视为"岁月的庄严告诫"。这种告诫当然是傲慢自负的，他认为，波斯人无法理解他们自身"不具备维持帝国所需的品质"，也不能有效地治理它。寇松认为，波斯的长期衰败是不可避免的，但它需要亚历山大那样的希腊人来达到自己注定的结局。寇松在其两卷本著作《波斯和波斯问题》(*Persia and the Persian Question*，它通常被认为是史上最长的职位申请书，申请的是寇松梦寐以求的印度总督一职）中指出，他发现，波斯人和印度人对西方殖民主义的抵抗令人困惑。他略带迷茫地写道："普通亚洲人宁愿忍受亚洲人施行的恶政，也不愿意接受欧洲人的良政。"

寇松是英国精英公学体系的一个成功产物，此体系是明显的**英国**式亲希腊主义的典型代表。这个全是男性的教育体系就是特权工厂，高级法官、资深文官和外交部高级官员都产于这座工厂的流水线。依据传统，古典学是他们课程的核心。古希腊语言与文学被视为教育的基石，希腊语被用来向大英帝国的下一代管理者灌输知识。值得注意的是，希腊语言和历史知识只在最具特权的英国精英阶层（通常是男性）中传播。温斯顿·丘吉尔曾说过一句名言，他会让孩子们"学习拉丁语作为一种荣誉，学习希腊语作为一种享受"。然而，在这句熟悉的妙语背后，其实是丘吉尔致力于利用古典学制造社交距离。这是一项影响深远的计划，通过它，各阶层之间可以保持距离。此外，它通过只让社会高层了解其奥秘，来增加普通人参与帝国建设的步骤成本。古典学家基托本人就是英国公学教育体系的产物。他在1951年撰写了一本至今仍畅销的希腊历史导论（《希腊人》），引导读者"去接受……这一事实的合理陈述"，即希腊人"对人类生活的意义有了全新的认识，并首次展示了人类思想的意义"。

从这一久远的帝国主义式亲希腊遗产中衍生出了一系列带有破坏性的前提，以及一个有害的结论：希腊古典时代是世界历史上的一个重要转折点，而西方作为希腊文化的继承者无疑获益颇多。这一遗产塑造了民族的历史。英国哲学家、政治经济学家约翰·斯图尔特·密尔在1867年写道，公元前490年希腊人和波斯人之间的马拉松战役，"比黑斯廷斯战役还重要，即使后者是英国自身历史上的一件大事"。他宣称,"欧洲民族真正的祖先并不是他们的血缘之祖,而是给予他们最丰富遗产的那些人"。西方人视自身为希腊文明奇迹的直接继承者。因此,他们有理由肯定西方文化亦是卓越的。他们通过推论演绎证明,被剥夺了古典希腊遗产的文明在理性思维与国家治理、目标统一、智识和雄心方面只能是次等的。波斯在古希腊人眼中颓废专制的形象,又被重新用来代表所有非欧洲民族的不足和无能。

这种有悖常理的对文化能力等级的理解如今仍然被人提及。例如,研究希腊-罗马世界的著名德国学者赫尔曼·本斯顿就将他的学术生涯建立在宣扬这种陈腐的西方优越感神话上。他近来冲动地写道:

> 希腊人大胜波斯人的影响之深远,几乎不可估量。希腊人通过击退东方的进攻,描绘了西方政治文化发展的图景。随着希腊人为争取自由而战取得胜利,欧洲首次同时作为一个概念和一个实体而诞生了。自由使希腊文化在艺术、戏剧、哲学和历史编纂学方面上升到了典范的高度,欧洲为此要感谢那些在萨拉米斯和普拉蒂亚奋战的战士。如果我们今天认为自己是思想自由的人,那么正是希腊人为此创造了条件。

伯明翰大学历史学家安德鲁·贝利斯的观点也可以列在此处。2020 年,贝利斯在温泉关战役(公元前 480 年发生在薛西斯率领的波斯军队和希腊城邦联军之间的战役)周年纪念日上提出:

> 温泉关最伟大的遗产便是所谓的"黄金时代"……如果

波斯人成功地彻底摧毁雅典，他们就会扼杀羽翼未丰的雅典民主，我们今天也就没有机会为雅典卫城帕特农神庙的宏伟壮观感到惊叹，亦没有机会阅读诸如……修昔底德……埃斯库罗斯、索福克勒斯、欧里庇得斯、阿里斯托芬……以及柏拉图等名家的名著了。如果没有（斯巴达国王）列奥尼达和他的士兵为捍卫自由而提供的灵感，这一切都不可能实现。

这些观点漏洞百出、十分虚伪。波斯人从来就没有想过要摧毁民主（不管民主在古代语境中意味着什么）。事实上，伊奥尼亚地区的许多希腊城邦在波斯统治下，仍然继续实行民主制度，毕竟波斯人认识到伊奥尼亚希腊人不喜专制独裁，于是允许他们沿用民主制度。如果阿契美尼德王朝曾将希腊主体部分纳入帝国版图，他们也肯定会容忍那里的民主制度。他们甚至可能还会鼓励这种制度。如果波斯人能够战胜斯巴达——古代最具压迫性、否定自由的奴隶制国家，那将会是自由的胜利。这会终结斯巴达对希腊其他地区恐怖主义式的控制。因此，认为波斯人抑制和阻碍了欧洲文化发展的想法是荒谬可笑的。

自希波战争的时代之后，波斯人一直是历史编纂中被抹黑的对象，他们被塑造成自由世界的残暴压迫者。西方的知识分子致力于宣扬其所谓的"独特性"和"优越性"，这非常不利于波斯历史的研究。现在是时候纠正波斯人长期遭受的诽谤和歪曲，聆听真正的古波斯之音了。

*

那么，当原始材料似乎对我们不利之时，我们要如何才能接触到波斯版本的历史呢？毕竟，波斯人从没有像希腊人那样写过叙事性的历史，波斯也不存在像希罗多德、修昔底德或色诺芬那样的历史学家。这难道就意味着波斯人没有过去的概念吗？难道他们就不曾考虑过自己在历史进程中的位置吗？历史叙述的缺失并不意味着波斯人不理解或不回应他们的历史。波斯人知道自己的历史，但他们选择以不同的方式来铭记。波斯人通过歌谣、诗歌、寓言和传说的方式，讲述和传承他们的过去。所以，波斯历史其实是一种被表现出来的历史。

总的来说，古代西亚、北非丰富的口述文化的一个显著特征是对确切事实或具体日期的强烈**厌恶**。波斯人、巴比伦人和亚述人通过神话，尤其是创世故事，以及众神、英雄和国王的伟大事迹，来了解过去。王权作为神明意志的体现，是古代西亚、北非历史进程概念的核心，且历史事件的实际细节不如依靠神话事件来解释过去的**模式**有趣。"历史"是诸神活动的结果，他们触发事件的运转。古人在理解历史时追求连贯的模式，这意味着，只有知道了事件的结果，才能揭晓"历史"上"究竟发生了什么"。后见之明是古代西亚、北非文明理解历史进程的决定性因素。对波斯人来说，其帝国历史由诸神开启。他们能成功扩张领土，是因为阿胡拉·马兹达神早已安排好了一切。那么，我们是否能找到一份有关波斯历史的真实的波斯记录呢？问题的答案是"可以"。

波斯版本其实随处可见。尽管我们无法挑拣材料来源，也有可能找不到连续的叙述性材料，但波斯的内部历史还是可以根据各种分散的材料拼凑出来。古代世界的历史学家花了很长时间才认识到，人们可以根据波斯本土的材料了解他们。既然我们已经意识到了这一点，就应该将波斯人从古典传统中解放出来。

波斯历史就是一个巨大的拼图游戏，我们需要十足的耐心来拼凑，以及清醒的头脑来相互配合。一些碎片丢失了，拼接的边缘还有缝隙，但总的来说，从真实的波斯证据中浮现出来的画面很有启发性。它也是一个令人极其兴奋的探索领域，在这个领域中，人们可以，并且也将遇到各种各样令人眼花缭乱的材料。

让我们从古波斯的语言说起吧。波斯帝国时期的波斯人使用古波斯语，它是现代波斯语（Farsi，法尔西语，通常意义上的现代标准波斯语）的早期形式。它用楔形文字书写，这是美索不达米亚地区一种历史悠久的书写方式。在书写形态上，它既可以被压画在潮湿的泥板上，亦可以被刻在坚硬的物体表面，比如石头、青金石、雪花石膏，甚至是金银表面。古波斯语被用于公共领域的官方文件和王室声明，几乎所有幸存的古波斯语文本都刻在建筑物和其他王家纪念碑上。除了古波斯语，这些文本通常还附有其他语言（阿卡德语、埃及语或埃兰语）的翻译文本。古波斯语铭文中的文字通常具有重复性，以彰显王室的意识形态和宣扬帝国的权力。大流士一世的贝希斯敦铭文则是一个例外，它刻在高高的岩崖表面，可以俯瞰美索不达米亚平原和米底埃克巴坦那（哈马丹的旧称）之间的御道。它更多地是在叙述大流士继位的历史，关于这点，我们会在下文继续探索。这些重复性的铭文重申了意识形态，它们是我们了解波斯帝国的君主对自身看法的重要材料。古波斯语文本宣扬了君主英勇无畏和尚武的品质，并将他们的成功归因于阿契美尼德家族伟大的守护神阿胡拉·马兹达。用埃兰语和阿卡德语书写的其他楔形文字文本则加深了我们对波斯历史的了解，埃及也用当地的象形文字和通俗体文本，提供了有关波斯统治的信息。希腊语、吕底亚语和弗里吉亚语铭文证明了波斯帝国的地理扩张和疆域内语言的多样性。

然而,波斯帝国境内最广泛使用的语言并不是古波斯语,而是亚兰语。公元前 8 世纪,这种古老的闪米特语就已经在整个西亚、北非地区被广泛使用,并被亚述人用作一种有效的国际交流工具。波斯人将它用作外交和行政语言,就像拉丁语在中世纪的作用一样,它成为波斯帝国的通用语。所有有教养的人,尤其是外交官和书吏,都精通亚兰语。它作为行政管理工具的功效,可以从以下事实窥见一二:亚兰语在古代西亚、北非地区一直使用到希腊化时期及其后的时代(亚兰语是公元 1 世纪拿撒勒人耶稣在罗马统治下的犹地亚传教时所使用的语言)。亚兰语易于阅读和书写(流畅的手写体是它的主要书写形式),可以用墨水书写在莎草纸、木头、陶罐碎片、骨头或其他易于携带的物品上。因此,在远至埃及南部和巴克特里亚东部(位于今塔吉克斯坦和乌兹别克斯坦)的地方都发现了阿契美尼德王朝的亚兰语文献。它是一种真正的国际通用语言。

我们对古代西亚、北非楔形文字语言的理解意味着,我们有机会参透波斯独有的材料。20 世纪 30 年代,考古学家在波斯波利斯发掘时发现了一批阿契美尼德王朝中央官僚机构书写和保存的文献。根据被发现的位置,它们分别被称为"波斯波利斯卫城泥板文书"(PFT)和"波斯波利斯府库泥板文书"(PTT)。这一组数量约 3 万块的泥板被烘干烤制过,其中的某些泥板年代可追溯到公元前 492—前 458 年,即从大流士一世统治晚期至阿尔塔薛西斯一世统治早期。尽管其中一部分泥板是用亚兰语、弗里吉亚语、古波斯语,甚至是希腊语书写的,但大部分泥板是用楔形文字埃兰语——波斯大臣使用的语言——书写的，内容涉及经济交易（主要是食物分配）。埃兰语和亚兰语泥板文书均盖有圆柱形印章（通常盖一两个章，有时会有多个），这些章是趁泥板湿软时盖上的。这些泥板和印章使人们得以深刻了解公元前5世纪波斯波利斯及其周遭地区的生产生活情况，提供了在宫廷内外生活和工作的人员名单，也为我们了解阿契美尼德王朝行政系统的运作提供了证据。它们记录了分发给劳力（男人、女人和孩子）、祭司和宗教权威（其中一些食物是用来献祭的）、波斯贵族和王室各种食物的配给情况。这些泥板构成了一个非常丰富的数据库，可以帮助我们了解阿契美尼德王朝复杂的官僚体制，重点包括税收制度、储存体系、土地所有权、日常饮食、交易结算体系和旅行路线，这些关于波斯生活的详尽信息是希腊史料完全未记载的。

考古学是当代古代伊朗研究的一个重要领域。自20世纪30年代以来，在伊朗进行的田野调查为我们了解波斯帝国时期的物质文化提供了急需的线索。这些田野调查包括在波斯波利斯、帕萨尔加德、苏萨和哈马丹进行的考古发掘，在这些伟大的帝国中心的工作引起了极大的关注。尽管现在人们越来越关注土耳其的萨迪斯和达斯基利翁等地，以及黎凡特和中亚地区的一些遗址在波斯帝国时期的考古地层，但帝国疆域内的考古发掘还不够系统化。最近，在格鲁吉亚的考古发掘中发现了波斯帝国腹地和边远地区之间密切接触的证据。近年来，埃及学家越来越热衷于研究埃及受波斯统治时期的遗迹，他们在尼罗河三角洲和哈里杰绿洲发现了以前不为人知的遗址。随着考古学家不断地发掘和评估帝国各行省内更多生活多样性的证据，我们越来越了解波斯帝国的本来面目。

考古学界还兴起了对波斯帝国时期艺术的探索，这证明波斯艺术吸收了帝国不同地区的风格与图案，它们融合在一起，产生了一种独特而和谐的"波斯"风格。埃及和亚述的装饰图案（比如带翼的太阳圆盘、有翼的精灵、三角楣饰，甚至是人物形象的描绘方式）经常被融合在一起，因此波斯帝国时期的艺术可以说在物质形式上反映了整个帝国的多样性和统一性。波斯帝国艺术的主要目的是，它确认了帝国统一的王家意识形态，提升了君主的形象。由于为赞颂国王而创作的装饰图案几乎出现在波斯的所有人工制品中，在某种程度上，波斯帝国时期的所有艺术都是王家艺术，大到石刻雕像，比如贝希斯敦的雕像或纳克什·鲁斯塔姆王陵和波斯波利斯的雕像，小到宝石和印章上的微型雕刻。

*

为了理解波斯版本的伊朗古代历史，使用种类繁多的原始资料只会是一件好事。但是我们必须认识到，这种方法也有其问题和缺陷。在伊朗范围内、由波斯人及被波斯人统治的族群创造出来的材料，并非完全没有夸张、偏见或虚假的成分。在每份波斯的当地材料——文本、图像或手工艺品——之下都隐藏着一个潜在的帝国意图。波斯版本的历史会投射出它本身各种带有倾向性的历史陈述。

因此，从表面上来看，大流士一世的王家铭文强调了他的帝国一切皆好：

> 我是大流士，伟大的王、万王之王、万民之王、世界之王，希斯塔斯佩斯之子，阿契美尼德族人。大流士王言：阿

胡拉·马兹达立我为这片土地之王，受阿胡拉·马兹达的鸿恩，我让一切秩序井然。（DSz）

但果真一切都如他所坚信的那样"秩序井然"吗？这个帝国真是一片和谐之地和富饶之地吗？诚然，帝国的疆土是大片宽广的毗连领地，从表面上来看，帝国肯定受益于波斯体系的统一（良好的道路系统、相当先进的通信基础设施，它们皆为帝国服务，我们将在后面进行详细分析）。然而，波斯帝国的边境实则极其脆弱、不堪一击。在地理上，边境与帝国在伊朗的腹地相距甚远。在边境和偏远的内陆地区，反抗君主或总督的活动时有发生。此外，帝国的人口数量虽然庞大，但主要是农民、文盲和无技能之人，他们只能通过自给自足的农业勉强维持生计。大多数民众生活赤贫，他们拥有的小块贫瘠土地对帝国的财富贡献甚微。荒凉贫瘠的沙漠、盐湖，寒风凛冽的冻原或岩石山脉，构成了一大片广袤的区域，这片区域对帝国来说也毫无益处。它既不适合居住，亦不适合贸易运输，完全无利可图，对整个波斯帝国来说，这些领土不过是丢不掉的累赘罢了。

至关重要的是，我们从一开始就意识到大流士一世像其他所有的波斯国王一样重视对自身形象的夸大宣传。他开展了一场组织良好且效果显著的宣传活动，并且下令雕刻铭文和画像，这更多地是为了引导世人，而不是为了传达信息。大流士是一位娴熟的政治宣传家。他机智地命人在波斯波利斯、苏萨和巴比伦的宫墙上，绘制了从未真实存在过的世界图景。就像其他所有帝国一样，波斯帝国的创建也是通过军事征服完成的。即使是建立和维系一个像波斯一样具有包容性（表面上如此）的帝国，也意味着要做一些相当可怕的事情。流血和暴力是所有武力征服和帝国事业的标志。就这方面而言，波斯人在此过程中也免不了犯下暴行。受过杀戮训练的士兵自愿以波斯帝国主义的名义实施极端的暴行。事实证明，波斯人是残酷无情的，当他们遇到反叛的国家和臣民时会给予对方无情的镇压。参与反叛的人会和家人一同被驱逐出家园，最终被流放到帝国的不同地方。他们的城市、乡镇和圣地都会被焚为灰烬。抢劫牲畜和随意杀戮它们是司空见惯之事，同样常见的是掳掠人质、儿童和妇女，这些妇女经常遭到强奸，并被贩卖成为奴隶。帝国里也不乏酷刑残害。

但当波斯进行猛烈的军事扩张的消息在整个西亚、北非及地中海地区的人们心中引发恐惧时，来自帝国各地的工匠正在波斯波利斯和其他宫殿所在地，用石灰岩、黄金和大理石为大流士一世实现梦想。优雅的刻绘宣传有助于他构建帝国疆域内一片和谐的景象。虽然帝国建设的现实与"波斯治世"的艺术修辞之间的矛盾不容忽视，但也该让波斯人得到应有的褒奖，因为即使是设想一个运作得这般和谐而理想的帝国，在古代世界也是独一无二的。亚述人和罗马人就从未达到这样的自我意识水平。英国人也没有达到。"波斯治世"的梦想可以体现出古代波斯人的思想观念，只是这种体现不太稳固。

阿契美尼德家族对帝国享有至高无上的统治权。它在同时代没有对手，也没有遇到强大的角逐者来阻碍其领土野心。尽管正如我们将要讨论的那样，时有内部叛乱、边境问题、继承斗争、谋杀，甚至弑君，但是波斯帝国在两个多世纪的统治时间里一直维系着广阔的领土和多样化的人口。波斯帝国从未经历从衰落到最终崩溃的缓慢过程，也没有遵循任何我们熟知的"兴衰"戏码——我们经常用这些戏码来解释其他帝国的历史发展。随着公元前4世纪30年代末马其顿的亚历山大开始展开军事征服，波斯帝国迎来了它的终章，一切都发生得如此迅速，完全出人意料。那时，波斯帝国的末代国王大流士三世还统治着一个在功能、财富和防御方面都与150年前几乎一样的帝国。

因此，从这些事实中不可避免地产生的问题不是为什么波斯帝国会灭亡，而是它何以成功存续如此长的时间。这个问题的基本答案是：阿契美尼德家族从未失去对王权的独家控制。波斯帝国从来就不需要与危及国家统一的敌对王朝斗争。阿契美尼德家族以家族事业的形式经营帝国，在精心管理之下，帝国随着时间的推移逐渐成熟、稳定，并带来红利。每位国王都将维护良好统治所需的治国之术传授给自己挑选的男性继承人。王室女性小心翼翼地维护血统的纯洁性和王室繁育计划，儿子担任总督和军官，女儿嫁给波斯的精英家族或外国王公。因此，在居鲁士大帝和冈比西斯二世在位时的帝国奠基时期，帝国的活力非但没有停滞或减少，反倒因不断的巩固而持续增加。诚然，王室内部有叛乱，但叛乱者关注的重点从来都只是谁应该坐上阿契美尼德家族事业头领的御座，而不是建立分裂的诸侯国。

阿契美尼德家族是波斯王室。国王就是一个家族中父亲一角的荣耀版本。这个家族自称 vith，这是一个古波斯语词，意为王朝、世家和家庭。像其他所有的王室一样，阿契美尼德家族经常放大家族生活中的日常烦恼。这些人呈现了人类的各种欲望、缺点和优点，尽管是以夸张的形式。在王室亲属之间，竞争、敌意远比亲情、友爱常见。总的来说，这些经历对维系波斯帝国产生了深远影响，接下来本书将对此做详细论述。本书的核心是"王朝"这一强大且统一的概念本身。我们将借助阿契美尼德家族的棱镜探寻古波斯历史，因为正是国王们的性格特征，他们与父母、妻妾、子女和兄弟姐妹等家人的互动方式，以及与更大的波斯精英圈子的互动方式，决定了帝国的运作方式。家族动态的点点滴滴都可能会对整个帝国的维系和成功产生深远的，有时甚至是严重的影响。家族内部发生的事，以及王宫的私人寝殿里发生的事，终究会在整个帝国疆域内引发震荡。

*

此书讲述了波斯人的历史，从公元前 1000 年左右开始，讲到公元前 330 年他们伟大的帝国被马其顿的亚历山大强势攻破、占领和扼杀。这是一个关于帝国建立和帝国野心的故事。这也是历史上一个机能极其失调的家族的故事。阿契美尼德家族的传奇故事轻而易举地就超越了莎士比亚想象中的约克家族和兰开斯特家族，以及梵蒂冈的波吉亚家族或俄国的罗曼诺夫家族传奇。阿契美尼德家族的故事是一部讲述赤裸裸的野心、背叛、复仇和谋杀的闹剧，实际上，他们的历史就像是中东背景下罗伯特·格雷夫斯的《我，克劳狄乌斯》(*I, Claudius*)。今天，有关阿契美尼德家族及其帝国的研究正以前所未有的速度开展起来，并取得了丰硕的成果。对波斯本土史料的考证研究不断出现，而且对波斯帝国的考古发掘仍有意想不到的发现，这些发现不断督促学术界反思和重塑我们对帝国的定义。这正是探索波斯人世界的大好时机。

第一部分

建立帝国

谁是波斯人？他们是如何开始创建一个帝国的，又为何要这样做？我们对古代波斯人所处的世界调查的第一部分将着重于叙述历史。这里将从波斯人在中亚的起源和他们随后迁入伊朗高原开始讲述，总共讲述约900年的历史。游牧的波斯人不断向西迁移，最终定居在伊朗高原的西南部，他们被划分为不同的部落，由首领统领。这些部落与当地一些古老的族群相遇，比如文化复杂、过着定居生活的埃兰人。埃兰人是美索不达米亚最重要的群体之一，与古代西亚、北非的主要群体——巴比伦人和亚述人——有着密切的文化联系。史料证明，波斯人和埃兰人多年以来一直保持着密切的关系，埃兰人是早期波斯人的重要盟友，在安善地区尤为如此。安善是扎格罗斯山脉山麓的一片肥沃之地，由一个强大的部落统治，部落首领名叫泰斯佩斯。埃兰人与波斯人之间的文化纽带十分牢固，以至波斯人一开始视埃兰为强国的典范。

其他欧亚族群也与波斯人同时迁入了伊朗高原，其中便包括波斯人的近亲米底人。当然，米底人比波斯人更好战，更有领土野心（至少在早期是如此）。米底各部落占领了伊朗高原的西北部，与伊拉克北部强大的亚述人毗邻而居。公元前612年，米底人与亚述人之间的敌对局势达到了白热化的程度，米底各部落在首领基亚克萨雷斯的统治下团结一致，与亚述在南部的敌人巴比伦人结成联盟，攻陷了亚述古都尼尼微。随着亚述的沦陷，米底的实力开始不断增长。不久，基亚克萨雷斯便吞并了之前属于亚述人的领土，并且进一步扩大了米底的控制范围，征服了西部沿着安纳托利亚地区的自然边界哈里斯河生活的族群。之后，基亚克萨雷斯将目光投向了南边的安善和波斯人。他看到那里富饶的土地，认为征服的时机已然成熟。

在本书的第一部分，我们将探讨在这两大部落冲突期间所发生的事，会根据研究证据揭示，波斯人是如何开始反击、巩固权力，以及最终颠覆米底人的霸权的。我们将回顾居鲁士大帝引人注目的崛起，考察他的征伐和后续安置民众的方式。直到讲到富饶、古老和高雅的埃及被居鲁士大帝之子、备受非议的冈比西斯二世并入不断扩张的波斯帝国时，我们的叙述才暂且告一段落。第一部分讲述的是波斯人身份认同的建立和波斯帝国主义的产生，它描述了那些使得波斯成为世界上第一个超级大国的事件。

第 1 章

米底人和波斯人

大约 5000 年前,来自欧亚大陆中部的游牧族群来到了伊朗高原定居。他们本是游牧移民,以养牛为生。牛是他们世界的中心,亦是他们最珍贵的财产。牛是他们赖以存活的终极保障,因此保护和照料牛群几乎算得上是他们的一种宗教义务。那些将牛群赶进共用的围栏或牛棚的牧民属于同一个"戈特拉"(gotra),这是一个相当古老的术语,意思是源自同一祖先。换句话来说,游牧族群主要按部落或氏族定义自己的身份,正是部落秩序给他们岌岌可危的生存带来了一丝和谐。掠夺牛群的人会受到鄙视。他们是破坏生活秩序、粉碎部落信心的邪恶势力,因此他们会被抓捕、惩罚和处决。一旦这种事件愈演愈烈,欧亚移民之间就有可能会爆发战争。

这些迁徙而来的游牧族群自称是"雅利安人"——一个族群语言标签,它一般指居住在被称为"雅利安·伐尔塔"(Āryāvarta,雅利安人的居所)的地理区域内的人群。那是一片横亘中亚数千英里*的广阔地形区。许多语言学家认为,"雅利安"最初的含义是好客的、高贵的、家庭或主人,都是在强调游牧社群的集体性

---

* 1 英里约合 1.6 千米。——编者

和等级结构。"雅利安"这个词语（以及概念）本与种族无关。但是我们如今倾向于将这个词边缘化，因为它与极端法西斯意识形态有着邪恶的联系。20世纪20年代末，纳粹分子严重曲解了"雅利安"一词的含义，将它用作一种邪恶的种族概念，用来表达高加索人种，特别是日耳曼人的种族优越性。"雅利安"**只有**作为一个语言学用语时才具有意义。它构成了"伊朗"之名的词源学出处。

这些雅利安人，或者按现在更常见的称呼，原始伊朗人，讲阿维斯陀语。它是印欧语系伊朗语族中最古老的语言之一，亦是梵语的姊妹语言。它是古波斯语的直接前身。阿维斯陀语和梵语这两种古语言语义上的相似性尤为明显，这表明，伊朗和印度的雅利安人有着共同的起源。不妨参考以下单词列表，注意它们共同的音值：

英语	阿维斯陀语	梵语
horse	aspa	asva
cattle	pasu	pasu
cow	gav	go
earth	bumi	bhumi
man	nar	nar
woman	jani	jani
brother	brater	bhrata
son	puthra	putra
daughter	dugedar	duhitar
army	haena	sena

讲阿维斯陀语的原始伊朗人分支最早可以追溯到约公元前1300年，大约就在此时，这些雅利安族群开始南迁，进一步远离他们的中亚故土。但在南迁途中，迁移队伍出现了分裂，一部分前往印度定居，另一部分则在伊朗定居。印度在雅利安人的故事中起着至关重要的作用，并且与我们对游牧族群的迁徙不断加深的认识有着复杂的联系，尤其是我们对宗教意识形态的认知。这些宗教意识形态日后构成了伊朗和印度文化的基础。《阿维斯陀》（*Avesta*，伊朗早期雅利安人的神圣教义）中的神圣祷文、赞美诗和仪式，在早期的印度世界最重要的宗教教义纲要《梨俱吠陀》（*Rig-Veda*）中也能找到现成的可供对照之处。《阿维斯陀》和《梨俱吠陀》起源于共同的祖先。

根据语言学分析，我们可知，这些早期的定居者使用印欧语系的语言。早期雅利安人所说的阿维斯陀语和梵语在其他许多语言中都有可供对照之处，包括希腊语、拉丁语、英语、法语、威尔士语，以及其他语言，数量达到了惊人的440种。任何一个说当代欧洲语言的人若是想要学习现代波斯语，一旦了解到这门语言非常简单易懂，肯定都会鼓起勇气。他们很快就会遇到熟悉的词汇，而且还会发现，这一易于掌握的友好语族会跨越时空共享语音和词语：

pedar（父亲），拉丁语为 pater；
mader（母亲），西班牙语为 madre；
dokhtar（女儿），德语为 Tochter；
bardar（兄弟），威尔士语为 brawd；
mordan（死去），法语为 mourir；

bordan（搬运），西班牙语为 portar；

nārange（橘子），西班牙语为 naranja；

div（魔鬼），意大利语为 diavolo。

这样的波斯语同源词总共大约有 265 个。

就像古往今来其他重要的人口迁移一样，雅利安人迁移的动力是生存。气候变化、人口过剩、祖居之地资源匮乏，加上军事首领和国王的征伐野心，引发了一场十足的动乱，迫使人们迁移。原始伊朗人的迁移至少历经了三个连续的阶段或时期，而且每次迁移的特征都有所不同。第一阶段的迁移表现为以养牛为生的家庭缓慢地渗透到伊朗。他们自愿离开祖居之地，艰苦跋涉进入伊朗高原。这些人心中没有总体规划，乐于四处游荡，直至找到安全可靠而且适宜放牧的地方。总体来说，他们与当地居民建立起了友好关系，他们的出现对当地的定居社会不构成威胁。

第二阶段是由组织良好的军队率领的众部落的大规模迁移。在第二波移民浪潮中，成千上万的人口同时移动，他们缓慢前行，一英里又一英里，一步又一步，踏入了伊朗。他们的探子和战士率先肃清了道路上的所有敌对抵抗势力。大部分人背着包袱步行；骡子和驴子的背上沉甸甸地压着安家所需的一切物资。骆驼驮着住宿所需的帐篷与地毯。强壮、笨重的长角牛拉着巨大的马车，上面堆满了食物和日用品、铜锅和木箱。这些物品在马车上高高地堆着，摇摇晃晃，最上面还坐着不能走路的婴孩。他们有幸可以搭个便车，而且还能在上面小睡一番。大一点的孩子则负责驱赶牲畜——山羊、绵羊、家牛和小马驹，让它们远离旅途中的危险，即沟壑、落石和河流，以及在整个欧亚大陆特别是伊朗司空见惯的狮子、豹子、狐狸和豺狼。牲畜的脖子上都套着铜铃,到处都能听到叮叮当当的铃声,这些铃声形成了一支行进中的田园交响曲。孩子们身旁还跟着高大、强健的獒犬,协助他们驱赶牲畜。这些獒犬名叫"驱邪者""捕手""不用想,直接咬""仇敌的撕咬者""吠声嘹亮",这些凶狠的名字掩盖了一个事实,那就是它们与孩童相伴时是温柔、顽皮和情感丰沛的。

最后,第三阶段是马背上的游牧族群的大规模迁徙。当成千上万的骑手和他们的骏马如潮水一般穿过这片土地时,场面一定非常壮观。这些族群一直生活在马背上。他们没有房子,当然也不需要房子,因为他们的一生都是在马背上度过的。很明显,这些原始伊朗人可能是一群好战的人,我们一定要抵制误导,以免认为他们是对生态友好的田园和平主义者。进入伊朗的欧亚草原骑手非常凶猛。他们的部落及氏族之间冲突激烈,争斗不断,尤其是在干旱或大雪毁坏牧场、牲畜大量死伤的时节,掠夺其他部落的动物就会成为一种必然的趋势。《阿维斯陀》为我们提供了丰富的关于战斗技术和他们所用武器的语词,包括军队(spāda)、战线(rasman)、弓箭手(thanwani)、瞪羚羊肠制成的弓弦(jiyā)、可容纳 30 支箭的箭袋(akana)、投石器(frad-akhshanā)和供投石器投射的石弹(asan fradakhshanā)、头盔(sārawāra)、腰带(kamara)、马鞍(upari-spāta)、马鞭(ashtra)以及迅捷的战马(arwant)。正是早期的原始伊朗人掌握马术,使用青铜马嚼子,又有能力组建骑兵部队,摆脱了笨重的战车,这才使得他们得以快速移动,迅速占领新的领地。

欧亚马背上的游牧民与他们的波斯后裔都是骑马射箭的高手。他们的主要战术就是在急速奔向敌人的同时连发数箭,在最后一刻转弯,并在离开的同时转身不停地向敌人射箭。只有经验老到、十分了解马匹且平衡性很好的骑兵,方能实施此战术,尤其是在没有马鞍或马镫的情况下。厉害的骑兵只需缰绳和大腿力量就能控制马的运动,甚至可以同时连射数箭。箭矢连成一线,精确地瞄准敌人。这种所谓的"帕提亚回马箭"(Parthian shot,后人所起之名)须配以一种小型的多功能复合弓。这种弓算得上一种小型杀人机器,其制法堪称绝技。它彻底改变了骑兵的作战方式,在征服伊朗以及随后建立波斯帝国的过程中发挥了不小的作用。

　　武士贵族因拥有马匹而表现出众。马作为地位和财富的鲜明象征,与部落的意识形态和模范战士形象密切相关。马对于贵族们的重要性尤其体现在他们的名字上。许多贵族的名字都是与"马"的古波斯语 aspa 相关联的复合词,比如"拥有赛马的人"(Vištāspa)、"拥有成百上千匹马的人"(Satāspa)和"由马所生"(Aspabāra)。

　　有一部分游牧民沿着阿姆河向东迁移,在丘陵地带的绿洲定居。古波斯语称这些移民为 Baḫtriš(巴克特里亚人)和 Suguda(索格底亚那人)。另有一部分游牧民继续向南行进,最终停在紧靠今天的伊朗和阿富汗边界的山脉和丘陵地带,这些人就是阿拉霍西亚人、阿里亚人和扎兰吉亚那人。最后一部分人则真正进入了伊朗高原,包括扎根于伊朗高原东北部的帕提亚人,伊朗高原西北部地区、扎格罗斯山脉中北部的米底人,以及扎格罗斯山脉南部的波斯人。

　　当然,早在这些欧亚部落进入伊朗高原之前,那里就已经有人定居了。早在公元前 1 万年就已经有人生活在伊朗了。公元前 6000 年,他们成功建立了农业村落和小城镇,这些城镇后来发展成有城墙环绕、防御严密的城市，成为美索不达米亚的典型定居点。加喜特人定居在扎格罗斯山脉郁郁葱葱的河谷地带，乌克西亚人控制着苏萨附近的扎格罗斯山低地，卢卢比人定居在库尔德斯坦东南部，古提人定居在积雪覆盖的扎格罗斯山高地，曼努亚人定居在库尔德斯坦东北部，胡里安人则定居在奥鲁米耶湖附近地势崎岖的扎格罗斯山脉北麓。

这些在伊朗高原定居的族群中，最重要且最具文化影响力的当属生活在伊朗西南部的埃兰人。埃兰人是一个卓越且可敬的族群。早在公元前3000年，他们就居住在扎格罗斯山脉的山麓地带。这使他们成为伊朗高原文化圈历史最悠久、文化最重要的族群之一。他们有自己的语言，使用自己的楔形文字，但奇怪的是，埃兰语在美索不达米亚地区没有亲属语言。我们对埃兰语词汇和语法的了解尚不够全面，埃兰文明的诸多方面还尚待探索。

埃兰人是建筑大师。他们最伟大的建筑奇迹就坐落在城墙环绕的埃兰都城苏萨（位于今伊朗毗邻伊拉克的边境地区）附近，即宏伟壮观的塔庙恰高·占比尔（Chogha Zanbil，埃兰语称之为Dur-Untash，意为翁塔希之城）。这是一座高达53米的阶梯式金字塔形建筑群，其历史可以追溯到公元前1250年。这个建筑群是埃兰诸神灵被崇拜之地。这个神圣之所坐落在种满神树的神圣果园里，其中有一王室区域，在那里出土了三座巨大的宫殿。塔庙本身被认为是深受埃兰国王翁塔希·纳毗日沙爱戴的苏萨牛神因舒希纳克的俗世居所。实际上，恰高·占比尔塔庙就是国王翁塔希的杰作。它是现存最完好的塔庙之一，是埃兰人聪明才智与政治力量的纪念碑。

纵观其历史，埃兰人一直在为争取族群自治而激烈斗争。他们见证了数次来自巴比伦人和亚述人的声势浩大的入侵，但有时他们自己也统治着新月沃土的大片地区，利用突袭和游击战术袭扰巴比伦尼亚。埃兰曾拒绝屈服于亚述最后一位伟大的统治者亚述巴尼拔的权威，结果苏萨城沦为一片废墟。但随着公元前612年亚述的覆灭，埃兰文化又经历了一次非凡的复兴，苏萨城被精心重建，釉面砖层层铺叠。埃兰在美索不达米亚的历史和文化中扮演着重要的角色。它是美索不达米亚思想和身份认同的中心，尽管它也拥有自我认同和独立自主的抱负。

伊朗当地的定居民众以异乎寻常的平静态度迎接早期的欧亚游牧族群。总体来看，这两个群体相处得较为和谐。但很快人们就发现，游牧民族的生活方式比农民和城市居民的生活方式更具优势。他们那些可以随身携带的财富——他们悉心照料的珍贵的牲畜群——在面临袭击或暴力威胁时，可以迅速聚集在一起，转移到其他地方。然而，在战争时期，农民只能眼睁睁地看着自己的庄稼被毁，城市居民则要遭受残酷的军事围攻，难以避免的墙倒城毁，被掠夺财物，甚至失去生命。在和平时期，游牧民可以用羊毛和肉类交换农民的粮食和蔬菜。如若农民的收成不好，游牧民还可以靠肉类与奶制品自给自足，但如若此时农民和城市居民想要换取食物，游牧民就可以强迫他们提供其他有价值的商品，比如金、铁、熏香、其他香料、青金石、绿松石，等等。游牧民利用这一有利地位，赚取了丰厚的保护费，并将之迅速发展成为一种贡税制度。

迁移到伊朗高原的欧亚族群中，最为成功的当属米底人和波斯人。在大众的想象中，伊朗的这两个族群常常被塑造为一个整体，仿佛他们在各个方面都浑然一体。然而，事实并非如此。尽管米底人和波斯人拥有共同的基因,以及许多相似的文化规范和价值观,但他们也有各自明显的特质,且由于身处完全不同的地缘政治环境,他们形成了两种截然不同的思维模式。为了了解米底人和波斯人是如何形成各自的身份认同的,我们需要研究伊朗的早期文明中这些关键参与者发挥了重要作用的历史,并且探寻他们的世界是如何交织在一起的。

*

米底人由诸多部落构成,他们定居在伊朗北部的一大片土地上,并且统治着这片土地。这片土地东至里海南部边缘,西至两河流域北部,由山峦和山谷组成,面积约有1.4万平方英里[*]。他们在这些艰险的地带辗转生活,不停地驱赶着牛羊马群去寻找肥美的牧草,尽量避开那些可能发生灾难的坏天气。米底人是养马的行家。他们饲养的健壮小马吃苦耐劳,在米底苜蓿遍地的牧场上茁壮成长。米底人在山区牧场饲养其中优质的马(即尼西安马)。这些漂亮的小骏马是公认的最机敏的动物,因勇敢和坚韧而闻名于世。一份来自遥远中国的官方文献指出,中国马永远无法匹敌尼西安马,这一点给人们留下了深刻的印象。作者提到,尼西安马非常善于爬山下山、穿越沟壑和横渡激流,他确信它们是最适合在山区生活的动物。[**]

米底人除了关注与游牧生活密切相关的事务,对其余的世界知之甚少。除养马之外,他们还饲养和照看绵羊、山羊、牛,以

---

*　1平方英里约合2.6平方千米。——编者
**　原文如此。中国古代官修史书所提及的是大宛马。——编者

获取肉类和奶制品,还可以将它们的粪便晒干用作燃料。这些牲畜为他们提供羊毛和牛皮,用以制作衣物、帐篷、缰绳和其他马具,以及地毯。他们只在宽阔的山谷和陡峭的峡谷周围放牧。每个山谷都居住着一个部落,由部落首领统治。当不需要随畜群移动时,部落首领就待在一个由家用帐篷和牲口圈棚围绕的石制要塞里。其中有位名叫基亚克萨雷斯的首领,他的领地在埃克巴坦那附近,今天,从德黑兰往西大约开 4 小时的车就能到达那里。他和他的部落住在色彩鲜艳的帐篷(或称"格尔",gers)里。这些圆顶帐篷像蒙古包一样可以移动,对游牧生活至关重要。米底人从未建造过城市,也没有兴趣过长久定居的生活。然而,当基亚克萨雷斯在埃克巴坦那逗留时,他的部落和他一道用纺织品在平原上搭起了家用帐篷和奢华的大帐篷。帐篷连绵不断地向四周扩展,穿过地貌景观,向遥远的地平线延伸开去。

就这样,米底人从聚居生活中得到了乐趣。他们沉醉于举办盛宴、欣赏音乐、掷骰子赌博、赛马、狩猎、唱歌和讲故事等活动。毫无疑问,基亚克萨雷斯通过吟游诗人讲述的故事,知晓了自己祖先的一些往事。那些歌手兼历史学家携带着过去的记忆,将旅行、小冲突和婚礼转变为有关冒险、战争和爱情的史诗故事。如果基亚克萨雷斯知道了任何有关自己欧亚血统的事,那一定来自他在观看篝火表演时听到的史诗故事。

基亚克萨雷斯是一位令人敬畏的领袖。作为一名天生的战士,他确信自己的部落已为战斗做好了充分准备。在他的领导下,米底人尽管采用了一些不入流的阴险手段,但还是成功击退了入侵他们领地的斯基泰军队。基亚克萨雷斯为了确保战斗获胜,邀请了许多斯基泰首领前来参加宴会,但他在宴会上将他们灌醉,然后有条不紊地杀死了他们。到公元前625年，基亚克萨雷斯一边向斯基泰人学习新的战斗技巧，一边将他们驱赶出米底。随后，他按照斯基泰人的做法重组部落军队，使之转变为一股致命的作战力量。

到公元前585年基亚克萨雷斯去世时，米底在他的治理下成了一个富裕且强大的王国。按照当时的标准，米底人并不是真正的帝国缔造者，他们尚未完全过渡到王权社会。但是他们的确成功地实行了部落首领的领导制度，这塑造了部落联盟与会众权威的传统。基亚克萨雷斯之子阿斯提阿格斯毫无争议地继位掌权，并承袭了其父"米底之王"的头衔。新的掌权者决心维护和扩大米底的疆界。阿斯提阿格斯的伊朗名字是 Rishti Vaiga（意为投掷标枪者），的确是人如其名。

*

强大的亚述（位于今伊拉克北部地区）国王撒缦以色三世（公元前858—前824年在位）声称，他从帕尔苏阿什（Parsuwash，来自帕尔萨的人）的27位部落首领那里收到了贡赋。这是波斯人首次被记载于历史文献。"帕尔萨"源自古印度-伊朗语词 Pārćwa，意思是"肋骨"。因此，从词源上来看，波斯人是"肋骨之地的人"，"肋骨"肯定是指巍峨的扎格罗斯山脉的山脊，波斯人就生活在这片山区。在今天的伊朗，这片区域被称为法尔斯省，不过，古代帕尔萨人居住的土地很可能比现今这个宽广、繁荣的省份小得多。

在伊朗北部，米底人凭借强大的军事力量成功扩张了疆域，但在南部，波斯人则面临截然不同的境遇。在公元前1200—前

1000 年到帕尔萨地区定居时，波斯人可能与埃兰人（古波斯语为 Uja 或 Huja）发生了一些小冲突。在波斯人到来之时，帕尔萨的大部分地区都居住着埃兰人。波斯人的到来可能会引起一些冲突，但还不至于发生战争。这两个族群在这片土地上发展了一段较长时间的和平协作的共居关系。目前，有越来越多的考古证据证明了这一点，尤其是 1982 年在今伊朗胡泽斯坦省东部边界贝巴罕附近的阿尔詹古城发掘出的一个新埃兰晚期的贵族墓葬（约公元前 630—前 550 年）。考古学家在该墓葬发掘出了一批品质卓越、别具一格的艺术杰作，有一些金碗、银碗、金杯、银杯、手镯，一把精致的匕首、一枚仪式戒指、一个烛台，甚至还有精美的金线刺绣棉织品（首次发现于古代西亚、北非地区）。在风格上，这些物品受到了亚述和腓尼基艺术的影响，但很明显，所有物品都源自当地的一家手工作坊，从而证实了当时确有一个"阿尔詹流派"的工匠，他们将古埃兰文明残存下来的艺术与新定居的波斯人的艺术融合在了一起。

在埃兰的一个叫安善（古波斯语为 Yanzhan）的低地地区，波斯部落和埃兰人之间产生了一种特别强烈的文化关系。安善以今塔利-马尔彦遗址为中心，一直延伸到波斯部落所在地区。（该遗址位于拉姆杰尔德地区，在设拉子以北 29 英里、波斯波利斯以西 27 英里处。）事实上，"安善"和"帕尔萨"这两个地区交相融合，以至在很多史料中，两者被视作同义词。有证据表明，在部落首领泰斯佩斯统治期间，波斯定居者在安善建立了一个重要的权力中心。关于泰斯佩斯，我们只知道他有一个伊朗名字 Tishpish。据说，他是安善之王，因此后来被视为安善王朝或泰斯佩斯王朝的先祖。作为安善的部落首领，早期的波斯统治者很容易被拉到内心复杂、精明的埃兰人所主导的文化轨道上去，并且可以肯定的是，在公元前 7 世纪和前 6 世纪初，埃兰和伊朗南部出现了地缘政治上的相互依存关系。毫无疑问，埃兰人是波斯意识形态发展链中"缺失的一环"，而这里的波斯意识形态即指波斯人发展独特文化的方式。波斯人是埃兰人真正的继承者。

公元前 7 世纪 40 年代后期的一篇亚述铭文记载了亚述国王亚述巴尼拔摧毁苏萨城之事，其中提到了一位名叫库拉什的波斯国王。通过年代比对，学者们认为，他就是安善的居鲁士一世，即著名的波斯帝国缔造者居鲁士大帝的祖父。亚述国王亚述巴尼拔声称："波斯王居鲁士（一世）听闻了我的实力。他意识到我力量之强大……他恳求归顺于我，受我统治。"居鲁士为了讨好亚述巴尼拔，将自己的儿子阿鲁库送到了尼尼微，以此证明自己服从亚述的统治。阿鲁库王子作为波斯王室的人质——"国王的宾客"，远离家乡，在亚述生活了好几年。这是古代西亚、北非文明中常见的"王室交换"形式，一种旨在使诸侯列国更加忠诚于中央权威的制度。亚述人希望以亚述的方式教育阿鲁库王子，他在彻底亚述化后便可安全返回波斯，随后他将作为亚述之主的忠诚支持者统治波斯。然而，世人再也没有听说过阿鲁库，即使他果真接受了亚述式的教育，对波斯也毫无用处。阿鲁库王子很可能死在了尼尼微。

约公元前 650—前 610 年，居鲁士一世既是安善之王，又是帕萨尔加德的部落首领。同时期，还有几位部落首领与居鲁士一样享有"波斯之王"的头衔。但从亚述巴尼拔的铭文来看，他似乎只承认居鲁士一世是唯一的波斯国王，亚述人误以为这个头衔意味着对波斯全境的统治权。希罗多德作为一个局外人所记述的反而更加接近当时的真实情况,他明白,伊朗游牧族群只是庞大复杂的部落网络的一部分。他指出,在波斯境内有如下三个主要部落(希腊语为 genea):帕萨尔加德(古波斯语为 Pathragada,意为挥舞重棒之人的居所)、马斯皮安(古波斯语为 Ma-aspa,意为有马)和马拉菲安(古波斯语为 Ma-arafa,意为有战车)。希罗多德进而指出,"在所有这些部落中,帕萨尔加德最为突出,因为他们包含氏族……从中诞生了……国王"。虽然希罗多德用希腊语词来指称部落的群体和等级制度,但从他的术语有可能认识到真正的伊朗社会结构。所有的伊朗部落都以父系家庭(古波斯语为 taumā)规范为基础。一组家庭可构成一个氏族(古波斯语为 vith),多个氏族可组成一个根据宗谱(通过血亲)和空间(通过征地)来定义的部落(古伊朗地区的语言为 zantu)。每个部落和每个氏族都有自己的领地,由部落首领(古伊朗地区的语言为 zantupati)统领,比如居鲁士一世。

在波斯波利斯发现的一块泥板上可以看到一枚小巧迷人的圆柱形印章的印记(图 2),这个印章直接将居鲁士一世带回了当时的历史情境。印章上有一段独特的铭文,用埃兰语楔形文字写着:"安善的库鲁什(即库拉什),泰斯佩斯之子。"在此图像正中心的是居鲁士一世,他正手持长矛,骑马越过两具敌人的尸体。敌人们则四肢摊开,倒在地上。居鲁士一世用长矛将立在面前的第三个敌人刺死。居鲁士一世基本上还是将自己看作一名马背上的坚毅战士。

遗憾的是,尽管居鲁士一世之子冈比西斯一世(约公元前 600—前 559 年在位)也是安善之王、帕萨尔加德的首领,但是我们对他几乎一无所知。几乎没有关于他生平的记载,他只出现

图 2　安善的居鲁士一世打败敌人。一枚圆柱形印章的印记

在后来他儿子居鲁士大帝统治时期的铭文之中。在美索不达米亚南部乌尔城出土的一篇铭文中，居鲁士大帝称自己是"安善之王，冈比西斯之子"，同时期在乌鲁克城建筑砖块上的铭文也称居鲁士为"强大的国王，冈比西斯之子"。他的统治见证了波斯和米底之间不断升级的紧张局势，因为米底人阿斯提阿格斯开始对波斯和巴比伦占据的领地实施侵略性的土地掠夺政策。

在公元前7世纪20年代，当基亚克萨雷斯试图建立部落联盟，以展开他对抗亚述的行动时，米底人进入了波斯。自从米底人出现在波斯之后，他们便再也没有真正离开过。一次次的军事胜利令米底人觉得自己已经强大到可以从邻近的波斯人、希尔卡尼亚人、萨卡人和帕提亚人那里榨取贡赋。从此，波斯人不得不承认米底的强大。掠夺土地的战役驱使米底人攻入了叙利亚北部（今叙利亚-土耳其边境附近）这片本属于亚述的地区，还攻入了重

要的宗教中心阿尔贝拉和哈兰。米底人摧毁了神殿,驱逐了数百名囚犯。在巴比伦发现的一块石碑详细记载了他们所造成的破坏:

> 米底之王毫不畏惧,将众神神庙……以及阿卡德疆域内的城镇,连同圣所一一摧毁。……他如洪水决堤一般,摧毁了当地民众崇拜的每一个偶像,捣毁了诸多朝拜中心。就连那憎恶亵渎神灵之举、不曾反对任何神灵崇拜的巴比伦之王,如今也只是蓬头垢面地躺在地上呼呼大睡罢了。

可能正是因为这些破坏,新巴比伦王国国王尼布甲尼撒二世感受到了米底人的扩张野心。为了预防类似的毁灭性事件,亦是为了阻止米底人更加深入美索不达米亚,巴比伦人在底格里斯河和幼发拉底河之间修建了一道城墙,部分城墙的高度达到了100英尺[*]。这便是两国之间存在的"冷战"思维的具体表现。

先知耶利米坐在耶路撒冷城中,虽然身受巴比伦人入侵的威胁,他却满心欢喜地想象着巴比伦落入残忍的米底人之手时在劫难逃的情景。他大声地警告美索不达米亚:

> 看哪,有一种民从北方而来……他们拿弓和枪,性情残忍,不施怜悯,他们的声音像海浪砰訇。巴比伦城啊,他们骑马,都摆队伍如上战场的人,要攻击你。巴比伦王听见他们的风声,手就发软……因巴比伦被取的声音,地就震动,人在列邦都听见呼喊的声音。耶和华如此说:"我必使毁灭的

---

[*] 1英尺约合0.3米。——编者

风刮起，攻击巴比伦和住在立加米的人。我要打发外邦人来到巴比伦，簸扬他，使他的地空虚。"

看来，米底国王阿斯提阿格斯和新巴比伦王国国王尼布甲尼撒二世之间的战争不可避免了。两位统治者皆意识到了战争代价高昂，但巴比伦的国库里都是从亚述掠夺而来的战利品，而来自哈兰和阿尔贝拉的战利品也刚好大大补充了米底的资源。阿斯提阿格斯进一步向附庸国施压，要求他们提供人力和资金。波斯所受的压迫尤为严重，尽管阿斯提阿格斯很快意识到，以他与埃兰——它本身就是进入美索不达米亚南部的据点——的关系，需要区别对待安善之王，当然也需要更加以礼相待。为此，约公元前598年，阿斯提阿格斯将女儿曼丹尼公主赐予安善首领冈比西斯一世为妻。阿斯提阿格斯和冈比西斯一世通过联姻，达成了一份相互忠诚的契约。冈比西斯一世成了最大的受益者：他与米底国王的家族关系使他获得了某种凌驾于其他波斯首领之上的权威。事实上，随着冈比西斯一世与曼丹尼完婚，在众多强势的首领中，他成了无可争辩的同侪之首。

第 2 章

英雄今日得胜归

　　注定要成为大帝的居鲁士王子，是安善之王冈比西斯一世和米底公主曼丹尼之子，出生年份不详，大约是公元前590年。关于他的具体出生日期，甚至出生地，我们尚不能确定。几乎没有涉及他童年、青少年，以及获得权力过程的历史记载，但可以肯定的是，在他死后数年、数十年和几百年里，有关他出生和幼年的传说以故事和歌谣的形式在世间广为流传。古典时期的作者说，每个波斯小孩子都会学习有关居鲁士出生，以及他如何与米底人作战的故事。但就确凿的历史事实而言，世上并没有现成的有关他早年生活的记载。然而，根据一些权威说法，居鲁士在出生时便是安善王位的继承人，亦是波斯最强大的部落帕萨尔加德的下一任首领。因其母亲的身份，他亦是阿斯提阿格斯不断扩张的米底王国的继承人。

　　年幼的居鲁士王子是他母亲的掌中珠。曼丹尼亲自抚养他，在部落分配给妇女和婴孩的帐篷与马车里将他养大。居鲁士6岁前都是在曼丹尼身边度过的，母亲无微不至地照料他。与此同时，她就像部落里的其他女人一样，纺羊毛、织布、搅牛奶和烤面包（此时，波斯尚处于历史早期阶段，首领的妻子并非完全不用从事体力劳动，但这种情况日后会有所改变）。波斯男孩在6岁之前都是在妇女和女孩身边长大的，他们很少见到自己的父亲，也少有成年男子相伴，因此母子之间产生的强烈共情，将会成为他们日后成年生活的标志性特征之一。在重视性别隔离的社会中，儿子往往可以填补母亲生活中丈夫在事实上或情感上远离他们造成的空白。波斯妇女会训练她们的儿子，因此他们之间的关系非常亲密。

婴孩时期的居鲁士被一个女人传到另一个女人身边，从一个爱意满满的怀抱被递到另一个爱意满满的怀抱里，因为部落里的女性会轮流照看孩子。不管是否存在血缘关系，她们都是"阿姨"。正如人们所期望的那样，他受到了部落里所有女性的照料，享用了所有哺乳期母亲的乳汁。但作为曼丹尼的长子、第一个离开她子宫的男孩，他非常特别，部落里的每个人都认为，他代表着家族的荣誉和未来的成功。总有一天，曼丹尼之子居鲁士不仅要为母亲的福祉负责，还要为所有波斯人的福祉负责。

当居鲁士还是婴孩时，曼丹尼就喜欢唱米底童谣给他听。出于母亲的缘故，居鲁士很快便掌握了米底语，在此后的日子里，他说起米底语就像说波斯语一样容易。曼丹尼向他讲述了米底高地的生活，还向他讲述了种种传说。其中可能有白毛婴儿扎尔的故事，他被父亲抛弃在厄尔布尔士山脉的山坡上，被一只在达马万德山的雪峰上筑巢而居的大神鸟养大成人；可能有信杜赫特（Sindokht，意为东方的女儿）的故事，她聪慧、睿智、美丽，这些品质使她成为女性的典范；可能还有马赞达兰的魔鬼故事，神话里的马赞达兰地区是禁区，位于北部或东部，里面满是妖魔鬼怪和不法之徒。

曼丹尼给居鲁士灌输了对北方山地世界的深刻归属感。她向居鲁士强调，按照她的血统，只要机会来了，他就是阿斯提阿格斯王位的继承人（不管米底国王的妻妾生了多少孩子或孙子）。她还提醒居鲁士，虽然他的父亲冈比西斯一世也有诸多妻妾子嗣，但只有他才是波斯和米底的继承人。仅凭这一无可争议的事实，居鲁士便处于非常有利的地位。

居鲁士被带离妇女帐篷的日子终于到来了。他没有其他选择，也不得有异议。或许当他被递到父亲的怀里时，他哭了，还用自己柔软的小手抓住曼丹尼的面纱。他的头发被修剪了，本人则骤然被推入了险恶的男性社会，进入了赛马、狩猎和战争的混乱世界，也进入了吹毛求疵、接受惩罚和展现勇武的世界。就像其他每个波斯男孩一样，如此迅速且决绝地脱离之前所熟悉的舒适环境，必然令居鲁士惊慌不已。不过，冈比西斯一世也很宠爱他的儿子，他悉心抚育居鲁士，使后者顺利度过童年，进入青少年时期，并且掌握身为领导者所需的各项技能。像其他所有脱离了女性世界的波斯男孩一样，居鲁士学会了骑马、射箭和讲真话，通过这些珍贵的生活原则，冈比西斯一世证明自身是一位不乏耐心但固执的领袖。尽管冈比西斯一世本人从未获得过卓越的军事声誉，但后世的故事讲述了，他决心向自己的儿子灌输国王应具备卓越的武士品质的理念。希腊史学家西西里的狄奥多罗斯说："因其父亲以国王的方式养育他，并使他热衷于追逐最高成就，所以就勇敢、睿智和其他美德而言，居鲁士在同时代的所有人中出类拔萃。"看到居鲁士快速地吸取经验教训、磨炼王权之术，冈比西斯一世感到无比自豪。

公元前559年，冈比西斯一世去世了，对此，居鲁士悲痛万分。人们为这位受人尊敬的君主举行了隆重的葬礼。随着他去世的消息在各部落间传扬开来,整个波斯都陷入了悲痛之中。居鲁士及其男性亲属剪短了头发、穿上粗布衣服,曼丹尼和其他女性则摘掉面纱,将灰撒在头上,用指甲划脸颊,并且按照礼规发出令人毛骨悚然的哀号:"啊,我的丈夫!啊,我的荣耀!啊,那位统治者!啊,那个男人!"她们尖利的哀号声不断,与之相伴的是有节奏的击鼓声,以及一支职业号丧妇女队伍的号哭声。这群收入颇高的妇女发出阵阵号哭声,她们很擅长烘托气氛。

居鲁士非常尊敬父亲,他为父亲举行了一整套庄严的哀悼仪式。不过,他定然也感受到自己从父亲平庸的影响中脱离了出来。但风俗习惯要求人们服完一个正式的哀悼期,因此居鲁士等了5个月才继承王位。登基仪式在美丽的帕萨尔加德平原举行,那是部落祖居之地的核心。帕萨尔加德四周丘陵起伏,适逢春季,该地绿意盎然,红紫相间的罂粟花竞相绽放,形成了丰富而复杂的图案,如毯子一般铺满地面。石榴树上果实累累,碧蓝的天空万里无云,看上去浩瀚无边。公元前4世纪晚期,希腊历史学家卡迪亚的希洛尼摩斯将波斯中部描述为一个名副其实的富饶之地:

> 高地,气候宜人,盛产应季水果。峡谷幽深,林木葱郁,园子里栽种的树木种类繁多,绿树成荫。自然交会而成的林间空地,林木丛生的山丘,还有潺潺溪流,仿佛在邀人驻足休憩,令游客心生愉悦,流连忘返。还有成群的牲畜……居住在此的波斯人最为好战,人人都是弓箭手、投石手,而且人口众多,远胜其他族群。

在那个显然受众神祝福的富饶之地,居鲁士在一个充满古老欧亚象征的仪式上成了波斯之王及首领,其中一些更为神秘的仪式,就连祭司都无法解释。在神职人员面前,并通过他们的代理,居鲁士从王储转变为君主。居鲁士穿上王朝世代相传的宝物——曾属于先祖泰斯佩斯(有可能更古老)的皮革长袍(gaunaka),象征性地拥有了新的国王"身躯"。随后,居鲁士吃了一顿由甜椰枣和开心果组成的简单餐饭,并且喝了一碗爱兰(airag,意为发酵后浓稠而酸涩的马奶),这些是欧亚游牧民赖以生存的简陋食物。谦逊是这个神圣仪式的特点。通过参与此仪式,居鲁士回归了欧亚草原身份和淳朴的游牧传统。

*

居鲁士受命继位时30多岁,正值壮年。风吹日晒使他的肤色黝黑、皮肤紧绷,不过他的眼睛周围有深深的皱纹,眼部的皮肤颜色比脸上其他部位的要浅一些,这是因为他习惯眯着眼睛看太阳,试着找寻他的猎鹰飞上天空、俯冲向地面、精准地捕杀猎物的轨迹。浓密的冷酷眉毛下是他的黑色眼睛。他在上下睫毛处大量涂抹了眼线墨,使得目光更加炯炯有神。他瘦削而英俊,拥有那种独属于波斯男人的帅气。他穿着一件厚重、色彩鲜艳、由上等厚羊毛编织而成的束腰长衣,里面加了衬垫以保暖,腰上还系着腰带,外面套着一件及地的长袍,里面衬有一层蓬松的羊毛,还饰有金色的玫瑰贴花和毛毡马头。他的双手布满了硬邦邦的老茧,这是他30年来徒手抓生皮制成的马缰绳、紧握长矛木杆和拉弓弦的结果。在他尚且年幼,刚能抓握时,人们就让他抓紧缰绳骑马。他没有戴手套,不过好在他的外套袖子够长,喇叭形的袖口盖住了他的手指尖,可以为他遮挡一些刺骨的寒风。这种袖子叫作"马蹄袖"。在严冬骑马时，他将缰绳拉进衣袖里，这样既能保暖，又不影响对马匹的灵敏控制。就像其他所有的游牧服装一样，他所穿服装的最显著特点是它的体积，为了保暖和舒适，羊毛衣服大到可以装下一只羊羔或一个小孩，其他需要遮挡的珍贵物品也罩得下。

他穿着羊毛裤。那是一条色彩鲜艳的宽松马裤，裤裆低垂宽松，但在脚踝处收紧，被塞进齐膝、衬有狐狸毛的厚皮靴里。马裤外面是皮套裤。皮套裤虽因年深日久已变软，但对骑马的人来说是必不可少的。他或许不是最讲究穿着的统治者。他既没有巴比伦国王那些宽大的紫色和金色长袍，也没有雅致的小毡帽。他戴着一顶用野兔皮毛做内衬的帽子，它比任何小毡帽都实用，可以有效抵御寒风。他的黑发又长又浓密，梳成一个低发髻挽在颈后。他还蓄有浓密的长胡须，上面还残留有他上顿吃的山羊奶酪和扁面包屑。在国王之中，他虽然不是最具有王者风范的，但对其子民而言，他就是战士的榜样、男子汉的典范，也是他们唯一期待的统治者。他是他们的首领，也是他们的国王，他们对他忠心耿耿。

居鲁士的服装是一个依靠马匹进行运输、战争和地位展示的族群的理想着装。波斯人量身定做的外套和束腰外衣，不但可以让穿着者灵活地运动，而且能保暖，还有衬垫可以起到保护作用。马裤和皮套裤可以防止大腿擦伤，因为无休止地骑着裸背马不可避免地会造成大腿疼痛和发炎。实际上，也是伊朗的游牧民，比如波斯人和米底人，最先发明了裤装。在他们来到伊朗之前，扎格罗斯山脉的社会都没有听说过护腿套。在整个美索不达米亚、爱琴海、黎凡特和埃及，衣物都是由简单的裹身纱丽式的布料制成,只需要将它们披着、系着或固定在身上。这些服装不需要裁剪、成形或缝纫。与之形成鲜明对比的是,伊朗的服装会通过剪裁面料、拼接缝纫成形来凸显身材。

2004年,在伊朗北部、德黑兰西北约210英里处的切拉巴德盐矿,矿工不小心被一具古尸绊倒,因而发现了一套完整的古伊朗服饰。这具男尸是一具少有的天然木乃伊,因被完全掩埋于盐中,保存完好。经仔细考证,死者生活的年代可以追溯至公元前500年左右。基因检测分析表明,这个男孩来自德黑兰-加兹温平原地区,可能未满16岁便死了。临死之际,他正在地底深处一个黑暗狭窄的竖井中收集盐。骤然间,一片巨大的盐矿层掉落下来,压住了他。这具木乃伊本身就是巴黎大木偶剧场式演出的素材,更引人注目的是,那些保存完好的细节仍流露出些许动人的人性。临终之日,他身着寻常衣物(没有专门供收集盐时穿的衣服):一件米黄色的长袖羊毛束腰外衣和一条宽松的浅棕色羊毛长裤,腰上系着束腰带,接缝处嵌有红色绲边。这条宽松长裤(又名"哈伦裤")的内外接缝处未缝合严实,因此很容易看到他大腿的裸露部分。"第四号盐人"(Salt Man 4)——考古学家进行登记编号时对他的称呼,穿着所有波斯骑手都会穿的衣服,因为在公元前500年左右,这身衣服是伊朗高原男性游牧民的标准服装。对西方的族群来说,第一次遇到穿长裤的波斯人,将会成为一段令人不安的经历。对希腊人来说,这引发了他们的精神创伤。希罗多德指出,雅典人"是最早忍受波斯服装的希腊人",这也许是一种极端的反应,但告诉了我们,希腊人是如何看待奇特、强大的异族敌人的。对伊朗的男性游牧移民(比如可怜的"第四号盐人")来说,长裤是一种古老而先进的文化的标志,这种服装最为清晰地表达了他们的骑手传统和欧亚血统。长裤注定要风靡世界。

*

居鲁士童年和青年时期的数十年,对于波斯来说是艰难的。在伊朗北部,米底国王阿斯提阿格斯与新巴比伦王国国王尼布甲尼撒二世之间的战争一触即发。在伊朗高原南部的波斯,境况也差不多,波斯人卷入了米底人野心勃勃扩张领土的旋涡。阿斯提阿格斯心里清楚,与巴比伦之战代价高昂,因此他向附属领地的臣民施压,要求他们提供兵力与财力支持。他将目光重点转向了波斯,要求它给予特殊支持。虽然波斯人无心与北部的近亲米底人结盟——如果一定要说他们效忠于谁的话,那就是南部的埃兰了,但他们还是口头上赞颂了阿斯提阿格斯的雄心壮志,并且适时献上了贡品,以表敬意。

但这对阿斯提阿格斯来说远远不够。为了获得大量的财政支持,他的军队开始深入波斯的领地。他还在进出波斯的道路上设置关卡,并坚持要求,往返米底和波斯的所有旅行都必须有文件证明(这项命令让牧民困惑不已)。他派遣总督驻扎在波斯,监督波斯各部落的定期税收。伊朗南部的迅速殖民化现象非常奇怪,看起来像是米底人在效仿亚述人创建帝国的方式。波斯人认为,阿斯提阿格斯在他们土地上的所作所为既违反常情,又不可容忍。因此,他们开始反对他的侵略性扩张主义。

阿斯提阿格斯在米底的统治亦是如此。他将权力凌驾于其他所有的部落首领之上,取消了他们的自治权,发展出了一种美索不达米亚式的绝对王权,由他一人独揽大权。他整日埋首于打造日益完善的宫廷仪式体系和越来越繁杂的官僚管理体系。他试图利用这些体系，精心营造出一种"神秘的君主制"——已为美索不达米亚地区的国王们推行了数千年之久，并借此使自己从公众视野中消失。然而，这种抽象的统治方式与游牧部落注重亲身实践的生活方式格格不入，因此不出所料，米底贵族对此反应强烈。他们当中有些人甚至远赴波斯，与居鲁士结盟，他们认为，居鲁士的领导方式更慎重而传统。米底贵族哈帕格斯联合其他米底贵族密谋，费尽心思向居鲁士效忠，以赢得居鲁士的青睐。哈帕格斯将一封信缝在野兔的身体里，这封信逃过了米底边境关卡的检查，被成功偷运到了波斯。"冈比西斯之子，"哈帕格斯写道，"众神保佑你。劝服波斯人起义，来攻打米底吧！米底贵族会率先抛弃阿斯提阿格斯，加入你的阵营。"

阿斯提阿格斯的耳目无处不在，国王很快就听说波斯腹地发生了叛乱。的确有一个传言说，有天晚上，阿斯提阿格斯在埃克巴坦那的宫殿里召来了一个妃子表演助兴。她为他唱歌取乐。"尽管雄狮控制住了野猪，"她唱道，"但他允许野猪回到了自己的巢穴，野猪在那里变得更加强大，暗暗准备让狮子悲痛万分、悔不当初。"国王问道："这头野猪指的是什么？"妃子笑着回答道："波斯人居鲁士。"

为了应对叛乱的威胁，阿斯提阿格斯认为，与一些有影响力的米底家族结盟是明智之举，其中的首要人物是贵族斯皮塔马斯。斯皮塔马斯通过迎娶阿斯提阿格斯之女阿米蒂斯，融入了米底王室的核心圈子。她的嫁妆无异于米底本身。此乃阿斯提阿格斯的精心盘算之举：通过与阿米蒂斯的婚姻，斯皮塔马斯成了岳父王位的假定继承人，而阿斯提阿格斯的外孙居鲁士（曼丹尼和阿米蒂斯是同胞姐妹或同父异母的姐妹）对米底的继承权则随之被削弱了。

因此，居鲁士自然而然地转而考虑用武力夺取因血统而被拒绝给予的权势，这并不令人意外。他通过扩大对马甸人、萨加迪亚人，以及潘提亚莱欧伊、戴鲁希埃欧伊和卡尔马尼亚等部落的影响力，获取了波斯众部落的支持。他还通过协商，获得了萨卡人联盟两个强大的成员大益人和德尔比克人的援助。当居鲁士在整个波斯开始树立权威时，他也得到了当时一些位高权重的首领的支持：有能力突出的将军奥伊巴拉斯，此人冷酷地执行所有任务；还有帕尔那斯佩斯，他曾与安善王朝紧密合作，享有显赫权威，因此是波斯最富有的贵族之一。为了利用帕尔那斯佩斯的才能、财富并使其忠诚，居鲁士迎娶了他的女儿卡桑达涅。卡桑达涅余生一直都是居鲁士挚爱的妻子。她为居鲁士诞下了几个孩子，包括两位帝国继承人冈比西斯（冠其祖父之名）和巴尔迪亚，以及两个女儿阿托莎和阿尔杜斯托涅。

帕尔那斯佩斯和卡桑达涅都来自波斯古老而可敬的阿契美尼德氏族，可能早在公元前 900 年，这一氏族就已抵达波斯波利斯附近定居。他们的祖先声名远播。阿契美尼德王朝的创建者阿契美尼斯是一位具有传奇色彩的人物，据说，他小时候在扎格罗斯山脉的一座山顶上被一只鹰抚养长大，显然，这是扎尔与神鸟的故事的变体。居鲁士设法获得了阿契美尼德氏族的支持，甚至迎娶了那个古老氏族的女儿。这是他对抗阿斯提阿格斯大业中的重要一环。居鲁士的子嗣便拥有了泰斯佩斯及阿契美尼德氏族的血统，这使他们拥有了令人羡慕的波斯系谱。当阿契美尼德氏族最重要的王子兼首领阿尔沙米斯，以及他年轻而有活力的儿子希斯塔斯佩斯也承诺支持、忠诚于居鲁士和安善的泰斯佩斯家族时，居鲁士与阿契美尼德氏族的关系得到了进一步的巩固。随之而来的是阿契美尼德氏族全体成员的效忠。

在短短五年里，波斯部落就在安善的居鲁士的旗帜下联合起来，尊奉他为他们的君主和国王。在帕萨尔加德的一次大规模部落集会上，居鲁士用激动人心的预言性话语对他的盟友说："波斯子民，听我说！我乃注定要解放你们的人！我坚信，你们可以在战场上与米底人一较高下，一如在其他任何事上一样！我说的都是事实！不要再拖延，即刻摆脱阿斯提阿格斯的枷锁吧！"

多面手居鲁士一边向波斯部落示好、劝诱和施压，游说他们联合起来，在他的领导下共同抗敌，一边又与新巴比伦王国的新国王那波尼德谈判，希望与他结盟，一起对抗他们共同的敌人阿斯提阿格斯。这个谈判过程较为艰难，因为那波尼德是历史上最古怪的人之一，他的头脑里几乎没有为政治洽谈留任何空间。那波尼德是个真正的宗教狂热者。尼布甲尼撒二世的继任者小国王拉巴施-马尔杜克加冕后仅9个月便被谋害了，随后那波尼德登上了新巴比伦王国的王位。目前尚不清楚那波尼德与小国王之死是否有关，但是前者充其量只是新巴比伦王国王室的旁系亲属，却很快被选为新巴比伦王国的新国王。那波尼德是亚兰人，来自叙利亚北部的哈兰，其父是纳布-巴拉苏-伊克比，被誉为"智慧的王子与总督"，其母阿达-古皮是月神辛座下一位颇有影响力的狂热信徒，长期担任月神的女祭司。这位幕后操纵者长达104年的非凡人生在她死后被记录在了月神神庙庭院里的一组自传体铭文中，她在铭文中吹嘘了月神辛是如何进入自己的梦境，并预言了那波尼德所取得的辉煌王权的。因此，她的儿子在登基后，毕生致力于建造神庙和举行仪式，以纪念这位将他推向至高之位的神。他甚至将巴比伦的马尔杜克神庙也变成了月神辛的神殿。这一举动导致整个巴比伦尼亚地区动荡不安。

尽管如此，居鲁士还是成功利用了那波尼德的宗教狂热，他鼓励这位国王派兵进入哈兰，将神庙从占领了这座圣城一代人之久的米底人手中解放出来。然而，在那波尼德的军队进入哈兰之前，公元前553年，阿斯提阿格斯就从叙利亚撤军，将军队召回了米底。毫无疑问，他准备对波斯采取行动。为了庆祝哈兰重新回到巴比伦人的手中，那波尼德命人在陶土圆柱上刻下了铭文。这段铭文讲述了那波尼德的一个梦，梦中巴比伦尼亚众神命他重建哈兰月神辛的神庙。令人惊讶的是，这个梦还预言了居鲁士将战胜米底：

> 乌曼曼达（Umman-manda，巴比伦人对"野蛮米底"的简略表达），以及与米底人并肩行进的国王们都将不复存在。马尔杜克会让他的小仆人、安善之王居鲁士率领小股军队进攻他（阿斯提阿格斯）和他的军队。居鲁士将推翻疆域广阔的乌曼曼达，他将俘虏乌曼曼达之王阿斯提阿格斯，将后者绑回自己的国土。

公元前553—前551年，居鲁士和他的军队向米底的领地进一步推进，坚定地向埃克巴坦那进军。哈帕格斯与他们会师，履行了自己的承诺，支持居鲁士。其他米底贵族也转变阵营，率领军队来支援居鲁士。很快，希尔卡尼亚人、帕提亚人和萨卡人皆加入了波斯大军的行列，他们也反抗阿斯提阿格斯，支持居鲁士。

然而，米底的山地地形阻碍了他们的进程，严寒气候迫使波斯军队将战争限制在6个月之内。公元前550年春，居鲁士的军队回到了故土波斯，在帕萨尔加德附近扎营，以待重新集结进攻米底。这时，阿斯提阿格斯主动出击了。

米底人入侵波斯的目的是一劳永逸地镇压居鲁士的叛乱。波斯人苦苦对付数量众多的敌人，后者吃得好、休息得好，而且补给充足，一波接一波不停地进攻，因此波斯士兵不得不开始撤退到帕萨尔加德后面的山区。就在这时，波斯妇女掀开长袍，向他们吼道："你们要去哪儿？你们这些胆小鬼！你们想爬回原来的地方吗？"于是，他们止住了撤退的步伐。正因如此，在随后的数十年里，每当波斯国王前往帕萨尔加德时，据说都会向当地勇敢的妇女赠送黄金礼物。

帕萨尔加德战役是伊朗历史上最重要的事件之一，这场战役持续了整整两天。作战双方进行了长期、激烈且勇敢的战斗。波斯人及其盟军设法集结力量进行最后的总攻，成功向米底战线发起冲锋，最终米底军队因陷入混乱而崩溃。波斯人占领了战场，突然间，阿斯提阿格斯发现自己被抛弃了，因为他的主要将领纷纷叛变，向居鲁士投降。用楔形文字书写的巴比伦编年史记录了这些事件：

> 米底军队叛变，俘虏了阿斯提阿格斯。他们将他交给了居鲁士……居鲁士行军至王城埃克巴坦那。他在埃克巴坦那搜刮金银财物，作为战利品带回了安善。

居鲁士外祖父的王座被安置在埃克巴坦那华丽的王家帐篷里。

那顶帐篷的外层用结实、粗糙的大红布缝制而成，但内里装饰着织锦和精美的手绘丝绸。大获全胜的居鲁士就坐在这个王座上，手握权杖，接受米底众多首领及其部落的致敬。他们尊称他为"米底人和波斯人之王"。居鲁士决定，米底人和波斯人要和平相处，平起平坐。此后，在整个阿契美尼德王朝统治时期，米底人经常被委以波斯宫廷的高级职位。外国人往往不对"米底人和波斯人"加以区分。事实上，"米底人"一词常被希腊人用作统称两者的唯一术语。

居鲁士封赏了希斯塔斯佩斯、奥伊巴拉斯，以及阿契美尼德家族的其他支持者。他宽宏大度地接待了曾听命于阿斯提阿格斯的希尔卡尼亚、帕提亚和萨卡的使臣，他们匍匐在他脚下，承诺效忠于他。战败的国王则戴着镣铐，在他以前的臣民面前游行，然后被押解到安善。在那里，他再次被押上街游行，这令波斯民众感到喜悦。尽管古代史料中有关阿斯提阿格斯晚年的细节信息各有不同，但史料均认为他受到了非常仁慈的对待。希罗多德写道，居鲁士安排阿斯提阿格斯在他的王宫里度过了余生，而从波斯人口中听到了相关故事的希腊历史学家克特西亚斯，坚持认为阿斯提阿格斯被任命为帕提亚行省的总督，后来被一直视他为政治对手的奥伊巴拉斯谋杀了。令人遗憾的是，阿斯提阿格斯的死因尚无定论。然而，他的女婿斯皮塔马斯没能在居鲁士占领埃克巴坦那后幸存下来：他和他的两个孩子，即居鲁士的表兄弟斯皮塔斯和梅加伯内斯，很快被铲除了。他们的母亲阿米蒂斯，即居鲁士的姨母，一夕之间沦为丧子丧夫的年轻寡妇，但身为米底的公主，她仍具有政治潜力。居鲁士意识到，她很可能会被其他觊觎王位的暴戾的米底人抢走并聘娶为妻，于是亲自迎娶了她，将她纳入自己不断充盈的后宫。当阿米蒂斯跟随新婚丈夫来到波斯时,她得以与曼丹尼重聚,但这时曼丹尼既是她的姐妹,也是她的婆婆。这种关系就是王朝联姻政策的结果。

*

米底国王阿斯提阿格斯政权的覆灭对古代西亚、北非的政治产生了深远影响。对巴比伦人来说,这意味着暂时没有外敌入侵之忧。于是,那波尼德离开了巴比伦,前往阿拉伯半岛富饶的沙漠绿洲泰马居住,在那里,他可以静心礼拜月神辛,不必为政事劳神分心。在他长达10年的精神静修期里(公元前553—前543年),一整套王家建筑群美化、改造了这块绿洲,其中大部分已在最近的考古发掘中重现于世。在那波尼德诚心礼神之时,新巴比伦王国由他的儿子伯沙撒统治。

与此同时,在吕底亚,公元前560年继承王位的克洛伊索斯为姐夫阿斯提阿格斯的战败哀叹不已。(吕底亚王国的疆域从小亚细亚的爱琴海岸一直延伸到安纳托利亚中部的哈里斯河。)克洛伊索斯住在结构复杂的萨迪斯卫城里指点江山,他的军队统治着安纳托利亚的西部,他坐拥巨额财富(主要是从希腊城邦掠夺而来)的声名即使在古代,也远播四方。正是克洛伊索斯率先创造了金银双轨币制,纯金和纯银的钱币(按照3∶40的固定比例)取代了单一的合金钱币。克洛伊索斯送给德尔斐的阿波罗神庙祭司的礼物有约117块金锭、一个纯金搅拌钵(还有一个银制搅拌钵)、一个黄金狮子雕像、一个黄金女人雕像,以及数不清的小装饰品。克洛伊索斯还出资建造了宏伟的以弗所阿耳忒弥斯神庙,这是古代世界七大奇迹之一。简而言之,克洛伊索斯的财富多得难以形容,但他富有得十分庸俗,就像当今的一些寡头一样,常常毫无顾忌地炫耀自己的财富。

当然,吕底亚的财富吸引着居鲁士,但这位波斯国王对彻底消灭驻留在克洛伊索斯的王国境内的米底残余抵抗势力更感兴趣。领土扩张的前景和推翻克洛伊索斯可能带来的好处也激励着他。希罗多德说,克洛伊索斯同样"渴望扩张领土,准备远征卡帕多西亚,自诩能一举击溃居鲁士和波斯人的势力"。他赠予德尔斐神庙宝物,是为了向著名的女先知寻求答案,阿波罗神会通过谜语向她传达神谕。克洛伊索斯询问阿波罗神,他是否应该和波斯人开战。神谕回复道,"如果克洛伊索斯开战,他将毁掉一个伟大的帝国"(希罗多德就是这么记录的)。克洛伊索斯听到这个答案高兴不已,未曾停下来思考它有意含糊不清的语义。公元前547年秋,克洛伊索斯义无反顾地越过了哈里斯河,进入了当时波斯统治的领土。

居鲁士迅速反击,他率军在普泰里亚(可能位于布达考祖平原南端的哈图沙古城地区)与克洛伊索斯正面交锋。双方在那里进行了一场激烈的战斗,但胜负未定。克洛伊索斯撤回并解散了军队,这些军队主要由高薪雇佣兵组成。他没有预料到,严冬时节居鲁士会在安纳托利亚高原的冰天雪地上开战。事实上,居鲁士就这么做了。他麾下坚毅的战士裹着牛皮和羊皮缝制的外套和裤子,骑着强健耐寒的尼西安小马,用骆驼驮着扎营装备和武器,在厚厚的积雪和凛冽的寒风中奋力前行,全力追赶吕底亚士兵。居鲁士率军突然出现在萨迪斯附近的锡姆伯拉平原,这令克洛伊索斯震惊不已,他们的军队在那里再次交战。居鲁士命令骑兵骑在驮着行李的骆驼上,它们的气味吓到了吕底亚的马,以至吕底亚的马不敢向前冲锋，居鲁士就这样在战场上屠戮克洛伊索斯的骑兵。克洛伊索斯侥幸逃了出来，躲进了萨迪斯城上方防卫森严的卫城，在那里他向伊奥尼亚海岸的盟友发出了绝望的恳求。但不到两个星期，即公元前 547 年 12 月下旬，围城便结束了，吕底亚国王被俘。

克洛伊索斯的最终命运成了多个传说的主题。数十年之后，希罗多德在他的作品中写道，居鲁士饶克洛伊索斯一命，将他带回波斯宫廷，敬他为王室顾问。克特西亚斯则说，居鲁士赐给了这位战败的国王一座离埃克巴坦那很近的大城巴内内（Barnene），作为半独立的封地交给他统治。然而，在另一个听起来更加真实可信的传说中，克洛伊索斯遵循许多战败国王的做法，选择了自我献祭，与妻女仆人一道在一个巨大的火葬堆上自焚而死。显然，与克洛伊索斯同时代的希腊诗人巴库利德斯确信，国王经历了集体自杀的仪式，不久之后，他在一首胜利颂歌中生动地描述了克洛伊索斯的自我献祭过程（尽管在故事的高潮部分，众神下令将国王带到了天堂）：

当那个意料之外的日子来临时，克洛伊索斯已不想再苟活着流下沦落为奴的眼泪。他下令在铜墙围成的庭院前搭起了一个柴堆，与挚爱的妻子，还有几个留着秀发的女儿一起登了上去，他们痛哭失声……他示意奴仆轻轻走过去点燃这座用木头搭起来的柴堆。他的女儿们大哭起来，向母亲伸出双臂。因为死亡就在眼前，这对凡人来说是最可怕的事。但就在可怕的火焰开始穿透木材时，宙斯在上空安排了一朵黑色的雨云，天空开始下雨，以浇熄金色的火焰。

然而，巴比伦的一块楔形文字残片为克洛伊索斯确实在公元前546年初死于萨迪斯提供了确凿的证据：

> 在尼散月，帕尔苏（波斯）之王居鲁士集结军队，在阿尔贝拉城下渡过了底格里斯河。在以珥月，他进军吕底亚。他杀死了（吕底亚）国王，夺取了他的财产，（并）派遣卫戍部队驻扎（在那里）。

萨迪斯陷落之后，伊奥尼亚沿海城市也随之陷落了。它们很快就接受了波斯的统治，请求和平，并向居鲁士称臣纳贡。居鲁士准许它们保留了一点自治权。从那时起，虽然伊奥尼亚海岸城市都由当地的希腊人治理，但这些官员受波斯上级官员任命和监督。任何叛乱都会遭到残酷镇压——这不是展现仁慈宽容的时候。比如，那位受居鲁士之命收集沿岸城市贡赋，后来却发动叛乱、名叫帕克提斯的吕底亚人，就被无情地处决了。居鲁士最重要的米底盟友哈帕格斯受命掌控小亚细亚的所有波斯军队，以居鲁士的名义统治那片地区，并被授予"海上大元帅"这一令人印象深刻的头衔。在接下来的四年里，他将此称号铭记于心，有条不紊地征服了小亚细亚沿岸的一座又一座城市，正如希罗多德所写的，他"颠覆并征服了那里的所有国家，无一例外"。

西部既已由哈帕格斯掌管，居鲁士的注意力遂又回到了东部，他的双眼盯紧了巴比伦王国和附属于它的叙利亚、犹大、以色列、腓尼基，以及阿拉伯半岛的部分地区。自从那波尼德在阿拉伯半岛自我放逐之后，新巴比伦王国就陷入了政治管理危机。在他难得的清醒时刻，他于统治的第17年启程回到了巴比伦，却发现这个城市已变得一片混乱，神庙不受重视，宗教仪式也已荒废。虽然巴比伦与其国王之间的关系并不融洽，但当那波尼德听说居鲁士即将率军抵达巴比伦尼亚时，他的举措证明了，他是一个比其他任何人所预想得都要好的领导人。他召集军队，在儿子伯沙撒的带领下向北进军。伯沙撒命令军队驻扎在底格里斯河沿岸有城墙围护的俄庇斯城附近，距巴比伦仅50英里。

公元前539年9月，居鲁士进入了巴比伦尼亚，直奔俄庇斯。途中，他被一个名叫乌格布劳的人拦下。乌格布劳是一位受人尊敬的巴比伦贵族，统治着新巴比伦王国北部边境的广阔领土，但他反对那波尼德不稳定的统治。他当场就向居鲁士献上军队，以表达他对后者的绝对忠诚。两位首领达成了一项协议，乌格布劳的士兵带领波斯人向俄庇斯进发。城墙前的战斗虽然短暂，却非常残酷。巴比伦王国的军队被打得四分五裂，许多人想要逃离战场，但在逃跑途中被杀了。城里不断有亵渎事件发生，波斯侵略者展开了大屠杀，挥刀砍向男人、女人和儿童，这显然是一种惩罚，目的就是杀鸡儆猴，威吓那些决心抵抗波斯人的城市。当包括伯沙撒王子在内的死者的尸体被堆放在街上，在炎炎烈日下曝晒腐烂时，波斯人从俄庇斯获取了大量战利品。接下来，10月6日，波斯人攻占的是古城西帕尔。这次，波斯人不战而胜。居鲁士随后派乌格布劳前往巴比伦。在距这座城市不远的地方，他遇到了那波尼德军队的残部。在那波尼德无力保卫他的首都，向南逃到博尔西帕时，他的士兵迅速躲进了巴比伦城内避难。

*

公元前539年10月12日，巴比伦巨大的城门打开了，波斯国王居鲁士的军队在无人阻挠和无人反对的情况下，庄严肃穆地游行至城市的中心，之后向马尔杜克神高耸的塔庙行进。居鲁士骑着一匹漂亮的白色骏马，身侧是他 20 岁的儿子冈比西斯。这是冈比西斯第一次随父远征（对冈比西斯来说，参与帝国建设的锤炼很重要）。居鲁士身边还有老朋友奥伊巴拉斯和新朋友乌格布劳。乌格布劳与征服者一同出现的场景，一定深深地激怒了巴比伦人。对他们来说，乌格布劳就是一个令人憎恶的通敌者，也是巴比伦及其众神的叛徒。

当时虽然没有巴比伦人为此欢呼雀跃，但他们也没有拼死抵抗。那里只有一种诡异的寂静，只能听到居鲁士的士兵有节奏的脚步声、马蹄声，以及马匹偶尔发出的嘶鸣声或鼻息声。听闻俄庇斯大屠杀的消息后，巴比伦人决定保留自己的态度，于是在波斯人列队进城时，没有表现出任何抵抗。居鲁士命令自己的士兵不能抢劫，也不能造成混乱。然而即便如此，亲眼看到占领军时，即使是一支相当克制的占领军，巴比伦人也不禁觉得波斯人势不可挡。但对居鲁士而言，巴比伦是何等的奖赏啊！

巴比伦——"古代世界里的一颗璀璨明珠"，拥有宽阔的大道、宫殿、神庙、花园、公共广场和市场，以及蜿蜒的街道上鳞次栉比的房屋，就其规模和辉煌程度而言，没有其他古代城市能与之媲美。这是古典时期唯一的大都市，生意盎然。在其漫长且充满暴力的历史中，它曾多次遭到袭击和破坏，但每次遭到亵渎后，这座城市都会从废墟中重新建立起来，且焕然一新，看起来比以往更为壮观。在它被波斯占领之前的数十年里，国王那波帕拉萨尔及其子尼布甲尼撒赋予了巴比伦新的生命，他们都为美化巴比伦倾注了大量资源。高大的防御城墙拔地而起，为这座城市提供了充足的保护。尼布甲尼撒在巴比伦城墙内修建了一条深深的护城河，从而使内城——包含老城和受人敬仰的马尔杜克神庙的三角形岛屿——多一道防御。正是随着所谓的"南方宫殿""北方宫殿"的建造，尼布甲尼撒的巴比伦才呈现出了一种独特的壮丽景观。他在王室居所的墙面上贴满了青金石色的砖，砖的釉面非常光滑，在阳光下就像镜子一样闪闪发光。而且，这里到处都是潜行的狮子、快步小跑的公牛和大步行进的龙等图案，就像是一个象征着巴比伦王权的神秘动物园。在南方宫殿的东北角，有闻名遐迩、被誉为古代世界七大奇迹之一的空中花园。后来据说，这是尼布甲尼撒为他的米底妻子安美依迪丝建造的花园，以解她对故国群山的思念之情。

　　数十年来，巴比伦一直效仿亚述对外掠夺并要求战败的统治者向其称臣纳贡的政策，因而巴比伦的国库里堆满了战利品。这些战利品包括那些曾经为耶路撒冷的耶和华圣殿增光添彩的银香炉和黄金陈设、被誉为"铜海"的仪式所用净盆，以及挂毯、门帘和地毯。公元前597年，尼布甲尼撒将犹大王国的国王约雅斤及其1万多子民押回了巴比伦。"巴比伦之囚"影响深远，此次流放将犹大人转变为了犹太人。他们从众多被俘的民族中的一员变为了"有经者"（people of the book）。他们从众多注定被毁灭的民族之一变为了历史的永久幸存者。在这个过程中，波斯的居鲁士功不可没。

　　居鲁士和士兵沿着巴比伦的游行大道一路前进。大道上装饰着120头釉面砖雄狮（伊什塔尔女神的象征），宽阔的游行大道沿着南宫东侧向前延伸。这条大道的巴比伦名为Aibur-shabu，意为敌人永远无法通过，此时这个名称听起来倒是具有讽刺意味。

它主要用于在重大的新年节庆时游行展示众神的雕像，这一年一度、寻求神圣宇宙庇护的续约仪式是巴比伦宗教和社会框架的核心。但现在通过这里的不是众神，而是骑着马的居鲁士。他穿过宏伟的伊什塔尔城门——墙面上点缀着闪闪发光的蓝色和金色装饰，象征着阿达德和马尔杜克的公牛和龙镶嵌其上——继续向前行进，直到站到埃萨吉拉神庙阶梯前。埃萨吉拉是巴比伦城守护神马尔杜克的神庙及寝殿，是巴比伦的神圣中心。在高耸的塔庙顶端修建的内殿就是神的休憩之所。尼布甲尼撒宣称，他曾"在墙上包覆闪闪发光的黄金，使城墙像太阳一样闪耀"。就是在这个私密的内殿里，居鲁士受到了大祭司和城市代表们的欢迎，他们匍匐在他面前，亲吻他的双脚时，胡须轻轻掠过脚下的尘埃。居鲁士回忆道（忽略现实），"在欢欣鼓舞中，我入主了王宫里最气派的殿宇"。

居鲁士深知树立良好公共形象的重要性，他与巴比伦的祭司和贵族密切合作，以巩固他对巴比伦的合法统治地位。人们可能会认为，这样的政权更迭需要对政府进行彻底改革，获胜一方会派官员替代前朝官员。然而，值得注意的是，波斯入侵早期的楔形文字文献表明，居鲁士根本就没有改变巴比伦的官僚体系，而是让它按照原本熟悉的模式继续运行。文献表明，神职人员、官僚行政人员、税务官员和财政官员都能保留职位，未曾被撤职。这样一来，巴比伦虽然遭受了被征服的剧变所带来的心理创伤，但它的经济、市政和宗教功能非但没有遭到破坏，反而得以继续维持。帕尔斯的帕蒂斯乔里亚部落的首领、血统高贵的戈布里亚斯被任命为巴比伦总督。他在那波尼德时期就担任行政长官的纳布-阿赫-布里特的辅佐下了解这座城市的运作方式，负责监督前巴比伦王国疆域内权力的和平移交。为此，戈布里亚斯将阿拉伯半岛北部、叙利亚、犹大、以色列和黎凡特的首领、总督和王公召集到巴比伦，举行了盛大的觐见仪式。他们在精心设计的仪式上向居鲁士致敬，尊称他为无可争议的霸主，宣誓效忠于他及其儿子冈比西斯，并进献外交礼物。在这次政要集会上，居鲁士不可能没有看到他成功建立帝国的实物证据。后来，他回忆道："来自世界各地、从上海域到下海域，所有王座之位上的国王、所有居住在遥远地区的国王，以及阿姆鲁之地上住在帐篷里的诸王，都为我带来了沉甸甸的贡品，在巴比伦亲吻我的双脚。"能获得腓尼基富裕城邦——推罗、西顿和迦巴勒——使节们的臣服，他一定特别高兴，这些城邦的商船队正准备扬帆起航，开辟新的贸易路线。他们的造船师也有能力使波斯成为海上强国。

正是在此次古代西亚、北非各国政要云集的盛会期间，在博尔西帕被俘的那波尼德被处以死刑。但后来的故事（就像那些关于克洛伊索斯的故事一样）表明，宽宏大量的居鲁士赦免了他的死罪，并允许他在波斯享受舒适安逸的退隐生活。不过，这不太可能。居鲁士是一位精明的政治家，他深谙若没有竞争对手及其忠实部下，自己羽翼未丰的帝国将会有更多的生存机会这一道理。因此，处死那波尼德是唯一的选择。在所有的公共纪念碑上抹去那波尼德的名字和头衔，他统治的历史也被重写。

但就在居鲁士入主巴比伦 8 天后，因奥伊巴拉斯突然中风去世，居鲁士的胜利蒙上了一层阴影。3 个月过后，居鲁士心爱的妻子卡桑达涅也去世了。他备感失落。公元前 538 年 3 月 20 日至 26 日是波斯举国哀悼的时期，根据楔形文字文献记载，当卡桑达涅下葬时，"所有人都蓬头垢面地走来走去"。

但在巴比伦，王权合法化的事宜仍然要继续推行下去。居鲁士开始重建破败的城墙，以此向民众塑造一个勤勉负责的君主形象，而在那波尼德的整个统治期间，城墙建设被严重忽视。当工匠修补和重建破败的防御工事时，他们发现了一段古老的阿卡德语铭文，这引起了居鲁士的兴趣。他回忆道："我在巴比伦厚重的城墙里看到了一段铭文，上面写着在我之前的国王亚述巴尼拔的名字。"公元前7世纪，亚述国王亚述巴尼拔是当时世界上最有权势的人，他统治了一个好战的庞大帝国约40年。居鲁士自豪地宣称自己为这位亚述国王的真正继承人。通过将自己与亚述巴尼拔并置，他将对巴比伦的占领合法化。

*

公元前539年10月和随后几个月发生的事件都被记录在所谓的"居鲁士圆柱"上。这是古代最伟大的公关工具，是出色的政治宣传，是对波斯占领巴比伦事件的精彩修正，是对历史事实大胆且无畏的改写。居鲁士圆柱上的铭文强加了一种新的叙述，波斯对巴比伦的征服和镇压被记载为对该城的解放。

居鲁士圆柱是条不讨喜的沉重黏土块，上面密密麻麻地刻满了楔形文字，在大英博物馆的古伊朗展厅占有重要地位。它是由居鲁士大帝下令集体制造的诸多圆柱中唯一的幸存品。国王与巴比伦祭司、书吏一道，决心将自己塑造成一个旧式的、归化的巴比伦君主形象。居鲁士圆柱是仿照标准的巴比伦王家圆柱打造的，这些圆柱被埋在建筑物的地基中。居鲁士圆柱就是在巴比伦的城墙里被发现的，但它也有泥板副本和莎草纸副本，以便广泛传播。在全民公告里，也能见到它的身影。

居鲁士圆柱铭文诋毁那波尼德对巴比伦众神不敬（尤其是长期受苦的马尔杜克神），还称他在巴比伦城实行了严酷的徭役制度（一个明目张胆的谎言）。众神听到了巴比伦人发自肺腑的悲叹。居鲁士圆柱铭文写道，马尔杜克四处寻找英雄，以恢复秩序，消除混乱。他看到了安善之王居鲁士身上的美德和勇敢无畏的精神，于是选择了他，宣布他为世界之王。在巴比伦书吏的笔下，"马尔杜克牵着他的手，赋予他全世界的统治权，然后叫出了他的名字——安善的居鲁士……爱护子民的伟大神主马尔杜克看着他的善行与正义之心，心情愉悦"。然后，铭文继续写道，马尔杜克命令居鲁士向巴比伦进军，他将不战而胜。巴比伦的臣民欣然地接受了居鲁士的统治，感激他将他们从那波尼德暴政的黑暗中解救了出来。从此处开始，记录的铭文就像是居鲁士本人在说话一样，他将自己描述为马尔杜克的崇拜者，马尔杜克唯一的目的就是给巴比伦带来和平：

> 我是居鲁士，宇宙之王、伟大的王、强有力的王、巴比伦之王、苏美尔和阿卡德之王、世界四方之王……王权长盛不衰的子孙，他们的统治深受巴力（马尔杜克）和纳布的喜爱，他们用王权悦纳众神。当我作为和平的使者进入巴比伦时，我在一片庆祝和欣喜中于王宫里安置了自己的王居。伟大的主马尔杜克赐予了我巴比伦，我将日日崇拜他。我将守护巴比伦城及其所有圣所的安全。至于巴比伦的民众，我解除了他们的劳役，减轻了他们的疲乏，使他们得享安息。伟大的主马尔杜克为我的善举感到欣喜。我，居鲁士，一位崇拜着他的国王；冈比西斯，我的亲生儿子，以及我的

所有军队,他都仁慈地赐下了祝福。我们幸福欣悦地走在他前面。

为避免我们被这样有说服力的政治宣传左右,开始视居鲁士为马尔杜克及巴比伦其他诸神的侍者,我们需要记住,在与这段铭文同时期发布的其他明令公告中,居鲁士也将自己打造成了希伯来神的仆人和犹太人的恩人。公元前538年,他下令支持重建耶路撒冷圣殿,并将尼布甲尼撒从圣殿中掠夺的珍宝如数归还给上帝的居所。被囚的犹太人(和其他所有被驱逐的外国人一样)可以自由回家。公元前537年,4万多名犹太人开启了他们宣称的"第二次出埃及",快乐地踏上了归乡之路,长途跋涉,返回那片流淌着奶与蜜的土地。这就是为什么在《圣经·旧约》中,居鲁士被视为耶和华的仆人,他是被无形的上帝选来带领其选民摆脱奴役的人。因此,流亡的先知们称赞居鲁士是上帝派来解放犹太人的人。先知"第二以赛亚"特别热情地记录了,上帝因找到居鲁士这样杰出的战士而欢欣喜悦:

> 看哪!我的仆人,
> 我所扶持、所拣选、心里所喜悦的,
> 我已将我的灵赐给他,
> 他必将公理传给外邦。
> …………
> 我耶和华凭公义召你,
> 必搀扶你的手,保守你,
> 使你作众民的中保,

> 作外邦人的光,
> ……　……
> 论居鲁士说:"他是我的牧人,
> 必成就我所喜悦的,
> 必下令建造耶路撒冷,
> 发命立稳圣殿的根基。"
> 我耶和华所膏的居鲁士,
> 我搀扶他的右手,
> 使列国降伏在他面前。

因对犹太人的慷慨,居鲁士获得了不亚于"弥赛亚"或"受膏者"的荣誉称号,这是被流放的犹太人在谈到上帝派来的救世主或救赎者时所使用的表达方式。这是一个具有深远神学意义的头衔,表明居鲁士是受上帝委派和庇佑的合法君主。在《圣经·诗篇》中,这位受膏者是一个理想化的半神化领袖,一名受上帝支持和保护的战士:

> 现在我知道耶和华救护他的受膏者,
> 必从他的圣天上应允他,
> 用右手的能力救护他。

这与马尔杜克对居鲁士的支持有明显的相似之处。我们也可以认为,巴比伦书吏和希伯来先知都将居鲁士描绘为众神的捍卫者。获赠"弥赛亚"的称号,虽然没有将居鲁士提升到神圣地位,但对他作为一个具有重要神学意义的人物的认可是独一无二的:

读完整本《圣经·旧约》，我们会发现，居鲁士是唯一获得如此至高头衔的异教徒。虽然耶和华知道居鲁士并不承认他的神权，但他仍然被这位波斯国王的美德深深打动，使居鲁士成为希伯来人的"弥赛亚"。最后，正如"第二以赛亚"所言，他命令居鲁士"必建造我的城，释放我被掳的民"。

若说居鲁士是在神的指引下将犹太人从美索不达米亚的囚笼中解放出来，这不免令人怀疑。更有可能的是，他采取了务实的行动来缓解巴比伦和整个帝国的紧张局势。居鲁士通过支持可以被称为"宗教宽容"的表象，以及授权允许犹太人自由离开巴比伦，解决了巴比伦王国人口过剩的实际问题。他让犹太人重返耶路撒冷及其周边地区实乃明智之举（但是必须记住，仍有许多犹太人留在了巴比伦王国，还建立了一个延续了数百年之久的重要文化中心）。然而，《圣经·旧约》同巴比伦化的居鲁士圆柱铭文一起，在塑造居鲁士的形象方面发挥了重要作用。它们将他塑造成了自由、宽容的和平缔造者，这一形象在某种程度上标志着，他打破了亚述和巴比伦暴君野蛮森严的统治，开创了一种新的开明统治。居鲁士圆柱铭文被誉为"历史上第一部人权宣言"，居鲁士被赞颂为体面人道原则的首位倡导者，以及废除奴隶制和赋予公民自由权的支持者。但实际上，居鲁士圆柱铭文中没有任何对人权概念的提及。事实上，这种进步思想在古代完全不为人知，它对居鲁士的世界来说是完全陌生的。

真正切实地了解居鲁士非常重要：毫无疑问，他是一位天赋异禀且功成名就的军事领袖和一位经验丰富的政治操纵者，但他也是一个野心勃勃的军阀和无情的帝国主义者。他的帝国建立在流血杀戮之上，当然，所有帝国无一例外均是如此。奴役、监禁、战争、谋杀、处决和大规模屠杀都是他及其继任者扩张领土的野心不可避免的后果。这一事实也证明，波斯人在追求领土扩张的过程中，与亚述人并无两样。他们对亚述人怀有一种奇特的敬意。波斯帝国并非建立在处女地上。在居鲁士占领的每一片土地上，他都遭遇了扎根于此的当地居民的抵抗。事实上，米底、吕底亚和巴比伦王国是他从其他野心勃勃的殖民势力手中夺来的，这些势力已开始自我扩张的进程。波斯帝国的扩张是一场军事演习，也是一场奸诈的政治游戏，因为在帝国建设初期，波斯人阿谀逢迎那些合作者和叛国者，确实获取了实实在在的利益。在整个阿契美尼德王朝，几乎在每块殖民地上都有对居鲁士征服的反抗，而且是以不同的方式，断断续续地进行着。为了维持对殖民地的控制，波斯人建立了覆盖整个帝国的行政管理体系，其中既有复杂成熟的部分，又有冷酷无情的部分。

将居鲁士视为思想自由的和平主义者的典型代表，这种温和的看法有损于这位历史人物的形象。他在整个西亚、北非地区浴血奋战，开辟出了一条称霸世界的道路。如果我们将他想象成另外一个样子，那么"大帝"这个称号就失去了说服力。居鲁士是一位足智多谋、精明世故的开拓者，他深知通过表面支持当地的宗教传统，以及向过去伟大的统治者看齐的策略来安抚被征服民族的重要性。他还能通过冷酷无情的武力宣示和文笔超然的全民公告来昭告自己的统治地位。从这些方面来说，他可能是冷酷的马基雅维利主义者。在此列举一个明确的例子：公元前538年，尼散月的第4日（3月27日），居鲁士在宏伟的马尔杜克神庙见证他的儿子冈比西斯成为巴比伦之王（实际上是光荣的副统治者）的受封仪式时，选择穿一件饰有流苏的棉质埃兰长袍。这是数个世纪以来巴比伦的死敌,即苏萨的统治者所穿的衣服。楔形文字史料明确提到了这位波斯国王在巴比伦的宗教仪式上所穿的埃兰服饰,这似乎是在暗示,居鲁士并不似他在政治宣传中所描绘的那样,是一位被普遍接受和恭贺的解放者。他身着埃兰服饰公开亮相,即使是对波斯最友好的巴比伦精英,定然也会感到惊愕不已,因为在这个最神圣、最公开的仪式上,居鲁士的服饰传达了一个刺痛人心的信息:巴比伦如今正由外来势力统治,而他,安善的居鲁士、波斯的统治者,是世界之王。

第 3 章

居鲁士大帝的生死传说

　　公元前 530 年，初春，居鲁士正在帕萨尔加德的花园王宫中享受着悠然惬意的闲暇时光。那时，园中花团锦簇，令人愉悦的花香扑鼻而来。他就坐在那个用石头和木材修建而成的雅致亭子阴凉的门廊下。亭子上方撑起的宽大的彩织遮阳棚，不仅帮他遮住了刺眼的阳光，还将花园和王宫连为一体。整个建筑就是居鲁士人生的写照。这些精雕细刻的石材是在向那些美轮美奂的古城——苏萨、萨迪斯、巴比伦——致敬，它们如今全都臣服于他。那个宽大的遮阳棚就像帐篷一样鼓胀着随风涌动，边缘处的流苏在凉爽的微风中翩翩起舞，这正是他自身游牧生活的痕迹。当他从摆放王座的门廊向外眺望平原时，他只能在热浪中辨认出那座用五颜六色的帐篷围合而成的"城市"，也正是这座帐篷城一直跟随着他征战四方。

　　居鲁士年轻时鲜少回到位于波斯腹地的故乡。在过去的 20 年里，他在马背上度过了大部分的时间，在遥远的地方行军，不停地攻占富饶的土地。但此时此刻，居鲁士在帕萨尔加德怡然自得。春季正是来此处的最佳时节，他满意地看到，多年过去，他那美丽的花园开始显现出精致的轮廓，一棵棵高大的柏树成行成列，旁边是汩汩地流过长长的石砌水渠和小池塘的小溪。从帝国各处送来的异域植物，在花坛里竞相绽放，五彩缤纷。居鲁士时不时地瞥见公鸡红亮的鸡冠。这是只高傲的大公鸡，它大摇大摆地穿过花园，羽毛闪烁着黑色、蓝色和金色的光芒。居鲁士有十几只公鸡，它们是印度使者送来的出人意料的礼物，在波斯语中读作bas-bas。这些公鸡生性暴躁且好斗，印度使者向居鲁士演示了，在印度人们是如何驯养这种动物用来竞技的。于是，他和关系最亲密的朋友就下赌注斗鸡。但这只大公鸡不参与争斗，它被允许在帕萨尔加德的花园中漫步，同时给那些每天为居鲁士下蛋的棕色肥母鸡"服务"，这对于一个当时只知道鹅、天鹅、鸭会季节性孵化的社会来说无疑是一个新奇的现象。这些蛋孵化出的小鸡便成了珍贵的小鸟，居鲁士将它们托付给专人精心饲养，后者也就是bas-bas驯养师。

居鲁士征服吕底亚后不久便开始改造帕萨尔加德王宫和花园，因为萨迪斯和其他伊奥尼亚城市的宏伟壮观给他留下了深刻的印象。因此希腊石匠被派往帕尔斯，一起策划修建波斯的第一批石制建筑。从考古发掘来看，在居鲁士决定于帕萨尔加德大兴土木之前，该地尚未有永久性的定居点，尽管数个世纪以来，该地一直是重要的部落集会场所。米底人早就知道这个地方，在他们攻占波斯期间，帕萨尔加德成了他们的驻军哨所，被他们称为 Badrakatash。但对波斯人来说，它叫作 Pathragada，意为"挥舞重棒之人的居所"。居鲁士认为，他的新帝国值得，也需要一个仪式性中心，尽管他从未筹划将帕萨尔加德建造得像波斯波利斯那般规模壮阔，但也计划将它打造为波斯帝国新树立的王权中心。帕萨尔加德地处穆尔加布平原（Dasht-e Morghab，意为水鸟之原），在设拉子以北约 55 英里处，靠近普勒瓦尔河，在昔日来往于埃克巴坦那和波斯湾的繁忙商队路线上,海拔超过2000英尺。今天,它是一处安静、偏远的考古遗址,参观它的游客需要具备充沛的想象力。它的遗迹稀少而分散,我们很难深入了解它。尽管我们对用石材修建、大理石装饰的王室宫殿多有记录和研究,但事实上我们尚未解开波斯帝国这个宏伟、庞大的遗址的全部谜团。如今只有几根断柱和一些开裂的石板依稀可以显现出居鲁士王宫中那座雅致亭子的位置。亭子的废墟旁矗立着一道过去肯定十分辉煌的丰碑式大门。它是整个王宫建筑群的唯一入口,但它昔日的恢宏如今只能从一根饰有高浮雕的立式门柱上窥见一二。这根门柱上雕刻了一名男性,他背生四翼,身着埃兰式长袍,头戴精致的埃及式王冠——一件高耸的"女神游乐厅"(Folies-Bergère,法国巴黎的一家咖啡馆-音乐厅)风格的精致工艺品,由鸵鸟羽毛、猎鹰羽毛和弯曲的公羊角制成。(图3)数个世纪以来,这个奇特的复合人物形象一直被认为是居鲁士大帝本人的形象,但事实并非如此。天使般的翅膀表明,他是亚述的守护神,被称为"阿普卡鲁"(apkallu)。这种天使般的存在通常出现在

图 3 长有四翼、头戴王冠的阿普卡鲁(守护神),这块浮雕来自帕萨尔加德的居鲁士大帝花园王宫的大门处

新亚述王宫的城墙和门柱上，扮演神圣的监督者或某种天界守卫的角色，负责阻止天界的不速之客进入王宫，防止宇宙中不受欢迎的存在给王宫居住者带来伤害或麻烦。当他被移交到帕萨尔加德，进行波斯化改造后，带翼的阿普卡鲁便成为一个尊贵但令人敬畏的神灵，是帕萨尔加德防御系统的一部分。阿普卡鲁会确保居鲁士不受任何邪恶力量的伤害。

这道城门孤零零地矗立在那里。它没有与之相连的城墙，不同于西亚、北非的其他宫殿遗址，帕萨尔加德四周没有防御工事环绕。因为该城地处波斯内陆深处，居鲁士遂坚信它不可侵犯。然而，防御工事的缺失只会加强城门的象征力量，它既是神秘之门，又是仪式之门，外国使臣、请愿者和进贡者都将经过此门进宫拜谒国王。但是帕萨尔加德并非完全没有防御措施，因为在一座山丘之上有一个被称为"塔勒塔克"（Tall-e Takht，意为王座之山）的大型防御高台，站在那里便可俯瞰整个建筑群。在后继的阿契美尼德王朝君主的统治下，这座山丘发展成了一座庞大的城堡，有着用大量泥砖筑起的坚固的防御工事，被用作军事要塞。

城门附近是居鲁士及其朝臣活动的主要公共场所，它被称作"S宫"（一个平淡无奇、毫无想象力的考古标签）。那是一个长方形的多柱式大厅，大厅中共有八根圆柱分列两排，四扇大门分别通向环绕宫殿的柱廊。殿内装饰（从幸存的遗迹来看）有用高浮雕和彩绘手法创作的取材于亚述和巴比伦的图案。这些图案包括罕见的双腿直立的公牛，它们摇摇晃晃地行进在队列中；还有身披奇特的鱼皮斗篷的祭司，他们戴着鳟鱼头面具。这些色彩丰富、亚述式的石雕虽然主题奇特，但细节翔实，与质朴、优雅的希腊石柱及门廊形成鲜明对比。这些建筑和室内装饰都展现出了奇特的混合风格，按理说这本不应该有任何美学效果，但实际上是有的。波斯人创造了一种独特的艺术形式，即将美索不达米亚、埃及和希腊等地的风格进行奇妙且全面的融合。这些风格融合在一起时，就会产生一种在视觉上引人注目、和谐美好却又与众不同的"波斯"风格。这种独特的混合风格还在帕萨尔加德居鲁士的陵墓及其周边建筑上体现得淋漓尽致。

居鲁士的陵墓与王宫相距较远，它位于穆尔加布平原的一个偏远之地，距帕萨尔加德的仪式中心1英里远。寇松勋爵曾狂热地歌颂道，它的墓墙"就像一片灰暗风景中的白点一样闪闪发光"。这座陵墓是在帕萨尔加德修建的第一座建筑，由两个独特元素构成。首先是一个长方形的墓室，顶部呈三角形，坡度陡峭，属于伊奥尼亚墓葬的传统形制。其次是一个阶梯式的基座，旨在让人想起美索不达米亚的塔庙，特别是苏萨附近的恰高·占比尔。这是一座伟大的埃兰建筑，即便它在居鲁士所处的时代不再发挥应有的作用，其轮廓依然清晰可见。尽管陵墓整体的戏剧性视觉效果是由安纳托利亚和美索不达米亚元素奇特却成功地并置融合而来的，但对陵墓石雕的考察证实了，吕底亚人也积极参与了陵墓的建造。因此，在居鲁士建造王宫之前，居鲁士的陵墓就已定义和确立了阿契美尼德王朝的艺术与建筑特征。

然而，帕萨尔加德最重要的瑰宝还是那座布置井然的花园。一片广袤富饶的园林将城门与宫殿连在一起，成为一个统一的整体。在宫殿、亭子和觐见大厅之间点缀着郁郁葱葱的绿植，这种布局成了波斯园林设计的典型特征。经过精心规划的几何布局，石砌水渠将花园一分为四，形成优雅的四重设计（chahar bagh），显得对称而规整。这一独特的设计注定会成为从撒马尔罕到塞维利亚的整个伊斯兰世界园林设计的主要特征。通过错综复杂的四重设计，帕萨尔加德的花园生动地反映了居鲁士在巴比伦的圆柱上强调的王室头衔："我是居鲁士……世界四方之王。"

在古波斯语中，"花园"一词是paridaida。希伯来人听成了pardes，希腊人将之转写为paradeisos，英语中的"天堂"（paradise）一词就由此而来。严格说来，"天堂"是指有围墙环绕的绿色空间，"内部"可耕、可驯，"外部"则不可耕、不可驯，内外界限分明，这一概念也可以在《圣经·创世记》中找到。在波斯人占领的耶路撒冷和巴比伦工作的犹太祭司和书吏，可能以波斯花园为原型，描绘了伊甸园，即"上帝的花园"。

在整个帝国，精心打理的花园和公园是波斯统治的生动象征。国王和王子们会夸耀自己作为园艺师的成就："我有伟大的功业：我为自己新建屋所，搭建葡萄园；我为自己打造花园和公园，在那里种植各类树木；我为自己挖掘池塘，浇灌那些长势茂盛的树木。"王家公园是帝国的缩影，充满异国情调的花园象征着君主统治的疆土幅员辽阔。居鲁士及后继的统治者用异域的灌木和果树充盈他们的花园，聘请园艺师在黎巴嫩修整珍贵的葡萄藤，然后移植到波斯的土壤中。修建和维护美丽繁荣的花园是波斯的一种艺术形式，这种渴望与痴迷是缺乏想象力的希腊人永远也无法理解的。因为对雅典人来说，花园不过就是个种萝卜的地方。

国王能够修建对称有序的繁茂花园，这是君主权威的有力证明。因此，帕萨尔加德的规划和修建是一项庞大且重要的事业。这项事业能顺利竣工，表明了一个成熟的行政管理体系的存在，它处理的是这项重大事业的组织工作。总而言之，帕萨尔加德展示了居鲁士对王权装饰的精致审美，在整个帝国存续期间，帕萨尔加德一直是重要的王家仪式中心。后续每一位波斯国王的登基仪式都在此举办，因为这里可以通过仪式将他们与帝国的创建者联系在一起。

2015 年，在伊朗法尔斯省一个名叫菲鲁兹（距离波斯波利斯非常近）的村庄附近的一处遗址 Tol-e Ajori（意为砖块小山），伊朗和意大利联合考古队有了一项惊人的考古发现。他们在那里发现了一座巨大城门的遗迹。城门呈正方形，边长 30 米，厚 10 米，墙上饰有彩色釉面砖，它们组合成了生动形象的图案。发掘者在城门周围还挖掘出了小亭子，而且与帕萨尔加德一样，他们发现了明显的规划齐整、对称的花园的痕迹。有趣的是，对釉面砖的研究发现，它们与尼布甲尼撒二世在巴比伦修建的建筑釉面砖上的图像有着惊人的相似之处，尤其是著名的伊什塔尔城门上的神奇动物图像。这座嵌满蓝色釉面砖的巨大城门几乎是著名的伊什塔尔城门的复制品。而与阿契美尼德王朝帕尔斯的其他建筑物相比，此座城门在设计、修建、装饰上绝对是独一无二的。

这座巨大的巴比伦式城门无疑是居鲁士的杰作。事实上，一块砖头碎片上包含有一段楔形文字铭文的开篇部分，其中包含了阿卡德语"国王"（sharru）一词的一部分，由此可以确定，该建筑归属于居鲁士。居鲁士城门离波斯波利斯如此之近，这一发现意味着，阿契美尼德王朝后续的关键遗址的历史近年来很有可能要经受彻底的修正。过去，人们认为，在约公元前 518 年大流士一世大兴土木之前，波斯波利斯这片处女地尚未被触及，其实在那之前，它就已经是一个欣欣向荣的王家中心了。如果居鲁士早在公元前 538 年，也就是在他刚攻下巴比伦后不久，就将巴比伦的工匠派到了帕尔斯，那么这座城门的建成时间至少要比大流士的宫殿建筑早 20 年。但是，居鲁士为什么要在波斯中心建造一座如此引人注目的异域建筑呢？帕萨尔加德的建筑向人们展示了，居鲁士是如何热衷于将他新征服的领土的视觉"外观"融入"波斯"风格的新标准中的。在帕萨尔加德，建筑形式主要采用吕底亚风格，但在波斯波利斯，他选择了更为宏伟壮观的巴比伦式建筑来留下自己的印记。更有可能的是，居鲁士想要在此建立一个新的巴比伦，一座比以前的"众城之母"更加耀眼的波斯城市。他的野心是将他那四方帝国的中轴线重新对准帕尔斯，从而将波斯置于文明的中心。而随着他在战斗中意外死亡，这一宏伟计划也戛然而止。

*

公元前 530 年，居鲁士在帕萨尔加德想要发起新一轮的军事行动。他决定冒险向东北远征，渡过阿姆河，去征服不断挑事的马萨革泰人。马萨革泰人是住在里海和咸海之间大平原上的一群斯基泰人。他们在此之前不断骚扰、袭击波斯帝国的东北边境，不过只进行了一些不痛不痒的掠夺，没有造成长期的破坏。然而，居鲁士决定对他们采取有力而果断的反击。他御驾亲征，不得不说，这有些小题大做了，因为马萨革泰人不过是想偷些牛罢了。我们难以粉饰居鲁士对马萨革泰人的好战态度，也很难不把他看作以征服马萨革泰人为使命的侵略者。即使他在西方取得了成功，但他开疆拓土的欲望仍未得到满足。

居鲁士急于在出征前解决王位继承问题，遂将两个儿子召集到帕萨尔加德。从巴比伦尼亚的西帕尔迅速归来的冈比西斯被正式任命为他的继任者，并在他东征时受命担任摄政王。小儿子巴尔迪亚因错过王位而获赐了中亚的大片领土作为补偿。而且，当居鲁士宣布对巴尔迪亚的土地免征税款，并且在那里筹集的任何贡品都归巴尔迪亚自己所有时，这份礼物就变得更加合心意了。

或许正是在这个特别的时刻，正式的王位继承人冈比西斯举行了一系列婚礼。他先是迎娶了强大首领欧塔涅斯的女儿帕伊杜美。据说，欧塔涅斯是波斯最富有的人。值得注意的是，他随后娶了同父同母的妹妹，即居鲁士和卡桑达涅的女儿阿托莎，之后又娶了同父异母的妹妹罗克珊娜（"近亲通婚"的概念在建立王朝时无足轻重）。这些婚姻首次证明了阿契美尼德王朝对内婚制——在特定的社会群体或等级内通婚——的重视。这个概念在整个阿契美尼德王朝都通行。阿契美尼德王朝的统治者通常与波斯大首领的女儿或姐妹联姻，或者与家族内部的堂姐妹、侄女或外甥女、同胞姐妹或同父异母的姐妹通婚。

王储既定，居鲁士在公元前530年春末率军从帕萨尔加德开拔。冈比西斯护送父亲至锡尔河后又回到波斯，履行摄政和王储的职责。同时，居鲁士率军向东进击。

居鲁士最后几年的生活细节很难拼凑起来，尤其是他在东部的战役的情况，大部分内容都模糊不清，逐渐转变成了传奇故事。希罗多德的著作是现存的居鲁士生前最后几场军事行动的主要材料，但他的叙事并没有说服力。他讲述了一个非常奇怪的故事。希罗多德说，居鲁士率军进入马萨革泰人的领地后便下令扎营，命令士兵生火做饭、摆放食物、燃起篝火、铺设地毯，如同举办豪华宴会。接着，居鲁士将大部分士兵撤到周围的山上，只留下了一支小分队。而马萨革泰人就像飞蛾扑火一般，迅速聚集到波斯人刚刚弃置的营地里，掠夺波斯人的财物，吃他们的食物，喝他们的酒。突然间,波斯人大喊大叫着骑马奔回营帐,屠杀了半醉半醒的野蛮人,并俘虏了他们的首领,即亚马孙女战士式的马萨革泰女王托米莉丝之子斯帕尔伽皮西斯王子。这位年轻的王子因为自己竟被如此卑劣的伎俩迷惑而深感耻辱和羞愧,恳求居鲁士释放他,而居鲁士也同意了。但斯帕尔伽皮西斯获释后立即自杀身亡。

听到噩耗的托米莉丝既悲痛欲绝又怒火中烧,她披上铠甲,骑上战马,气势汹汹地向波斯军队疾驰而去,马萨革泰战士几乎跟不上她。飞箭如蝗虫般掠过头顶,遮天蔽日。托米莉丝率军长驱直入,奋勇战斗。长矛、匕首、长枪等交相碰撞,劈砍、割裂、撕扯,鲜血如河流般淌过山谷,染红了岩石。两军交战一整日,战况激烈。待一切结束之际,居鲁士已然阵亡。得胜的托米莉丝一边将居鲁士的尸体绑在马后拖回营地,一边发出悲喜交织的哀号声。她砍下居鲁士高贵的头颅,对着这位波斯国王说:"嗜杀的居鲁士,既然你对血这般贪得无厌,我就让你喝个饱!"说完,她就将这个战利品(砍下来的头颅)扔进了一个装满人血的酒囊里。

在居鲁士死后的几年里,关于其死亡的原因众说纷纭。希罗多德坚持认为,托米莉丝的故事是最有可能的。这个故事可信吗?当然,托米莉丝和斯帕尔伽皮西斯这两个名字肯定是源自古代伊朗语言。希罗多德可能借鉴了真正的波斯传统故事,即居鲁士死于那场与东部战士女王的战斗。但是,希罗多德塑造这个故事的方式受到了那些与波斯敌对的希腊人观点的影响。毕竟,希罗多德在撰写《历史》时并不追求确切的事实。他关心的是要创造出一种可以贯穿整部作品的文雅的逻各斯(logos,古希腊哲学中的一个重要概念),一种历史性"对话"形式。在这里,主题就是波斯国王们不自量力的帝国野心。希罗多德写的与其说是一部历史，不如说是一堂道德课："了解自己的极限。"

关于居鲁士之死的真实事件一直不为人所知。没有相关的波斯文献记载，唯有传说流传于世。但是，甚至这些也是源自希腊传说，并且相互矛盾。色诺芬记载居鲁士死在病床上，他在弥留之际，将儿子们召于身前，逐一分封疆土。根据克特西亚斯的记录，居鲁士在讨伐萨卡人之战中受伤，但他最终回到了波斯，上演了另一幕感人的临终场景。就常理而言，历史上的居鲁士不可能既死于病榻又战死沙场。上述三个希腊版本的居鲁士之死确实包含了真正的波斯故事的内核。然而，每一个版本都不过是故事初始传播者的一种宣传形式。居鲁士在波斯历史上是一个极其重要的人物，不能被遗忘。在他死后不久，他的出生、生活经历和逝世都被编入了民间故事，然后形成传说，最终演变成了神话。每一次复述都使他的故事有了新的侧重点。

这也就是为什么波斯帝国世世代代流传着诸多不同版本的有关居鲁士的出生及童年的故事。鉴于波斯人在创作优美诗歌及歌谣方面有着悠久且荣耀的历史，我们有理由猜测，居鲁士在他们的叙事中扮演着重要的英雄角色。阿契美尼德家族珍视诗歌，就像珍视他们的骏马一样，用诗歌讲述居鲁士故事的传统迅速发展起来，甚至还出现了歌颂居鲁士英雄事迹的歌谣。色诺芬在居鲁士逝世近150年后写道："直至今日，波斯人仍在故事及歌谣中颂扬居鲁士，赞颂他是世上最为英俊慷慨之人，他充满智慧且心怀大志，为建不世之功历经了重重险阻。"

在古代，伟大领袖的诞生故事对他们形象的传播发挥了极大作用。不难想象，一些统治者，比如居鲁士本人，可能会鼓励创作和传播超凡的诞生故事或不寻常的童年逸事。这些都有可能是有用的宣传。其中就有这样一个故事，米底国王阿斯提阿格斯反复出现的梦境预示了居鲁士的出生。在睡梦中，他梦见女儿曼丹尼的子宫里长出了一棵葡萄藤，长出来的藤蔓爬满了整个亚洲。它们爬进了每一个山谷，攀上了每一座山峰。阿斯提阿格斯还经历了另一场更糟糕的噩梦，他梦见曼丹尼排了大量的尿，淹没了整个亚洲。祭司们为阿斯提阿格斯解梦，并警告他，曼丹尼即将出世的儿子将成为地球上最强大的统治者，此子身披荣耀和名誉，会将他取而代之。出于对未来的恐惧，曼丹尼刚一分娩，阿斯提阿格斯就命心腹哈帕格斯将婴儿居鲁士带到荒野杀死。但哈帕格斯听着婴儿无辜的哭声，心生怜悯，下不了手，就将他遗弃在山腰，希望有农民能找到他。这也就有了后续所发生的故事。居鲁士在慈爱的牧羊老翁及其妻子的照顾下平安地成长为一名少年，直到那时他们才将他的身世告知于他。待他成年后，他重新夺回了应有的地位，成为米底之王。这个故事细节丰富，字里行间满是流行的民间故事和童话的主题。它毫无疑问创作于米底，以此为居鲁士征服米底、推翻阿斯提阿格斯的统治创造合理性（在这个故事中，阿斯提阿格斯被描述成了像宙斯、希律王，以及《圣经·出埃及记》中的法老一样屠杀婴儿的恶棍）。作为一个巧妙的宣传作品，这个故事证明了波斯-米底合并的合理性。

其他故事则源于伊朗的其他地区，折射出了不同的宣传思路。其中有一个故事完全忽略了居鲁士的米底血统，反倒认为他是波斯穷人、强盗阿特拉达茨与卑微的妻子阿尔戈斯特（牧羊人）的儿子。尽管居鲁士出身卑微，但因为受到米底王宫里一名太监的善意照拂，居鲁士从王室仆人晋升为阿斯提阿格斯核心圈子里的一员。居鲁士注定要成就一番伟大事业,他推翻了阿斯提阿格斯的统治,并通过迎娶米底公主阿米蒂斯,在米底建立了自己的王朝。这个故事也许起源于帕尔斯,故事中的居鲁士出生于波斯,是这片土地养育的子民:一个坚强、勇敢的波斯人凭借智慧和雄心推翻了米底人的暴政,带领波斯走上了通往帝国的道路。还有另一个据称是居鲁士家人为官方宣传而传播的他的诞生故事。故事中,居鲁士出生在阿斯提阿格斯的宫廷里,他确实是被人遗弃在山腰,任其自生自灭,但他被一只狗救了。这是一只刚生下小狗的母狗,它给他喂奶,救了他一命。关于居鲁士婴儿时期的这种叙事与罗慕路斯和雷穆斯的故事非常相似,因其神话性而吸引波斯人,如果说有谁配得上这样一个奇迹故事的话,那便是居鲁士。

*

举办完合宜得体的葬礼后,这位"波斯人之父"被安葬在帕萨尔加德的拱顶墓里。他的遗体躺在黄金卧榻上,上面盖着巴比伦的织锦毯子。他的身旁随葬有一件带袖长袍、几条裤子、许多色彩鲜艳的长袍,以及项链、手镯和镶嵌半宝石的金耳环,以供他来世穿戴。冈比西斯为死去的父亲举行了宗教祭拜仪式,此类仪式由在墓前服务的祭司监管。

居鲁士是一位非凡卓越的统治者。他既是一位杰出的军事谋略家,也是一位务实的政治家。在短短 20 年里,他带领小小的波斯王国走向了主宰世界的地位。那些在地理和文化上截然不同的地区在他的权威下得到统一治理。关于他宗教信仰虔诚、仁慈的政治家风度的宣传(主要是通过巴比伦的圆柱铭文、《圣经·旧约》和希腊历史学家）广为流传，加上关于他出生和掌权的英雄故事，这些都有助于他塑造公平、公正且富有同情心的君主形象。那些盛行的传说和故事可能淡化了他阴暗、不那么吸引人的一面。毕竟，传说有能力创造自己的真相。但无论我们如何看待它们，居鲁士的成就不仅在过去令人惊叹，也将一直令人惊叹。

第 4 章

埃及的权杖

冈比西斯是居鲁士大帝的长子，也是帝国唯一正式确定的继承人，但他名声很差。与他威严、睿智的父亲相比，冈比西斯就是一个疯狂的暴君，治国无能，行事更为乖戾。这种熟悉的故事一遍又一遍地在世间重复流传。希罗多德曾尖刻地写道："我毫不怀疑，冈比西斯彻底精神失常了。"

冈比西斯的生平穿插着各种不公正的叙事，尽管其中有一个讲述他身为统治者却万般无能的故事特别有说服力。当听闻尼罗河以西较远处的锡瓦绿洲阿蒙神庙的祭司们在神谕所批评国王时，冈比西斯决定惩罚他们的犯上行为。他派了 5 万名士兵穿越撒哈拉沙漠，去处死这些不断制造麻烦的祭司，但这些士兵不曾抵达绿洲。根据希罗多德的解释，就在他们艰苦行军的第 7 天，"从南方刮来了一股强劲且致命的大风，掀起了巨大的旋转沙尘柱，这场大规模的沙尘暴彻底掩埋了整支军队，使他们完全消失了"。约 2500 年后，有人激动地声称在撒哈拉西部找到了冈比西斯军队遇难的地方。但是，派遣 5 万人穿越如此可怕的沙漠，只为屠杀几个多嘴的神职人员，这实在没有多大可能性。希罗多德讲述的冈比西斯军队消失故事的背后隐藏着他对离奇故事的热爱。其他古代作家一笔都没有提到过这个故事。事实上，希罗多德将一点事实和一大堆虚构的内容混合在一起,把冈比西斯在埃及的整个故事编造成了一个道德寓言。《历史》一书中的冈比西斯形象虽然引人注目,却是希罗多德伪造的夸张描述。为了更好地理解这位波斯国王,我们必须要好好阅读希腊记叙之外的文献。如此一来,冈比西斯就会以成功的国王、能力非凡的战士形象出现在我们眼前。他征服了埃及,将世界上最富有的国家及其深厚的文明遗产和无限的粮食供应纳入了波斯帝国的势力范围。

*

冈比西斯在帕萨尔加德依照礼制为亡父服完丧期之后,就和随从回到了巴比伦尼亚,在乌鲁克召集朝臣,开始策划一场远征。这场远征最终导致埃及战败。这位新国王获得了左膀右臂普列克撒司佩斯和年轻有为的朝臣大流士的助力,大流士是阿契美尼德家族希斯塔斯佩斯之子。大流士在 22 岁时就证明了自己是一位忠诚且值得信赖的伙伴,因此冈比西斯授予他"持矛者"的特权职位,它属于朝廷中的高级职位。

公元前 526 年,希腊雇佣兵哈利卡那索斯的法尼斯也被引入了这个核心圈子,他唯一的任务就是向国王传递有关埃及及其战斗实力的消息。在埃及,法尼斯失宠前曾为法老雅赫摩斯效力多年,他向冈比西斯传授埃及人的行事方式,重点解说他们有效的军事战术和诸多弱点。法尼斯建议冈比西斯率军穿过西奈沙漠进入埃及。为此,他建议冈比西斯与阿拉伯半岛的部落首领达成协议,保证他的军队安全通过阿拉伯部落统治下的沙漠。他还建议,冈比西斯最好请求沿途的阿拉伯人为波斯军队提供饮用水和食物。阿拉伯人很乐意为波斯王室效劳。由于他们给波斯人提供的服务,此后他们还成为波斯人的盟友，但他们从未成为波斯的臣民。

埃及第二十六王朝（公元前664—前525年），即所谓的"舍易斯王朝"，其名称来自尼罗河三角洲城市舍易斯。舍易斯在埃及悠久、庄严的历史中这段引人注目的时期被确立为埃及的首都。这个时期见证了传统法老艺术的文化与艺术复兴，即埃及文化的真正复兴。舍易斯的荣耀在于它宏伟的神庙和圣殿。在舍易斯，人们用盛大的仪式来崇拜两位古老的神——奈斯女神和普塔神。舍易斯王朝在雅赫摩斯二世的励精图治下蓬勃发展，舍易斯是这个王朝的宗教和政治权力之源。舍易斯圣殿的辉煌证明了埃及在这个时期非凡的经济增长：它的商业欣欣向荣，还与富有的地中海统治者（比如塞浦路斯国王和萨摩斯国王）签订了贸易条约和政治协定。

公元前526年，雅赫摩斯二世去世，结束了其约44年的漫长统治。冈比西斯趁埃及正处于哀悼期，以及正在筹备雅赫摩斯之子普萨美提克三世的登基仪式，加速了他对埃及作战计划的实行。他从巴比伦尼亚和小亚细亚征召雇佣兵来扩充波斯军队，并组织腓尼基和卡里亚的海军加入他的远征队伍。这种征募制度是波斯人的典型做法。从帝国建立到最终急剧灭亡，所有波斯国王都使用过这种制度。步兵、骑兵及水手来自帝国的各个地区，也随之带来了各种各样的武器和战斗风格。他们加入波斯官员指挥下的军队行列（不过，最高指挥权并不总是会被授予波斯人，它属于最优秀的战略家，且不分族群）。在古波斯语中，对应"军队"或"战斗部队"的词语是 kāra。它还有一个更通用的意思，即"族群"。我们从这个词可以认识到，帝国中与波斯人并肩作战的不同族群构成了波斯军队的核心。不论族群出身，波斯军队是一个统一的整体。

公元前525年春，冈比西斯的舰队在巴勒斯坦沿海城市阿卡集结，然后沿着海岸前往尼罗河三角洲，与此同时，地面部队在阿拉伯人的帮助下穿越西奈沙漠。地面和海上部队最终在埃及边境城镇培琉喜阿姆会合，该地长期以来被认为是通往埃及的门户。正是在此地，埃及舰队富有才干的指挥官乌加霍列森尼无意阻挡波斯军队前进的步伐，交出了埃及舰队，并投奔了冈比西斯。因此，培琉喜阿姆的这场短暂而血腥的战斗以波斯人的胜利告终。埃及军队的残部向南逃窜，前往孟菲斯避难，此城拥有高大的白色防御城墙。冈比西斯的军队紧追不舍，他的舰队沿着尼罗河航行，因为只有通过水路才能有效地攻下孟菲斯。这座城市没有抵抗多久就陷落了，但许多埃及人仍遭受屠杀或沦为战俘，其中就包括普萨美提克三世，尽管最初他获得了波斯抓捕者的尊重，但他试图反抗冈比西斯，因而被处决了。大量孟菲斯的财物都被运回了波斯，以充实王家国库。约6000名埃及人被驱逐到苏萨做奴隶、劳力（埃兰语为kurtash，库尔塔什）、行政人员、工匠和建筑师。孟菲斯本身则成了波斯驻军总部和波斯占领下埃及的行政中心。到公元前525年夏，整个埃及，从尼罗河三角洲到阿斯旺大瀑布区，都被置于波斯人的统治之下。甚至利比亚诸首领、昔兰尼的希腊人，以及西部沙漠诸部落都臣服于冈比西斯，向他进献贡品。

*

当时帮助冈比西斯降伏埃及的叛徒乌加霍列森尼是个极其有趣的人物。我们是从一尊简朴的灰绿色玄武岩雕像认识他的。这尊雕像在梵蒂冈博物馆展出时，与馆中富丽堂皇、令人迷醉的巴洛克艺术氛围格格不入。它是埃及后王朝时期雕塑的杰作，事实上也是教宗众多埃及收藏品中最重要的史料。现在，这尊乌加霍列森尼的无头雕像手持一座刻有埃及冥王奥西里斯形象的神龛，浴巾式长袍的褶皱上刻有他的官衔。这些官衔告诉我们，他曾被任命为首席医师、下埃及法老的财政总管、女神奈斯的祭司长，以及国王舰队的指挥官。必须承认，这确实是一份令人印象深刻的履历，涵盖了这个国家的官僚体制、宗教、医学和军事需求。雕像的剩余部分刻了一段自传性质的铭文。它讲述了乌加霍列森尼是如何成为法老雅赫摩斯的私人医师，以及年轻的普萨美提克三世的大臣的。他还掌管王家海军，负责守卫埃及地中海海岸线的安全。这段铭文用简洁而不加以详细解释的语言，描述了冈比西斯在埃及的情况：

冈比西斯，伟大的万邦之王，带着万邦之民来到埃及。他占领了整个埃及，他们安顿了下来。他成了埃及的大君主，伟大的万邦之王。陛下任命我为他的首席医师，并让我以宫殿总管的身份陪伴在他身边。

乌加霍列森尼描述了冈比西斯对埃及传统的尊重。在此过程中，后者呈现出的波斯占领者形象与希腊史料中的截然不同。埃及官员认为，冈比西斯是一位令人钦佩且雄心勃勃的统治者。乌加霍列森尼可能早在意识到冈比西斯的入侵不可避免后，就放弃了在年轻的国王普萨美提克宫廷中担任的职位，投奔了波斯人，尽管他对此事保持缄默。乌加霍列森尼投靠了冈比西斯，因为他清楚地看到了埃及的未来（以及他自己的前程）将掌握在波斯人手中。他是第一个与波斯人合作并帮他们谋取埃及王位的埃及人，也是最有影响力的。在传达埃及军事机密方面发挥的作用，以及向波斯人展示如何绕过入侵的障碍方面的专业知识，给他带来了丰厚的回报。

那么，我们要如何理解乌加霍列森尼的行为呢，是什么迫使他与波斯人合作的呢？这在很大程度上取决于人们选择如何定义"合作"。作家及大屠杀幸存者普里莫·莱维曾提及合作的"灰色地带"，此词意味着合作有不同的程度和种类。它们包括从"心与灵魂"的合作（对于敌人的意识形态和目标抱有同样的信念，就像是思想的交融）到完全的臣服，即完全承认敌人在政治和军事上的优势。从宽容的视角来看，可以说乌加霍列森尼想要保护埃及，避免灾难。他可能视自己为"保护者"形式的合作者。因此，为了国家的"更大利益"，他保留了对埃及事务的掌控权。从相反的视角来看，他可能是在耍两面派，即一种摆布冈比西斯的战术性合作。乌加霍列森尼为波斯人提供了他们所需的情报和想要的支持，以换取在敌人政府内部的晋升。在自传铭文中，乌加霍列森尼将自己描绘成了救世主。他保护埃及人免受战乱之苦，并声称："我保护国民免受席卷全国的巨大灾难之苦，这是此前国家从未面临过的大灾难。我保护弱者免受强者的欺压。我拯救了那些担惊受怕的人。"

由于乌加霍列森尼对波斯王权的贡献，冈比西斯赐予他荣誉和礼物。这位埃及人很快就强调，他获得了这位外来统治者的宠信："我一生服侍过多位主人，他们对我尊敬有加。他们赐予我黄金饰品和各种有用的东西。"仔细观察乌加霍列森尼的雕像，人们就会发现他戴着波斯风格的金手镯，这是他从显赫的合作生涯中获得的引以为傲的回报。乌加霍列森尼担任波斯国王的埃及专员多年，因此毫无疑问，他死时非常富有。不过，他的同胞究竟是爱戴他，还是憎恶他？这可不太好说。

*

公元前525年8月，冈比西斯二世在舍易斯举行的盛大仪式上加冕为埃及法老。在舍易斯的奈斯神庙里，他头戴埃及双王冠（pschent），即上埃及白冠（hedjet）和下埃及红冠（deshret）。这顶双王冠标志着他成为上下埃及之主。作为神荷鲁斯的化身和新王朝的创始人，冈比西斯被授予法老式的名字"米斯提-拉"（Meswty-Re），"统一两地的荷鲁斯，拉神之子，冈比西斯，愿他永生"，这正是乌加霍列森尼为他设计的。乌加霍列森尼还提供了冈比西斯接下来所做事务的细节，不过他总是想方设法将自己插入叙述之中：

> 上下埃及之主冈比西斯来到了舍易斯。陛下亲临奈斯神庙。就像以往所有的国王一样，他俯伏在奈斯女神面前。就像其他所有正派的国王一样，他将所有美好的东西都献给了伟大的奈斯女神，以及舍易斯其他所有伟大的神。陛下之所以这样做，是因为我向他禀报了奈斯女神的伟大，她是拉神之母。

从此之后，冈比西斯在浮雕画像中都身着埃及服饰，向埃及众神献上了礼物和供品。冈比西斯甚至赋予了自己一个新的埃及出身。在埃及流传的故事中，冈比西斯无疑是居鲁士大帝的儿子，但他的母亲并不是波斯贵族卡桑达涅，而是埃及公主尼特缇丝。尼特缇丝是埃及法老阿普里斯之女，他曾在雅赫摩斯二世之前在位，后者则被描述成了一个叛国的篡位者。似乎大多数埃及人都愿意相信冈比西斯是埃及的合法法老，而非外来征服者的故事。就连希罗多德也不得不承认："埃及人视冈比西斯为自己人。"

很明显，冈比西斯仿效了他父亲在巴比伦的施政方式，采用隆重的宗教仪式和浮夸的政治宣传来吸引当地居民。就像他父亲一样，冈比西斯允许埃及人自由信仰宗教、贸易往来和物物交换，还允许他们不受阻碍或骚扰地劳作。埃及的律法和行政文献证明了，埃及被入侵后，当地居民的生活很快就恢复正常了，波斯人的统治并没有明显改变他们的日常生活节奏。虽然其间也出现了一些波斯人抢劫埃及宗教圣地的事件，但冈比西斯迅速采取行动加以控制和阻止，而且赔偿了对神庙造成的所有破坏。

冈比西斯对征服埃及的结果感到非常满意，于是决定向南征战，越过传统上被视为埃及边界的城市阿斯旺。他决心推进到努比亚（位于今苏丹共和国境内）或当时波斯人所称的库什。因其丰富的黄金（埃及语为 nebu）储备，该地长期被埃及殖民者开发利用。在向南进军途中，他参观了尼罗河建有城防的象岛上供奉着赫努姆神（公羊头人身）的神庙，还招募了许多犹太人和其他闪米特移民加入他的军队。有了这些受欢迎的增援部队，冈比西斯向库什进军，迅速占领了埃及边境沿线的北部领土，越过了尼罗河第一瀑布。随后，他向着更远的地方深入，朝着第二瀑布甚至更远处进军。有迹象表明波斯人进军到了腹地：有几位罗马作家认定，当地人仍在谈论第三瀑布附近一个叫作"冈比西斯仓库"

的地方。虽然冈比西斯确实有可能抵达尼罗河畔的这个地方，但他不太可能南下到传闻中的纳帕塔王国首都麦罗埃（根据希罗多德的说法，麦罗埃是"全埃塞俄比亚的母城"）。可惜的是，没有证据可以证明罗马人的传说，即麦罗埃是冈比西斯为纪念他的妹妹，以她的名字命名的。

冈比西斯在埃塞俄比亚待了足够长的时间，在他返回孟菲斯之前，该地区已适应了波斯人统治的节奏。在他离开之后，虽然发生了几次反对波斯统治的动乱，但在乌加霍列森尼的指示下，这些动乱都被有效地平息了。古典时期的作者坚持认为，从埃塞俄比亚返回后的那段时间里，冈比西斯堕入了一场肆无忌惮的暴力狂欢。据说，这位国王亵渎了早先一位法老的尸体，剥去了木乃伊上的绷带；他嘲笑埃及众神、仪式和神圣的典礼，还殴打祭司，洗劫神庙。有个故事说他为了练习射箭，用箭射穿了一个男孩的心脏，还有个故事讲述了他是如何踢死怀孕的妻子的。或许，这些故事的背后隐藏着一些不为人知的真相，但现今已经无法确认了。如果认为冈比西斯就是个不折不扣的独裁者，那就错了。与他的父亲相比，他也许有一种矫枉过正、趋于凶猛的倾向。当然，在后来的波斯传说中，人们通常认为他是一个独裁者。但正如阿匹斯神牛的故事所证实的那样，大部分批评都是纯粹的诽谤。

在孟菲斯神庙里供奉的众神中，创世神普塔居于被尊崇的地位。人们相信普塔化身为一头活牛，这是人们在尘世可以看见的他的存在的表现形式，这一形象值得最高的宗教及社会-政治尊重。阿匹斯神牛就被尊崇为普塔的化身，它自然死亡后与冥界之神奥西里斯合体，即阿匹斯-奥西里斯。然后，人们开始按照两肋处的特殊标记来寻找新的阿匹斯神牛。新的阿匹斯神牛一经发现，就被安置在一个漂亮的小庭院里，还有一群小母牛与它交配。此后，直至它死去，这头牛一直都会被当作普塔的化身受人供养和崇拜，过着十分舒适的生活。根据希罗多德的说法，冈比西斯非常疯狂，攻击、刺伤，甚至杀死了这种最为神圣的动物，在埃及引发了广泛的恐慌。

而埃及的史料提供了一种截然不同的观点。它们展示了冈比西斯是如何以极大的尊重对待阿匹斯神牛的，就像法老应该做的那样。在塞加拉发现的一块石灰岩浮雕揭示了冈比西斯是如何在接受古埃及法老特权的同时，为一头死于公元前 525 年春的阿匹斯神牛准备葬礼的。理论上，只有合法的法老在场，阿匹斯神牛的葬礼才能完成，因此我们也就知道冈比西斯本人出席了公元前 524 年 11 月的那场葬礼，而在公元前 523 年初的下一任神牛就任仪式上，冈比西斯本人很可能也在现场。看起来，冈比西斯在尊重埃及的古老仪式方面表现得无可挑剔，在这方面他受到了父亲统治风格的影响。公元前 522 年初，冈比西斯已在埃及待了三年，埃及人没有出现任何动乱的迹象，于是他决定返回波斯。

*

正是现实国情使冈比西斯不得已离开了埃及。数月以来，从波斯逐渐传来一些叛国谣言，冈比西斯有可能（但远不能肯定）委任了他的亲密伙伴，即希斯塔斯佩斯之子大流士回到波斯，对所有谣言追本溯源，找出真相。国王的弟弟巴尔迪亚似乎已在中亚证明自己是一个能干且高效的统治者。之前，他回到波斯，表面上是为了平息一些因冈比西斯长期缺席而引起的小规模叛乱。他在恢复波斯的秩序，以及重新确认其家族在王朝腹地的控制权方面做得很好。事实上，他似乎很快就在波斯的诸多部落首领，以及广大民众之中聚集了一大批追随者。他们积极拥护他成为国王。为什么不呢？巴尔迪亚是一个令人印象深刻的人物，适合登上王位。他高大英俊、威武健壮，据说是波斯唯一能拉满埃塞俄比亚巨弓的人。这般威武强壮的身体为他赢得了一个合适的绰号，即"坦岳可萨克斯"（Tanyoxarkes，意为强壮的身体）。巴尔迪亚很可能还得到了家人的支持，包括已经嫁给了冈比西斯的姐姐阿托莎。她可能认为，弟弟更有资格成为波斯王位的继任者。

随着叛国和篡位的传闻四起，冈比西斯率领精锐军队离开了埃及。他们沿着紧靠黎凡特海岸的"国王大道"[*]前进。与此同时，公元前 522 年 3 月 11 日，巴尔迪亚登上了王位，自封为王。到了 4 月，正如巴比伦的楔形文字文献所记载的，美索不达米亚臣民也开始承认他的统治。这个消息很快就传到了冈比西斯的耳朵里，他大约在此时抵达了叙利亚。波斯帝国屏息以待。接下来会发生什么呢？会爆发内战吗？帝国会分裂吗？居鲁士大帝的巨大努力终将徒劳无功吗？

这个危局骤然间就被解决了。在叙利亚，一日清晨，冈比西斯急于返乡，以镇压野心勃勃的兄弟，于是匆忙之间骑上马，但不小心被挂在腰带上的匕首刺伤了大腿。伤口深可见骨，但好在接受了埃及医师的精心护理。冈比西斯觉得已无大碍，可以骑马前往波斯。然而，几天后，当冈比西斯到达阿勒颇时，伤口已成坏疽；腿部失血过多，则使得他的身体组织腐烂，伤情迅速恶化。一周之内，因为高烧抽搐、大量出汗，冈比西斯二世死去了。

---

[*] 一条历史悠久的贸易路线，连接着阿拉伯半岛和黎凡特地区。——编者

虽然冈比西斯二世从来都不是子民心目中的英雄，但他也不是诋毁者（尤其是希罗多德）想象出来的疯子。他不仅将父亲留下的帝国紧紧维系在一起，还将富裕、土地肥沃的埃及纳入了帝国版图。如果冈比西斯没有夹在波斯历史上的两大巨人——居鲁士大帝和大流士大帝——之间，他可能会因为在波斯历史上发挥了重要作用而被人们铭记。但就目前情况来看，幸好有埃及史料证实他是一位真正有价值的统治者，至少他的声誉得以保全。

第 5 章

真理与谎言

冈比西斯二世没有留下继承人就死了。帝国建立30年以来，波斯人第一次面临这样的难题，即无子嗣的国王死后，国家要怎么办。解决办法已经出现了，就是国王的兄弟巴尔迪亚作为波斯王位唯一的合法继承人接管政权（如果说有点超前的话）。这一办法当然无可争议。巴比伦文献证明，在美索不达米亚，巴尔迪亚和平且合法地继承了冈比西斯的王位。整个波斯帝国普遍默许了这种务实的解决办法。巴尔迪亚在帕萨尔加德举行了即位仪式，并娶了冈比西斯的妹妹兼遗孀，亦是他的同胞姐姐阿托莎为妻，作为继承王位的标志。然后，他将宫廷北迁至埃克巴坦那，在凉爽的山间度过了炎热的夏天。

至此为止，巴尔迪亚成功地赢得了民意。但随后他就开始了第一个愚蠢的举动。毫无疑问，为了在波斯各部落建立权威，他开始没收各位首领的牧场、畜群和财产。此举是为了限制他们的权力。大约50年前，米底的阿斯提阿格斯就曾尝试过推行这一政策，但未成功。此后，米底诸首领对他心怀不满，不再支持他。巴尔迪亚此举的后果更是不堪设想。

曾跟随冈比西斯征战埃及的军队此时回到了波斯，但群龙无首，也没有接到明确的指令，因而不时爆发骚乱。随着士兵一道回来的还有饱经战火的波斯贵族，他们的嗜血欲望丝毫没有减弱的迹象，经过30年的战争，他们仍然渴望出击。他们对王权的忠诚也受到了严峻考验，因为巴尔迪亚羞辱并损害了他们祖传的特权。于是，他们一致将愤怒的矛头对准了巴尔迪亚。他们共同谋划，想方设法推翻他的统治，然后拥护另一位首领成为波斯国王。

在居鲁士和冈比西斯统治期间，波斯社会的部落结构没有失去其影响力，首领们和以往一样强大。数代人以来，他们内部通婚，子孙后代之间拥有共同的血统。家族间的通婚甚至被看作利益深远之策，尤其是所有部落都普遍存在的较为稳固的甥舅婚传统。这样的婚姻是一种政治事务，将各部落联成一个相互交织的复杂遗传物质网络。居鲁士和冈比西斯依靠波斯西南部诸部落的支持，登上了至高无上的君主宝座。为了回报他们的忠诚，国王便与他们的后代适度联姻。这些利益丰厚的联姻为部落首领们带来了经济特权，包括获得宅邸和封地。巴尔迪亚在迎娶贵族欧塔涅斯之女帕伊杜美时，就自愿参与了这一过程。这是帕伊杜美第二次嫁入王室。此前，她在居鲁士和欧塔涅斯的安排下嫁给了冈比西斯二世，这两个老挚友认为他们的子女联姻只会带来好处。欧塔涅斯是众首领之中最受尊敬者，比他的同辈更有权势。他拥有的影响力不容小觑，是对统治家族最有影响力的部落首领。他为居鲁士的家族尽忠职守，政绩斐然。冈比西斯二世死后，欧塔涅斯确保寡居的帕伊杜美成了前任丈夫的弟弟兼新任国王的妻子。这样一来，欧塔涅斯与居鲁士之间早已建立的效忠契约就会继续生效。尽管如此，当巴尔迪亚开始削弱部落权威时，首领们还是联合起来推翻他。最后，正是新国王的岳父欧塔涅斯主动将他拉下了马。

欧塔涅斯的身边聚集了六个有共同目标的贵族。大家齐心协力，密谋摆脱巴尔迪亚的控制。他们当中有位高权重的朝臣兼将军音塔弗列涅、叙达尔涅斯一世及其密友阿司帕提涅斯，以及迈加比佐斯一世。在这群人之中，尤为重要的是居鲁士的朋友、长期统治巴比伦的总督戈布里亚斯。一听到巴尔迪亚即位的消息，戈布里亚斯就迅速骑马回到了波斯，以了解国内快速发展的局势。他将希斯塔斯佩斯之子大流士也带入了密谋者的这个核心圈子。

那时，大流士年近30岁，已证明自己是一位年轻有为的战士，还是一位颇有才干的大臣。他是最早知道巴尔迪亚反叛的冈比西斯心腹之一。在冈比西斯的朝廷中，大流士很有可能比其他任何人都更清楚巴尔迪亚篡位及登基的细节。大流士也与戈布里亚斯关系密切。事实上，他是戈布里亚斯的女婿，他娶了这个老首领的女儿。戈布里亚斯还是大流士三个健康儿子的外祖父。大流士与戈布里亚斯之女的婚姻当然不是出于爱情，而是戈布里亚斯与他的同辈、大流士之父希斯塔斯佩斯之间谨慎的经济谈判的结果。希斯塔斯佩斯还将自己的女儿拉杜什杜克雅许配给戈布里亚斯为妻，所以大流士既是戈布里亚斯的女婿，又是他的内兄弟。这样一来，两个部落的结合更加紧密。

起初，大流士并不是最有影响力的密谋者，当然也不是七人集团中地位最高者。他甚至都不是自己部落的首领，其父希斯塔斯佩斯（时任帕提亚总督）及祖父阿尔沙米斯都还在世，领导着阿契美尼德氏族。然而，可以肯定的是，他们都曾不断地促进大流士在居鲁士（大流士曾任其持箭袋者）和冈比西斯（大流士曾任其持矛者）身边的事业。所以，也不能说大流士是白手起家的人，他受益于家族长辈建立裙带关系的野心，后来也从戈布里亚斯那里受益。这些因素一起赋予了大流士令人羡慕的自信和无限的雄心壮志。当它们与他的个人魅力相结合时，大流士必定是充满吸引力的。这无疑使他成为一名天生的领袖，因为人们无法抵挡他的魅力。那么，他被引入七人集团后，很快就成了他们的领导者一事，也就不足为奇了。他将表现为一个无情的操纵者。

他们七人一起发动了一场政变，对波斯王朝的历史产生了巨大的影响。这场政变也是世界历史上的一个转折点。公元前522年9月，七人集团率领各自的部落军队抵达了埃克巴坦那，希望在那里找到巴尔迪亚。然而，那时国王、整个朝廷，以及大部分军队都已经开始向南移动，前往伊斯法罕，到更温暖的地方避寒了。9月29日，七人集团的军队与巴尔迪亚的军队相遇，并在米底的西卡亚瓦基什堡垒附近交战。最终，七人集团赢得了胜利，但国王本人并未出现在战场上，据传那时他就在堡垒里。于是，七人集团强行攻入了堡垒，击溃了几名被派来照顾国王的守卫，然后迅速向堡垒中心的王家寓所移动。在那里，他们遇到了太监巴加帕特斯，他是国王的总管事、钥匙保管人，他很快就投靠了武装起来且将获胜的反叛者。后来，尼多斯的克特西亚斯记录了接下来发生的事："在巴加帕特斯的帮助下，七人集团进入宫殿，发现国王正与一名巴比伦妃子一同躺在床上。国王看到他们，惊得一下子跳起来。他没有找到任何武器，只能将一把金椅子摔烂，用一条椅子腿打斗。"尽管巴尔迪亚英勇无畏，但七人集团的围攻如雨点般落在他的身上，他很快就被击败了。随着居鲁士大帝的最后一个儿子死在地上，所有人都以期待的目光看向大流士。一个悬而未决的问题浮现在所有人的脑海里：现在应该由谁继承王位呢？

七人集团联合在一起的唯一目的就是消灭巴尔迪亚。他们之间有着深厚的团结意识。因此，他们不可能从未想过谁该继承王位的问题。这个问题可能早就已经解决了，因为在冈比西斯死后，只有大流士设法维持和控制住了在埃及作战的波斯及米底军队。从一开始，大流士就在策划一场暴力政变，而继承王位的也正是大流士。

克特西亚斯在《波斯志》中记录了波斯人对后续事情的记忆。他写道："在七人集团之中，大流士成了国王，因为根据他们彼此之间的约定，太阳升起时，大流士的马率先发出了嘶鸣声。"这个奇怪的说法表明，大流士继承王位是通过一种超自然的方式（即通过马匹的行为进行占卜）确认的。毕竟，波斯人认为，马匹拥有非凡的魔力。波斯祭司认为，马可以看到已故祖先的灵魂，并与之交流。出于这些原因，这种动物逐渐在某些宗教仪式中扮演重要角色。然而，克特西亚斯注意到，大流士其实运用了某种"阴谋或诡计"来欺骗祭司和七人集团的其他成员，以接受他的卓越地位。希罗多德也批评大流士通过滥用马匹占卜仪式，欺骗世人登上王位。据称，当时这七人都骑在马上，聚在一起看太阳从地平线上升起，默默地听谁的骏马会发出第一声嘶鸣。大流士的马夫事先用手摸了牝马的阴部，然后让大流士的马嗅自己的手。伴随着闪电、雷暴，这匹马发出了阵阵嘶鸣。于是，其他贵族很快就被说服了，同意大流士继任为王，因为他拥有上天的旨意。

*

大流士自己对这些事情的叙述则被刻在了贝希斯敦山高高的岩壁上。刻有铭文的山崖位于今伊朗克尔曼沙赫省境内的扎格罗斯山脉山脚下，在通往巴比伦的古代商道上，在哈马丹以西约65英里处。大流士称这块陡峭的岩石为"巴加斯塔纳"（Bagastana，意为众神之地），因为它是一个神圣之地，还有一个优雅的花园和一个湖泊，现在仍为前来旅游的伊朗家庭所喜爱。大流士有关自己登上王位这件事的独特说法，被刻在距地面有200多英尺高的岩壁上。这真是一项意志坚定的举措，目的是防止破坏者或持不同政见者毁坏碑铭。铭文（约1200行）用3种楔形文字——古波斯语、阿卡德语和埃兰语——书写，用凿子刻在光滑的岩石上。它讲述了大流士历经的诸多胜战，还将他的胜利奉献给了众神。铭文出自大流士本人之口，因而文本的每部分都以相同的方式开始："国王大流士如是说……"

大流士在贝希斯敦铭文中对自己继任大统的叙述是虚假消息的精湛汇编。它混杂了一系列谎言、带有倾向性或纯粹虚张声势的说法。大流士是古代最自信、最勇敢、最成功的宣传家。他疑神疑鬼，似乎只相信自己对权力的辩护和维持把控。正如人们常说的那样，如果宣传确实是一种说服的艺术，那么大流士必定是这种艺术的大师。

根据大流士对这些事件的说法，冈比西斯早在去征服埃及之前，就已经意识到了他弟弟对于王位的野心并且处决了巴尔迪亚，尽管一直秘而不宣。大流士坚持说："冈比西斯在处死巴尔迪亚时，人们并不知道巴尔迪亚被杀了。然后冈比西斯就去了埃及，那里的人们对帝国充满敌意。谎言在埃及四处蔓延，甚至传播到波斯、米底和其他行省，愈演愈烈。"

在大流士的理解中，"谎言"（古波斯语为drauga）既与反抗既定的合法统治权的概念直接相关，也与造反和亵渎神灵相关。

说谎者就是叛徒和异端者。"谎言"与"真理"（Arta）相悖。"真理"是一个内涵丰富的神学概念，意味着秩序、正义、稳定和忠诚。"真理"就是忠于王权，忠于神。在波斯神学思想的二元世界中，"谎言"和"真理"是对立的两极。"谎言"暗中与"真理"相对。"真理"和"谎言"在宇宙的权力斗争关系中交织在一起。这两个术语同属于政治和宗教领域，在波斯人的思想中是不可分割的。尽管贝希斯敦铭文中充斥着许多虚假陈述，但大流士始终将自己表现为一个不说谎，也从未说过谎的人。正如他所说的："阿胡拉·马兹达和其他所有神都帮助我，因为我既不邪恶，也不说谎。"

如果说大流士没有"说谎"，那么他确实推动了那些经过精心设计的替代性事实的传播。他的铭文在叙述最关键之处时几乎都是一些古怪、矛盾和含糊的言辞。他坚持认为，当冈比西斯离开波斯、征战埃及时，有个叫高墨达的麻葛（Magus）[*]在埃兰和波斯的边界发动了叛乱，他开始自称是巴尔迪亚，将自己伪装成了已故国王[**]的兄弟。令人惊讶的是，邪恶的高墨达恰好与已故的王子长得非常像，而且非常擅长模仿巴尔迪亚，因此他轻轻松松就聚集了一群忠实的追随者和支持者。任何质疑他身份的人都很快就被处决了。冈比西斯死后不久，冒充者就登上了王位。用大流士自己的话来说就是：

没有一个人，无论是波斯人，还是米底人，抑或是我们

---

[*] 麻葛，指古代波斯负责祭祀的氏族成员。——编者
[**] 此处指冈比西斯二世。——编者

的族人，能从祭司高墨达的手中将王位夺回来。人们都非常惧怕他，因为他杀死了许多认识巴尔迪亚本人的人。他大开杀戒，就是因为"这样就没有人知道我不是居鲁士之子巴尔迪亚了"。在我来之前，没有人敢反抗高墨达。然后我向阿胡拉·马兹达祈祷；阿胡拉·马兹达帮助了我。在巴加亚迪什月的第10日（9月29日），我率几人杀死了高墨达，即那个祭司和追随者的首领。就在米底的西卡亚瓦基什堡垒里，我杀死了他，剥夺了他的王位。

根据大流士的说法，只有大流士一人是揭竿而起的勇士。只有大流士有勇气镇压那个谎话连篇的恶人、恐吓并奴役波斯人的冒充者高墨达。在大流士对事件的描述中，他故意隐瞒了另外六个共谋反叛的贵族姓名，只称他们为"几人"，大大淡化了他们在反抗真正的巴尔迪亚的政变中所发挥的关键作用。

高墨达的整个故事听起来都很虚假。除大流士之外，无人知晓巴尔迪亚被他的兄长冈比西斯秘密谋杀一事。这只不过是大流士的一个计谋，尤其是设置在人们虽然知晓冒充者，但又因为惧怕而不敢指证他的矛盾情境下。消灭高墨达之事本身事关重大，但大流士的描述出奇地简短，令人费解。他强调了自己作为波斯救世主的角色，却又对事件的细节秘而不宣。而且，他对手的身份经不起推敲，这只能说明一件事：没有高墨达。大流士杀死的人就是居鲁士的儿子、冈比西斯的弟弟、波斯的合法国王巴尔迪亚。所以一直以来，真正的叛徒、撒下弥天大谎的人是大流士本人。

为了掩盖大流士是篡位者和凶手的真相，他往贝希斯敦铭文里添加了许多替代性事实。这些事实以家谱的形式出现在铭文中，大流士满腔热情地强调了神赐予他家族的统治权。然后，他重申了自己作为波斯国王的合法性：

> 国王大流士言：我的父亲是希斯塔斯佩斯，希斯塔斯佩斯之父是阿尔沙米斯，阿尔沙米斯之父是阿里亚拉姆涅斯，阿里亚拉姆涅斯之父是泰斯佩斯，泰斯佩斯之父是阿契美尼斯。国王大流士言：这就是我们为何被称为阿契美尼德家族。自古以来，我们都身份高贵；自古以来，我们家族都是王室。国王大流士言：我所在的王朝此前已有八任国王，我是第九任国王。我们九人连续继任为王。

大流士对自己继承王位的细节仍然含糊其词。根据他的家谱，他的家族成员中只有泰斯佩斯才是波斯国王。他的名字作为第一任安善之王，出现在居鲁士的世系中。根据大流士的说法，泰斯佩斯是阿契美尼斯之子。但值得注意的是，居鲁士未曾在自己的王室祖先名单中提到阿契美尼斯。很明显，大流士试图伪造自身家系与居鲁士家系之间的联系。为了强调自己是合法王室的直系后裔，他忽略了自己祖先的名字。大流士充其量只能算是阿契美尼德家族的旁系成员，与居鲁士王室有一些血缘关系。但即使情况确实如此，大流士一系与居鲁士一系的血统联系也非常远，大流士继承王位的正当性也就极不可信了。

*

在争夺权力的过程中，大流士迎娶了居鲁士一系所有可婚配的王室女性，将她们全都纳入了自己的后宫。其中已有出身高贵的女性，比如戈布里亚斯的女儿（未留下姓名）、欧塔涅斯之女帕伊杜美，以及阿尔塔涅斯之女法拉达贡。他还与居鲁士之女、冈比西斯和巴尔迪亚的姊妹兼妻子阿托莎，阿托莎的妹妹阿尔杜斯托涅（居鲁士的另一个女儿），以及巴尔迪亚的小女儿帕尔米斯（居鲁士的孙女）缔结了重要的婚契。每一次联姻都有利于确保大流士作为波斯国王的合法地位。大流士迎娶这些女人，也就避免了这些女人嫁给氏族之外的其他人，然后诞下居鲁士后裔的潜在麻烦，因为居鲁士的后裔比大流士更有资格继承王位。至于居鲁士王室的女人会如何看待大流士篡权，是否心甘情愿地嫁给他，我们就不得而知了。很难想象，像阿托莎这样一位政治头脑如此敏锐的女人竟会相信高墨达的故事。作为巴尔迪亚的姐姐和妻子，她一定知道巴尔迪亚被谋杀的真实情况。那么，她为什么还要嫁给大流士呢，难道是出于恐惧吗？这不禁有些令人怀疑。阿托莎及其女性亲属心里肯定清楚，她们家族的血统和她们自身潜在的生育能力使她们在这个女人没有直接权力的世界成了关键的政治代理人。这些女人通过与大流士结盟，可以潜在地在宫廷中发挥一些个人影响力，同时保持居鲁士及安善之王泰斯佩斯血脉的延续。生育能力使她们强大起来，她们的子宫就是王朝讨价还价的筹码。

如果还有对手准备质疑大流士血统的真实性或他推翻冒充者"高墨达"的过程，那么当他打出王牌，即对于宗教信仰的狂热追求时，他们很快就会哑口无言了。"受阿胡拉·马兹达之恩，我成了国王，"他自称，"阿胡拉·马兹达将王国赐予了我。"大流士不断强调，自己的胜利缘于他与波斯众神中最伟大的神之间的关系。是阿胡拉·马兹达选择了大流士为王。在神的支持下，大流士有勇气，也有能力去清除谎言所导致的在冈比西斯和巴尔迪亚治下像瘟疫一样肆虐波斯的混乱。在阿胡拉·马兹达的强力支持下，阿契美尼德家族成为合法的统治家族。

现在，还有一个问题有待回答，即除了巴尔迪亚，大流士是否还杀了冈比西斯？有人猜测，冈比西斯在埃及就被下了毒，可能是心怀不满的祭司或埃及的民族主义狂热分子所为。这种毒药见效缓慢，所以这位国王虽遭受了巨大的痛苦，但没有立即死掉。当冈比西斯病重的消息传到波斯时，巴尔迪亚就趁机夺取了王位。冈比西斯闻讯，立即启程赶回波斯。但在途经叙利亚时，冈比西斯又被人下了毒。虽然官方故事叙述了他是如何被自己的匕首割伤大腿的，但也有人认为这把匕首上被抹了一种致命的毒药，能下毒的人无非冈比西斯的持矛官大流士这样近身侍奉的人。当然，这些永远都无法得到证明了，但是贝希斯敦铭文中有一行耐人寻味的文字。大流士告诉世人，冈比西斯是"自寻死路"。这至少可以说是一个奇怪的表述，可以用多种方式来阐释。它可能暗示冈比西斯是自杀（"死在了他自己手上"）或者他死得其所（"依照神圣的审判"）。它读起来还有点大流士想要隐瞒什么的意味。或许，大流士隐瞒的比传统所认为的还要多：连杀两任国王，即使是在长期不和的阿契美尼德家族，也是一项真正的成就。然而，大流士真的杀了冈比西斯吗？这尚无定论。

*

恶人不得安歇。登上王位之后，大流士烦恼缠身。公元前522年是他的多灾之年，他作为波斯新国王的胜利时刻短暂得惊人。他还没来得及适应这个角色，就有人挑战他的王位。当巴尔迪亚被谋杀时，几乎整个帝国都爆发了反对篡位者大流士的叛乱。帝国陷入了一场残酷的内战，大流士实际上用了一年多的时间才镇压了这些叛乱。这是自一代人之前居鲁士大帝的征服以来，波斯的霸权地位受到的最大威胁。古代对这些事件最完善的记载可见于大流士的贝希斯敦铭文，它对公元前522—前519年发生的不少于13次的叛乱进行了公式化的概述。

埃兰是第一个揭竿而起的地区，也是第一个被镇压的。随后便是镇压尼丁图-贝尔的持久战争。尼丁图-贝尔是一名巴比伦新贵，公元前522年10月3日自称尼布甲尼撒三世，是巴比伦之王、万国之王。大流士御驾亲征，镇压叛军。12月13日，波斯人乘坐充了气的兽皮筏和皮艇，骑着骆驼和马渡过了底格里斯河，与巴比伦大军在河畔交战。5天后，大流士在幼发拉底河沿岸的扎扎纳战胜了巴比伦军队，部分巴比伦士兵被扔进河里淹死了。尼丁图-贝尔虽然逃回了巴比伦，但很快就被俘虏了。之后，巴比伦人第一次品尝到了被大流士报复的滋味。宏伟的巴比伦城墙上不断有鲜血滴落，因为坚固的城垛上挂满了可怕的战利品——大约49颗被砍下的人头，它们证实了大流士国王的胜利。在主城门处，叛军头目尼丁图-贝尔被打得浑身是血，一根削尖了的长木桩从他的两腿之间插入他的身体。这种刺穿刑使死亡的过程变得漫长而又痛苦，会持续好几天。刺穿尼丁图-贝尔的长木桩就竖立在巴比伦城最显眼的地方，保证所有人都能看得清清楚楚，这确实震慑了惶恐不安的巴比伦人。

就在大流士耗时3个月，惩罚性地镇压巴比伦的叛乱时，他收到了令人不安的消息，即帝国各地纷纷爆发叛乱。大流士回忆道："当我身处巴比伦之时，多个行省背叛了我。"他下令在各条战线上进行大规模的军事活动,这些战线往往彼此相距甚远,他便依靠忠诚的将军来执行命令。他向阿拉霍西亚(位于今阿富汗南部)总督下令,攻击瓦哈兹达德派驻到此的军队。此前,瓦哈兹达德正是声称自己是巴尔迪亚才在波斯夺取了权力的。公元前522年12月末,大流士的副将瓦胡米萨在亚述战场上赢得了胜利,镇压了亚美尼亚的叛军。公元前521年1月初,波斯军官叙达尔涅斯虽然是在巴比伦临危受命、赶到米底的,但在米底也取得了胜利。

公元前521年1月中旬,大流士离开了巴比伦,决定到米底扎营。但在米底,军官们遭遇了十分严峻而棘手的困难。一位名叫弗拉欧尔特斯的米底反叛者取得了重大胜利,正积极将势力扩展到帕提亚-希尔卡尼亚地区。大流士之父希斯塔斯佩斯被派去处理这个难题,他很快就击败了帕提亚-希尔卡尼亚地区弗拉欧尔特斯的追随者,而大流士本人则亲自率军对抗这位米底首领。公元前521年5月8日,大流士取得了一场胜利,随后他在埃克巴坦那安营扎寨,这位反叛的米底首领被带到他的面前。大流士命人记录了接下来发生的血腥事件:

> 他们抓住了弗拉欧尔特斯及其亲随,并将这些人交给了我。他镣铐加身,站在我的宫殿入口;所有人都看到了他。我在埃克巴坦那下令对他施行了十字架刑,并在那里的堡垒里绞死了他最重要的亲信。

月复一月,大流士一直在几条战线上协调军事行动。亚美尼亚的叛乱一直持续到了公元前521年6月。7月,萨加迪亚人的叛乱最终被镇压了，帕提亚-希尔卡尼亚的最后几次叛乱也终于被平息了。与此同时，在波斯，瓦哈兹达德的叛乱也告一段落。但返回波斯的大流士无法卸下政事安心休息，因为公元前521年8月巴比伦又爆发了第二次叛乱。这次叛乱受阿尔卡领导，他冒称是尼布甲尼撒四世。9月初，大流士派叙达尔涅斯率军前往巴比伦，去镇压此次叛乱。11月底，阿尔卡被处决了，叛乱也被平息了。最后，12月，由马尔吉阿纳（位于今土库曼斯坦）的弗拉达领导的叛乱也被大流士的手下达达尔西以果决、暴力的方式平息了。

就是在这时候，大流士下令在贝希斯敦山刻下铭文，他在那里自豪地昭告世人："受到阿胡拉·马兹达的庇佑，这就是我成为国王后那一年取得的功绩。我在这些战争中俘虏了这九位国王。"贝希斯敦铭文被翻译为诸多语言，很快就传遍了整个帝国，可以被解读或宣扬为大流士取得统治权的权威历史。在巴比伦和埃及的象岛也发现了铭文残片。这些都是继原铭文刻写百年后，人们用亚兰语抄写在莎草纸上的，因而是独特的"纪念版"铭文。

为了纪念自己的胜利，大流士委任工匠们在贝希斯敦山光滑的岩壁上凿刻浮雕（图4）。浮雕显示，大流士身着波斯宫廷长袍，头戴雉堞状王冠，左手握弓，右手举起，手掌朝外，与脸持平。这是一种崇敬的姿势，因为大流士正在向上方盘旋的神阿胡拉·马兹达致敬。神以命令的姿态举起手，表示他的勇士大流士被赐予了神圣的统治权。大流士的头衔就铭刻在他的头顶上方："我是大流士，伟大的王、万王之王、波斯之王、万邦之王，希斯塔斯佩斯之子，阿尔沙米斯之孙，阿契美尼德族人。"在大流士的雕像前刻画的是八位受辱的叛军首领，他们的脖子被绳索套着系在一起,双手被紧紧地绑在背后,大流士称他们为"谎言之王"。他们每个人都穿着各自的"族群服装",而且有可以用来区分他们的简短铭文:"这是撒谎的巴比伦人尼丁图-贝尔""这是撒谎的米底人弗拉欧尔特斯"。每位"谎言之王"所占画面的比例都小于大流士,大流士的身材是整个画面中最大的。不过,有一个特殊的位置是留给另外一个"谎言之王"的,他仰面横躺在地,双臂伸向空中,绝望地乞求着。他就是大流士捏造出来的"冒充者"高墨达。大流士没有对他表露丝毫的怜悯。他就站在旁边看着高墨达,一只脚踩在高墨达的胸口,这是胜利者的姿势。

从巴尔迪亚被杀到公元前520年末刻下贝希斯敦铭文的两年里,大流士控制住了这个动荡不安、濒临分裂的帝国。他将它塑造为一个顺从的实体,如若不从,便会受罚。他命人凿刻的伟大铭文提醒他的臣民:大流士不容许任何反抗。这也是为什么公元前519年中亚萨卡部落的首领斯昆哈反叛波斯时,大流士亲自率军消灭了这个部落的军队。斯昆哈被俘后(他很有可能在不久之

图4 贝希斯敦山上的浮雕,形象地刻画了想象中大流士大帝胜利的景象

后就被处决了），取而代之的是大流士认为会"对波斯更加友好"的另一位首领。大流士得胜后班师回到埃克巴坦那，命令工匠们将斯昆哈也加到贝希斯敦山的浮雕里，排在"谎言之王"一列的末尾。他头上戴的那顶又高又尖的帽子是萨卡人的典型特征，这使得他很容易就被辨认出来。然而，在浮雕里加入斯昆哈，就需要重写对战事的描述。因此，工匠们也刻写了新的铭文。大流士用一段华丽的文字结束了铭文，这也是对后继的波斯国王的英明建议：

> 协助过我家族的人，我也会支持他；而与我为敌的，我必将毁灭他。大流士王这样说：你们这些后世的国王，将来无论是遇到骗子、造反者还是敌人，你们都要对他们施以惩罚！

*

大流士在平定好帝国、树立起自己的威严之后，便发起了对外扩张的战争。他将印度西北部纳入了自己的版图（不过，此次重大的领土并入事件的确切日期和具体情况均不详）。他还巩固了波斯最西部在爱琴海的边界，穿过赫勒斯滂海峡（今达达尼尔海峡）进入色雷斯，与马其顿王室联盟。但西部多个省份的情况都不是很令人乐观。公元前498年，在埃雷特里亚和雅典的支持下，小亚细亚西部伊奥尼亚海岸的几座城市以及塞浦路斯的部分地区掀起了叛乱，反抗波斯的统治。伊奥尼亚军队洗劫了波斯要地萨迪斯，并将其付之一炬。波斯人尽管迅速反击，但双方从海陆两方进行了激烈的斗争，费时四年，该地区的叛乱才得以平息。

波斯镇压此次叛乱的最后一步——对埃雷特里亚和雅典惩罚性的攻击——以公元前490年马拉松战役的失利收场。然而，在旷日持久的溃败中，大流士并未失去任何领土，这证明了波斯国力的持久性。

马拉松战役为雅典人提供了绝佳的宣传机会。它留下了丰富的材料，足够他们在接下来数个世纪的时光里用来创造传说故事。事实上，对大流士而言，伊奥尼亚起义（正如西方的历史颂歌所说的）是在波斯帝国外围发生的一场不合时宜且代价高昂的边境冲突。这次叛乱打乱了大流士为征服先进、富裕的印度而制订的一系列作战计划。为了将波斯军力调到遥远的西部以镇压希腊人的叛乱，这些计划最终流产。如若不是伊奥尼亚起义，印度次大陆的很多地区及其财富都将归入波斯囊中。

埃及自冈比西斯征服以来一直处于波斯的控制之下。在大流士夺取王位后，埃及似乎未深入参与公元前522—前521年的一系列叛乱。尽管如此，大流士仍旧认为，埃及人对他的王权的承认也十分重要。他斥巨资在埃及神庙及圣地广泛宣传王室形象和国王头衔。如同冈比西斯一样，大流士也主持了阿匹斯神牛的葬礼，并将祭拜这头神牛的场景刻绘在了一块巨大的石碑上。但在传播自己神圣的法老形象方面，他下的功夫比冈比西斯多。大流士在埃及西北部哈里杰绿洲的希比斯建造了一座优雅的神庙，并将它献给了底比斯三柱神，即古埃及最重要的太阳神阿蒙、女神姆特（其埃及象形文字意指母亲）和月神孔苏，他们在当地被视为"希比斯之主"。今天，它仍然是哈里杰绿洲最大、保存最完好的神庙，因装饰墙壁的彩色浮雕而备受赞誉。有许多浮雕展现了大流士身着法老服饰、履行埃及仪式的场景。其中，有一幕场景十分惹人注目,他正在喝女神姆特的乳汁,这赋予了他埃及王权的合法性。大流士还取了一个埃及王号:他是"善良的神,阿蒙-拉所爱之人,希比斯之主,伟大的神,强壮的臂膀,神阿蒙所爱之人,似拉神"。考古学家在大流士的其中一个王名圈附近发现了这场优秀公关幕后策划者的名字,这名策划者正是乌加霍列森尼。他在忠诚地侍奉了一位波斯国王之后,心甘情愿继续为篡位者大流士服务。他的自传清楚地记载了,在冈比西斯死后,他曾长途跋涉到苏萨(一个出土于苏萨的雪花石膏储物罐上刻有他的名字),他到访波斯,还受到了大流士的欢迎。这名狡猾的埃及老人回忆道:

> 上下埃及之主、陛下大流士(愿他长生!)送我回埃及,此时陛下在埃兰,已是异域万邦之王、伟大的埃及君主。陛下命我修复那些被毁的生命之屋(神庙)。谨遵上下埃及之主的旨意,异域人领着我穿越一个个国家,直到抵达埃及。

乌加霍列森尼可能督促建造了两尊比真人还大的大流士雕像,它们曾矗立于赫利奥波利斯(现为开罗郊区)的拉神神庙。不幸的是,只有一尊幸存了下来。人们在苏萨发现了这尊幸存下来的雕像,在薛西斯统治期间,它被装上船运到了苏萨。这尊雕像传递了一个重要信息,尽管它是以传统的埃及风格雕刻而成,但大流士身着波斯服饰。大流士所穿的服装有独具风格的褶皱,上面刻有古波斯语、埃兰语和阿卡德语的铭文。这些铭文强调了波斯对于被征服的埃及拥有至高无上的统治权,"此乃大流士下令在埃及敕造的石像,以便来人知晓波斯人控制着埃及。我是大流士,伟大的王、万王之王、万邦之王、这片大地之王,希斯塔斯佩斯之子,阿契美尼德族人"(DSab)。雕像的底座上雕刻着代表上下埃及统一的法老的王权象征,而且还刻绘了波斯帝国的各族臣民。这些石雕让人想起了大流士陵墓中抬王座者的图像,它们展现了被征服族群(可从埃及的象形文字识别出来)以一种快乐、团结的姿态将大流士高高举过头顶的情景。埃及象形文字的铭文宣称,大流士既是一位虔诚的战士法老,又是一位外来的征服者:

> 完美无缺的神,凭他自己的双手,在人类心中激起恐惧,在所有看到他的人眼中享有威望,他征服了上下埃及,他按照神圣的命令行事,他是拉神之子,拉神赐予他王位,助他完成接下来的事业。拉神命令他征服上下埃及,奈斯女神将自己的弓赐予他,以助他击退所有敌人。这样一来,他就可以有效击退那些反抗他的人。上下埃及之主、两地之主、伟大的王、万王之王、世界的至高主宰、神之父希斯塔斯佩斯之子、阿契美尼德族人,作为上下埃及之主,登上了荷鲁斯统治众生的王位,直到永远,就像众神之首拉神一样。拉神说:"我赐予你生命与力量、安定、健康和喜乐。我赐予你所有的平原之邦和山地之邦,统一在你的脚下。"(DSac)

然而,波斯统治埃及最明显的证据是埃及本身的地貌。约公元前500年,大流士下令开凿了一条连接尼罗河和红海的运河。由此,大流士开辟了环绕波斯湾和通往印度的航运及贸易路线,获利颇丰。为了纪念这项浩大的事业,他下令在运河沿岸竖立了四块纪念碑,每块碑上都刻有象形文字和楔形文字,均融合了波斯和埃及的艺术风格。毫无疑问，碑上所刻的铭文赋予了大流士统治世界的霸权：

> 国王大流士宣布：我乃波斯人；我自波斯来，占领了埃及。我下令开凿此运河，从流经埃及的尼罗河延伸到通往波斯的海洋。最终，这条运河依照我的旨意挖开了。正如我希望的一样，船只可以从埃及经由此运河抵达波斯。（DZc）

大流士征服斯基泰游牧部落的努力就没那么令人印象深刻了。斯基泰游牧部落居住在黑海以北、从亚洲中部到欧洲东部的大片土地上。这些坚毅的战士脾气暴躁，经常袭击波斯领地，给遭受他们袭击的定居族群的生活带来了混乱。大流士认为，他们是谎言的追随者，是扰乱局面的野蛮暴行的推广者。作为真理的拥护者，他决定让他们安分点，而且要让他们俯首称臣。约公元前513年，大流士率军穿过博斯普鲁斯海峡，渡过多瑙河，向南俄挺进，一路上摧毁了他们遇到的所有斯基泰人的营帐和定居点。他们一边行军一边烧毁庄稼，宰杀牲畜。最终，他们却未能吞并斯基泰游牧部落的任何领地。不管如何努力，大流士的军队都无法在这片土地上站稳脚跟。斯基泰人在他们周围乱冲乱杀。在该地的严冬来临之时，大流士下令停止征战，转身返回了波斯。后来，拿破仑的大军团和希特勒实施"巴巴罗萨计划"的军队都在这个地方领略了凛冬的野蛮和无情。大流士的士兵可能是第一批体验到当地凛冽寒冬的入侵者。他们经历了希望破灭、饥肠辘辘、疲倦不堪和彻骨的寒冷，最终拖着困顿的身躯返回家乡。不出所料，大流士不曾在任何铭文中提到他与斯基泰人的战事。因为大流士不想回忆自己失败的征伐,他未能将真理带给那些作为谎言追随者的野蛮人,要不是希罗多德在《历史》一书中提到了此事,它将完全从历史记忆中消失。

*

无论成功还是失败,对大流士来说,将自己塑造为一个战士都事关重大。国王必须为维持秩序而战,统治者有责任拥护真理,并消除谎言。这种意识形态从纯粹的视觉角度,多次通过城墙上的浮雕体现出来。这些浮雕将国王刻画为"波斯英雄",即一种"普通人"的形象:他正在猎杀一头代表混乱本质的狮子或复合体怪物(图5)。大流士陵墓外墙上的铭文证实了,他的帝国是靠军事实力得来并维持的。"波斯人的长矛所行甚远,"他说道,"你还会晓得,波斯人在远离波斯之境征战四方。"(DNa)他继续强调,正是他强健的身体爆发出的强大力量,以及他对战争天生的敏锐度,引领他获得了成功:

> 我身强体壮,这就是我的能力。作为一名战士,我非常优秀。无论我是否遇到反叛者,我一直有赖于这些天赋。由于具备智慧和领导力,当我遇到反叛者时,我视之如无物,丝毫不会惊慌失措。我大发雷霆,双手和双脚充满复仇之力。我是一名出色的骑手。作为一名弓箭手,我也非常出色,无论是在平地还是马背上。我还是一名娴熟的持矛手,无论是在平地还是马背上。(DNa)

这篇铭文的核心思想是大流士的强大力量。大流士强调自己足够强壮，完全可以忍受在马背上征战和行军过程中的艰辛。他臂力强大，可以拉开大弓、挥舞长矛。他强调自己的这些天赋直接源自阿胡拉·马兹达："这些都是阿胡拉·马兹达赐予我的技能，我已经有力量承受它们。"（DNa）古代西亚、北非文明的君主经常暗示，他们的武器和他们侍奉的神灵之间存在特殊的联系，毕竟，是诸神使王家武器强大，也是诸神赋予王家足够的力量来挥舞它们。在大流士的坚持下，阿胡拉·马兹达在铭文中被描绘为赋予国王战斗勇气的神。

贝希斯敦的浮雕清楚地刻绘了大流士的弓。大流士

图5 化身为"波斯英雄"的伟大国王杀死了一头代表"德鲁伽"（drauga，谎言）之乱的神秘怪物（一部分身体为狮子，一部分为老鹰，一部分为蝎子），这块浮雕来自波斯波利斯百柱大殿的门柱

的弓强化了一种观念，即力量在真理战胜谎言的过程中发挥了重要作用。纪念碑上的浮雕颂扬的正是武士国王大流士最终从神那里获得的力量。这些浮雕刻绘的是胜利者大流士，他与那些在他面前列队行进、受尽屈辱的敌人形成了鲜明的对比。这一场景附带的文字讲述了每一位溃败的叛军首领是如何被追击、俘虏和最

终被处决的。值得注意的是，大流士本人（在铭文或图像中）从未遭受反叛者的追击或追捕。贝希斯敦铭文虽然叙述了他对权力的掌控受到了挑战和考验，但从未展现出他软弱的一面，更不用说逃离他的敌人了。相反，大流士就像超人一样，在他的帝国境内冲锋陷阵（或派代理大臣这般做），平息了一场又一场叛乱，对那些逃跑的或被俘的叛徒实施了公正且有计划的报复。接下来的浮雕还展现了叛军首领在大流士面前倒下、引颈受戮的场景。因为他们才是崇尚暴力的人，而非大流士；他们才是谎言的追随者，而非大流士。在合法的波斯大帝面前，战争和内乱的道德模糊性消失了。对敌人肉体的虐待、残害，甚至彻底的消灭，都被正当化了。伟大的大流士用锁链拴住他们的脖子，用脚踩在他们的肚子上，然后下令处死他们。这幅画面昭示，大流士乃是无可争议的万邦之王。

*

波斯人大流士究竟是什么样的人？显而易见，他受到巨大的野心驱使，干劲十足，而且效率惊人。大流士是一个明确知道自己想要什么的人。在离波斯波利斯不远的纳克什·鲁斯塔姆，从大流士陵墓外墙上刻下的他的个人信条，我们可以更加了解他。他要求读者"让人们知道你是一个什么样的人"，并且不遗余力地阐明他对自身的认识，"我不是脾气暴躁的人。当我感到愤怒时，我会用思维的力量控制住怒火。我牢牢控制自己的冲动"。（DNb）大流士喜欢将自己描绘为一个理性、思虑周全的君主，从不仓促草率行事或惊慌失措。正是他纯粹的人格力量，保证了臣民可以从他深思熟虑、博闻多识的判断中获益。然而，在大流士统治初期发生的一件事，使人们对国王行事公正冷静的能力产生了严重怀疑。它向世人展现了，对个人权势的渴望有时将大流士带向了黑暗之地。音塔弗列涅的案例就是对大流士自称为真理拥护者的试金石。

作为波斯的伟大首领之一，音塔弗列涅拥有崇高的地位和声望。他曾是反叛巴尔迪亚的七人集团成员，也曾积极支持大流士登上王位。公元前521年，他还出任将军，率领军队消灭了篡夺巴比伦王位的人。他在帝国的地位可以说是"一人之下，万人之上"，大流士在自己众多的"追随者"之中，将他列为首位。尽管如此，大流士仍然在自己即位后不久就处决了音塔弗列涅，罪名是叛国。

希罗多德可能重述了一个著名的波斯故事（这个故事可能源于音塔弗列涅所属的家族）。根据希罗多德的说法，音塔弗列涅进入了苏萨王宫，希望能与大流士私下会面。他们七人曾达成协议，他们这些策划政变的人可以自由面见国王，无须正式通禀，除非当时国王碰巧在宠幸妻子或妾。一天，音塔弗列涅认为他可以不经通禀就面见国王，但宫廷总管和负责报信的太监并不这么认为，拒绝让他入宫。他们告诉他，国王正在宠幸一名女子。但音塔弗列涅怀疑他们在撒谎，愤怒地拔出匕首，毁坏了他们的面部。然后，他还把马的缰绳拴在那些受伤的奴仆的脖子上。

面对如此可怕的情况，仆人们惊慌失措地跑到大流士面前，快速讲述刚刚发生的事情。大流士担心六位贵族都参与了这件事，想要发动政变。于是他派人召另外五人前来，小心翼翼地逐个询问他们对音塔弗列涅所作所为的看法。当他查清他们都不知道音塔弗列涅所做的事情，而且权力斗争也没有迫在眉睫时，他逮捕了音塔弗列涅，并拘捕了他的孩子和其他所有男性亲属。大流士确信，音塔弗列涅及其家族密谋将他赶下王位，还想要建立一个新的王朝。不久之后，他们都被判处死刑。就在这个关键节点，希罗多德讲述了一个奇怪的故事：在他们等待行刑时，音塔弗列涅的妻子在宫殿门口徘徊，大声哭泣和哀号，让人心烦意乱。她日复一日不停地哭泣，令大流士心生怜悯。大流士派遣了一名使者，传令给她："妇人，国王大流士准许你救一个亲人脱离牢狱，无论你选哪一个，都可以。"她思索了一会儿，回答道："如果国王真的准许我在所有被监禁的人中救一人出来，那么我选择我的兄弟。"大流士听闻后非常惊讶，又派使者来问她："妇人，国王想知道你是出于什么原因要舍弃自己的丈夫、孩子，而选择让自己的兄弟活下来呢？因为他对于你来说，肯定没有你的孩子亲近，也没有你的丈夫受你爱戴。"她毫不犹豫地回答了国王的这个问题："陛下，即使我失去了现在的丈夫和孩子，但是愿神保佑，我还可以再嫁一位丈夫，生更多的孩子。但我的父母已经去世了，我再也不会有兄弟了。这就是我做出此选择的原因。"大流士认为这妇人反应迅速，同时也被她的话语感动了，于是他不仅释放了她的兄弟，还释放了她的大儿子。最后，大流士处决了其他所有人，对音塔弗列涅也毫不留情。

希罗多德对音塔弗列涅妻子的详细叙述令人动容、心生怜悯，但他没有解释她丈夫被杀的缘由。例如，大流士为何要如此迅速地逮捕和处决音塔弗列涅？莫非大流士的王权仍不稳固，他还没有完全掌握大权？显然，与他一同策划政变的其他弑君者是潜在的威胁。这个故事暗示了，音塔弗列涅通过违反协议规则来宣扬自己的不服从，大流士则很可能以此为借口来摆脱一个对自己王位有威胁的强大首领。音塔弗列涅事件摘掉了大流士身为首席统治者的伪装，大流士开始作为真正的独裁者统治帝国。当初共谋反叛之人所享有的特权很快就被大流士取消了，他们再也不能免于朝廷礼仪规则的约束。而波斯帝国的律法现在也向大流士屈服了。

第二部分

身为波斯人

在第二部分，我们会暂停一直在讲述的叙事史，转而研究波斯帝国的运作机制。这一部分会探索帝国的核心之地，即王家宫廷里的人物与礼仪，以及波斯人自身的思维模式。大流士已经稳坐王位，所以这正是停下来盘点和评估的大好时机。需要厘清的问题有：波斯人如何管理一个如此庞大而笨拙的帝国？国王们住在哪里？他们能娶多少妻子？他们是多神论者吗？现在正是解决这些问题并提出更多观点的好时机。

那么，这也正是我们探索"如何"和"为什么"成为波斯人的时机。这还是了解阿契美尼德王朝的统治体系、宫殿建造，以及非常奇特的波斯现象，即王家游牧生活的机会。我们将跟随大帝们，搭乘庞大的马车车队穿越整个帝国，过当时人的生活，搭建临时营地，睡在堡垒大小的帐篷里。我们会探讨女性在王室家族中扮演的核心角色，思考她们是如何融入王朝的意识形态的。我们将带着些许不安，一起步入国王宫廷的政治温室。在那里，我们将参加国家的仪式活动，包括王家觐见和宫廷筵席，以及赌博和狩猎，因为这一切都有可能是为波斯国王举行的仪式。我们还会考量奴隶生活的证据，进一步阐述宗教——对众神的崇拜和祭司的职能——在波斯人所处世界里的意义。借此机会，我们可以来了解一下国王们热忱崇拜的神灵和他们大力宣扬的宗教信仰。现在，是时候了解一下古代波斯的生活了。

第 6 章

波斯的官僚体系

如何管理大流士治下那样幅员辽阔的帝国，怎样确保帝国的中央权力能够被合理地配置到边缘地区？这需要严明的法律和稳固的官僚机构。此外，帝国境内的官员须得表明自己具有治理的权威。大流士及阿契美尼德王朝后续君主均视自己为法律和正义的拥护者和捍卫者。阿胡拉·马兹达亲手赐予他们权威，让他们登上王座，确保帝国境内正义当道。在古波斯语中，dāta 一词表示神圣法令和王家法令。它是阿契美尼德王家铭文的关键词之一，实际意义就是"法律"。这个词成了阿契美尼德王朝城镇秩序的标志，因为它无非要求忠诚于君主。此词还被帝国境内诸多不属于伊朗语族的语言借用：比如在巴比伦，"国王敕令"被称作 dātu sha sharri；在《圣经·旧约》中，《以斯帖记》《但以理书》和《以斯拉记》都载有此词，显然，这能证实它们都是在波斯统治时期创作的。

大流士对帝国境内形成于他所谓的"古时"的法典特别感兴趣。关于律法的制定，美索不达米亚拥有悠久的历史和卓越的遗产。这源于伟大的巴比伦国王汉穆拉比，他在公元前 1754 年左右编成了一部包含 282 条法规的法典，建立了商业交易的标准，而且为了满足正义的要求，他还设置了罚金和相应的惩罚。事实上，埃及也制定有法律，并运行了千年。在写有《世俗体埃及语编年史》(*Egyptian Demotic Chronicle*) 文献的莎草纸的反面，有国王大流士于公元前519年颁发的一项法令的抄本：

> 大流士豪情万丈、心胸宽广，帝国境内所有首领莫不听他号令。在执政第三年，他写信给埃及总督：将学者带到我这里来……他们要撰写埃及自古以来的法律……关于神庙及民众之法……将他们带过来……他以埃及法律的形式写下了这些事务……然后，他们（大臣）用亚述语（亚兰语）和世俗体埃及语在莎草纸上抄录了一份副本。这是在国王面前完成的工作，他们（大臣）当着国王的面写下了这道命令，没有任何遗漏之处。

*

阿契美尼德王朝的法律反映了美索不达米亚和埃及古老的法律传统的延续性，但其同时也具备足够的创新力和灵活性，以应对不断变化的环境和不断涌现的新的忧虑。

不过，大流士和他的继任者们并没有完全凌驾于法律之上。相反，他们是其中不可或缺的一部分。他们主要根据当地实情逐一审理法律案件，具体情况具体分析。他们裁决时往往奖励多于惩罚，这样精明的裁决，以及体现出的外交属性，为统治者带来了富有美德的声誉。大流士还在自己陵墓的铭文中强调自己公正严明的法官身份。可见，对他而言，拥有公正的名声相当重要：

> 公正也是我所愿。对支持谎言者，我不会友好……对共

商大事者，我依据合作程度关爱他；害人者，我依据造成的伤害惩罚他。人欲害人，非我所愿；害人却不受到惩罚，更非我所愿。一人状告另一人，在我听到双方供词之前，我不会轻易相信任何一方。一人凭借自身能力完成任务或带来成果，就是我所愿。因此，我内心愉悦，便慷慨地封赏忠臣。（DNb）

在古代世界各族民众（除了冥顽不灵的希腊人）心中，波斯国王英明、公正。司法管理的最终决断权还是掌握在国王手里，有文献记载了国王的监督职责。虽然国王很少审判个案，但他确实委派了法官和官员以他的名义行使审判权。普通法官是从波斯贵族中任命的（通常是终身制），他们的工作任务就是审判呈递到他们面前的案件，并根据需要进行立法。

幸运的是，现在有大量法典档案、审判记录和其他司法案件记录存世。其中，很大一部分来自美索不达米亚，尤其是巴比伦尼亚。那里曾有一套非常古老、久经考验的体系，记录了法律证词和民事法庭案件。它们被书写在湿泥板上，这些泥板被拿到阳光下曝晒，直到变硬为止。根据这些楔形文字反映的微小细节，我们可以很好地了解，大流士大帝的法律是如何影响波斯帝国位于美索不达米亚地区行省的运行的。巴比伦尼亚就有一个很好的例子。那里有一大堆跟一个名叫吉米路的狡猾人物相关的法律文书档案。他的案子值得我们深究。

吉米路是因宁-苏姆-伊卜尼的儿子，生活在巴比伦尼亚的乌鲁克城。他是一个盗贼，平时会小偷小摸，他还是一个骗子和一个恶棍。不过，出人意料的是，他还是一名出色的商人。他从小就行坑蒙拐骗之事，在青少年时期就因犯下诈骗和盗窃罪而声名狼藉。他犯下的所有罪行都按时间顺序被整整齐齐地记录在楔形文字泥板上。这些泥板就保存在该城的司法档案库里。他年轻时嗜好偷羊，还爱贪点小钱。尽管有案底可查，但他在30岁时，竟在乌鲁克最负盛名的宗教场所埃安娜神庙找到了一份工作。他可能在神庙里拥有一个独一无二的职位，算是一个舒适的中层管理职位。讽刺的是，他负责追踪和逮捕偷羊贼、偷牛贼和其他窃贼。这项工作要求他直接向巴比伦的王室机构汇报工作。巧的是，当居鲁士大帝率领波斯大军占领美索不达米亚时，吉米路刚好进入神庙任职。于是，吉米路有幸与波斯精英、贵族兼巴比伦总督戈布里亚斯交流一番。

不过，吉米路在神庙任职不到一年，就因为侵吞牛和其他神庙财产而受到审判。事实证明，吉米路向一名神庙牧羊人索要了一笔"保护费"：1只羊、40蒲式耳*大麦和6蒲式耳椰枣（够一大家子人吃上两个月了）。公元前538年9月，他在乌鲁克的高级官员面前受审。一个又一个目击者相继站出来揭发他的罪行。他犯下诸多罪行，竟需要四位书吏来记录证词。他在法庭上为自己辩护，现存记录表明，他真是一个投机取巧之辈。"是的，我拿走了那只小母羊，"他在被盘问时承认，随后他又补充道，"但是我为节庆留了2只羊！我拿走了那只绵羊，我承认，不过我留下了1只山羊。"法庭认定他有罪，并当庭宣判他得按照每盗窃1只动物就得赔偿60只动物的比例进行赔偿，最终清算出他的罚金相

---

* 蒲式耳是国际社会用于计量粮食的常用容量单位，1蒲式耳约合35升。古制可能与此稍有不同。——编者

当于 92 头牛、302 只羊和 10 舍客勒白银。吉米路立即向巴比伦的波斯总督提出上诉，声称乌鲁克高级官员的判决不公正。但是戈布里亚斯维持了高级官员的判决，吉米路不得不支付罚金。不过，总督允诺吉米路会保留他在神庙的职位。显然，吉米路通过奉承和贿赂在总督府里打通了关系，他的谄媚奉承和卑躬屈膝令戈布里亚斯心情愉悦，出手保住了他在神庙的职位。

回到岗位上的吉米路仍然不思悔改，又做出诸多不轨之事。后来，在冈比西斯统治时期，他还获得了晋升，主管农业。这个职位为他进一步行不轨之事提供了各种机会。有份官府合约规定，他在这份职位上可以获得 200 头牛，这些牛被征用来在神庙土地上拉动灌溉器具。此外，这份合约还为吉米路提供了 1000 库尔*的大麦种子，用来喂养这些牲畜，还有足够的生铁，用来制造水车和牛具。反过来，吉米路则需要依照合约，每年向神庙提供 1 万库尔大麦和 1.2 万库尔椰枣。然而，在第一个丰收季，吉米路远没有达到约定的产量。他非但不承认自己未能履行合约，还大胆要求神庙雇主给予更多的支持。他声称自己还需要 600 头牛和 400 名农民在田间劳作。从法庭记录可以清楚地看出，他从农业收益中为自己攫取利益。然而，不知何故，在波斯官员的支持下（这些官员对吉米路的行径视而不见，一定是收了大笔贿赂），吉米路竟成功任职了 20 年。他就这样靠着欺骗和滥用埃安娜神庙的资源，逐渐发展为一方巨富。

吉米路监守自盗的职业生涯终于在公元前 520 年，即大流士

---

* kur，古代两河流域测量谷物、酒和油的容积单位，1 库尔约合 415 立方厘米。——编者

一世执政的第二年画上了句号。这位国王非常关心法律的执行情况，对他来说，任何案件都不会小到或远到不值得亲自追查的程度。当这位历史上最伟大的王家官员登上王位时，吉米路达到了贪污的顶峰，他的厄运也到来了。吉米路一下子失去了职位、生计和自由（不确定他是否因此而丧命）。公元前520年，他从官方记录里永远消失了。这就是大流士一世司法审判的风格。

吉米路的故事引人入胜。然而，在事件发生时保留档案、可供后世翻阅和查询的古人并不多，他就是这类少数人之一。当我们按照时间顺序追寻古代历史的片段时，他的故事为我们打开了一扇窗，得以使我们了解古代的波斯世界。吉米路倒台后，待一切尘埃落定时，埃安娜神庙进行了重大的行政改革，目的就是严格遏制盗窃和挪用公款等犯罪行为。吉米路的法庭档案由100多块楔形文字泥板组成，它们都被小心翼翼地保存着，这说明神庙掌权人期待更加忠诚的未来。事实上，埃安娜神庙进行的那些重大改革不过是大流士一世下令发起的更全面的帝国干预计划的一小部分。当然，他的话实际上就是法律。

*

波斯的朝臣有必要成为官僚。大流士一世的宫廷既是王族中心所在，又是整个国家的中央行政机构。阿契美尼德家族沉迷于行政上的繁文缛节（这个嗜好倒是与他们的先辈亚述人、埃兰人如出一辙）。

大约在公元前500年的某个时候，一群任职于波斯波利斯的行政官员发现自己陷入了官场困境。他们的上级，即主管波斯波利斯行政官员事务的大臣帕尔纳卡发现，他想要审读的重要账簿文件一直未送到他的官署。此时，这些官员才获悉，负责将相关的泥板文书送到长官官署的信使已经辞职了。而且，他还是往北走的，有可能是回老家去了，想必将工作抛在了脑后。但不幸的是，在他离开的时候，这些重要且有可能涉密的敏感文件仍在他手上。这下大家都慌了，肯定有人会受到严惩。这些官员试图收拾残局：一名叫沙克-沙-巴努什的官员向一名书吏口述了一封信，后者用埃兰语楔形文字逐一写在一块湿泥板上，然后交给负责下一个环节的米林扎纳。这封信写道（实际上是将责任推给了中层管理人员）："告诉你的长官，一封关于财务人员未呈递账簿文件始末的密信已经寄给了主管帕尔纳卡。那个负责递送泥板的信使逃之夭夭了。"在这封信的末尾还附带了一条指令：

抓住那个人！然后将他押送到米底，在米底他会接受审问（原文的字面意思是"榨干他的油"）。做完这件事后，你再亲自写信给帕尔纳卡，在泥板上写下那个带走泥板的罪人的名字，然后把它寄回去。这是帕尔纳卡下令要求的，因为之前的信件上没有写明那人的名字！（PFa 28）

同其他社会一样，波斯社会也容易受到官僚主义作风的影响。这种程度的细节能在波斯的考古记录中得以留存，实为一件令人惊奇的事情。事实上，从相距甚远的埃及阿斯旺到阿富汗的巴克特里亚，各遗址中现存的行政文献（写在泥板、莎草纸、木头和骨片上的文献）都证实了，阿契美尼德王朝的君主对帝国施加了严格的行政控制。没有什么事是微不足道、不值得记录的。在上埃及修复一艘木船所需的钉子数量或在巴克特里亚因蝗灾无法修建泥砖城墙,这些或大或小的事件都被一一记录在案,经负责人签署,然后呈送到波斯的中央行政机构,在那里被有条不紊地归档入库。

20世纪30年代,考古学家在波斯波利斯北部的防御城墙和宫殿中心的府库建筑中发掘出了约3万块泥板,它们或保存完好,或有所残缺。因其出土位置,它们分别被命名为"波斯波利斯卫城泥板文书"和"波斯波利斯府库泥板文书"。这些独特的文档简要记录了法尔斯和埃兰东部及其周边地区的日常生活情况。波斯波利斯泥板文书总共记录了约750个地名,包括地处苏萨和波斯波利斯之间的城市、乡镇和村庄,以及行省和地区。内容主要围绕食物分配、牲畜管理,以及劳力和旅行者的给养供给情况。波斯波利斯卫城泥板文书写于大流士一世执政的第十三年至二十八年,即公元前509—前494年,而波斯波利斯府库泥板文书则写于大流士一世执政的第三十年至阿尔塔薛西斯一世执政的第七年,即公元前492—前458年。波斯波利斯卫城泥板文书记录了各类食物和饮品辗转各地的交通运输情况,也登记了分配给劳力和国家官员的物品情况,还登记了牲畜和家禽所用饲料的情况。波斯波利斯府库泥板文书则记录了波斯波利斯及其城郊给为王家经济服务的劳力发放白银和食物的情况。波斯波利斯丰富的行政泥板档案也只是阿契美尼德王朝文献的一小部分。遗憾的是,那些文献未能全部保存至今。

在大流士统治期间,有位大臣在阿契美尼德王朝行政体系中的地位尤为突出。实际上,我们之前就提过他了,他就是帕尔纳卡。他被尊称为"王室之子",也就是说,他是阿契美尼德家族的一名王子,很可能是国王大流士的叔叔。他是行政官员体系的

彩图1　大流士大帝站在御座高台上，在火坛前祭拜神阿胡拉·马兹达，帝国各族代表一起合力高举这座高台。劳埃德·卢埃林-琼斯摄于纳克什·鲁斯塔姆的大流士一世陵墓

彩图2　在纳克什·鲁斯塔姆的岩壁上凿刻出来的正面呈巨大十字形的王家陵墓。劳埃德·卢埃林-琼斯摄

彩图3 居鲁士在帕萨尔加德修建的宏伟的花园王宫,如今只剩一些遗迹。劳埃德·卢埃林-琼斯摄

彩图4 波斯波利斯宫墙上的花卉和植物浮雕,它们提醒了我们波斯人对花园和园艺的痴迷。洛朗·加尔布兰摄

彩图5 居鲁士圆柱是古代最令人震惊的公关工具。洛朗·加尔布兰摄

彩图6 尼布甲尼撒二世建造的巴比伦伊什塔尔城门，釉面砖装饰其上。釉面砖上的龙和公牛昂首阔步、威风凛凛，它们保护着这座神圣的城市。洛朗·加尔布兰摄

彩图7 波斯波利斯官城遗址的壮观景象很容易令它跻身于最伟大的古代遗迹之列。洛朗·加尔布兰摄

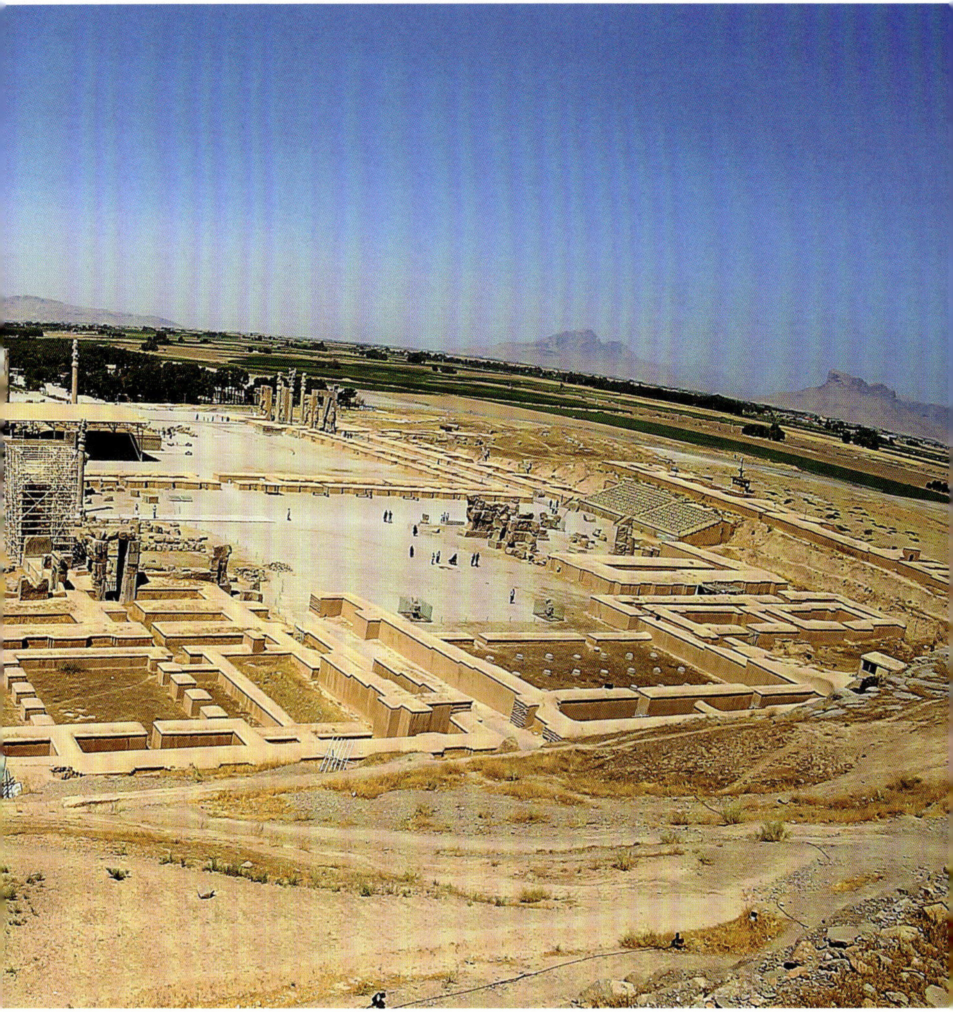

彩图 8　贝希斯敦山高高的岩壁上所刻的铭文和浮雕记录了大流士一世对于自己登基为王过程的说法。他的叙述是"另类事实"的杰作。凯万·马哈茂迪摄

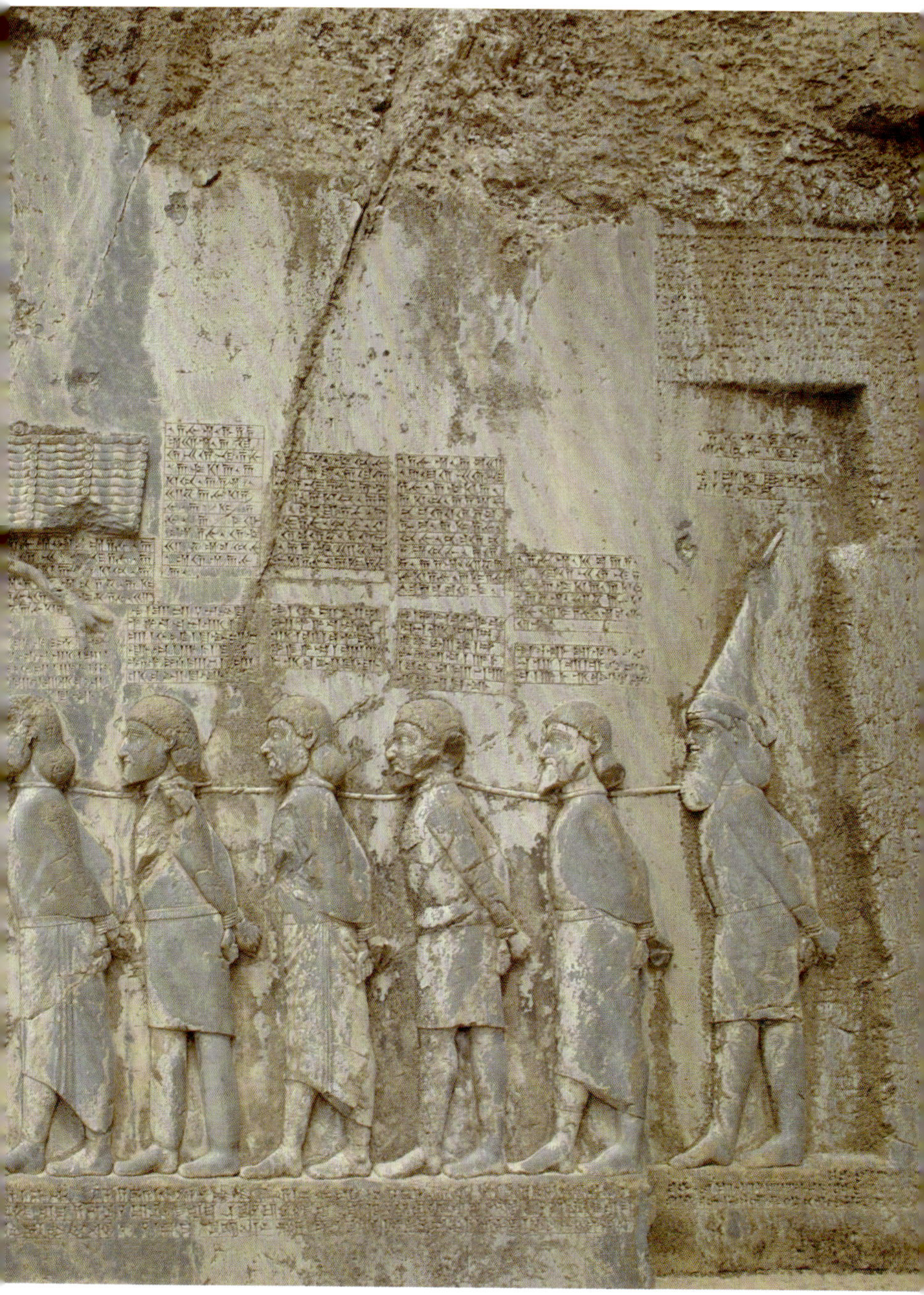

彩图 9　薛西斯在波斯波利斯命人修建的宏伟的万国门。两尊巨大的人首翼牛像矗立在门前，守卫着万国门。劳埃德·卢埃林-琼斯摄

主管，以及整个波斯波利斯行政体系和法尔斯行省的总监察长。他似乎可以自由地觐见国王，因此他的权力很大。波斯波利斯泥板文书频繁地提到，他直接受命于大流士。帕尔纳卡的职责是监管王家仓库里食物及其他物品的分配，也正是他以书面形式传达国王的诏令。

帕尔纳卡手下有个叫齐什沙维什的人，他也负责记录和发放配给。他有时可以代表帕尔纳卡行事，但更常作为后者的首席助理随侍左右。帕尔纳卡和齐什沙维什两人监管着无数仓库管理员、配给发放员，以及负责给养供应的各级官员。这些人负责管理葡萄酒、啤酒、水果、谷物、牲畜、家禽，以及其他食物和饮品的供给。帕尔纳卡和齐什沙维什两人同大书吏及其庞大的秘书、译员队伍协力合作。波斯行政系统运行的基础就是一支训练有素的官员队伍，他们由一群基于择优原则招募的男子组成。王家信使长和他的下属团队，以及司库长都直接向帕尔纳卡汇报工作。书吏和秘书负责起草官僚制度赖以运行的诸多文书，它们在行政体系运转中无处不在。有一块典型的行政泥板文书在行政人员中被普遍传阅，它这样写道：

> 从阿马瓦尔塔的财库中分出 130 升大麦给巴里克·埃尔作为口粮。大流士当政的第 21 年希巴尔月（公元前 501 年 11 月或 12 月），伊斯艾玛镇。（PF 798）

换句话说，在这个例子中，巴里克·埃尔（顺便说一下，这是腓尼基人常见的名字）收到的大麦实际上是他为大流士工作（文中并未告知我们他从事的具体工作）的酬劳。一位名叫阿马瓦尔塔的波斯官员从他管辖的大麦仓库发放了这份口粮。最后记录的是办理地点伊斯艾玛镇，以及办理时间。有成千上万块这样书写的泥板，但是有些泥板还记录了有关身份文件的签发，向司库长支付贵金属的命令，以及帝国境内各地法官、财务官、商队和农工队伍的契约及派遣的信息。

为了更加直接明了地处理文件，每个官员都有自己的圆柱形印章。这些印章通常由半宝石制成，是官职的象征，可以随身携带，展示给所有人看。它们就像授权令或城督的徽章，是赋予帝国官员权力的印记。印章被应用于所有的官方文件，官员将它压在湿泥板上，留下类似于"签名"的印记。印章，或更准确地说，它的印记，传达了拥有者的权威。盖下印章，表示拥有者批准相关人员开展行动和获得支出。盖章完毕，拥有者收回印章，印着行政人员和官员印章印记的泥板则可以四处流传。波斯波利斯泥板文书可能会被带到远方的坎大哈、萨迪斯、巴克特里亚、大马士革，以及其他遥远的行政中心。每个印章都刻有定制的图像，这些图像对其拥有者来说都是独一无二的。这样一来，就可以在所有文书档案库中追踪个人的"签名"，从而确定他在行政管理体系中的职位。

作为主管行政官员事务的大臣，帕尔纳卡确实拥有一枚非常精美的印章（图6）。这是一件古色古香的亚述制品，上面刻画了一位勇士，他正一手舞剑，一手捏着一只鸵鸟的脖子，而这只鸵鸟对自己的遭遇似乎还有点困惑。齐什沙维什也有一枚设计精妙的印章（图7）。他的印章上刻画了一头带翼母牛，它正在一个四翼精灵的保护下为小牛犊哺乳。一看到印在泥板上的鸵鸟印记或母牛图，行政人员就会认出印章的主人，并即刻采取相应的行

图 6　帕尔纳卡的印章印记

图 7　齐什沙维什的印章印记

动。圆柱形印章就像房屋钥匙或汽车钥匙一样，很容易遗失，如若遗失，则需要及时替换。帕尔纳卡就曾遗失自己的鸵鸟印章，随后他便替换了一枚刻有一位勇士扼杀两头狮子图像的印章（图8），并迅速发公文告知属下："过去我经常使用的那枚印章已经遗失了。我现在改用此封公文里的印章。"（PF 2067 和 PF 2068）出于安全考虑，齐什沙维什也不得不跟着放弃自己原有的印章，重新设计一枚新的印章（图9）。幸运的是，因为他对王权的忠诚，

图 8　帕尔纳卡第二块印章的印记

图 9　齐什沙维什第二块印章的印记

大流士奖励了他一枚崭新的印章，上面刻着的是在一片枣树林里，国王站在一个火坛前的图像，阿胡拉·马兹达也在场。

然而，波斯帝国的中央政府并不在波斯波利斯运作，帝国的行政中心设在苏萨。一条人造运河将这座伟大的埃兰城市同波斯湾和底格里斯河连接起来，而且通往埃克巴坦那、巴比伦和波斯波利斯的道路也从该城的官署向外辐射出去。王令从苏萨发往帝国各个行省，随后各地的报告又被纷纷送回到苏萨，呈递给相应的官员。苏萨是官场的温床：在这里，高级总督与朝臣们肩并肩地交谈，低收入的公职人员也能有机会在使节居所瞥见外国使臣。为了处理帝国的事务，所有人聚集到苏萨。各大府邸里坐满了公职人员，书吏们忙于书写、封印、发布和归档成千上万块行政泥板文书和其他文件。苏萨是帝国官僚体系的中心，但在波斯波利斯、埃克巴坦那、巴比伦、孟菲斯、巴克特里亚、萨迪斯和其他所有重要的城市中心，也都设有类似的官僚机构，只不过规模要小一些。官场上的繁文缛节在整个波斯世界传习。

*

最高阶层的波斯贵族通常是王族人员，他们掌控着波斯帝国的高级行政管理权。这些人被称为总督（古波斯语为 xshaçapāvan，意为行省保护者或王国的守护者）。这个官衔在米底人的统治时期就已经存在，但大流士赋予了它更强烈的帝国色彩。总督身为国王的代表，在帝国内享有特权，负责税务和贡品的征收事宜，必要时还要负责集结军队，也负责地方司法。此外，在处理地方事务时，总督需要做出所有的行政决策。但在处理重要国际性事务时，总督则必须要请示国王及主要大臣。身为国王在各行省的代表，总督有义务根据帝国权力中央的王家宫廷来维持地方机构的运行和仪式的举行。他们作为代理人，受国王之令治理一方，效仿国王行事，追逐国王的品味。

不过，当总督也是一件危险的差事，因为这完全依赖于国王的恩宠。总督不得不谨慎地约束自己的言行举止。总督的行省机构会受到中央权力机构的详细审查，确认是否有自我膨胀的嫌疑或叛国的潜在迹象。现存的公元前 5 世纪末埃及总督阿尔沙玛和波斯国王之间来往的信件表明，为国王效劳的贵族即使没有身处帝国中心，也一直与伊朗的中央政府保持稳定的交流，他们需要证明自己身为国王代表做出的每一个决定都合情合理。

在大流士一世统治时期，帝国约有 36 个行省*。由于军事扩张和行政改革，这个数字一直在变化。巴比伦尼亚就是这种变化的极好体现，其结构经历多次变化。公元前 535 年，居鲁士大帝将整个美索不达米亚，以及之前构成新巴比伦王国的犹大、以色列、腓尼基和叙利亚合并为一个巨大的行省。但到了公元前 520 年 3 月，大流士一世为了更便于管理，将该行省一分为二，即美索不达米亚和幼发拉底河以西地区（阿卡德语为 Eber-Nāri）。幼发拉底河以西地区还包括之前属于新巴比伦王国，但后来也落入居鲁士大帝之手的黎凡特地区。公元前 516 年，幼发拉底河以西地区被进一步划分为三个行政区——腓尼基、犹大和撒马利亚，以及阿拉伯诸部落。推罗、西顿、迦巴勒和阿拉杜斯等腓尼基城邦则成了附属国，由当地世袭的王侯统治，他们可以自己铸造银币，但其权力受到波斯总督的限制。犹大和撒马利亚享有相当大的内部自治权，在居鲁士大帝和大流士一世时期，该行政区的总督有设巴萨和所罗巴伯，在阿尔塔薛西斯一世时期，该行政区的管理者有《圣经·旧约》里记载的尼希米。从公元前 5 世纪下半叶开始，撒马利亚行省改由撒马利亚人首领参巴拉及其后裔统治，而居于埃及和幼发拉底河之间区域的阿拉伯诸部落则由各部落的首领统治。在大流士一世统治期间，小亚细亚被分为四个行省，但在约 20 年后，即薛西斯统治时期，它又被分为七个行省。此外，大流士还分割了地域宽广的米底行省，并在其中划分出了

---

* 原文如此。希罗多德《历史》仅列出 20 个地区。——编者

新的亚美尼亚行省。后来，薛西斯又在适当时候将亚美尼亚一分为二，每部分由独立的总督管理。最终，在薛西斯的改革下，希尔卡尼亚从帕提亚分离出来，犍陀罗也从巴克特里亚分离出来。

每个行省都地域宽广。总督在辖区内设首府（也作为行政中心），并在首府建造宫殿。埃及的首府是孟菲斯，叙利亚的是大马士革，伊奥尼亚的是萨迪斯。行省的税收就储存在各自的首府。税收可以用硬币和实物两种形式支付。实物包括食物，用来维持庞大的地方政府及其附属机构的运转。贵重物品和金属也被广泛用来支付税款。总督的宫殿也是行省行政机构的中心。总督在这里接受波斯中央权力机构发出的王令。王令上盖有国王的印章印记，一眼便能辨认出来。尽管发掘出最多王令的地方是安纳托利亚北部的达斯基利翁，但遥远如巴比伦尼亚的尼普尔、叙利亚的撒马利亚、亚美尼亚的阿尔塔沙特和上埃及的象岛也全都有出土。达斯基利翁是波斯帝国最西北方行省的首府，它可能就是大流士大帝在贝希斯敦铭文中称为"海那边的斯基泰人"所在的神秘行省的首府。它在阿契美尼德家族统治时期地位显赫，这不仅由于它占据着优越的地理位置（控制着在战略上和商业上都很重要的赫勒斯滂-弗里吉亚区域），还因为该行省的历代总督大多是王室家族中的重要成员。

波斯的总督体系在很大程度上依赖与当地权贵的合作。总督在治理时经常借鉴现有的、成熟完善的地区实践。总督还依赖与当地精英的良性互动。在被波斯完全占领之前，那些传统上拥有土地的王侯通过成为地方的总督，以一种巧妙的方式被迫与征服者合作。波斯人努力与当地贵族维持良好的关系。在某种程度上，波斯人与当地人的通婚给他们带来了共同的归属感。尽管我们对总督的妻子了解不多（更不用说那些职级更低的波斯官员的妻子了），但波斯人和当地妇女、当地精英和波斯妇女之间肯定存在联姻关系。这些联姻使当地精英在波斯荣誉体制中站稳了脚跟。此外，总督还会纳当地妇女为妾。例如，弗里吉亚总督法尔纳巴佐斯的萨迪斯宫殿里就住满了妾。这些女人在总督和当地家族之间搭起了重要的桥梁。优秀的政治家意识到，妾也具有非正式的政治影响力，因为她们可以给总督吹枕头风。

波斯人经常雇用熟悉当地官府的人，一起合作或直接让他们为自己工作，埃及贵族乌加霍列森尼就是一个很好的例子。总督法尔纳巴佐斯尤善此道，他充分利用了达达努斯的当地统治者，证明波斯统治者和受统治的精英之间的合作可以是富有成效的。达达努斯是安纳托利亚西北部比加半岛特洛阿德地区（位于今土耳其恰纳卡莱省）的一座古城。当在达达努斯统治了很长时间且忠于波斯的藩王泽尼斯去世后，法尔纳巴佐斯本来打算将该地区的治理权交给泽尼斯家族之外的人，当时有很多优秀的候选人可供选择。但泽尼斯的遗孀玛尼亚恳求法尔纳巴佐斯将达达努斯交给她治理，因为她曾协助自己的丈夫处理各项政事，比其他任何人都更了解这项工作。于是这位总督走了不同寻常的一步，他任命泽尼斯的遗孀玛尼亚治理达达努斯，从而将权力保留在泽尼斯家族内。法尔纳巴佐斯很高兴玛尼亚能像她丈夫一样定期向总督府库进贡。由此，雇用当地精英来捍卫波斯利益的优势显而易见。其他的世袭统治者，如科斯岛多利安人的国王，奇里乞亚、帕夫拉戈尼亚、推罗、西顿和迦巴勒的王侯，以及小亚细亚哈利卡那索斯的卡里亚人的统治者，都发现与其同波斯人抗争，不如同波斯人合作，后者更加有利可图。不过，有趣的是，从未有总督去治理过塞浦路斯。岛上各城邦的当地统治者自行管理，直接向波斯国王报告。

总督还有一项重要职责，就是将行省内最好的物产进献给国王。通过接受这些礼物，波斯国王再次确认了自己对帝国的统治。或许在这些进献给国王或国王直接索要的礼物之中，最具有象征意义的当属土和水。正式进献这两种元素（可能以实物形式呈献给君主，例如一个盛着水的银罐和一个盛着土的金盘），象征着这个地区无条件地臣服于波斯。进献水和土意味着，波斯帝国的国王成为新臣民的生命赋予者，因为人们认为，只有国王能控制维系生命的自然力量。国王外出巡视时，总是随身携带波斯河流里的饮用水，这反映了同样的道理。不论国王身处帝国何地，苏萨附近科阿斯佩斯河里的水都能将他与故土紧密地联系在一起。因此，进献或共享某些食物、饮品，也成为帝国意识形态的另一种象征性表达。薛西斯一世非常喜欢食用帝国各地进献的"初熟果实"，而且认为国王不应该食用帝国境外的任何东西。有一天，一名太监将一些雅典无花果干和其他甜点混装在一起，端到了他面前，他就问这些无花果干是从哪里来的。听到答案后，他立刻叫人将无花果干端走了。希罗多德称，那名太监是故意这样做的，目的是刺激薛西斯想起自己远征阿提卡的失败。

*

正是在波斯帝国统治时期，这个世界开始流通硬币。它始于公元前 650 年左右小亚细亚西海岸的吕底亚。此后，波斯帝国西部的行省就总与硬币联系在一起。最初的硬币是由一种被称为琥珀金（electrum）的金银合金制成。后来，吕底亚国王克洛伊索斯在萨迪斯引入了金银双轨币制，以金、银为材质，铸造金币和银币，并以自己的名字为其命名。在居鲁士大帝征服吕底亚之后，波斯的行政机构沿用克洛伊索斯在萨迪斯使用的硬币体系，继续铸造金币和银币。在大流士统治时期，约公元前515年，第一批真正的波斯硬币面世了。用黄金铸成的波斯金币被称为"大流克"（daric，不一定是以国王的名字命名，图10），用白银铸成的波斯银币被称为"西格罗斯"（sigloi）。波斯的金币和银币上都有通用的国王形象，可以通过王冠、宫廷长袍、弓箭和长矛具体辨认出来。同早期的克洛伊索斯金币、银币一样，这些波斯硬币的唯一铸造地也是萨迪斯。之后，小亚细亚的其他城市也逐渐建起了铸币厂。其中一些，比如塔尔苏斯的铸币厂，成为重要的货币发行中心。波斯硬币主要在西部行省间流通，对波斯帝国腹地或帝国东部地区的影响不大。但对西部铸币类型的研究表明，铸造这些硬币的社会具有高度的独立性。由于硬币发行自几个不同的行省（以及塞浦路斯岛上的城邦等半独立社会），它们反映出一些总督享有不同程度的自由。例如，掌管小亚细亚西北部的总督法尔纳巴佐斯在硬币上刻上了自己的形象。这些硬币似乎铸造于

图10　一枚大流克，金币上铸刻了波斯国王手持弓、箭和矛的形象，公元前460年

马尔马拉海南岸的基齐库斯，这些硬币上刻有一条金枪鱼，这是基齐库斯的象征符号。硬币上通常只铸刻君主或神灵的形象，但这些硬币根本没有铸刻帝王像，而是铸刻了法尔纳巴佐斯本人的形象，这是最早在硬币上铸刻在世凡人的例子之一。

*

波斯帝国的顺利运行还得益于其优良的基础设施。波斯帝国的基础设施是所有古代文明中最先进的。一流的道路系统将主要首府与帝国的中心连接起来，令大流士得以维持对各个被征服行省的控制。这些大道中最重要的是波斯御道，全长约 2400 千米。御道的主干道将苏萨与基尔库克、尼尼微、埃德萨、哈图沙，以及吕底亚的萨迪斯等城市连接起来。徒步走完这条主干道大致需要 90 天，若到达地中海沿岸的以弗所则大致需要 93 天。御道的一条支线（即东道）将苏萨、波斯波利斯和埃克巴坦那连接起来，这条道路还可以继续通往巴克特里亚和白沙瓦。另一条支线则向西挺进，穿过扎格罗斯山脉的山麓，然后在底格里斯河和幼发拉底河以东，穿过奇里乞亚和卡帕多西亚，最终抵达萨迪斯，还有一条路线可以通往弗里吉亚。此外，有一条大道行经大马士革和耶路撒冷，将波斯波利斯和埃及连接起来。这些道路都是为了连接河流、运河和特定的路线，以及海运港口和锚地而设计的。它们相互交织成网，使波斯的交通系统成为那个时代的奇迹。

大部分道路都未被铺设过，尽管在小亚细亚的戈尔迪翁和萨迪斯发现了铺在低路堤上的鹅卵石痕迹，这表明道路越接近城市郊区，它们的界线就越一目了然。戈尔迪翁和萨迪斯的道路可以追溯到大流士统治时期，它们宽约 5 米至 7 米，有些路段两旁还铺设了加工过的路缘石。在戈尔迪翁，路宽 6.25 米，路面上铺满了砾石，路旁装饰有路缘石，中间还有一条路脊，将路面分成两条车道。考古学家还在伊朗西南部的马达凯发现了一条宽 5 米、岩石开凿成的路段。它属于波斯波利斯至苏萨大道的一部分。这些道路以 6 千米为一个距离单位（称"帕勒桑"）进行丈量，每隔 28 千米就设有一个驿站，以接待疲惫的旅客。

波斯道路旁的驿站与中世纪丝绸之路上的大驿站相似，由矩形泥砖和石头搭建而成。所谓的"驿站"就由一座有多个房间的砖石制房屋和一个大庭院组成，可以为旅客和驮畜提供食宿。据估计，仅连接苏萨和萨迪斯的御道主干道上就约有 112 个驿站，而其他道路上还有数百个驿站。约公元前 401 年，希腊士兵兼哲学家色诺芬穿越巴比伦尼亚行省时，曾在多个驿站停留。他称它们为 hippon，这个词在希腊语中意为"马的"，这表明驿站还有马厩。在靠近波斯波利斯至苏萨大道的库伊·卡莱（Kuh-e Qale）遗址附近，发掘出了一个大驿站，它由一栋五室石屋和一个庭院组成。众所周知，这条道路曾是王家交通干道，因而这家驿站是"高端"住宿的典范。精雕细琢的圆柱和门廊使它看起来比一般旅店奢华多了。在库伊·卡莱遗址还发现了昂贵的奢侈品，比如精美的玻璃和进口的石材。这促使考古学家得出结论：这个特殊的驿站是提供给超级富豪的。在波斯波利斯至苏萨大道沿途的盖马巴德和马达凯附近还发现了一些小驿站。在苏萨至埃克巴坦那的道路沿途，以及帕萨尔加德附近，也发现了一些驿站。这些小驿站也是道路维护人员的办公之所。这些人员被称为"道路计量者"，他们要确保道路得到妥善的维护。除了清除道路上的植被和杂物，他们还有一些不同寻常的任务，比如确保道路上没有蝎子和蛇。

帝国各大主要城市之间有一个快速、高效的邮政接力系统，它在古波斯语中被称作pirradazish（意为快跑者、信使）。这是当今高速宽带的波斯版本，非常高效有用。当时的波斯官僚机构急需高效且可靠的通信渠道，实现快速通信成为当务之急。结果，波斯人创建了最早的小马快递制度（Pony Express）。希罗多德就是它的头号拥趸：

> 世间没什么能快过波斯人设计出来传送信息的系统了。显然，他们沿途每隔一段距离就安排马匹和人员，其总数与旅程的天数相当，每天都有新马和新骑手上路。无论天气条件如何，下雪或下雨，酷热或黑夜，他们都能在最短的时间内完成指定行程，从未失手过。第一人将指令传给第二人，第二人再传给第三人，以此类推。

后来罗马帝国的行省主要靠地中海相互连接和沟通，通信速度有些迟缓，与之相比，波斯帝国境内快速高效的通信水平更加引人注目。在现代之前，就此项而言，几乎没有社会能与之匹敌。

与波斯御道系统相关的有用信息大多来自波斯波利斯卫城泥板文书。泥板上记录了沿途旅客的口粮或供给发放情况，还描述了他们的目的地和出发地点。"旅客的供给"文书证明了，道路系统在帝国辽阔的疆域内纵横交错，人们在处理国家事务（传递信息、钱币或货物）或私人事务（履行工作契约或参加宗教仪式）时穿梭于这些道路。这些泥板记录了他们在旅途中获得的食物供给。其中，有三块泥板证实了人们旅行的范围非常宽广，可以从印度到苏萨，从萨迪斯到波斯波利斯，更令人惊讶的是，还有从苏萨到阿富汗的坎大哈的记载：

> 阿巴特玛得到了 11 勃尔*面粉。他带着国王的密信从印度出发，去往苏萨。大流士执政第 23 年第 2 月。（PF 1318）
> 达乌玛得到了 4.65 勃尔面粉。他从萨迪斯出发，前往波斯波利斯。大流士执政第 27 年第 9 月。（PF 1404）
> 一个女人从苏萨出发，前往坎大哈。她收到了国王封印的文件，随身携带着。训练有素的齐山杜什是她的向导。大流士执政第 22 年第 2 月。（PF 1550）

在苏萨发现了一份由埃及总督阿尔沙玛下令书写的文件。文件内容为阿尔沙玛给自己的仆从签发了旅行身份证件和口粮分配簿，其中就包括他的管家，一个名叫纳赫托的埃及人。他们一群人从巴比伦尼亚出发，准备回到埃及。文件正文如下：

> 持此证者乃我的官员，名为纳赫托。他此行是要回到埃及，请按如下标准从我在贵行省的资产里向他发放每天的食物：白面粉 2 杯、精面粉 3 杯、葡萄酒或啤酒 2 杯……其随行人员（共 10 人），每人每日面粉 1 杯，再加上足够的马饲料。
> 同时还请为 2 个奇里乞亚人和 1 名工匠（共 3 人）分发食物，他们也是我的仆从，此行正是随我的管家回到埃及，每人每日面粉 1 杯。

---

* Ban，波斯帝国常用的容积计量单位，1 勃尔约等于 10 升。——编者

请有关行省在纳赫托回程途经时按以上标准分发食物，直至他回到埃及。如果他在某地逗留超过一日，不要在他多停留的日子里向他发放食物。

所有道路都有卫兵守护。各条大道的固定位置都驻扎有巡逻队，他们能为私人旅行提供安全保障。他们有权拦截和搜查任何独身旅行者或大篷车。土匪、响马、乞丐会受到严厉的惩罚。他们会被剜去双眼或砍掉四肢，以震慑那些隐藏在暗处的小偷和轻罪犯，警告他们勿要试图挑战大流士的良好法律秩序。这位国王小心翼翼地治理国家，在整个帝国境内布下了严密的谍报网。这些谍报人员被称为"国王之耳"。他们如果发现哪位总督或哪个行省有任何反叛的迹象，就会立刻向中央汇报。此外，还有一个奇怪的宫廷官职，叫作"国王之眼"（古波斯语为 Spasaka），负责情报收集，直接向国王本人报告（可能每天都是如此）。希腊作家亚里士多德对波斯谍报系统的效率印象深刻，他写道：

据说，国王本人就住在苏萨或埃克巴坦那的一座富丽堂皇的宫殿里，但没有人看得到他。（在宫门）外面，位高权重之人按序排好队，听从召唤，其中有一些人被称为"卫兵"和"国王之耳与国王之眼"。这样，国王本人可以看到一切，听到一切。

大流士大帝隐身在宫殿里，在那里颁布法律和法令。他身边有全副武装的卫兵，他操控谍报网监察自己的帝国，从而确保帝国得到高效、严肃的治理。事实证明，独裁统治是大流士的主要目的，而且他心无旁骛、坚定不移地实现了这一点。

第7章

帐篷下的宫廷

君主都喜欢旅行，而且在旅行一事上，他们都十分考究。但是，君主究竟为什么要旅行呢？他们坐拥舒适、安全的宫殿，这些宫殿既能满足他们的日常需求，又能满足国家的需要。他们究竟为什么还要踏上旅途呢？因为他们必须如此。他们旅行是为了见其他国王、王后或其他国家领导人，在国际舞台上发挥作用；他们旅行是为了见证王国的内部运作，在国内政策的施行落实中发挥同样重要的作用。他们旅行是为了向臣民展现自己的统治权及控制权，或是为了提高自己的声望。现代国家的许多元首甚至与支持者"握手并寒暄"，这种欢乐而友好的方式必然会让古代社会的大多数专制统治者感到陌生。在阿契美尼德王朝，波斯大帝为了满足国内和国际外交的需要、履行宗教或文化义务、率军出征，以及体察臣民的生活，经常出宫远行。通常，宫廷里的大多数官员都会陪同他一道出行，同时还有一支庞大的军队随行。事实上，当波斯大帝巡视帝国时，政府本身也在移动：王家宫廷在哪里，帝国就在哪里。

大流士大帝及其宫廷通过精细的道路系统巡视帝国全境，这不仅是基于实际的原因，也是为了满足波斯人心灵深处的本能。因为阿契美尼德家族保留了他们欧亚祖先的游牧生活方式。从一个地方迁移到另一个地方的渴望从未在他们心中消失。王家宫廷环游帝国和在帝国各地的定期移动可以被认为是一种游牧迁徙模式，与游牧民族的典型迁移模式相似。在伊朗，游牧民族（每个民族都有自己根深蒂固的部落和家族关系）传统的迁徙运动总是有清晰、明确的路线和目的地。游牧民通过饲养绵羊和山羊来保证他们的生产力，确保生计，所以他们需要追随能形成最佳牧场的天气变化模式。波斯的王家宫廷从根本上保留了这种古老的、久经考验的游牧习俗，他们也跟随季节变化，在伊朗各地迁徙。在闷热得令人窒息的夏季，王家宫廷会迁移到伊朗高原北部埃克巴坦那的凉爽山区。当寒冷的冬季来临，王家宫廷会前往气候温和的巴比伦和苏萨过冬，之后则会前往波斯波利斯和帕萨尔加德领略清新怡人的春天。等到了炎热的夏天，王家宫廷又会重新迁移到埃克巴坦那，如此循环往复。

*

这样的迁移需要有足够的后勤保障，即庞大的组织和大量的资源。每次迁移都有成千上万的人受到影响或需要为此承担责任。这个四处迁移的王家宫廷实际上就成了一座可移动的城市。几乎整个王室机构，包括王室和朝臣，都会跟随国王迁移。与国王同行的还有他的私人幕僚、书吏、记录员，以及王家国库。后宫当然也要随他一道迁移，工匠、乐师、舞者、动物饲养员以及他们的大量牲畜亦是如此。祭司、占星家和先知也要与国王同行。全副武装的军队，以及那些依附宫廷和军队生存的人也在随行之列。随军流动的平民也赶着牲畜聚集到王室随从身旁，人数是军队士兵的数倍。有了如此庞大的随行队伍，前进速度自然极其缓慢。

仅从苏萨到埃克巴坦那的旅程就可能需要两个多月才能完成,虽然每日白天的平均行进时间长达七八个小时,但每日前进的路程还不到10千米。

不过,白日里的光阴并没有被虚度。每当黎明来临之际,王帐里就会传出一阵嘹亮的号角声,这是用青铜号角吹出来的,标志着队伍即刻启程。队伍行进的顺序也有讲究。根据传统惯例,队伍最前方是步行的祭司,他们抬着银制火坛,吟唱传统圣歌。紧随其后的是身着红色斗篷的荣誉卫队,由300多名年轻男子组成。之后便是供奉给阿胡拉·马兹达的马拉战车。战车后面是一匹留给神专用的白马,被称为"太阳之骑"。护卫在战车两旁的骑兵们手握金色权杖,身着白色长袍。他们身后不远处是10辆载着祭祀用具的马车,后面跟着一支装备各异的骑兵。接下来就是长生军了,他们是波斯帝国的精锐部队,据称有1万人。没有哪支军队可以与他们相媲美。这些士兵是波斯的骄傲,他们戴着金项链,身着金丝交织的军服,长袖的束腰外衣上还镶嵌着宝石。在长生军身后不远处跟着1.5万名国王的亲族人士。他们之所以惹人注目,更多地是因为他们的奢靡作风,而非战斗能力。之后的纵列是负责王家服饰的仆人,他们走在国王乘坐的马车前面。国王在马车上的王座位置高于其他所有人,他可以在途中从事各项活动。经过大大小小的村庄时,国王可能会向当地居民打打招呼,也可能埋头忙于国家政务——当宫廷在艰难跋涉时,帝国的行政机构仍在运转,不曾间断。有一幅吸引人的希腊装饰画描绘了这样的场景:一位君主坐在缓慢移动的马车上,似有几分无聊,便靠着削木头来打发时间。

国王的马车后面跟着1万名长矛兵,他们手中握着银枪,枪头是金的。国王马车两侧是 200 名骑着马的王家亲属。这一列末尾是 3 万名步兵和 400 匹国王的马。接下来,距离主队约 1 英里的是随行的王族女性,她们乘坐有篷马车(harmamaxae)*。这些马车(美国西部大篷车的豪华版)是为国王的母亲、妻子准备的。随后一群骑马的是国王妻子寝殿里的女性人员。再后面还有 15 辆有篷马车,里面坐着国王的子嗣,以及他们的保姆和太监。之后是 300 辆妃子乘坐的马车。搭载着王族女性的马车一路行驶,如有人闯入道中,就会被处以死刑。驶过乡村时,王族女性会受到严密保护。这些马车后面是 600 头骡子和 300 头骆驼,它们运送着王家国库的财产。一群弓箭手守卫在它们附近,保护着这些财产。在他们后面的是国王亲朋好友的女性家人,以及成群随军队迁移的平民和奴仆。整个队伍由轻装部队及各队首领殿后。队伍一步一步地往前行进,一直走到由一大群先行的骑马卫兵提前准备好的营地过夜。这些先行的卫兵辛苦工作了一整天,要确保地面干净、平整,同时还要确保厨房为成千上万的随行者准备好热食。整个过程有条不紊,依然是按军队精神严谨地进行。

数以千计的动物为宫廷的迁移提供了便利。它们或拉着货车、战车、马车,或驮着人和货物。每次宫廷迁移都要动用约 10 万匹马和 20 万头驴、骡、牛等牲畜。尽管骆驼也在其中发挥了重要作用,但与波斯人的生活密切相关的马匹仍是宫廷迁移的主要交通工具。在古波斯语中,usha 或 ushtra 表示骆驼,通常以人名组成部分的形式出现(最明显的例子是 Zarathushtra,查拉图斯特拉,意为管理骆驼的人)。这证明了骆驼在波斯社会的重要性。在阿

---

* 这类马车一般由 4 匹马拉着,装饰豪华,配有流苏和铃铛。——编者

契美尼德王朝的艺术中，关于双峰骆驼（巴克特里亚骆驼）的图像不计其数，例如，在波斯波利斯，它们出现在来自伊朗东北部的几个使团中，而单峰骆驼则只与阿拉伯使团一同出现。尽管敏捷的单峰骆驼不用从事繁重的拖运工作，但它们是肉制品、奶制品和毛皮的重要来源。事实上，波斯波利斯的骆驼并未被描绘成役畜。但是，阿契美尼德王朝之后的史料明确提到了骆驼拉车的情形，阿契美尼德王朝的一枚印章上也刻画了一群单峰骆驼拉着国王乘坐的战车的场景。双峰骆驼和单峰骆驼都被波斯骑兵使用过，而且大流士一世在镇压巴比伦人叛乱的战事中显然用到了骆驼大军（ushabari）。波斯波利斯泥板文书也证实了国王拥有大量骆驼。它们在波斯波利斯和苏萨之间来回奔波。工匠们有时还会刻绘国王骑在骆驼背上的场景。实际上，确实有一枚小印章栩栩如生地刻画出了国王骑在一头单峰骆驼背上，将长矛刺向一头狮子的场景。这表明骆驼也用于狩猎。

*

宫廷队列在旷野中跋涉了一整天，终于停下了脚步，解开行囊。希罗多德记载，公元前 480 年，薛西斯率军入侵希腊，每当他们更换营地时，波斯军队就会受命拆除、运输和重新组装他的帐篷。因此不难想象，在薛西斯的帐篷被支起来的同时，其他王族和贵族的帐篷也被一群仆人支了起来。色诺芬在东方时曾在很多波斯营地过夜，他总是对波斯军队搭建营地的效率印象深刻：

> 我想要谈一谈行李车队的打包行动是如何井然有序地进行的。我注意到，尽管这是一项浩大的工程，但他们最终仍

迅速到达了目的地。因为不管时值酷暑或寒冬，只要国王决定在何处扎营，他的随从就会将随身携带的帐篷扎在何处。居鲁士规定，他的帐篷应该面向东方搭建。他紧接着决定负责守卫的长矛兵应该在距离王帐多远处搭建帐篷。随后，他在王帐右侧划分出两处，分别安排给面包师和马匹，在左侧也划分出两处，分别安排给厨师和其余驮畜。每个人都知晓自己的位置，一切都安排得井井有条。所以，每当他们重新打包行李时，每个人都知道必须打包自己用过的东西，也有人负责动物，一一准备好，以便行李车队的人可以在同一时间收集大家应该携带的东西，一起装到驮畜身上。拆卸帐篷所需的时间对所有人来说都是一样的。为了在特定时间内完全准备好一切，每个人都分工明确，各自忙碌。因此，做每项工作所需的时间都公平合理。就像负责食物供给的仆人在营地内会有固定的位置，每个军营的士兵也都非常清楚要在哪里扎营，这一切都意味着这项任务是在不发生任何争吵的情况下进行的。

在王家营地里，王帐（国王的帐篷）处于营地的中心，面向东方。帐篷安置体系清晰，反映了不同的等级和防御方面的考虑。帐篷上有着醒目的纹章图案和旗帜，被装饰得鲜艳夺目。王帐在营地中心拔地而起，本身就是王权的象征。国王在帐篷内举行同宫殿里一样的仪式，履行同样的职责。他召开朝会，听臣子辩论，审判罪行，颁布律法，享用美食，欣赏音乐，听故事，宠幸女人。当宫廷迁移时，王帐就成了帝国的中心。它是一顶巨大的帐篷，其骨架由30英尺高的柱子组成，每根柱子都是镀金的，而且还镶满了珠宝，外围覆盖着色彩艳丽的纺织品和皮革。从各方面来看，王帐都像是一座可折叠的石砌宫殿，大得能容下100张长榻，帐内用昂贵的帷幔和亚麻布装饰，极其华美。王帐外形呈矩形，但它有一个高高的圆顶，希腊人称之为"乌拉诺斯"（Ouranos，意为天空）。一名雅典人对此感到震惊不已，他写道："在波斯，王帐和宫廷都有圆形天花板，就像苍穹一样。"国王的脚下还铺着骨螺紫的地毯和金丝交织的深红色毛毯。整个帐篷还围了一层金银线制成的细麻帷幔，就连挂帷幔的杆都包上了金银。

国王可能会将一顶精致的帐篷赐给赏识的朝臣，以示恩宠和王室慷慨。这些帐篷里常常摆满了长榻、纺织品和金盘，还站满了仆人。例如，阿尔塔薛西斯一世曾赠予雅典流亡者塞米斯托克利斯一顶装饰华丽的帐篷，它"很大，内部也富丽堂皇"。普鲁塔克说："里面有一张银脚床架，许多被褥，还有一个铺设被褥的奴隶。"王帐是帝国权威的鲜明标志，正因如此，事实上，在战争期间，敌人占领王帐就象征着君主权威的崩溃。马其顿的亚历山大深谙此理，所以他搬入了曾属于阿契美尼德王朝末代君主大流士三世的王帐。

在王家营地，帐篷搭好后，人们就要开始忙着准备整个队伍的伙食了。这是一项艰巨且耗费资财的任务，需要为数万人提供食物。国王巡视领土时（有时为了扩张领土，他会抵达帝国最边缘的地区），经过的城市、乡镇和村庄都须满足军队和宫廷的需要。宫廷就像一群蝗虫，轻轻松松就将周围乡村的农产品吃得干干净净。当薛西斯率军途经色雷斯向希腊挺进时，色雷斯人的村庄不得不拿出所有的粮食招待他们。他们向薛西斯本人，以及与他同桌共食的人提供了吃食酒饮，还为薛西斯搭了一顶华丽的帐篷，以表敬意。薛西斯晚上就宿在其中。至于其余士兵，色雷斯人只需要为他们提供食物。吃饱喝足之后，士兵们就露天过夜。但天一亮，军队就拆除了华丽的王帐，带着所有动产离开了，什么也没有留下。阿布戴拉的美伽克列昂目睹了这一切。他号召此刻已目瞪口呆的村民聚集到神庙里，深情地感谢诸神，庆幸薛西斯习惯于每日只食一餐，否则他们还得照着晚餐的样儿准备早餐！

第 8 章

构建权威

阿契美尼德王朝的君主都是训练有素的游牧民,但同时也是热情澎湃的建设者。帝国的建筑就体现了他们的专长和爱好。在两个多世纪的时间里,历代君主创造了一个个建筑奇迹——要塞、王家宅邸和岩窟墓,规模之宏伟,令人印象深刻。几位大帝都在官方铭文中自豪地提到了他们的建筑项目,通常是为了展示王朝的长盛不衰。这些石造建筑的详尽规划和付诸实践成了王权至高无上与帝国和谐稳定的象征。例如,大流士一世在波斯波利斯的一篇铭文中写道:"在这块高台上,也就是建造这座坚固的宫殿(古波斯语为 halmarrash)的地方,此前从未有人建造过宫殿。承蒙阿胡拉·马兹达之恩,我建造了这座宫殿。建造这座宫殿是阿胡拉·马兹达的愿望,也是众神的愿望。"(DPf)

阿契美尼德王朝的君主利用广阔帝国丰富的资源和数量庞大的劳动力,在全国范围内大兴土木。大宫殿群由精美的石材、泥砖、釉面砖和木材搭建而成,位于帕尔斯(帕萨尔加德和波斯波利斯)、米底(埃克巴坦那)和埃兰(苏萨)等古老的祖地,或位于帝国早期征服的地区(巴比伦尼亚)。阿契美尼德王家宅邸往往修建在较早的居住区域旧址之上,以强调波斯的霸权凌驾于它们过去的历史之上。

第8章 构建权威

在现今哈马丹附近，曾经颇负盛名的埃克巴坦那阿契美尼德王家宅邸的遗迹已经所剩无几，甚至关于它的考古位置，争议也颇多，但它曾经一定相当壮观。希腊化时代的希腊历史学家波利比乌斯写道："它向世人展现了创建者可观的财富。"他还认为，这座宫殿的木制品都是用雪松和柏木做的，尽管没有一丁点显露出来，因为就连椽子、天花板隔断，以及门廊和柱廊的柱子都是镀银或镀金的。他还证实了，"亚历山大及其马其顿大军入侵时，上面大部分的金银都被剥光了"。

在公元前539年征服巴比伦之后，波斯人就开始在尼布甲尼撒二世旧居旁修建一座大型宫殿（这是向巴比伦尼亚的臣民发出的一份明确的政治宣言），主要用于举行仪式。如今它已经残存无几，我们只能尝试着去推测和重构它往昔庄严的外观。有证据表明，这座宫殿采用了阿契美尼德王朝风格的柱基和牛形柱顶，而且至少有部分墙面铺着精美的釉面砖，这些釉面砖上的图案与在苏萨发现的图案相同。事实上，巴比伦文化对阿契美尼德王朝的艺术和建筑的影响在许多遗迹中都体现得非常明显，比如宫殿建筑中的阶梯式平台、墙壁装饰和金属细工技术。在尼布甲尼撒二世旧居的西侧还建有一座波斯风格的楼阁。该楼阁带有一个觐见大厅，以及一个立有圆柱的门廊。在古巴比伦宫殿附近还发掘出了一个巨大的石砌平台，它是波斯风格的御座高台——阿契美尼德王朝的典型建筑。这表明，阿契美尼德王朝的统治者可能在此地建造了一座全新的波斯风格的宫殿。

没有证据表明，居鲁士或冈比西斯曾活跃于苏萨古城。只有大流士在巩固权力之后将苏萨选作他的王家居所之一。大流士很有可能就出生于苏萨，而他作为令苏萨骄傲的后代，自然渴望再现它作为强大的埃兰王国富足都城时的辉煌。他认为，苏萨适合展现建立不久的阿契美尼德王朝的王权，遂在此地大兴土木。他将一块碑铭矗立在苏萨城的中心，在铭文中夸耀自己重建了苏萨破旧的防御工事，还指出，"我修葺了之前一些与周围环境不太协调的建筑。城墙因年久失修，早就倒塌了。于是，我在旧址前重修了一堵城墙，方便后人使用"（DSe）。考古发掘表明，大流士确实彻底改变了苏萨古城的地势。他平整了位于城市中心的卫城顶部，使其比下面的平原高出 15 米，以便从远处就能看到他的建筑。通过卫城东侧的巨大城门，就可以进入王城。这座城门就像一个巨大的方形楼阁，主导了整个景象，就连大流士的宫殿都黯然失色。穿过这座大门本身的通道，往里走就是大流士的宫殿了。大门两侧还矗立着两尊比真人大得多的大流士雕像。

苏萨的宫殿由三个大庭院组成，每个庭院都铺有釉面砖，砖上绘有狮子、王家卫兵和花朵图案。由于迷宫般的走廊和曲折的通道，王家居所很难进入，国王也能保有隐私和安全。在国王的寝殿后面是王室直系成员的房间。最后，在北面，人们一眼就能看到其他建筑之中的觐见大厅，它是一座巨大的方形建筑，高达 20 米，中央有一个三面敞开的圆柱大厅，每个敞开的侧面都配有一个柱廊。每个柱廊都有两排大圆柱，每排六根。除此之外，还有阶梯径直向上连接着屋顶平台。觐见大厅矗立在高台之上，气势恢宏，即便在埃兰平原的远处也能看到。我们可以在《圣经·以斯帖记》中一窥苏萨的阿契美尼德王朝的宫殿之美，王家殿堂和花园徐徐展现在我们眼前："有白色、绿色、蓝色的帐子，用细麻绳、紫色绳从银环内系在白玉石柱上；有金银的床榻摆在红、白、黄、黑玉石铺的石地上。"

第 8 章 构建权威

大流士定然为苏萨新落成的宫殿感到自豪不已。他命人创作了一系列精雕细刻的楔形文字铭文，证明这一建筑融合了多族群的共同心血。埋在觐见大厅正门底下所谓的"苏萨奠基铭文"就是一份多语种的声明，它向世人提供了有关此宫殿群修建的宝贵信息。长久以来，在美索不达米亚一直都保有在宫殿门槛下埋一块带有铭文的奠基碑以祈求众神保护的传统。阿契美尼德王朝的君主满腔热情地支持这一习俗，因为在波斯波利斯的觐见大厅也发现了类似文本。大流士的铭文提到了建造宫殿所用的优质木材、石材和其他珍贵材料。铭文还强调了因帝国幅员广阔、地大物博，才得以有种类繁多的稀有材料供建筑使用。苏萨奠基铭文记录了不同族群的劳力背井离乡，从遥远的地方来到苏萨，协力合作完成宫殿的修建。在铭文中，大流士还谈到了如何在坚实的地面打下宫殿的地基，劳力如何挖到地下 40 腕尺*深，直达作为基础的岩石，以及如何用碎石填满深挖的地基，紧紧地压实，以形成坚固的宫殿地基，永世长存。他继续道：

> 这就是我在苏萨下令建造的宫殿，装饰品来自远方……砖块经模压曝晒而成，由巴比伦人统筹负责。雪松木料来自一个叫作黎巴嫩的地方，先由亚述人将它们运到巴比伦，再由卡里亚人和伊奥尼亚人（希腊人）运到苏萨。柚木从犍陀罗和卡尔马尼亚运来。黄金从吕底亚和巴克特里亚运来，在此锻造加工。珍贵的青金石和红玉髓从索格底亚那运来，在此打磨加工。珍贵的绿松石从花剌子模运来，也在此打磨加

---

* 古代长度单位，1 腕尺约合 0.49 米。——编者

工。白银和乌木来自埃及。宫墙上的装饰物从希腊运来。象牙从库什、印度和阿拉霍西亚运来,在此打磨加工。在此雕刻加工的石柱来自埃兰的阿比拉杜村。加工石柱的工匠是希腊人和吕底亚人。锻造加工黄金的金匠是米底人和埃及人。加工木材的木匠是吕底亚人和埃及人。做砖坯并加以烧制的砖匠是巴比伦人。装饰宫墙的人是米底人和埃及人。大流士王说:"在苏萨,我下令建造并完成了一项伟大的工程!"(DSf)

苏萨奠基铭文列出了16个为大流士的建筑工程提供原材料或劳动力的地区,以及6个提供了技能优秀的工匠的地区。萨迪斯人*从事石材和木料加工。埃及人也从事木料加工,还创作宫殿浮雕。米底人则着力于黄金加工,精心雕刻宫殿浮雕。还有一些普通的苦役者:打地基的巴比伦人;负责将木材从黎巴嫩运到巴比伦,再运到苏萨的叙利亚人**、伊奥尼亚人和卡里亚人。苏萨奠基铭文还记录了异国劳力也参与了宫殿建造,他们往往被聚集到一起,分成几个小组进行工作。

这么多异国劳力出现在苏萨,直接表明了这个年轻的帝国想在石料上彰显自身的存在。波斯人在历史上第一次渴望建造宫殿、行政中心,以及治理帝国需要的一切基础设施。建筑规模宏大,充分利用了帝国空前广阔的疆域。苏萨奠基铭文表明,波斯迫切需要充足的人力和专业工匠来打造超大规模的建筑群。大流士及

---

* 铭文称"吕底亚人"。——编者
** 铭文称"亚述人"。——编者

其前任君主打下的大片江山，使波斯人可以优先利用异国的建筑和装饰技术。总而言之，大流士在苏萨修建的宫殿是多民族联合设计和国际合力打造的杰作。

*

最著名的古波斯遗址当属波斯波利斯，它宏伟壮观、令人魂牵梦绕的遗存位于拉赫马特山（当地人称"善心山"）山麓，即苏萨以东约 500 千米、设拉子以北约 50 千米处。波斯波利斯位于帕尔斯中心，地处偏远山区，在波斯冬季，即雨季前往波斯波利斯非常困难。与世隔绝的地理位置导致它一直不为外界所知（亚历山大时期的历史作品之前，没有希腊文献提到过它），所以它是帝国最安全的城市。波斯波利斯宫殿是迄今为止发现的最宏大壮观的阿契美尼德王朝的宫殿建筑群。如今它亦是最令人惊叹的古代遗迹。它是一个神奇的地方，一个令人回味无穷的废墟，极其壮丽，在世界上最宏伟的考古遗址中名列前茅。世界上再没有能与之媲美的存在。

虽然早在 19 世纪 90 年代就有人率先在波斯波利斯进行考古发掘，但直到 1931 年，芝加哥大学的恩斯特·赫茨菲尔德率队在此挖掘，对该遗址的系统性考古发掘才得以展开。在过去 90 年里，这里发掘出了大量的宫殿建筑、陵墓、行政建筑和防御工事，而且该遗址的挖掘工作还在继续，仍有很多东西有待发掘。最近，在离波斯波利斯很近的一个遗址 Tol-e Ajori 发掘出了居鲁士大帝时期的巴比伦式城门，这改写了该遗址的历史，它曾被认为是大流士特地选来大兴土木的处女地。然而，大流士并没有将居鲁士的建筑融入自己的宫殿规划中，而是将它拆除了。这个想要胜人一筹的决策告诉我们大流士与前任伟大君主的矛盾关系。虽然大流士声称自己是居鲁士的血亲，但居鲁士的这些纪念性建筑令他辗转反侧，似乎是因心生嫉妒，他下令拆除了大门。之后，他就在大门旁边，即马夫达什特的空旷平原上建造了一个巨大的御座高台。它使居鲁士的城门相形见绌。大流士可以从高台俯视波斯帝国的创建者。顺便提一句，在帕萨尔加德，大流士也破坏了居鲁士的建筑，他在建筑石材上刻了三种楔形文字。铭文以已故君主的口吻虚假地向世人宣告："我是居鲁士大帝，阿契美尼德族人。"

波斯波利斯的建筑群主要修建于大流士（大约始于公元前518年）、薛西斯和阿尔塔薛西斯一世时期，但它一直都在扩建，直到公元前330年被马其顿的亚历山大摧毁。纵观其历史，波斯波利斯一直都是王家建筑要地，一代又一代阿契美尼德王朝的君主纷纷在宫殿建筑群上增添自己的印记。波斯波利斯位于地震活跃地带，多次遭受破坏性地震，因此统治者还得经常承担宫殿的修复和维护工作。事实上，亚历山大到达波斯波利斯时，大流士三世正着人进行大规模的重建工作，以修复不久之前的地震造成的破坏。

关于大流士修建宫殿的目的，学术界没有达成共识。围绕波斯波利斯的基本功能，人们也有很多争议。显然，它是一个仪式中心，但它是否曾供人居住？其中，有一种观点值得一提：这座宫殿主要用于庆祝波斯新年诺鲁孜节。这个观点自赫茨菲尔德发掘以来就流行起来，尽管也有学者认为，阿契美尼德王朝根本不会庆祝诺鲁孜节。而其他一些学者认为波斯波利斯是一个神庙式的宗教中心，而非供起居使用的宫殿，尽管监督和记录日常经济活动的庞大官僚机构遗址的存在使得这一观点备受质疑。还有一些学者认为波斯波利斯是王权的终极体现，亦是集政治、经济和行政功能于一身的重要存在。这或许是看待这座宫殿的最佳方式了，但将波斯波利斯视为举办诺鲁孜节庆典场所的观点也不应该被轻易摒弃。在觐见大厅两侧庄严的阶梯上雕刻着帝国各地前来进献贡品的使者，他们举止优雅，引人注目。这显然表明他们正在参与某种帝国庆典，而诺鲁孜节正好符合这一要求。

在波斯波利斯发现了与苏萨相同的宫殿结构。波斯波利斯宫殿建在一个 15 米高、300 米宽、455 米长的高台上（四周布有防御工事，排水沟渠纵横交错）。建筑用的石灰石砌块就取自附近的采石场，但一些用于装饰性石雕的深灰色石灰石是从 40 千米外的地方运来的。波斯波利斯宫殿是人类工艺和体力的集大成者，大流士为自己在此地打造的事业感到自豪不已，快乐之情溢于言表。这全都记录在此处的铭文里："我建造了它，完成了它，美化它并使其坚固，一切皆如我所想。"（DPf）

最初，大流士将宫殿的入口设在高台南面，宫门低调不起眼。但在大流士死后约 10 年，薛西斯将宫门改到了高台西面，还建造了两道巨大（而且很精美）的阶梯。每级台阶的高度合适，马和其他动物轻轻松松就可以走上去。这可能呼应了此前认为该宫殿用于举办大型节日庆典的观点，其间动物需要被呈献到君主眼前（觐见大厅的浮雕展示了山羊、绵羊、马、公牛、骆驼和狮子的形象，甚至还有一头被使臣进献给君主的非洲霍加狓的形象）。在阶梯最顶端矗立着薛西斯的宏伟宫门——万国门，大门两侧的门柱上雕刻着公牛和以亚述拉玛苏神像为原型的人首翼牛像。这里是进入宫殿的正门（大流士在高台南面的大门也保留了下来）。

这座巨大的高台主要分为两个区域：一个是公共空间（外宫），用于集会、游行和国家层面的活动；另一个是更加私密的区域（内宫），用于举行特定的仪式活动，以及满足居住和行政的需要。公共区域中最大、最壮观的部分是宏伟的觐见大厅。它有近22米高，矗立在一块高台上，高台比围绕在其东面和北面的露天大庭院还高出3米。它是一个巨大的方形大厅，里面有36根柱子，它们支撑着由雪松木料搭建而成的巨大屋顶。大厅的北面、西面及东面各有一个柱廊（每个柱廊各有12根柱子），四方各有一座四层角楼，南面还修有多间储藏室和哨所。据估计，觐见大厅能容纳约1万人。阿契美尼德王朝的建筑师能用最少数量的细长柱子支撑屋顶。柱子顶端是精致的柱头，其中，双牛柱头最为典型。双螺旋的独特柱头上有两头屈膝跪地的公牛，均只有前半部分。它们背对背，在天花板雪松木梁交会处各自向前伸着脖子和头。觐见大厅厚厚的泥砖墙面上贴有优雅的绿色、蓝色及橙色的釉面砖，釉面砖上还饰有玫瑰花和棕榈树的图案。这里是举行重大王家仪式的主要场所，对任何使者、朝臣或觐见者而言，能有机会进入这个昏暗的殿堂定然是一段令人敬畏的经历。觐见大厅是展现王权的中心，主要就是为国王接待使臣和举办节庆而设计修建的场所。

还有其他的王家建筑。比如宏伟的"百柱大殿"，它包括一个可用于宴会的巨大前厅（也可用于觐见），以及"三门厅"，或称中央宫。后者面积虽小，但装饰华丽，有三道门、四根柱，可能曾经是议政厅。东门侧柱上刻有扶礼舆的外族人将国王高高抬起的场景。这可能纯粹是一幅象征性的画面，但是有人认为，这可能反映了一个真实的宫廷仪式。在波斯波利斯的某个盛大节庆上，帝国的28位属国朝臣抬起坐着国王和王子的礼舆，将他们抬到中央宫的大殿里，国王和王子在那里接待宾客。

内宫的建筑位于觐见大厅后方，由大流士的寝殿（taçara，字面意思是套房）和薛西斯的哈迪什宫（hadish，字面意思是王座）组成。这两座寝殿是国王的"私人"居所，内含餐区和浴室。其他位于此区域的"宫殿"包括所谓的H宫（可能最初是由阿尔塔薛西斯一世修建），以及完全被毁的G宫（或许可以追溯到阿尔塔薛西斯三世时期）。薛西斯的宫殿通过两段精心设计的楼梯与后宫相连。国王想要去往后宫时，就走这两段楼梯。后宫是王室家族成员的居所，掩藏在高高的防御工事之下，由军队严密守卫。后宫是御座高台上最安全、最私密的空间。

宫殿的管理中心也位于高台的私密区域。国库就在那里，不仅储藏了由外族政要、各省总督和源源不断的中间商进献到波斯波利斯的巨额财富，还容纳了国家官僚机构的书吏、秘书和其他行政人员。就是在这里，发掘出了最多数量的有关帝国运行的档案文书。

在高台南面下方有几栋泥砖和石头砌成的楼（A—H楼），其中一栋楼（H楼）还带有一个下沉式石砌浴室，很有可能是王家居所。高台南北各有一个山谷，谷中有精心打理的花园，四周环绕着坚固的城墙。成千上万的侍从、朝臣和奴仆跟着国王来到波斯波利斯，住在大大小小的帐篷里。这些帐篷围绕御座高台向外绵延数英里之远，俨然形成了一个名副其实的帐篷之城。

波斯波利斯最引人注目的特点或许还是大量精美绝伦的石刻浮雕。这些浮雕几乎充分利用了每一寸可用的空间。它们曾经色彩鲜艳，表面甚至还涂有贵金属以作装饰，但如今色彩早已褪去，装饰也已脱落。然而，这些浮雕的精美和雅致，通过主题和细节的程式化规律性表现得尤为明显，堪称艺术创造力和规划的奇迹。全副武装的卫兵、朝廷官员、外国使臣、一群动物和一群神奇的生物在宫墙上争夺空间，但相对国王像而言，这些都居于次要位置。在众多雕像中，国王占据着主要位置。他目不斜视，平静地从一个房间走到另一个房间。他手持一根长长的权杖，身后跟着两个朝臣（这两人总是被刻画得小一些），其中一人打着一把遮阳伞，高举在他的头顶上，另一人则握着一把拂尘（有些浮雕上，他拿着折叠起来的毛巾状亚麻布条或香膏罐）。有时国王比较活跃，他正在屠杀真实的动物或神话中的动物，将剑刺入怪物的腹部。有时，国王直接用左臂勒死了一头雄狮。在这些战斗场景中，野兽象征着混乱、失序和谎言，君王则可能代表"普通人"，并以"波斯英雄"的形象恢复了国家的秩序。

某些艺术主题的缺失也值得人们思考：在整个波斯波利斯，完全没有对国王参战或狩猎场景的表现。但我们知道，这两者都是阿契美尼德王朝王权及意识形态不可或缺的组成部分。也没有国王出现在宴会上或饮酒的场景。狩猎场景、宴会场景、战争场景全都出现在小型艺术作品中（特别是印章上），但出于某种原因，它们未被列入阿契美尼德王朝的官方纪念图库。这是为什么呢？我们必须记住，波斯波利斯的艺术并非为了准确反映现实而创作出来的。尽管波斯艺术确实捕捉了现实元素，但是这样做的目的在于将其转化，以便鼓舞人心。波斯波利斯的艺术应当被解读为对王权和帝国权势主题的意识形态表述，由许多与国王自身权力相关的、令人回味无穷的图像组合而成。

第 9 章

另一种名义的奴隶制

波斯帝国雅致的王家宫殿、令人印象深刻的堡垒、高耸的城墙、保存完好的驿站，以及楼阁，都不是波斯人自己建造的。古代伊朗的恢宏建筑以其无与伦比的美丽和庞大规模，给我们留下了深刻的印象。修建它们的人有赚取工钱养家糊口的劳力，有为国家建筑事业而被迫离开家庭和土地的农民。还有成千上万的奴隶和战俘。起初，奴隶经济并不广泛。在阿契美尼德王朝早期，相对于自由人而言，奴隶只占少数，即使是在帝国最发达的地区，亦是如此。奴隶劳动力无法取代自由劳动力。但作为波斯君主广泛征服的结果，波斯社会内部发生了剧烈变化。在居鲁士和冈比西斯巩固王权后不久，波斯帝国的贵族就拥有了大量奴隶。有关波斯私人拥有奴隶的信息记录很少，但有大量奴隶为阿契美尼德家族和波斯贵族做家务劳动的记录，他们作为烘焙师、厨师、斟酒人、歌舞者和调香师而工作。考古发掘也证明了，在波斯腹地存在大量非技术劳力。

在楔形文字材料中，埃兰语词"库尔塔什"（kurtash，古波斯语为 māniya）笼统地指"农业劳动者""工匠"和"建筑劳力"，但对他们具体从事的工作少有说明。波斯波利斯泥板文书记录了库尔塔什在帕尔斯及周边特定地区获取食物和酒水的情况。

库尔塔什通常被认为是"各行各业的劳力"或"承担各种任务的劳力"。一些泥板文书记录了运到波斯波利斯的谷物、面粉和葡萄酒。这些是诸如石匠、金匠、木工师傅、金属加工者和技艺娴熟的采石工等专业工匠的口粮。波斯波利斯泥板文书中记录的库尔塔什都是外族人——伊奥尼亚人、萨迪斯人、埃及人、卡里亚人、巴克特里亚人、埃兰人和巴比伦人。他们在帝国的核心之地为国王的建筑事业效劳。

那么,最初是什么促使外族人来到波斯波利斯的呢?一小部分外族人是熟练工匠,他们签了劳动契约,随后被带到了波斯。这项政策可能从居鲁士时代就开始实施了,当时吕底亚和伊奥尼亚的工匠被带到帕萨尔加德,助力于修建宫殿亭台。冈比西斯也把埃及的工匠带到了波斯。大家不禁会想,这些能工巧匠可能不是被迫来到苏萨和波斯波利斯,而是应波斯官员之邀前来效劳的。因此,他们处于一种高端的徭役劳动体系之中。当雇佣期限结束时,他们可以自行选择回到家乡或另签劳动契约。但这只是一种假设,即使可以证明确有其事,这也肯定不适用于成千上万没有手艺的劳力,他们只能从事重复单调的体力劳动。据估计,公元前500年,波斯波利斯约有1万到1.5万名劳力。根据波斯波利斯泥板文书的记录,波斯人按照族群将他们分成工种小队,例如分别由300名吕基亚人、150名色雷斯人、547名埃及人和980名卡帕多西亚人组成的小队。波斯波利斯总共有27个库尔塔什族群。

现在还不能确定,这些人是否都是为赚取金钱来到波斯的经济移民。波斯波利斯卫城泥板文书并不支持这种观点。泥板文书上清楚地记录了库尔塔什从行政部门得到的口粮仅够生存。事实上,发放给库尔塔什的口粮只能勉强维持生计。劳力们仍然随时都可能面临忍饥挨饿的风险。波斯波利斯卫城泥板文书中的库尔塔什并不是自愿来到波斯赚取工钱的。波斯人强行将许多库尔塔什押过来劳作，完全不顾他们未来是要暂时还是永久定居波斯。库尔塔什通常是在战争中被俘虏的人（他们被叫作"弓箭的战利品"），由反抗波斯统治或抵抗波斯军队的战俘组成。波斯波利斯泥板文书清楚地记载了，大多数劳力被迫远离家园，被驱逐到波斯成为被奴役的劳力，最终永远留在了那里。仅巴比伦尼亚一地就不得不每年向波斯国王进贡 500 名被去势的男孩。这些男孩被迫离开家人，被送到了东边的帕尔斯。

驱逐被征服地区的人口在古代西亚、北非是一项司空见惯的政策。在亚述和新巴比伦统治的时期，这种做法已经非常盛行。在称霸古代西亚、北非的近 300 年里，亚述驱逐了大约 450 万人。这些人在亚述帝国的精心策划及组织下搬迁到了帝国的不同地区。巴比伦人遵循了同样的方针，不过规模稍小一些：总共约有 4600 人被带离了犹大祖地，囚禁于美索不达米亚。波斯人也承袭了这种将整个族群连根拔起，发配到遥远地区的政策。例如，公元前 351 年，在阿尔塔薛西斯三世摧毁西顿城后，城里的男男女女都被俘虏到了波斯腹地。米利都人也是波斯驱逐政策的受害者，巴尔卡人、埃雷特里亚人、维奥蒂亚人、卡里亚人，以及色雷斯的培奥尼亚人也都是如此。那些被迫离开故土的家庭通常会在波斯滞留数代人之久。西西里的狄奥多罗斯曾记录了一件值得注意的事情，它发生在马其顿的亚历山大入侵帕尔斯、向波斯波利斯进军时：

就在军队前进的路上，国王看到了奇怪又可怕的景象。

这一景象激起了他对作恶者的愤慨和对不幸受害者的深切同情。他遇到了希腊人，他们手里握着表示乞求的树枝。他们被先前的波斯国王带离家园。他们大约有800人，大多数都上了年纪。所有人的身体都残缺不全，有的人断了手，有的人缺了脚，还有的人少了耳朵或鼻子。他们都曾勤学苦练，掌握了一技之长。后来，他们的手足惨遭残害，只剩下技艺必需的部分。众将士见这些人年事已高，身体深受毁损，都为这群可怜之人感到忧心不已。亲眼见到此情此景，亚历山大更是忍受不住，不禁泪流满面。

很明显，这些在数十年前被赶出家园的希腊老人就是库尔塔什。即使狄奥多罗斯对他们遭受残害的描述有些夸张，但这个故事确实体现了波斯劳役制度的一个非常残酷的侧面。这个故事的情感张力与波斯波利斯泥板文书上不偏不倚、冰冷无情的行政语言形成了鲜明对比。仅将狄奥多罗斯的叙事斥为反波斯的政治宣传未免太简单了。我们在这里读到的是关于库尔塔什的悲怆世界令人瞠目结舌的记述，对许多被迫服劳役的战俘来说，残酷的暴行构成了他们生活的一部分。

波斯波利斯卫城泥板文书表明，波斯有规模庞大的官僚督促体制，能对大量异族劳动力实行微观管控。具体来说，这是靠小心谨慎地分配只够维持生计的食物和酒水来实现的。这些口粮首先分发给各组"库尔塔什的工头"（埃兰语为Kurdabattish），他们充当分发人，进一步划分口粮给自己监管的劳力。口粮包括谷物、大麦、啤酒、油，偶尔还有肉类和蔬菜。根据性别和年龄，男人、男孩、女人和女孩得到的口粮数目不等。

波斯波利斯还有许多女性劳力。她们通常负责生产纺织品并制作绳索。有一块泥板文书记录了一家大型纺织作坊的劳力构成情况。它共有107名纺织女工，她们可以领取为期13个月的口粮。这些女人中有一部分无疑是跟随丈夫或父亲而来，他们是作为一个小小的家庭单位被俘虏至此。但其他人都是单身女性，是没有任何家庭关系的战俘。那些随丈夫或父亲成为奴隶的女人能留在自己家庭小组里的可能性微乎其微，因为波斯管理层倾向于拆散家庭，然后将每个人分配到最需要他的地方。任何新来到波斯的家庭都不可能长久地待在一起。尽管如此，为公共事业效劳的男女库尔塔什，彼此之间虽然没有什么关系，但往往要聚在一起共享食物，也可以推测，他们住在同一个屋檐之下。因此，劳力之间难免会建立起性（也许还有情感）纽带。波斯人也鼓励这一点。他们甚至设立奖励机制，鼓励库尔塔什繁衍后代。波斯波利斯卫城泥板文书记录了一个令人反感的故事，内容与在帕尔斯实施的库尔塔什大规模繁育计划相关。这些泥板文书登记了孕妇人数，以及官府如何对她们进行特殊配给来维系其健康。在生产之后，妇女也会得到"喂养"，正如其中一份泥板文书记录的：

> 阿什巴舒普什提供了32勃尔谷物。波斯波利斯的祭司示达……将它作为奖励发给了在该地生下孩子的伊奥尼亚妇女，这些纺纱女工平日里拥有固定的口粮量。9名生男孩的妇女各得了2勃尔，14名生女孩的妇女各得了1勃尔。

这些产后粮食是在正常维系生计的基础上发放的。它们是对成功生育的奖励。新妈妈一定很欢迎这些食物奖励，因为这些额外的卡路里可以使她们从生产中恢复过来，同时也给了她们一个难得的增重机会。她们可以分泌出有益于健康、有营养的母乳，帮助婴儿度过生命中危险的头几个月。如若有幸生下男婴，母亲的口粮数量还会跟着翻倍。这一细节告诉我们波斯人对性别等级的看法。波斯波利斯卫城泥板文书表明，公元前500—前497年这3年，波斯波利斯只有449名新生儿活了下来，其中有247名是男孩，占当时所有新生儿的55%。奇怪的是，没有双胞胎。对波斯波利斯泥板文书的统计分析表明，库尔塔什族群的生育率低得惊人。即使考虑到任何古代社会都存在较高的婴儿死亡率，健康状况不佳和获得食物的机会有限也对他们的生育率造成了影响。此外，许多库尔塔什族群的男女比例并不协调。波斯波利斯泥板文书也表明官府在努力使更多的女性进入劳力队伍，以增加劳动人口。可以确定的是，公元前502—前499年，帕尔斯库尔塔什族群的新生儿数量从16人增加到了99人，举措显然很成功。然而，需要注意的是，为了提高工作生产力，波斯行政机构也积极拆散劳力的家庭或者干脆禁止他们成家。波斯人是否承认库尔塔什的婚姻，这一点还难以确定。相关泥板文书从未提及"丈夫"和"妻子"等字眼。这些泥板文书还表明，母子之间的纽带也不会永久存在。在孩子出生的头几年，母亲可以将他们带在身边。随后，这些孩童或少年就会被带进不同的群体，在其他库尔塔什群体中开始自己的劳役生活。

强制被俘族群劳动、积极的生育繁殖计划、个体的例行迁移、家庭纽带的破裂，以及通过食物配给控制身体等做法，都表明库尔塔什是奴隶。波斯帝国的宏伟建筑和庞大规模背后是奴隶劳动。波斯帝国并不是罗马帝国那样的奴隶社会，因为罗马帝国的扩张基于一个非常简单的模式:农民变身为俘虏敌人的士兵,然后奴役被俘虏的敌人,以弥补因战事而失去的农村劳动力。但必须承认,随着波斯国力和地位的提升,为了使帝国体系运转,它对奴隶的需求和渴望成倍增长。现存信息足以使我们相信,波斯帝国是奴隶社会,其发展也受益于奴隶制。

第 10 章

王冠与妃子

"哈莱姆"（harem）是一个会让大多数西方人浮想联翩的词。守卫森严的东方乐宫里满是衣着暴露、迷人的年轻女子，她们慵懒地靠着枕头，等待夜晚来临时到苏丹的床上度过一夜。这个世界到处都是散乱的软垫、镶在肚脐上的珠宝、旋转的舞姿和在薄面纱上方眨个不停的眼睫毛。19世纪，东方主义的绘画和流行电影最生动地表现了这些陈词滥调。由于西方对于东方过度追求感官享受的幻想，学术界往往会忽视"哈莱姆"是一个真实存在的社会现象，认为它是西方杜撰出来的，是一句通往《一千零一夜》所描述的奇幻世界的开门咒语。但如果我们想要在正确的语境下使用"哈莱姆"一词，并用它来强化一些有关波斯帝国王室女性的实际情况的认知，我们就必须完全摒弃东方主义的庸俗观点，并从历史的视角来理解"哈莱姆"。

从历史角度来看，"哈莱姆"是宫殿或居所中用来供妇女、孩童、仆人和王家近亲等家族成员使用的物理空间。"哈莱姆"一词也可以简单地统称一群女性及其血亲，因为这个概念并不必然需要一个特定的空间来定义。墙壁并不是那么重要。"哈莱姆"一词的核心含义是"禁忌"，言外之意是通常禁止或限制外人进入的群体，在此群体中，某些人或某些行为是被禁止的。历史上，家庭住宅的私密区域，扩展来讲，女性的房间，也都可以被称为"哈莱姆"，因为这些区域限制他人进入，尤其是限制同女性屋主没有血缘关系的男性进入。因此，"哈莱姆"一词表示尊重，可以此唤起个人的荣誉感。在王家，"哈莱姆"指的是国王的女人，以及其余受他直接保护的人，比如孩子、兄弟姊妹、姻亲和奴隶。换句话说，王家内部的人都属于这一概念。这是在古代波斯语境中思考王家"哈莱姆"的方式（我们无法得知古代波斯人如何指称"哈莱姆"，所以这里采用"哈莱姆"或"后宫"只是权宜之计，以实用为主）。

在此语境下，区分是关键。现代波斯语词 andarūnī 的字面意思是内部。伊朗人用它来形容家庭住所的私密区域和住在里面的人。birun 一词则与它刚好相反，指代公共空间及家中用来欢迎和招待客人的区域。在当代伊朗，andarūnī 由家中所有成年男性，他们各自的妻子、母亲、祖母，以及从婴儿到青少年的所有男女后代组成。

在这里，有一个重要情况需要讲明：阿契美尼德王朝的王室女性不是生活在压抑的深闺之中，远离所有窥探的视线。当然，她们也不是生活在纵情声色的世界里。不过，她们确实形成了一个严格的等级结构，并且与国王关系密切。因此，她们也遵循宫廷四处巡游的生活方式。毫无疑问，她们的名誉和贞操被小心谨慎地守护着，但这并不意味着王室女性就不能加入更广泛的宫廷社交，也不意味着她们没有任何自主权。王室女性可以在狩猎时骑马驰骋，参加宴会，甚至射箭、投掷标枪等运动中也都有她们的身影。我们千万不能将波斯王族女子想象成被圈养在宫墙里的笼中鸟。

然而，对王室女性而言，名望与获得权力的机会在于远离公共关注（这或许是现代痴迷于关注名人的读者最难以理解的一点了）。现身于视野之中就无荣耀可言。在古代波斯，隐身能带来声望。古代波斯精英阶层女性的隐身不等同于缺乏自由或权力。国王的母亲、妻子和他身边的其他女人都具有实实在在的影响力。与国王的亲密关系赋予这些有特权的女性获得实权的机会。王家后宫是波斯文化的重要组成部分，具有深远的政治意义。女性生下未来的王位继承人，这样王朝权力就可以直接通过后宫维系下去。这些女人在不断变化的宫廷等级结构中机警地，有时甚至是残忍地捍卫自己的地位。我们已经注意到，阿契美尼德王朝本质上就是一个家族式的企业。它运行的核心就是后宫。

阿契美尼德王朝的君主奉行多偶制，也就是说，他们可以与多名女性（妻子、妾，甚至是奴隶）发生性关系。妇女聚集在波斯后宫之中，履行重要的社会、文化和仪式角色，并希望作为母亲承担王朝延续的重要职能。如此多女性的存在意味着阿契美尼德王朝后宫的等级制度也相当复杂。原则上，后宫由太后，通常是国王的母亲一手管理。如果她不在王宫，则由国王最宠爱的或最有影响力的妻子带领王族其他女性及贵族女子，即品级稍低的妻子、国王的姊妹、国王的女儿和其他女人。一块圆柱形印章（可能出自苏萨）刻的全是女子的景象，可能反映了某种等级结构。（图11）印章上有一个女人坐在高背宝座上，头戴王冠和薄纱。一个扎着辫子的女孩递给她一只鸽子，在这个女孩旁边还站着一个头戴王冠和短一点的薄纱的女人。这里刻绘的可能是三代王族女性：坐在宝座上的是国王的母亲，扎辫子的是年轻的公主（可能是前者的孙女），另一位女性是国王的妻子，她头戴王冠，

图 11　一块可能出土于苏萨的圆柱形印章的印记，约公元前 490 年，刻画了波斯王族不同等级的女子日常觐见的场景

正在向女家长致敬。

这些最受宠的女人是国王的直系家庭成员，在她们之下依次是妾、女管事，最底层则是奴隶。然而，后宫的等级一直在变化。例如，妻子如果诞下男婴而非女婴，就会获得一些等级声望，而某个妾一旦获宠，她也会有等级上的晋升。根据波斯波利斯泥板文书的记载，高等级的王室女性会被冠以古波斯语称号 duxthrī（字面意思是女儿）。在埃兰语抄本中，这一称号被记为 dukshish（复数形式是 dukshishbe），一般译为"公主"或"王家夫人"。dukshishbe 是对阿契美尼德家族女性的统称，个人地位则取决于她与国王的关系。

性对阿契美尼德王朝的国王来说，就如同对其他任何一个世袭王朝的专制君主那样，从来都不是纯粹的享乐。性具有重要的政治意义，它会导致后代的降生。事实上，性会影响王位的继承，甚至是王朝的存续。因而，对波斯国王来说，发生性关系不是一项随意的行为。统治者和后宫女人的性关系被嵌入了复杂的王朝延续的政治。如果将阿契美尼德王家后宫轻描淡写为妓院一般寻欢作乐的宫殿，就无法公正地体现后宫在宫廷，甚至在整个帝国政治环境中的核心作用。国王的个人喜好从来不是多偶制的唯一解释。

雄狮会确保母狮和幼狮不受其他雄狮的侵犯，雄海狮会拼命保护雌海狮和幼崽。查尔斯·达尔文指出，自然界中普遍存在一个强健、凶猛的雄性守护多个雌性的现象。他将这种现象命名为"保卫雌兽的一雄多雌制"。他注意到了，在动物王国中，一个物种的单个雄性动物会将多个雌性动物聚集到一起生活，因为这样雄性就能轻易地在性方面控制雌性。在达尔文主义者看来，在历史的语境下，人类性关系也与之有着一定的相似性。事实上，达尔文主义者关于繁殖和帝国主义的观点表明，为了延续后代而聚集女性是历史上某些社会的特征。绝对君主制就从这种性倾向中更大规模地获益。实际上，俘虏、监护和控制大量女性往往是王族男子竞争式侵略的背后原因，战争、继承权之争和政治炫耀都证明了这一点。正如我们所见，对波斯人来说，军事胜利意味着领土扩增和财富积累，结果是阿契美尼德王朝国王的权力随之增长，他们的后宫也就越来越庞大。

帝国主义显然影响了延续后代的成功率。波斯王室的多偶制与其他西亚、北非帝国的情况非常一致。据记载，在马里王国（叙利亚），名叫亚斯马赫-阿杜的国王后宫里有44名王室女性（及其侍女），而他的继任者齐姆利-利姆后宫里的女人多达232人。这在很大程度上要归功于他对邻近王国的军事征服。相对而言，实力较弱的阿拉法王国的藩王们也就只能在每个宫殿安置数十个女人了。最富有的埃及法老拉美西斯二世统治的时期几乎是史无前例的帝国扩张期。据说，他生了大约 99 个儿子和 120 个女儿，依次娶了至少 4 个女儿作为"大王后"，并与她们都生了孩子。在统治以色列王国时，大卫王有 7 位妻子，或许更多一些。到所罗门王时，王国到达鼎盛时期，后宫人数扩增到了 700 人，而等到所罗门之子罗波安统治时，因为王国分裂，后宫人数减到 18 人。以下是在亚述国王以撒哈顿统治后期被带到尼尼微的女俘虏清单。它提供了一个很好的观察视角，阐明了军事实力和生育潜力之间的关系：

> 36 名亚兰女人、15 名库什女人、7 名亚述女人、3 名推罗女人、加喜特女人、崇拜西布莉女神的狂欢女舞者、3 名阿尔帕德女人、1 名补充的女人、1 名亚实突女人、2 名赫梯女人，共有 94 名女人，她们还带有侍女 36 人。国王总共有 130 名女人……还有 8 名女乐师长、3 名亚兰女人、11 名赫梯女人、13 名推罗女人、13 名崇拜西布莉女神的狂欢女舞者、4 名从萨赫鲁来的女人、9 名加喜特女人，共计 61 名女乐师。

阿契美尼德王朝国王是波斯的男性大家长。在多偶制的婚姻中，他完全占据主导地位，有许多孩子降临人世。王家后宫的存在认可了国王作为王朝延续者的形象，并赋予它意义。

*

一个国王可能拥有许多个妻子，甚至有更多个妾，但他只有一位生母。国王的母亲在波斯帝国所有女性中拥有最高权力,这一事实甚至也反映在宫廷礼仪之中。普鲁塔克写道:"没有人能与波斯国王同桌用餐,除了他的母亲或妻子,妻子坐在他下位,母亲坐在他上位。"与她身为君主生母的地位同等重要的是,她在连接两代统治者——父亲与儿子、国王与继承人——方面发挥的作用。虽然国王的生母并不被期待行使正式的权力,但她可以通过与儿子的亲密关系获得政治影响力。换句话来说,国王生母的权力是间接但有效的,如果她愿意,她可以影响儿子的决策。然而,国王生母的权力受到性别的限制,她的行为必须要得到国王的同意。在内廷之中,国王可能将后宫全权委托给母亲,她可以全权代表国王做决定。希腊医师克特西亚斯曾在波斯帝国的内廷任职近20年,他推断国王生母对后宫拥有绝对的控制权,她要维系波斯的习俗,还要惩治家族成员、太监、御医、仆人和其他人员的叛逆行为。

波斯波利斯卫城泥板文书和波斯波利斯府库泥板文书记载了一位国王生母的情况。在泥板文书中,有约75处提到了这位非常富有、颇具影响力的女家长,她在法尔斯附近拥有许多高产的大庄园,这是国王生母享有很高地位的确凿证据。她的名字是伊尔达巴玛(Irdabama)。近期的学术研究表明,她很有可能是大流士一世的母亲,因此也很有可能是当时帝国最重要和最有影响力的女性。她的名字是埃兰语写成的,她是以苏萨为中心的埃兰王朝统治家族的后裔。大流士可能就出生在苏萨。波斯波利斯泥板文书表明,伊尔达巴玛在经济上表现得很活跃,还有权向波斯波利斯的管理阶层发号施令。据记载,她在蒂拉齐什(设拉子附近)和其他地方监管自己庞大的私人财产,接收和分发食物供给,指挥由仆护（古波斯语为 puhu，意为仆人、侍从）和约 480 名库尔塔什（包括吕基亚人）组成的随从队伍。还有记载表明，伊尔达巴玛在礼仪性城市波斯波利斯和苏萨活动频繁，甚至还出现在远离波斯腹地的博尔西帕（巴比伦尼亚的重要城市）。她带着自己的宫廷随从广泛地穿梭于伊朗中部和美索不达米亚。她和随从的旅行还经常出现在国王巡视之外的史料中。在这方面，国王母亲的行为会影响儿子的行为。正如我们所见，大流士将巡视当作国王职责的重要组成部分。伊尔达巴玛（无疑还有其他重要的王室女性）可以在国王不在的时候代表他，这是她取得的部分个人成就。中世纪的欧洲君主制也采用了类似的传统，欧洲王后经常带着家人一起出巡，在远离国王的地方设立宫廷，但总是在宗教节日或国家仪式期间回到国王的宫廷。

一个名叫拉什达的男子工作勤勉，对伊尔达巴玛很忠心，是她寝宫中最得力的仆人。波斯波利斯泥板文书中也有关于他的记载。他是一名重要的王室官员，职责广泛，其中一项便是监管伊尔达巴玛庞大的劳动力队伍。他负责为伊尔达巴玛监管水果种植园（位于努皮什塔什）和各个粮仓，以及牲畜场劳力的口粮发放、商品货物的运输和马匹的喂养。在波斯波利斯泥板文书中，人们可以通过拉什达独特的个人印章认出他来。（图 12）这枚印章是一个埃兰人的祖传遗物，表现了一个觐见场景：女主人坐在宝座上，一个男子站在她面前。这幅图像的选择不是巧合，而考虑到伊尔达巴玛显而易见的重要性，假设觐见她的仪式与觐见国王的仪式一致，也是合情合理的。鉴于这块印章图像所传达的女性权威的信息，人们不禁会想，究竟是拉什达自己选择了这枚独特的印章，还是伊尔达巴玛本人赐予了他这枚印章。

图12 属于大流士大帝之母伊尔达巴玛的大管家拉什达的一枚印章的印记

作为国王的母亲，伊尔达巴玛享有掌管自己寝宫的特权，她负责自己寝宫的维修和日常开销，特别是仆人的饮食。正如波斯波利斯泥板文书所记载的那样，"在伊尔达巴玛面前"被消耗的谷物、肉类、葡萄酒和啤酒的数量很大，各项加起来，大约是国王寝宫消耗的10%。波斯波利斯泥板文书和上面的印章图像就拓展我们对阿契美尼德王室女性的职责、特权和权力方面的认知具有重大意义。它们表明，在波斯社会，阶级地位最高的女人享有特殊的自主权，但这并不是说所有的后宫女人都享有这般高度的独立性。消费能力可能也有助于积累政治权力，但要获得伊尔达巴玛那般惊人的财富，机会非常有限。尽管她有能力独自出行，但国王的母亲始终都是后宫的一员，无论她是否在场，王家后宫的等级结构都会得以维持。毫无疑问，伊尔达巴玛是她那个时代最富有的女性，是王室宫廷举足轻重的人物，她本身就是一个经济巨头。因此，希腊文献竟然完全没有提及伊尔达巴玛一事更耐人寻味。

*

阿契美尼德王朝的国王可以同时娶多个妻子。但按照惯例，他们只能娶波斯女子为妻，而且避免与异国女子通婚。虽然在居鲁士大帝时期存在与非波斯女子的外交联姻，但阿契美尼德王朝的国王更倾向于同重要的波斯贵族家族联姻，或是在阿契美尼德家族内部通婚，迎娶堂表姐妹、侄女、外甥女、同胞姊妹或同父异母的姊妹为妻。现在已很难得知国王如何挑选自己的"正"妻，是效仿埃及法老的传统，即指定地位高于其他妻子的女子担任大王后，还是基于某种更特别的方式谈判出后宫等级的优先顺序。波斯官方似乎没有用于称呼"正"妻的头衔，这说明它不是一个公认的宫廷身份。

阿契美尼德王家妻妾的名字主要源自希腊史料。希腊史料通常只为每位波斯国王提供一位妻子的名字。因此，若是根据希腊史料，波斯国王就是遵循一夫一妻制。造成这种特殊情况的原因可能有两个。其一，希腊人有先入为主的一夫一妻制"规范"，他们无法自如地融入不同的文化心态，所以他们更倾向于认为波斯国王也遵循一夫一妻制（至少妻子只有一位，他们乐于想象波斯国王有无数个妾）。其二，希腊人对于阿契美尼德王朝后宫的运作模式知之甚少，他们根本无法获取像妻妾姓名这样的详细信息。所以，希腊人对波斯王室一夫一妻制的表述肯定是错误的。波斯国王可以有多位妻子，这样他们就可以生育更多的继承人。

古代西亚、北非的史料往往强调生育众多后代（尤其是儿子）

对国王的重要性。娶妻生子是国王对王朝应尽的职责。一句古巴比伦谚语强调了这一点。在祈求健康的仪式上，众神赐福于国王，愿他拥有丰腴的妻子：

> 愿伊什塔尔赐你性感有力的妻子，睡在你的身旁！
> 愿她为你诞下四肢强健的儿子！
> 愿她给你带来幸福。
> 结婚是人性所在。
> 生育是神意所在。

要生育很多子嗣，国王必然承受巨大的压力。生下健康的儿子，意味着他们的王权成功稳固，也意味着他们会享有大帝的声誉。人们在楔形文字史料中可以发现，许多国王向众神发出了诚挚的恳求。其中，有一块泥板记录了无子的美索不达米亚国王埃塔纳恳求太阳神沙玛什："愿您除去我的耻辱，赐我一个继承人！"同样，无子的乌伽里特国王基尔塔痛苦地哀求众神赐予他继承人。我们可以从一篇献给众神的祷文，倾听他内心的呐喊：

> 我的白银，甚至黄金，
> 连同这片国土，还有奴隶，会永远属于我吗？
> 三驾战车的骏马，
> 终会出自女奴之子的马厩吗？
> 让我生下儿子吧！
> 让我子嗣繁多吧！

波斯国王的妻子应该是具有较强生育能力的伴侣。她们负责阿契美尼德王朝的延续，因为王权的传递直接依靠国王妻子的子宫。大流士大帝至少娶了六个女人（可能更多）。我们已经看到他如何利用联姻来增强自己作为波斯国王的合法性。在称王之前，他与戈布里亚斯之女的联姻将两个重要的波斯家族紧紧地绑在了一起，他们共同育有三个儿子。登基后，他还娶了居鲁士大帝之女阿托莎，她曾先后嫁给冈比西斯和巴尔迪亚，大流士与她育有四个儿子。他还娶了居鲁士大帝的另一个女儿阿尔杜斯托涅（图13），他俩至少育有一个儿子。随后，他娶了巴尔迪亚的女儿帕尔米斯；接着，他娶了部落首领欧塔涅斯的女儿帕伊杜美，而在此之前，她是巴尔迪亚之妻。他的另一个妻子是首领阿尔塔涅斯之女法拉达贡，她给他生了两个儿子。因此，大流士同时有六个妻子，其中两人的名字经常出现在史料中，即阿托莎和她的妹妹阿尔杜斯托涅。

根据希罗多德的记载，居鲁士最小的女儿阿尔杜斯托涅是大

图 13　属于阿尔杜斯托涅的一枚印章的印记

流士最宠爱的妻子。据说,他甚至曾下令用锤打后的金子为阿尔杜斯托涅打造了一尊稀世罕见的雕像。她在等级森然的后宫中的重要性超乎希腊人的想象。波斯波利斯卫城泥板文书证实了这一点,相关记载表明她是一位拥有巨额私产和重要权力的女性。她是以波斯语名字"伊尔塔什图娜"出现在泥板文书中的,次数多达 30 余次。她至少拥有 3 个庄园,皆由专门的管家打理,还有数不清的库尔塔什为她劳作。她也可以穿梭于帝国的核心区域,有时会和婆婆伊尔达巴玛一起出行,有时则在儿子阿尔沙玛王子的陪同下出行。有 8 份函令和 9 份向亲眷提供食物的凭据盖有她那枚精致的家传印章。一部分文献显示了,大流士曾经为表达自己对妻子的关怀而大量花费。其中一份是大流士直接发给波斯波利斯大臣帕尔纳卡的函令,命他要确保伊尔塔什图娜有美酒饮用:

告诉酒倌亚马克舍达,帕尔纳卡如是说:将 200 马里什(marrish)*的葡萄酒分给王家夫人伊尔塔什图娜。此乃国王之令,大流士统治第 9 年第 1 月。安苏卡负责抄写此文,马拉扎负责口传此文。(PF 0723)

另一份函令显示,国王大流士下令从自己的私有羊群中分出100 只羊送给妻子伊尔塔什图娜,成为她自己的财产:

告诉牲畜主管哈雷纳,帕尔纳卡如是说:"大流士国王吩咐我,'从我的私产中拿出 100 只羊给王家夫人伊尔塔什图娜'。

---

* 古代波斯的计量单位,约合 9.32 升。——编者

国王怎样吩咐我，我就怎样吩咐你。按照王令，你将100只羊送给王家夫人伊尔塔什图娜。"大流士统治第19年第1月，安苏卡负责抄写此文，马拉扎负责口传此文。（PF 6764）

更难能可贵的是，波斯波利斯泥板文书实际上还为我们保存了阿尔杜斯托涅个人的"声音"，因为其中有几块泥板文书是阿尔杜斯托涅本人直接下发的命令：

告诉达图卡，伊尔塔什图娜如是说："从我在米兰杜……和库卡克的私产里分出100升葡萄酒发给安卡纳。"（PF 1835）

阿尔杜斯托涅向书吏口述信件内容，勤勤恳恳的书吏迅速将它们写在湿泥板上。她经常写信给名叫沙拉马纳的大仆人，他是闪米特人，亦是她的大管家。她给这个仆人的指令总是简明扼要：

告诉沙拉马纳，伊尔塔什图娜如是说："给达里扎200升葡萄酒。分给他！"
告诉沙拉马纳，伊尔塔什图娜如是说："给米特兰卡和他的同伴500升葡萄酒。分给他们！"（PF 1837）

我们已经识别出了可怜的沙拉马纳的私人印章，它的设计也透露了很多关于他的信息。（图14）一个坐在宝座上的女人一只手拿着一朵过大的石榴花，另一只手拿着杯子举到嘴边。在她面前放着一张小小的摆餐桌，上面有一只优雅的瞪羚形状的器皿和

图 14 属于阿尔杜斯托涅大管家沙拉马纳的一枚印章的印记

一个熏香用的香炉。一名蓄着胡须的男仆热情地伸出手臂，递上一个葡萄酒壶和一个长柄筛子，他将酒倒入了瞪羚状的碗里，然后用筛子筛酒，给女人的杯子盛满酒。当然，它无法作为沙拉马纳同王家女主人的"肖像"，但这显然代表了他的办公场景。毫无疑问，这就是为什么他选择这个特殊的场景作为自己的私人印章上的图像。它展示了沙拉马纳生活的社会背景，以及他在阿契美尼德王朝的社会地位。

在史料记载中，大流士的其他妻子没有哪一位像阿尔杜斯托涅（也就是伊尔塔什图娜）这般引人注目。在波斯波利斯卫城泥板文书记录的时期，她和儿子是大流士的妻子及子嗣当中最惹人注目的，这说明或许希罗多德的观点是正确的，她确实是大流士最宠爱的妻子。与阿尔杜斯托涅相比，姐姐阿托莎在波斯波利斯的文书中少有出现。她最多只出现了六次。波斯波利斯有两段文本可以追溯到大流士统治的第 22 年（公元前 500 年或公元前 499 年），它们提到了乌杜萨纳（阿托莎的埃兰语名字）从中央仓库提取存储的谷物。另有一块泥板文书记录她获得了 11 368 夸脱[*]葡萄酒。大量的粮食和葡萄酒意味着阿托莎当时供养了大量随从，其规模与她妹妹不相上下，而且她的经济基础与阿尔杜斯托涅和伊尔达巴玛相当。阿托莎在波斯波利斯附近也有私产和库尔塔什，并且利用波斯波利斯的官僚机构来支持和供养她自己的大家庭。国家经济维系着她作为居鲁士大帝的女儿和三任王妻的等级地位。

*

为了诞育更多孩子，波斯统治者不仅娶了许多妻子，还纳了数不清的妾。波斯国王的妾都是被送到波斯为奴的女孩，或是各行省总督献给国王的，或是从叛乱之地俘虏的。尽管东方主义者对后宫和异国情调的诱惑有着种种幻想，但妾不是活生生的玩物。就像国王的妻子一样，妾也被期望为统治王朝的利益服务，诞育尽可能多的健康孩童。波斯帝国的国王渴望拥有众多的子嗣，因此不满足于只依靠妻子的生育能力。他们积极地寻找只侍奉他们的妾，以便生养更多的继承人。

俘虏女子充当战利品是古代西亚、北非统治者补充后宫的主要方式。前文提过，没有子嗣的乌伽里特国王基尔塔认为，战争结束后可以得到当地的一个贵族女子为妾，然后她会为自己生下一群儿子。怀着这个目的，他集结军队，向乌杜姆王国进军，命令乌杜姆国王交出他的长女：

凡是我家里没有的，你必须要献给我。

---

[*] 容量单位，1 夸脱约合 1.1 升。——编者

> 你必须要将胡拉亚公主献给我,
> 你的长女,窈窕淑女。
> 像阿娜特女神一样美丽大方,
> 像阿施塔特女神一样魅力四射,
> 她将为基尔塔王诞下麟儿!

基尔塔国王向乌杜姆国王漫天要价,索求胡拉亚公主。但这倒不是说每个侍妾都来自这般显赫的家庭,即使是波斯,也并非如此。尼多斯的克特西亚斯回忆道:

> 冈比西斯得知埃及女人比其他地方的女人更享受闺房乐趣时,派人去找埃及法老雅赫摩斯,索求他的一个女儿。但是法老没有满足冈比西斯的要求,因为他怀疑,自己的女儿去波斯不是为妻,而是做妾。

波斯国王后宫里的女孩大多出身卑微。例如,在大流士镇压伊奥尼亚叛乱之后,当地最漂亮的女孩就被拖出了家门,送到了他的宫里。并非所有的女俘虏都能享有被送往王家后宫的待遇。她们中大多数人的结局是进入庞大的家仆队伍,成为王奴(阿卡德语为 arad Shari)或宫奴(阿卡德语为 arad ekalli),分散在王宫各处工作。迄今为止,尚未在古波斯语中找到表示"侍妾"的词语,但语言学家重构了一个古伊朗的词语,即 harčī-(源自亚美尼亚语词 harč),来表达"次等地位的妻子"或"侍妾"的意思。侍妾不太可能获得"王家夫人"的称号,因为在高度模式化的宫廷等级结构中,这些外族女性一直处于低于王妻的社会阶层。

有些令人惊讶的是,《圣经·旧约》为我们提供了一些有关阿契美尼德王朝纳妾习俗的最佳信息。《圣经·以斯帖记》由一位不知名的犹太作家创作而成。这位作家可能生活在公元前 4 世纪的苏萨,是定居在该地区的众多犹太人之一。不管他姓甚名谁,他非常了解波斯宫廷私密区域的运作方式,深谙宫中王妻、妃子和宫奴的角色与作用。他凭借自己的学识,创作了一部完美的中篇小说,讲述了一个犹太孤女崛起,成长为王后的故事。当然,《圣经·以斯帖记》更像是一部童话故事,而非历史传记,因为我们已经了解阿契美尼德王朝的君主不会娶外族女子为妻。无论这个犹太女孩是多么倾国倾城,她成为王妻的可能性都微乎其微。尽管如此,这个在此后数世纪里成为犹太民族精神和文化支柱的迷人故事确实提供了很多有关阿契美尼德王家后宫机制运作的信息。这个故事始于一道为国王后宫补充年轻貌美女子的王令:

> 于是王的侍臣对王说:"不如为王寻找美貌的处女。王可以派官在国中的各省,招聚美貌的处女到书珊城*的女院,交给掌管女子的太监希该,给她们当用的香品……"王的谕旨传出,就招聚许多女子到书珊城,交给掌管女子的希该;以斯帖也送入王宫,交付希该。

这听起来很像是《一千零一夜》故事的开头。《圣经·以斯帖记》记录了一个真实的王家事件:斥候和密探前往帝国各地,将漂亮的女孩带回王宫,随后她们可能会受到音乐、诗歌和装扮等

---

* 书珊城,《圣经》对苏萨的称呼。——编者

方面的训练,然后成为国王的妾。奥斯曼帝国的苏丹、莫卧儿帝国的国王和中国明清两朝的皇帝都下令做过同样的事情。这是补充扩大后宫的有效方法,而且还能为王家血统注入新的基因。

《圣经·以斯帖记》进一步注意到,那些比较幸运、被纳入后宫的年轻女孩会接受一年的宫廷艺术和礼仪指导,然后才会被认为有资格面见国王。据《圣经·旧约》记载,以斯帖获得了掌管后宫采女事务的太监的青睐,他给以斯帖安排了美容护理和特别的食物,又从国王宫里挑选了七名侍女供她差遣,还让她和侍女住进了后宫最好的寝室。根据《圣经·以斯帖记》作者的细致描写,我们知道,完成礼仪训练后,国王才命人将她送入了自己的寝殿。当她离开后宫前往国王寝殿时,凡是她想要的东西,都可以带走。晚上,她会去国王的寝殿,如果她有本事在国王寝殿留到第二天早上,得到国王的宠爱,那么她在后宫的等级就能上升,就有机会搬入后宫的其他宫殿。这件事是由国王的贴身太监沙甲一手经办的,他负责妃子的相关事务。她不会再有机会回到国王身边,除非国王再次点名召见她。

妃子在宫中艰难生存。她们要么成为供人享乐的女人,要么成为于国有用的女人。许多妃子经过管事太监和年长女性的调教后会成为技艺娴熟的乐师、气质优雅的舞者、妙语连珠的说书人,就像日本艺伎一样,在娱乐艺术方面备受赞誉。但妃子不是妓女。当然,波斯国王的妃子定然不像那些被认为名声不好的女人,也不应将她们与交际花或情妇混为一谈。尽管如此,从法律角度来看,这些妃子是否被认为"嫁给"国王,是值得怀疑的。据我们所知,他们之间没有誓言,没有聘礼或嫁妆的财产转移,亦没有庆祝仪式或宴会。当头发花白的君王,比如统治晚期的大流士,从新入后宫的女子里挑中第五十人（或许是被他征服的行省的一位女子，或是舞团的一位女子）成为他近来最爱的宠儿，这算是婚姻吗？不，这当然不算。不过，妃子也有可能与国王发展出稳定的关系。当国王正式承认她所生的孩子是王嗣时，这个地位已稳固的妃子在后宫就可以获得威望与荣耀。但与王妻不同的是，妃子终究无法获得同前者一样的社会地位或法律地位。迪农是希腊人，在波斯生活多年，他使我们有幸窥见在女人成堆的后宫里，如何利用宫廷礼仪小心地区分妃子和更高贵的王室女性。"在波斯宫廷，"他说，"王妻允许无数妃子的存在，因为……她会受到这些妃子的尊崇。事实上，她们确实在王妻面前恭敬顺从。"

妃子对于阿契美尼德王朝的命运起着重要作用。她们被期待成为具有较强生育能力的伴侣，因此和每位王妻一样，她们也肩负着王朝延续的重任。这些女人不是为了她们自己而存在，而是为了孕育其他生命而存在。她们有责任维护王朝的完好稳定，保障后代降临于世。她们应具有吸引力，因为和统治者建立关系是一切的基础。阿尔塔薛西斯一世同妃子生了至少18个儿子，阿尔塔薛西斯二世则生了至少150个儿子。儿子的出生意味着与统治者性关系的终止，即使两人依然情意绵绵。宫廷传统规定，妃子诞有一子之后，不得再生育男孩（没有哪位登上波斯王位的妃子之子会有同父同母的兄弟）。如果这个妃子给君王相继生了几个女儿，那么他们的关系还可以继续下去，不过，一旦他们有幸生了一个儿子，这种关系就得停止了。统治者会前往另一个妃子身边。自此之后，这个妃子主要的任务就是为了儿子的政治发展而努力。虽然官方的说法是妃子生的儿子比不上王妻生的任何孩子，但阿契美尼德家族的继承史则讲述了另一番故事。妃子之子登上王位的情况并不少见。例如，大流士二世就是一个巴比伦妃子的儿子。他在父亲阿尔塔薛西斯一世去世后加冕为波斯国王。有关波斯妃子之子的希腊作品如以往一样，仍旧错误地将他们称为"私生子"。但实际上，在波斯，身为妃子之子并不耻辱，而且在后宫的等级体系中，妃子之子的地位一直高于其生母，因为这个孩子承袭了父亲的尊贵地位和王室血统。

妃子的等级并不必然是一成不变的。有些妃子可以获得很高的地位，甚至还有机会成为国王的母亲。但绝大多数妃子都是在钩心斗角的宫廷里，如无名小卒一般度过了一生。后宫的现实情况是，环境或个人野心能够改变等级，进而改变王朝政治的进程。妃子之间，以及王妻与妃子之间的对抗都是司空见惯的。与国王发生性关系的女性（即便只是暂时的）会比那些无法接近他的女性拥有更高的地位，因此我们可以推测，吸引和保持国王的注意力的竞争会有多么激烈。为妾并不是一种能令人满意的生存状态。

波斯后宫有多少妃子？希腊作家深陷于对波斯后宫的情色幻想不可自拔，他们声称，波斯后宫大约有360名妃子，国王（几乎）能一天宠幸一个。很少有希腊人曾经真正看到过波斯王宫的内部空间，因此后宫成了他们想入非非的热门话题。西西里的狄奥多罗斯就是众多幻想波斯国王私人生活的希腊人之一。在他的想象中，"妃子容貌出众，都是万里挑一的亚洲女人"。他幻想着："每天晚上，这些女人在国王的床榻前走来走去，最终国王从她们之中挑选出一个当晚与之共寝的人。"希腊人视妃子为被遗弃的放荡女子，也是美丽、禁忌的东方情欲对象。一想到一群年轻的妃子在那里眉目传情，如旋转木马般依次在眼前转过，许多希腊人就血脉偾张、心花怒放。不过，他们在惊叹之余确实也发现了一些信息：波斯国王有能力和资源来聚集、安置、娇养和宠爱如此多的女人。事实上，波斯国王妃子的数目从未固定在360人，因为不断会有新的妃子和女奴进入后宫。尽管不太可能说清楚整个阿契美尼德王朝妃子的确切数目，但我们可以推测，数目从几十到几百不等，这取决于被征服之地的命运、贡品的赔付和不同国王的喜好。

在帝国层面寻找合适的妻妾是波斯帝国国王雄风和财富的体现。妻妾能为他带来美好的体验，满足王朝延续的需要。她们的身体是他统治的象征，不仅仅是家长地位的象征，还是君主统治帝国的象征。就好比王室餐桌上供应的各种食物，各地运到苏萨手工作坊的宝石、珍木，以及王家花园栽种的珍稀植物，躺在国王床榻上的女人也是波斯帝国本身国力的表现。国王通过她们的生育能力，充盈了宫廷里的王嗣数量，并延续了王朝的统治。

第 11 章

礼仪政治

阿契美尼德王朝的国王依靠正式礼仪和宫廷庆典，在王座周围营造出一种特别的光环。精心安排的仪式被用于拉开国王和臣民之间的距离。即使是朝臣，见到国王的机会也非常有限，只有在受严格控制的觐见仪式上方能与他接近。一般在这种仪式上，安全和礼仪是最受关注的。为了观赏王家仪式，朝臣和其他观礼人必须得经过严格的安全检查，还必须要熟悉宫廷的礼仪程序，确保遵守已颁布的相关规定，在君主面前举止得当。

我们可以想象一下，穿着华丽服装的国王，仿佛一部盛大的王家戏剧的主演，而他的朝臣或是配角，或是观众。当然，从戏院的角度来思考宫廷并不是什么新鲜事。例如，包括历史学家的作者在创作有关路易十四在凡尔赛的宫廷的作品时，不约而同地使用了"戏院"这个隐喻。这个隐喻非常贴切。正如英国女王伊丽莎白一世曾说的，"我们这些王储在世人的注视下登上了舞台"，这句话暗示，君主将自己视为宫廷生活剧的表演者。礼节的表现与仪式的展现之间的紧密联系，绝不能被轻视为只是体现权贵生活方式的琐碎之事，因为在波斯，礼仪在宫廷社会结构中具有重要的象征意义。在阿契美尼德王家宫廷的温室世界里，每个人对礼仪机制的细微变化都极为敏感。要牢记"谨言慎行"。

凡是急于维持宫廷地位或渴求登上高位的朝臣，都必须要掌握好礼仪的法度、用于问候的正确套话（口头或非口头）、表示尊重或顺从的方式，以及奉承的技艺。有时还可以利用对方做不到"谨言慎行"这一点，作为一种武器，使宫廷里的敌人垮台。朝臣会仔细观察他人的言行举止，以衡量他们是否了解宫廷礼仪。

对任何一个有抱负的朝臣而言，宫廷礼仪的最大考验可能就是王家觐见仪式。许多印章和宝石上的图像、石棺上的小画像，以及波斯波利斯巨大门框上的雕像都展现了这一重要仪式的场景。现存最好的觐见场景来自两块巨大的石刻浮雕，它们曾位于波斯波利斯王宫觐见大厅的两侧阶梯上，但后来被搬进了府库。这幅场景正好刻绘了国王在觐见仪式上的"定格时刻"（图15），国王身着宫廷长袍，头戴王冠，一手握石榴花一手持权杖（他可能会伸出权杖，以示恩惠）。为了强调王朝统治的概念，国王身边还

图 15 波斯波利斯所谓的"府库浮雕"的一处细节，国王和王储共同出席王家觐见仪式

有王储陪同,王储衣着与国王相似,还被授予手持石榴花的特权。一同出席的还有宫廷及军队的高级官员。两个香炉有助于标记王家空间和凸显其神圣性,放置御座的平台,以及遮盖这一舞台的织锦华盖或布篷的作用亦是如此。王座室戏剧般的华丽器具、觐见大厅令人敬畏的场景,旨在令前来祈求者一步步感到恐惧和惊奇,而这部宫廷戏剧的主角,即国王本人的形象也尊贵逼人,一定令人印象深刻。《圣经·以斯帖记》希腊文译本的匿名作者精准地捕捉到了受惊的王后走近坐在御座上的国王的精彩场景:

> 她(以斯帖)穿过了所有的宫门,进到了觐见室中,站在国王面前。国王正高坐于王座之上,身着饰有黄金和宝石的尊贵王袍,露出一副威严可畏的样子。他的脸上容光焕发,但一看见以斯帖,他便盯着她,就像一头发怒的公牛。以斯帖顿觉恐惧,脸色变得苍白,险些晕倒,不得不把头靠在女仆的肩上……可是国王从御座上迅速站起来,双手扶住以斯帖。

御座是王权的重要标志。在古代西亚、北非,君主和众神通常都被描绘为坐在御座上。阿契美尼德王朝的御座是高背的,靠狮腿状的底座支撑。在以色列撒马利亚附近发现的阿契美尼德王朝的一张御座(可能源自总督府),虽然只保存了部分,却是一个罕见的真实证据。这张华丽的御座传递出的信息不言而喻:坐在此御座上的人拥有绝对的权威。御座还配有脚凳,它也是王权的重要象征。就像御座一样,它也充满了仪式感和象征意义。在阿契美尼德宫廷里,甚至有一个与脚凳相关的职位。波斯波利斯王宫觐见大厅的东侧和北侧各刻画了一个抬凳官，他们是具有重要地位的贵族。根据罗马历史学家昆图斯·库尔提乌斯·鲁弗斯的记载，马其顿的亚历山大不通波斯礼仪，他在最初征服波斯、接管大流士三世的奢华帐篷时，误将一张矮桌当成了御用脚凳：

> 亚历山大坐上了御座，但御座对他来说太高了，他的脚碰不到地板，所以一名年轻侍从搬来了一张小桌子，放在他脚下。亚历山大注意到大流士（三世）的一名太监满脸忧色，就问他为何如此。太监回答说，这张桌子是大流士（三世）用来吃饭的，如今看到它被如此无礼地使用，他忍不住泪流满面。亚历山大感到非常羞愧……下令将矮桌搬走。此时，菲洛塔斯说道："不，陛下，您不要那样做！您且将这看作一个预兆，仇敌筵席上所用的桌子已经成了您的脚凳。"

这个故事再次证实了这件看似不起眼的家具在王家陈设和意识形态中的核心地位。波斯帝国国王的双脚永远不能接触地面，必须用柔软的地毯加以托护，这是确定的事实。就像希腊人迪农亲眼观察到的那样：

> 宫殿地板上铺有专供国王踩踏的萨迪斯地毯，国王走在上面，穿过整个宫殿。到达最后一个庭院时，他就登上马车，有时是骑上骏马。但在王宫之外，从未有人见过他步行。

在府库浮雕的中心，有一位身着伊朗传统骑射服的千夫长正在向君主致敬行礼。向国王介绍个人或使团是千夫长的主要职责之一，所以他的出场是合乎情理的。他躬身向前，把手举到嘴边，做着一个与日后伊斯兰宫廷中使用的额手礼密切相关的手势。要求此种致敬行为的古代社会很可能是专制的政治实体，以国王的强制权力为特征。这种非自发的、半仪式化的手势是波斯社会交际的标志。希罗多德曾详细描述波斯人在日常生活中的一系列问候姿势，根据他的记载，至少可以注意到：

> 当波斯人在路上相遇时，你可以分辨出他们的地位等级是否相当。因为他们不用言语问安，而是会行吻唇礼。但如果其中一人的地位低于另一人，他们会亲吻对方的脸颊；如若一人的地位比另一人低得多，那人就要跪在高位者面前，以示敬拜。

这些礼节在波斯宫廷中更为仪式化。在古代西亚、北非的背景下，鞠躬礼和亲吻礼是波斯人表示服从和尊重的标志，因为叩首、跪倒、亲吻地面，甚至亲吻君主的衣服下摆或双脚，都是美索不达米亚的宫廷环境中常见的举动。

向波斯君主行的敬拜礼（希腊语为 proskynesis）的确切性质一直是学者争论的焦点。从词源上来看，proskynesis 包含了亲吻的概念，它是由意为"向着"的希腊语 pros 和意为"亲吻"的希腊语 kyneo 组成的。然而，希罗多德暗示，这是一种匍匐跪拜礼或鞠躬礼。所以，"亲吻"或许发生在跪拜之后。府库的浮雕描绘了那个时刻：这位千夫长在行完匍匐跪拜礼后直起身子行额手礼，用手指触摸嘴唇，然后用手向国王献上亲吻。对希腊人来说，匍匐跪地是一种宗教行为，只适合在神灵面前实行，在任何人面前这般卑躬屈膝，都是有损于他们的"自由"意识的。匍匐跪拜礼是觐见波斯国王不可协商的规则，尽管前往波斯宫廷的希腊人仍然觉得它令人厌恶，但他们不得不努力照此规则行事。这显然是千夫长阿尔塔巴努斯在向希腊人介绍这一礼仪的重要性时，想向雅典人塞米斯托克利斯传达的信息：

> "在我们的众多优良习俗中，向国王致敬，向他跪拜行礼（敬拜礼），视他为万物之神，我们认为这是最佳习俗。你若赞同我们所行，就跪在国王面前，向他致敬，这样你就有机会见到他，同他说话。你若不赞同，你需要信使为你说情，因为依照我们国家的习俗，国王不会接见任何不向他表达尊敬的人。"……当塞米斯托克利斯被引到国王面前时，他亲吻面前的地面，默默地等待着。

国王的饮食习惯也如同他官方生活的其他所有方面一样，受到了隐身观念的影响。国王往往在房间里（或其他特定空间里）独自用餐，不在公众的视野范围里，而宾客则坐在外面用餐，任何人都可以看到他们。只有最尊贵的客人，才能在王室管家的引领下来到国王餐室旁的大厅里用餐。这两个空间被屏风或帘子隔开，这样国王既能看到他的客人，又能处于客人的视线之外。当宴会接近尾声时，一名太监会引领几位地位特殊的客人来到国王面前，与国王共饮。这是一个特别的荣誉标志，因为正是在这些觥筹交错中，国家要事得以商定，同时个人抱负也可能得以实现。国王餐桌上有个固定位置，得到此殊荣的朝臣被称为"同餐之友"（homotrapezus）。这是一个非常少见且令人羡慕的头衔，只有受国王信任的最高级别的贵族才能拥有。

在王家宴会的节庆氛围中吃吃喝喝是一种莫大的享受。例如，薛西斯在执政第三年为行政官员、大臣、总督，以及宫廷里的女人举办的那场王家宴会被人们广为传扬。薛西斯的宴会持续了整整180天。它不仅是面包的日常供应，因为王家宴会为吃喝赋予了更全面的意义。王家宴会与常规宴请不同，通常是由于生活中的幸运事情而举行，处于日常生活之外。食物供给充裕，饮酒亦"没有限制"（如《圣经·以斯帖记》所述）。在王家宴会上用餐可能被视为一种极限运动，它可以与阿契美尼德王家宫廷的另一项爱好即狩猎相提并论。

就自身而言，狩猎与其说是一项运动，不如说是一种艺术形式。王家狩猎从来都不只关乎杀死动物，它也是一种充满规则的仪式。一次成功的狩猎必定以动物的死亡告终，而且死去的还必须是特定类型的动物，比如瞪羚、鹿、野山羊、野驴、野马、野熊和狮子，猎杀它们都被认为是合适的运动。它们会以特殊的方式被遣散开。它们必须能自由地逃离其他捕食性的动物，或是转而攻击猎人，但它们最终肯定会被从容不迫地杀死，而且还是被暴力杀死（不会用到陷阱、毒饵或猎网）。最重要的是，被猎杀的猎物必须是野生动物，而且是极有可能对猎人怀有敌意的野生动物，不能是对人温顺或被人驯服的动物。所以，不存在猎杀奶牛这种活动。狩猎被视作人类世界与原生态的荒野、文明与自然之间的武装对抗。对波斯精英来说，狩猎变成了一种复杂的仪式，充斥着行话和僵硬的仪式。王家狩猎是为了证明猎人的贵族资格，因为王家狩猎主要是一种政治和意识形态活动，与获取经济必需品无关。阿契美尼德王朝的印章刻绘了数不清的狩猎场景，这表明了狩猎在波斯人思想里的中心地位。

王家狩猎的频率和持续时间也表明了狩猎与统治之间的联系。现在，我们很难知晓波斯国王在马鞍上度过的确切时长，但古典文献表明，至少在人们的想象中，他每天有相当多的时间都在狩猎中度过。君主一向强调自身的狩猎能力，也正是通过狩猎这一展现武士般英勇的活动，他们才得以证明自己的男子气概，因为狩猎被置于与战争同等的地位。从本质上来讲，两者都需要同样的技能，因此君主也必须是战争和狩猎的领头人。

狩猎会被安排在花园和开阔场地进行。色诺芬认为，在野外狩猎最令人兴奋，因为在花园中狩猎意味着追逐的猎物曾被捕获，它们是被捕获后带到花园中用于猎杀的。在花园中狩猎或许会缺少在旷野狩猎带来的危险刺激，但对猎物的象征性处决才是狩猎活动中最重要的一部分。为了节约时间，很多情况下，宫廷官员提前捕捉好动物，然后交由君主操刀杀死。每一次王家狩猎都会经过精心策划，宫廷官员负责安排野生动物，以及训练和照管跟随狩猎队伍的大型獒犬。马匹需要配有马夫，而且要有卫兵随时待命。狩猎时，君主的性命尤为脆弱。成功举行王家狩猎活动还需要军队人员的参与，他们是驱赶猎物的"助猎者"。波斯君主倾向于参与所谓的"围猎"，一种所涉人员众多、没有追逐猎物烦恼的狩猎。猎人们的包围圈越来越小，猎物被逼得走投无路，然后君主进到包围圈里杀死它。对其进行改进，便有了"设障狩猎"，军队可以使用大网将一个区域围起来，比如整个山坡，迫使猎物与君主和朝臣对峙。不管运用何种办法，君主都有大批贵族、护卫陪侍左右，甚至还有妃子伴驾，他骑在马上的样子一定十分神气，令人印象深刻。正如希腊作家查里顿所想象的那样：

一场盛大的狩猎开始了。波斯朝臣和军队精英组成的骑兵穿着华丽，列队出行。虽然每个人都令人眼前一亮，但最令人印象深刻的还是国王本人。他骑着一匹强壮而引人注目的尼西安马，马身上的装饰——马嚼子、颊革、额饰和胸革带——全都是用黄金打造的，他本人则身着一件用巴比伦布做的骨螺紫披风，头上戴着紫蓝色冠冕，腰间佩着宝剑，手持两支长矛，肩上挂着用最精湛的中国工艺打造的弓箭和箭袋……很快，山上到处都能听到人的叫喊声和奔跑声、狗的吠叫声、马的嘶鸣声，以及猎物四处逃窜时发出的声音。

在所有的狩猎活动中，最具名望的当属猎狮。这确实是一项王家运动。自远古时代起，猎狮这项活动就受到严格管控，是王家的特权。"用武器杀死狮子是我的光荣。"一位古巴比伦统治者曾向世人这样宣告过。波斯人一般是骑在马背上，通过掷长矛、射箭和投石来猎杀狮子，但王家猎狮在这方面有严格规定。国王享有特权，只有他有权朝猎物投掷第一支长矛。有一块浮雕刻绘了大流士一世射杀一头饲养的狮子的场景，他的战车车轮下躺着另一头猫科动物的尸体。战车在狩猎活动中的运用似乎在埃及和亚述得到了发展，国王和贵族在战争和狩猎时都会广泛使用战车，以示威望，战车通常与国王和贵族密切相关。事实上，战车远非理想的狩猎平台，因为它们很脆弱，遇到不适宜的地形容易碎裂。一种解决这一问题的办法是，当猎物逃入森林或沼泽时弃车骑马，有时，军队也被用于阻止动物从平原逃走。无论王家猎狮的真实情况如何，国王猎杀狮子的图像都在波斯货币、印章和浮雕中反复出现。有时狮子会变成神话中的复合生物，然后被国王扮演的

"波斯英雄"杀死。

  阿契美尼德王朝的国王将王家宫廷用作一种政治工具,以巩固和加强他们的专制统治。成文的仪式约束和驯服了波斯贵族。波斯精英会受到严密监视,他们被剥夺了实权,身陷琐碎的礼仪细节脱不开身。渐渐地,他们沉迷于自己在王家宫廷里的地位,忘记了自身不过是镀金笼子里的囚徒罢了。

第 12 章

查拉图斯特拉如是说

我们对阿契美尼德王朝宗教世界的了解稳步加深。这主要还要归功于芝加哥大学东方研究所和德黑兰伊朗国家博物馆的学者对波斯波利斯卫城泥板文书的研究。正是这些干巴巴的小泥板上的文书，颠覆了我们对古代波斯宗教景观先入为主的看法。正是通过它们，我们得以重新见识了波斯人表达和实践其宗教信仰的方式。这些泥板文书记录了他们对古代埃兰众神和伊朗众神的崇拜，也列举了各类祭司及其负责的仪式。学者以往完全依赖希腊史料来获取有关波斯宗教的信息，但今天我们可以接触到真正的波斯人的经历，更加贴近阿契美尼德王朝信仰的根源和仪式实践。

学者曾经认为，希罗多德对阿契美尼德世界本质的观察准确无误且贡献卓著，因而一度完全信任这位"历史之父"对波斯宗教的看法。希罗多德武断地说道："我知道波斯人遵循以下习俗，他们没有神像，亦没有神庙或祭坛。他们认为，这些都是愚蠢的标志。"现在，我们可以自己阅读和分析波斯帝国本土的文献，据此，我们可以明确指出，希罗多德的每一个"观察"都是错误的。在波斯波利斯泥板文书中，有证据表明，波斯人的确利用了神像、神庙和祭坛进行宗教崇拜。我们注意到，希罗多德在《历史》一书中试图将波斯描述为一个秩序混乱的世界，是希腊文明的对立面。因为希腊人日常利用神庙、祭坛和神像进行崇拜,希罗多德将波斯人塑造为另一极端的"他者",为他们伪造了一个不是建立在"文明"、有组织的信仰基础之上的宗教世界。然而,波斯波利斯的文献总算纠正了希罗多德对于不相容的波斯宗教非常具有说服力的形象描绘。

我们在波斯波利斯泥板文书中发现了一个常用的埃兰语词——ziyan。它的字面意思是"一个观看之地",被用来指代"神庙""神殿"或"宗教建筑"。ziyan指的是"神灵显现之地",即可以看到或感受到神灵的地方。许多个世纪以来,埃兰人一直用这个词来描述各种宗教建筑的特征。后来波斯官吏沿用了这个词,而且在波斯波利斯泥板文书中频繁使用这个词。例如,把葡萄酒送到哈尔库尔图什的一处ziyan,把醋送到扎尔纳米亚镇的ziyan。除了埃兰语,我们也可以参考其他语言里的宗教建筑。我们在古波斯王家铭文中就可以窥见一二。在贝希斯敦铭文里,国王大流士自豪地宣称,他重建了曾被篡位者高墨达摧毁的"崇拜之地",古波斯语为āyadanā。在该文书的阿卡德语和埃兰语版本中,这个词被译为"众神之殿"(houses of gods)。这让我们联想到,当大流士在使用āyadanā一词时,他是在想象某种有形的人造建筑,即"神庙"或"神殿"。

几千年来,埃兰人在他们的领土上四处修建宗教神殿。因此,波斯帝国的国土上到处都有古老的埃兰圣殿。山峰、悬崖峭壁、山坡皆有神圣之地,因为长久以来,这些地方都是埃兰人修建神庙或神殿的首选之地。到了阿契美尼德王朝,阿契美尼德家族深受这些古老的宗教中心的吸引,也在这些地方举办自己的宗教实践活动。希罗多德写过,波斯人的习俗就是"登上最高的山峰,在那里献祭"。当时,他的脑海中浮现的画面可能类似于一群中国西藏喇嘛在高耸、白雪皑皑的山崖上举行仪式的场景,但现实并非如此。我们现在知道,在波斯多地的山峦和丘陵都建有小型神庙和神殿,波斯人是在这些神庙和神殿的封闭空间内履行宗教职责的。

考古学正慢慢揭开这些神庙的面纱。在位于今伊朗东部的波斯帝国扎兰吉亚那总督管辖区首府达汉·古拉曼(Dahan-i Ghulaman,意为奴隶之门)原址,学者发掘出了最重要的神殿建筑之一。它可以追溯到公元前 5 世纪早期,由泥砖建造而成。神殿布局几乎呈方形,有四座角楼和一个中央庭院,庭院还连着四个面朝里的柱廊。所有这些设计元素都能在波斯波利斯的王家建筑中找到对应的设计元素。在庭院中心矗立着三座高大的阶梯式祭坛(可能是为了崇拜三柱神),在祭坛和整个神殿都发现了混合着动物脂肪和焦骨的灰烬。

另一座神庙 Tash-k'irman Tepe(塔什-克尔曼)的遗址在咸海南岸、中亚西部的花剌子模(横跨今乌兹别克斯坦和土库曼斯坦)原址被发掘出来,它可以追溯到公元前 400 年。这片神庙建筑群由一个高台、一个小庭院、一系列迷宫般的房间和毗邻的走廊组成,其中一些覆上了厚厚一层灰烬。遗址里还发现了几个祭坛。目前尚未发现与它布局十分相似的建筑,但很可能在波斯帝国时期,这里进行过波斯某种宗教的崇拜活动。发掘者声称自己发掘的是一座火庙,即祭司点燃和照管圣火的地方,但目前还无法下定论。

ziyan 一词的内在灵活性使我们对波斯宗教建筑的布局和用途的理解产生了很大差异。方形的小型神庙、岩壁上凿刻出来的神殿，甚至还有洞穴圣所，它们都可以轻易地被纳入 ziyan 一词的意义范围。如果 ziyan 可以指任何宗教建筑或神殿，那么它指的有可能是石造建筑物，比如著名的"所罗门之狱"（Zendan-i Soleyman，位于帕萨尔加德）和"琐罗亚斯德之塔"（Ka'ba-ye Zardosht，位于纳克什·鲁斯塔姆）。这两座姊妹建筑都是方形结构，由白石灰岩块建成。塔身四面都有用黑色石灰石装饰的假窗，假窗稍微向里凹陷。这两座建筑曾经都包含一个内室，通过一段阶梯便可进入。有人认为这两座建筑是火庙，但随着我们对波斯宗教实践认识的加深，而且从它们可能都符合 ziyan 一词在更广泛层面上的含义来看，它们或许是其他形式的崇拜圣地，包括敬奉君主灵魂、祖先和举办祭祀活动的王家宗教场所。当然，纳克什·鲁斯塔姆的"琐罗亚斯德之塔"四周还环绕着许多尚未发掘的建筑物，未来对该遗址的考古工作可能会揭示它们也曾是宗教建筑的证据，证明它们的存在是为已故国王的葬礼和祭祀服务的。那些已故国王的陵墓构成了整个区域的背景，令人印象深刻。

*

大流士陵墓的浮雕刻绘的场景是，他举起手向那个从带翼圆盘中升起的人形身影致敬。这个拟人化实体悬停在大流士上方，给了他一个象征着"王权"的圆环。大流士和带翼实体明显亲密无间，他们共享同一种身体形态。大流士将拟人化实体的最佳身体特征融入自己的外在形态。所以，大流士是神的分身。国王与实体梳相同的发型，蓄相同形状的胡须，戴同款王冠，穿同样的服装。波斯波利斯的宫墙上也时不时刻绘这一形象。这位从带翼圆盘中升起的人物还与其他强大的象征符号有关，比如绽放的玫瑰花结（象征永生）、咆哮的雄狮和愤怒的公牛（象征宇宙力量和冲突），以及椰枣树（代表财富和繁殖力）。

由于国王形象与权力象征之间有关联，一些学者认为，从带翼圆盘中升起的人物是"智慧之主"阿胡拉·马兹达。他的肖像源自更古老的外国原型。在埃及，带翼的太阳圆盘经常被用于象征法老的神性，也被亚述人借来帮助他们想象自己的最高神阿舒尔。阿舒尔从光轮中升起，全副武装，准备战斗。务实的波斯人也有可能将这种形象视为一种代表阿胡拉·马兹达的方式。在波斯人的创作中，阿胡拉·马兹达有时确实拿着弓和箭，但更多的时候他还是被刻画为一位手无寸铁、非暴力的神。大流士陵墓上的图像强调了国王与神之间的互惠关系，这与一篇苏萨铭文表述的观点相互呼应。在铭文中，大流士自信地说道："阿胡拉·马兹达属于我，我属于阿胡拉·马兹达。"（DSk）很明显，大流士认为自己与神关系亲密。大流士死后，薛西斯也将自己夺位成功的功劳归于阿胡拉·马兹达的神恩和支持，"承蒙阿胡拉·马兹达的恩典，我承袭父位，继位为王"（XPf）。

然而，就从带翼圆盘中升起的人物是阿胡拉·马兹达这一观点，学界尚未完全达成共识。一些学者认为，这一形象代表的是一种古老的阿维斯陀语（早期的伊朗语言）观念，即"赫瓦雷纳"（khvarenah），意为光辉、光明或光芒。联系到古印欧语中"太阳"（hvar）一词，"赫瓦雷纳"意指一种光环状的"荣光"，从一位蒙受神恩的国王身上散发出来。这是表达神恩与统治者同在的一种方式，神恩在统治者身体里，使他从内到外散发出光芒。通过王室血统的神圣力量，"赫瓦雷纳"将自身与整个王朝联系在一起。因此，"赫瓦雷纳"被视为国王的灵魂对应物。如果国王没有按照"真理"行事，那么"赫瓦雷纳"就很容易消失，徒留一个没有神恩光环的空壳子国王。

那么，从带翼圆盘中升起的人物究竟代表什么呢，是神还是荣光？答案很简单：他既是神，亦是荣光。同时对图像进行双重阐释没有什么不妥之处。这个人物是阿胡拉·马兹达，他是国王的守护神；通过接受神圣的"赫瓦雷纳"，国王接受了神赐予的荣耀。当国王看着神的面孔时，他会在其中看到自己的身影。毫无疑问，当大流士被描绘为敬拜"赫瓦雷纳"时，他也被认为是在崇拜创造神及守护神阿胡拉·马兹达。他在自己的铭文中频繁且热切地呼唤阿胡拉·马兹达。

最早提到阿胡拉·马兹达的文本实际上来自公元前 8 世纪的亚述。这份文本记录的阿胡拉·马兹达还只是列举的众多神中的一个。这位伊朗的神出现在美索不达米亚的神表中，这表明在大迁徙时期，阿胡拉·马兹达就已经以某种形式进入了伊朗高原，但我们已不太可能知道，他是否在整个伊朗受到广泛崇拜。居鲁士大帝没有提到这个神，冈比西斯二世也没有。在帝国早期，没有人试图在帝国臣民中推广对阿胡拉·马兹达的崇拜。事实上，正如我们所见，居鲁士和冈比西斯在巴比伦尼亚和埃及促进、支持当地的宗教崇拜。

尽管如此，阿契美尼德王家铭文中还是有许多关于阿胡拉·马兹达的记载，尤其是在大流士大帝的铭文中。大流士大帝称颂阿胡拉·马兹达为终极创世之神："阿胡拉·马兹达是一位伟大的神，他创造了大地，创造了渺渺苍天，创造了人类，还为人类创造了福祉。"（DV）换句话来说，大流士将"智慧之主"设想为只创造美好事物的创世之神，他一再表达自己对阿胡拉·马兹达的信仰,他坚信自己是在为神效劳,是神在世界上建立秩序和正义的使者:"当阿胡拉·马兹达看到这个混乱的世界时,他将它赐予了我……蒙受阿胡拉·马兹达之恩,我拨乱反正,恢复秩序……自阿胡拉·马兹达立我为此世界之王起,我皆按阿胡拉·马兹达的意志做了合适的事。"(DNa)读了这些文字,大家会觉得这些铭文是为国王本人所写。宫廷书吏和诗人为大流士塑造了一个独特的国王形象——一位英勇无敌且内心虔诚的国王。这些文本代表了大流士想要让世人看到的自身形象。王家铭文描述的阿胡拉·马兹达与阿契美尼德王朝国王之间的关系是神与信奉者之间的一种互惠互利的关系。作为对崇拜和祭祀的回报,阿胡拉·马兹达协助国王维护国家的和平与稳定。

阿胡拉·马兹达是万物之父,是建立日月星辰的运行轨迹、支撑大地的圣者。他开天辟地,创造光明与黑暗、男人与女人、植物与动物,这一切都是通过思想的力量完成的。人们常用自然主义的术语来描述他。他身着繁星点缀的长袍,据说"飞驰而过的太阳"是他的眼睛。他的宝座矗立在天界最高处,沐浴在天光中。阿胡拉·马兹达就在那里执掌天界,各级天使执行他的命令。如果这一切听起来有点像《圣经·旧约》中的描述,那是因为确实如此。当一些曾在巴比伦尼亚和波斯任职的犹太书吏和祭司开始编纂和修订希伯来人的经典时,犹太人的上帝形象很大程度上受到了波斯无形的创世神阿胡拉·马兹达的影响。正如阿胡拉·马兹达是至善的体现一样,希伯来人的上帝也表现出了宽宏大量的神性。

阿胡拉·马兹达为了保护自己创造的世间万物,通过神圣的意志创造了六大乐善好施的圣灵(Amesha Spentas,我们应注意,这六大圣灵再加上阿胡拉·马兹达,就又形成了一个"七人集团"。这六大圣灵分别是沃胡·马纳(善念)、阿莎·瓦希什塔(真理)、斯彭塔·阿尔迈提(虔诚)、赫沙特拉·瓦伊里亚(理想统治)、胡尔瓦塔特(完美)和阿梅雷塔特(永生)。这群听起来有点抽象的圣灵联合起来保护阿胡拉·马兹达的创造物免受各种邪恶力量的侵害。这些邪恶力量都受黑暗力量安格拉·曼纽或称阿里曼的支配,他是恶魔之首。波斯人非常重视二元论的概念,他们认为有好就会有坏,有对就会有错,有真理就会有谎言。阿胡拉·马兹达的对手就是安格拉·曼纽。据说,这位恶灵创造了"非生命",即一种与"真实"生活中的美好截然相反的存在形式。安格拉·曼纽也得到了神灵——愤怒和恶意——的支持,他们一起生活在无尽的黑暗深渊里。作为万恶之源,安格拉·曼纽自身却不具备物质形态。相反,他就像寄生虫一样,附着于人类和动物的身体之上。在波斯人的心目中,没有比将阿胡拉·马兹达同邪恶联系在一起更大的罪恶了。善与恶、真理与谎言,就像黑暗与光明、生与死一样,都是背道而驰的创造物。为了强调这一概念,波斯人的来世观里包括最终审判,这发生在神秘的"裁判之桥"(Chinvat Bridge,横跨生死两界)。走了真理之路的亡者会在"歌声殿堂"(House of Song)找到乐土;而听信安格拉·曼纽的亡者则会堕入被称为"谎言之屋"(House of Lies)的地狱。

　　人生的道路由自己选择。大流士在铭文中清楚地表达了他的选择。他选择走上通往阿胡拉·马兹达和真理的道路。在铭文中,他经常运用古波斯语动词 thātiy(意为宣布),按照"大流士王说"或"大流士王如是说"的阐述惯用语,公告天下人。大流士的宣言往往集中于赞颂阿胡拉·马兹达和他的创造,同时谴责谎言。因此,他的公告有助于维护国家秩序。大流士陈述了自己在宇宙之战中的立场,讲述了自己通过赞扬阿胡拉·马兹达、为他带来声望来对抗邪恶的经历。通过宣扬自己的名字、祖先,以及对将王命赐予他的阿胡拉·马兹达的追随,大流士展现出自己正在与谎言势力激烈斗争,以便配合阿胡拉·马兹达在天域做出的努力。阿胡拉·马兹达为人类创造的福祉由大流士及阿契美尼德王朝在他之后的继任者守护和延续。

*

每位神都需要先知,而阿胡拉·马兹达选择了查拉图斯特拉作为自己的先知。希腊人称呼他为琐罗亚斯德。在现代波斯语中,他被叫作扎尔图什特(Zardosht)。查拉图斯特拉是个放养骆驼的牧人,根据各种传说,他的家乡可能是现今被称为阿富汗的地区,也有可能位于今天的阿塞拜疆。年轻时,他担任过祭司,一直崇拜一些"位列次要地位的神祇",直到有一天,他听到了真神召唤自己的声音。与穆罕默德、耶稣、佛陀,甚至摩西相比,对于我们来说,查拉图斯特拉是一个身处更遥远年代的人物,他的出生时间和地点都难以确定。然而,作为宗教思想史上的关键人物,他和其他任何一位先知一样重要。今天,琐罗亚斯德(因为他发展了这个温和的信仰,因而以他的名字来命名)教的信徒在墙面的海报、祈祷书的插图中,将他描绘得像维多利亚时代主日学校里的耶稣基督画像一样:胡须剃得干干净净,穿着飘逸的白色长袍,头顶耀眼的光环。但是,这种光鲜亮丽的形象掩盖了他粗野的山民出身。他的生活细节鲜为人知,我们所知道的也并非事实,不过是些传说罢了。有个故事说,查拉图斯特拉降临人世时没有哭,反而笑了,他是在为有幸成为阿胡拉·马兹达创造的一部分而高兴。现代琐罗亚斯德教传统上将他的出生年份定为公元前 600 年。这样他们就能将他与慷慨的波斯贵族赞助人希斯塔斯佩斯联系在一起。希斯塔斯佩斯就是大流士大帝父亲的名字。学界则更倾向于将查拉图斯特拉的出生年份回溯到公元前 1000 年或公元前 1200 年,即印欧语系民族大迁徙时期或大迁徙之后不久。

学界将他的出生年份推到更早时期的依据是宗教文献《伽萨》(Gathas)包含的一系列语言和意象。《伽萨》据称是由查拉图斯特拉本人创作和吟唱的一组赞美诗。这些赞美诗反映了早期伊朗人的游牧生活方式,但没有提及米底人、波斯人、任何统治者或历史上的其他族群。令人烦恼的是,查拉图斯特拉的赞美诗,以及包括最重要的《阿维斯陀》在内的琐罗亚斯德教的所有经典都是在这位先知死后 1000 多年才首次成文,大部分可以追溯到 6 世纪。这样一来,人们很难从后世的补充材料中过滤出真正早期的查拉图斯特拉文本。

《伽萨》记录了查拉图斯特拉生平的零星片段,还暗示了他在 40 岁左右受到阿胡拉·马兹达的召唤,要他去传道。查拉图斯特拉早期在中亚传道,似乎在那里受到了重重阻力。《伽萨》记载说,最反对查拉图斯特拉的人当属那里的大祭司和王公,因为他们践行宗教仪式的方式与查拉图斯特拉对阿胡拉·马兹达所传递信息的阐释大不相同。所以,查拉图斯特拉谴责他们是不虔诚的异教徒,但他们冥顽不灵,拒绝接受他的教导。双方的敌对形势日渐紧张,以至于查拉图斯特拉的社会地位不保,被迫逃离。《亚斯纳》(Yasna,和《伽萨》一样,都是《阿维斯陀》的一部分)

第 46 章简要记录了他流亡的故事。这是一篇优美的抒情赞美诗,记载的故事引人入胜:

> 逃往何处?
> 我该逃往何处?
> 我的家人,
> 我的氏族驱逐了我。
> 我所属的社群,
> 对我心生不满,
> 这些地方的首领亦对我心生不满!
> 阿胡拉·马兹达啊,我该如何取悦于您?
>
> 阿胡拉·马兹达啊,
> 我知道我势单力薄:
> 我拥有的畜群微不足道,
> 我的朋友寥寥无几。
> 我向您悲叹诉苦。
> 阿胡拉·马兹达啊,请听我说!
> 请给予我支持,
> 就像朋友之间相互帮助一样,
> 通过真理,
> 我仰望善心的力量!

被迫远离故土(位于今伊朗东部边界)的查拉图斯特拉七次邂逅阿胡拉·马兹达和其他围绕在"智慧之主"身边的天神。结果,正如《亚什特》所言,"他接受了这个宗教"。这表明查拉图斯特拉被召唤,不是要去建立一个新宗教,而是去改革和完善一个已经存在的信仰,这个信仰在他的家乡受到了祭司和王公的糟糕对待。查拉图斯特拉认识到该信仰在自己的家乡永远不会得到认可,于是他带着神谕深入伊朗高原,发展出了一套复杂的神学系统,其中正义和道德优先于一切。他为那个古老而衰败的信仰赋予了新的形式和新的内涵。他强调阿胡拉·马兹达创造的二元性,并要求教徒在拒绝谎言、建立神圣真理方面发挥自己的作用。直到今天,琐罗亚斯德教的信徒仍然奉守三个主要原则,即善思、善言和善行。

像其他所有宗教一样,琐罗亚斯德教也随时间的推移而演变。它现在践行的体系和意图与创始人最初提出的相去甚远。这个信仰曾历经无数人的阐释,为了流传下去,它不得不遵循其他与之竞争的强大信仰的传统。尽管圣书《阿维斯陀》是用一种早已消亡的语言写成的,但查拉图斯特拉的原话仍然流传于世,得以启迪信徒。《阿维斯陀》的主要内容包括崇拜神灵仪式的祭祀书《亚斯纳》("崇拜")、颂扬各位神灵的赞歌书《亚什特》,以及类似于《圣经·利未记》,记载仪式要求和洁净律法的《万迪达德》(*Videvdat*)。《亚斯纳》的核心是一系列非常古老的文本(这些文本也被称为《七章连祷文》)。这是一部宏大的散文作品,可以追溯到先知本人的时代。这部分文本还包含五篇《伽萨》,后者实际上由十七章独立的赞美诗组成,均由查拉图斯特拉本人创作。阿胡拉·马兹达是查拉图斯特拉创作的赞美诗的核心,这位先知不断地赞美神,赞颂他的宽宏大量,同时还要维护其他产生自至高无上的"智慧之主"的抽象神性实体的良善。查拉图斯特拉既称自己为"祭司"(zoatar),又称自己为"诗人兼先知"(rishi)。很明显,他要让信徒听到《伽萨》。他创作这些诗歌,从不是为了在私人崇拜时低声吟唱,而是为了在公开崇拜的场合下欢快且大声地唱出来。这些文本提到他宣扬福音,"在歌声殿堂面对热心信徒",他如是说:

> 愿万物创造者,
> 通过善意宣扬,
> 按照他的意志创造的真实万物,
> 最为美妙!
> 那么,神圣的您啊,
> 阿胡拉·马兹达啊,我知道,
> 我看到了您,
> 在我诞生的那一刻,
> 您确立了,
> 一言一行皆有善恶报应,
> 行坏事结恶果,
> 做好事有好报,
> 通过您的能力,
> 在创造的最终转折点定下了一切。
>
> 我想请您解惑,
> 神啊,求您告诉我真理!
> 谁有创造万物之能力,
> 成为最初的真理之父?

谁规定了，

太阳和星辰的运行轨迹？

谁规定了，

月亮的阴晴圆缺？

阿胡拉·马兹达啊，

上述问题的答案和其他一切，我都想知晓。

　　查拉图斯特拉究竟何时去世，我们不得而知，琐罗亚斯德教对此有诸多说法。有一种说法是他在 77 岁高龄时寿终正寝。当时他在家里，躺在床上，身边围着 3 个妻子、3 个儿子和 3 个女儿。另一种说法则坚称，一名祭司为报复他推翻了旧的宗教秩序而暗杀了他。西方对查拉图斯特拉的迷恋早在柏拉图和亚里士多德的作品中就已经有明显体现。在欧洲启蒙运动时期，他是伏尔泰作品中的人物。拉莫根据古希腊人对查拉图斯特拉生平叙述的大致框架，创作了一部关于他的歌剧。不过，当弗里德里希·尼采出版了《查拉图斯特拉如是说》(*Also Sprach Zarathustra*，1883—1885 年，共分为四部分)时，这位古代先知才声名大噪。在尼采的巨作出版后不到 5 年，就有 30 多本与琐罗亚斯德教的文献相关的书籍在德国出版。对于尼采来说，历史人物查拉图斯特拉在人类历史上的独特意义在于他对道德的形而上学的解释，特别是他认为善恶之争才是真正影响宇宙秩序的因素。尼采认为，查拉图斯特拉"比其他任何思想家都更诚实"，他是第一个认识到自己的错误，并相信宗教注定要失败的人。因此，尼采借用查拉图斯特拉这一形象来阐明自己的核心哲学思想："上帝死了。"

阿胡拉·马兹达有一支祭司队伍，其成员被称为"麻葛"，他们构成了一个类似于宗教观察者的精英阶层。"麻葛"一词的单数形式首次出现是在大流士一世的贝希斯敦铭文里，指代那位"高墨达"，大流士一世坚称，高墨达自称是国王巴尔迪亚。希罗多德认为，麻葛是米底一个由世袭祭司组成的部落，他们在米底宫廷担任释梦师和占卜师的重要职务。但波斯本土没有证据证明他的观点。麻葛确实是祭司，但他们没有垄断波斯的宗教生活。在伊朗西南部的埃兰地区，当地古已有之的宗教祭司也在履行他们的职责。波斯波利斯卫城泥板文书中亦常常提及麻葛（埃兰语为 makush，古波斯语为 magu-），他们出现在大麦和葡萄酒接收人的名单上。有趣的是，在一些文本中，"麻葛"还作为一个专有名称出现。

从大流士一世统治时期开始，麻葛就是阿契美尼德王朝君主的官方祭司，他们在王家宫廷担任重要职务，在权力中心具有举足轻重的影响力。他们的职责是为已故国王守墓和操办仪式，同时也在一些授职典礼上操办仪式。（图16）他们吟唱与祭祀行为相称的圣赞歌，倒上牛奶、葡萄酒或啤酒以祭神祇；他们遮着嘴站在火祭坛面前，手持巴尔萨姆枝条，扇起神圣的火焰。仪式进行时，祭司会用豪麻制作一种神圣的饮料。他们用钵和杵将豪麻枝条捣烂，然后将豪麻糊与马奶混合，供祭司饮用。此饮料有很强的致幻功效，祭司饮下后很快就会产生幻觉。在药物引发的幻觉中，祭司可以直接与神祇沟通，聆听他们的命令、愿望或抱怨。人们认为，祭司与神祇之间的沟通有助于维护宇宙秩序。有图像

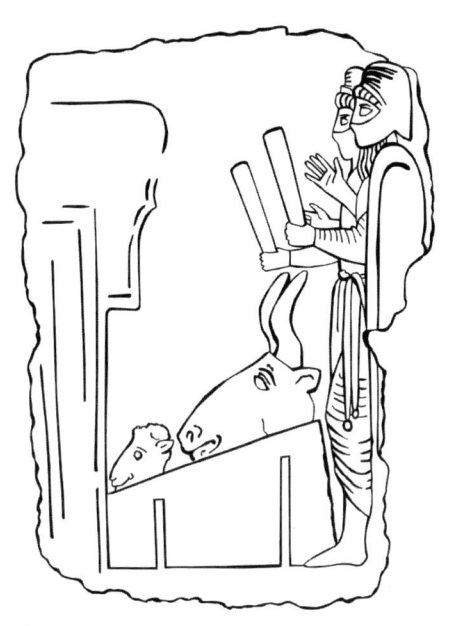

图 16　两名遮着嘴巴的麻葛，手持巴尔萨姆枝条，正在祭坛前举行仪式。这块浮雕出土于达斯基利翁，约公元前 450 年

证据表明，麻葛参加了这些仪式。例如，在小亚细亚弗里吉亚首府达斯基利翁发掘出的公元前 5 世纪的浮雕上，有两名麻葛正在火祭坛边参加仪式，这是一场祭祀仪式（被屠宰了的牛和羊的头作为祭品，放在他们面前），他们身着束腰外衣和长裤，用头饰的折叠部分遮住口鼻，以免他们的呼吸玷污圣火。

麻葛除了要履行向神祭酒和祭献牲畜等宗教职责，还会参与行政和经济活动。据波斯波利斯泥板文书记录，他们不仅在波斯波利斯，还在整个伊朗西南部活动，并按定额从王家仓库里领取谷物、面粉、牲畜、葡萄酒、啤酒和水果等物品。泥板文书中提到了几个接收人的名字：有一位名叫伊尔达扎纳的麻葛，官衔为 pirramasda，意思可能是优秀的记忆者（这可能表明，他是一位熟记宗教赞美诗的祭司）；还有一位麻葛，名叫乌克皮什，官衔为 haturmaksha，他负责根据不同目的，从王家仓库发放粮食。haturmaksha 很可能是古伊朗的语词 atar-vahsha（意为看火者）的埃兰语转写，所以这个官衔通常被赐给负责点燃圣火的祭司。这确实是一个非常有声望的头衔。希腊作家斯特拉波观察了火在波斯宗教中的使用，发现了一些有趣的现象，他说道：

> 用火……献祭时，他们会加入没有树皮的干木头，再把脂肪放上去。然后将油倒到上面，再从下面点燃火，点火时不能用嘴吹，要扇起来。凡是用嘴朝火吹气或在火上放死物、污物的人，都会被处死……他们会念很长时间的咒语，手里还拿着一束桃金娘细枝。

与宗教职能同等重要的是，麻葛还对波斯的神圣传说和部落历史有深入了解。麻葛是历史的守护者，广博的学识使他们成为尊贵的王家顾问。他们经常在波斯宫廷任职，其职位可与亚述国王身边著名的学士–祭司相提并论。麻葛负责解释天体现象和梦境，解读预言，还要在仪式的各方面指导国王，从仪式上何时该吟唱哪篇赞美诗到选择献祭给神祇的战利品。麻葛能够知晓帝国境内哪些地方的神灵需要安抚，还懂得如何安抚他们。总而言之，麻葛在各个方面都是波斯帝国不可或缺的智者。

*

那么，阿契美尼德家族是琐罗亚斯德教的信徒吗？在阿契美尼德时期，琐罗亚斯德教还未形成一套明确的教义标准，因此很难确定阿契美尼德家族是该信仰的信奉者。"琐罗亚斯德教的信徒"是一个相对现代的术语。在19世纪前，查拉图斯特拉教义的信奉者并不认为自己是"琐罗亚斯德教的信徒"。我们在明确阿契美尼德王朝"琐罗亚斯德教的信徒"的定义之前，不能将阿契美尼德家族划为琐罗亚斯德教的信徒。例如，如果成为琐罗亚斯德教信徒的标准是遵循查拉图斯特拉的教义，那么大流士和阿契美尼德家族的其余人就没有通过此信仰的考验，因为在阿契美尼德王朝，没有文本提到过这位先知。阿契美尼德王朝的国王似乎不知道他的存在。在仪式或声明中识别出来的阿契美尼德王朝的"琐罗亚斯德教"元素是继承下来的还是从别处吸收来的，这仍然是一个未知数。鉴于王家铭文反复重申阿胡拉·马兹达与统治者之间的亲密关系，阿契美尼德王朝国王的至高神阿胡拉·马兹达显然被认为是无上的王家神祇。但这仍然不能将阿契美尼德王朝国王划为我们理解的"琐罗亚斯德教的信徒"。阿胡拉·马兹达无疑是阿契美尼德家族的保护神，国王身负众人的期待，在麻葛的主持下，以阿胡拉·马兹达的名义举行祈祷和仪式。每位国王都是阿胡拉·马兹达选出来沟通天与地的中间人，但从未提及他的先知或神谕教义。

在阿契美尼德王朝早期的王家铭文中，只有阿胡拉·马兹达被尊称为至高神，但偶尔他也会与"众神""其他神"一起被提及，或者被简单地称为"众神中最伟大的神"。在波斯波利斯的一块泥板文书上，他与"众神"（Baga）一起出现，这证明也有其他神祇与他一起受到崇拜。这当中最重要的神无疑是密特拉（或称"密特拉斯"）和安娜希塔了。密特拉在《阿维斯陀》中被描述为"广阔牧场之主、千耳之主、万眼之主、崇高者和永恒的统治者",他被认为是与司法事务相关的神,是洞悉一切的真理保护者。他作为畜群和丰收的保护神,也代表了生命的繁殖。根据《亚什特》的篇章,他还是备受阿胡拉·马兹达喜爱的创造物:

> 阿胡拉·马兹达说……:"听我说!当我创造辽阔无涯的牧场之主密特拉时,我让他应受祭祀,应受祈祷,就像我,阿胡拉·马兹达一样。向密特拉说谎的恶棍会给整片地区带来死亡,就像有百名作恶者所能做的,伤害了虔诚的世界。密特拉,辽阔无涯的牧场之主,将迅捷赐予那些不向他说谎之人的马匹。"

密特拉还是驾驶战车的勇士,他手持权杖,尽管他也使用箭、矛、斧和刀。不过,真正血腥的事情都是由他的战友乌鲁斯拉格纳(Verethragna)完成的。乌鲁斯拉格纳通常以野猪的形态出现,撞倒谎言的追随者,一一杀死他们。至于那些忠实于真理的人,密特拉带来雨水,让他们的庄稼茁壮成长。换句话来说,个人的福祉取决于他或她的道德行为。

女神安娜希塔是水神,也被奉为生育方面的神。她能净化男人的精子、女人的子宫,使乳汁从女人的乳房流出来,滋养年幼的孩子。《亚什特》描述她"双臂洁白美丽、粗壮强健,仿佛马肩"。她总是热衷于向崇拜者赠送他们渴求的战车、武器、家居用品等财物,并祝福他们在战争中获胜,消灭敌人。不过,要获得这些礼物,就得按女神的要求献上祭品:

谁愿意赞美我？谁愿意为我献上祭品，备好洁净、过滤好的酒，以及豪麻与肉？我该与谁同在？谁愿意依附于我、与我同思、赠我祭品、对我有好意？

安娜希塔的宗教崇拜将她作为水神和母亲神的双重神性结合在一起，并在阿尔塔薛西斯二世在位时期获得了王家推崇。阿尔塔薛西斯二世本人就是女神安娜希塔的虔诚信徒。正是由于王室的支持，她在整个波斯广受欢迎。

波斯波利斯泥板文书大胆地证明了"其他神"的存在，还揭示了王室机构如何为崇拜伊朗众神和埃兰众神提供宗教必需品。除了阿胡拉·马兹达，波斯波利斯泥板文书还提到了其他值得祭祀的伊朗神祇，包括祖尔宛（Zurvan，天气之神）、米兹杜什（Mizdushi，丰饶女神）、纳尔瓦桑迦（Narvasanga，火神）、瓦里塔（Hvarita，旭日之神）和众神的集合（Visai Baga）。然而，应当特别注意的是，大部分波斯波利斯泥板文书提到的埃兰神祇，诸如古老的神祇胡姆班（Humban）、因舒希纳克、纳帕里沙（Naparisha）、阿达德和施马特（Shimat），都是在宫城及周边地区被崇拜。虽然阿胡拉·马兹达在王家铭文中无所不在，但他的名字出现在波斯波利斯卫城泥板文书中的次数只有 10 次，而埃兰神胡姆班虽然在王家文献中不为人知，却在波斯波利斯泥板文书中出现了 27 次。同样，在阿契美尼德王朝，许多波斯人的名字中都能找到与广受欢迎的神密特拉相关的成分，但在波斯波利斯的文献中，密特拉从未确切出现过。

波斯波利斯卫城泥板文书呈现了大流士统治期间帕尔斯多样得惊人的宗教景观。例如，长久以来，血祭（lan-offering）一直是埃兰传统的一部分，后来在波斯统治时期，这一点又被广泛接受和实践。在埃兰，每日都要向众神献祭，这一传统有着悠久历史。在苏萨的一块石碑上刻着一位埃兰国王日常向神因舒希纳克供奉的祭品：黎明一只绵羊，黄昏一只绵羊。它们最后可能被那些每天在神庙大门口表演两次的宗教吟唱者或其他神庙人员食用了。这个体系被波斯人保留了下来，在波斯波利斯就可以看到它的运作情况。波斯波利斯泥板文书中没有暗示琐罗亚斯德教有任何关于动物献祭的禁忌，而是揭示了官府对饲养大量绵羊和山羊的关注，这些绵羊和山羊除其他用途外，还可用于祭祀。此外，波斯波利斯泥板文书也揭示了波斯麻葛没有垄断帝国的宗教生活，因为波斯宗教世界中还存在另一个拥有埃兰头衔"沙廷"（shatîn）的祭司团体。然而，最值得注意的是，泥板文书清楚地记录了"沙廷"服务于埃兰及伊朗众神，向他们献祭，而波斯麻葛也在做同样的事。在仪式实践方面，埃兰人和波斯人之间没有区别。很明显，用食物献祭超越了它最初的地理和文化领域，在阿契美尼德王朝已经融入波斯腹地和帕尔斯边远地区的仪式活动。阿契美尼德王朝选择支持一种融合众神的宗教，有些神是伊朗的，另一些则是埃兰的。融合在一起的众神可以被很好地定义为波斯诸神。印欧神祇和美索不达米亚神祇的融合支持了一种观点，即阿契美尼德王朝倾向于融合古伊朗和古埃兰的神灵观念，以及崇拜仪式。

第三部分

全盛时期的帝国

在写于公元前360年左右的《法律篇》第三卷中，希腊哲学家柏拉图用了相当长的篇幅来论述波斯社会，主要致力于阐述和解释波斯社会的堕落。"薛西斯的统治生涯与不幸的冈比西斯的有得一比，"他写道，"自薛西斯的时代以来，除了头衔与威信，几乎没有哪位波斯国王真正称得上'大帝'。我认为，这要归咎于他们总是过着令人厌恶的生活。"柏拉图认为是薛西斯的狂妄和专制导致波斯不可避免地走向了衰落，"波斯人没能阻止一路往下的衰颓势头"。对于希腊人和数百年来的西方评论家来说，"衰落"成为提及波斯时的一个流行用语。波斯作为全球超级大国的衰落，归根结底还是由于波斯统治者的道德沦丧。这种从道德角度解释但又流于表面的轻率判断，一直是历史学家在研究波斯帝国晚期时所采用方法的主要逻辑依据。它将波斯帝国硬塞进了深受吉本和他之后的欧洲历史学家喜爱的标准的"兴衰"剧情里。因此，后世人们所熟悉的情节就是波斯君主（像罗马帝国的皇帝一样）摒弃了帝国的职责，放下了武器，完全沉溺于寻欢作乐的美好生活。一位东方主义者做了评注，进一步谴责波斯君主，责备他们被后宫里的阉伶和妓女的阴谋操纵。

然而，事实上，大流士大帝之后并不是一个衰败的时代。公元前334年，让波斯人惊讶不已的马其顿入侵到来时，这个帝国还远没有陷入衰败的境地。它一直以来都充满活力、蓬勃发展，展现出强劲的力量，没有显现任何分崩离析的迹象。在第三部分，我们又重新进入历史叙事。这段叙事表明，尽管波斯帝国那时确实遇到了很多问题，但它积极地克服了它们，而且在最后两任武士国王——阿尔塔薛西斯三世和大流士三世——在位期间，它还在某种意义上经历了国力的提升。仅凭这一点，这个时期的波斯帝国就配得上"全盛的帝国"的称号：这是波斯收获帝国主义利益的时期。虽然帝国在弑君谋逆和手足相残的情况下最终仍然保持了疆域完整，未曾分裂，但我们接下来将目睹家族内斗如何危及这个王朝的稳定。现在，让我们一起来探索自大流士大帝去世后长达一个多世纪的波斯历史。

第 13 章

大流士退出历史舞台

公元前 490 年左右，大流士日益衰老，他曾经精力充沛的身体逐渐变得疲惫不堪，他开始考虑王位继承问题。他子嗣繁多，由谁来继承他的王位呢？阿契美尼德王朝和古代西亚、北非的其他任何一个伟大王朝一样，都不实行长子继承制。统治者更喜欢对命运下注，等待从后宫众女子生下的诸多有潜力的儿子中选择一个继承王位。为什么那里的古代统治者要玩王朝式俄罗斯轮盘赌，拒绝实行简单的长子继承制，以避免谋杀和骚乱的威胁呢？他们做出这种选择，可能是基于当时的实际情况。在就连贵族阶层的婴儿死亡率也很高的时代，父亲一般在儿子们长大成人之后再任命继承人，这可能被认为是谨慎之举。即便如此，谁也不能保证他们长寿。战争也对长子继承制产生了不利影响。

不实行长子继承制的其他原因则更为私人化。国王等着看自己的儿子中有哪一个最有潜力成为统治者，或表现出他认为最可取的特征。在古代波斯，继承法则就是"所有人自由竞争"，其中最强的儿子（或有更多政治支持的儿子）继承王位。国王与潜在继承人的生母之间的关系也会影响王子的未来。因为在床笫之间，王权会失去魔力。没有人能比她们更接近国王，对他吹枕头风了。因此，国王的妻子和妾在王储选择上是有影响力的。大流士的妻子阿托莎为了确保儿子成为下一任国王，一定使出了浑身解数。

在一篇波斯波利斯铭文中，我们发现了一段薛西斯为纪念自己被确立为大流士的继承人而下令刻写的文字。在铭文中，薛西斯谨慎地将自己与对父亲的回忆联系起来，并用古波斯语词mathishta，即"最伟大者"，称呼自己：

> 大流士还有其他儿子，但是此乃阿胡拉·马兹达之愿，我父亲大流士让我成为继他之后的最伟大者。当我父亲结束统治时，我将承蒙阿胡拉·马兹达的神恩，继任为王。（XPf）

薛西斯的声明里尽是虚张声势，其实这一切源于一个重要事实：薛西斯是大流士的孩子中第一个拥有居鲁士大帝血脉的儿子。他本身就是为大流士政变所做的一种辩白。正是阿托莎的"王朝子宫"统一了泰斯佩斯家族和阿契美尼德家族，因此大流士选择让薛西斯成为继承人，作为王族统一的鲜活象征。

*

大流士统治时期的最后一份文件是一封写于公元前486年11月17日、从巴比伦寄来的书信，而他的继承人薛西斯在位的第一份文件就写于同年的12月1日。就在这两封信间隔的两周时间里，缠绵病榻30日的大流士去世了，享年约65岁。大流士是一位卓越的统治者。他通过官僚机构、交通系统和律法体系将帝国各处紧密连接在一起，将波斯推向了一个统治世界的时代。甚至连死敌雅典也承认大流士是一位模范君主。大流士统治了波斯36年。

他成功地加强了阿契美尼德王朝对帝国边境的控制，甚至还试图征服多瑙河对岸斯基泰人的领地。他对帝国的雄心壮志显而易见，即使并非所有的雄图伟略都能被实现，但大流士给这个帝国留下的也是比他初登王位时更加健康的发展态势。

大流士去世时，波斯的圣火熄灭了，整个帝国的正常生活都停滞了，人们进入了深切的哀悼期。波斯男人剪短了头发和胡须，并修剪了马的鬃毛，以示哀悼。波斯女人尖利的哀号声在空中不停回响。这是一个敏感的时期，帝国各地的官员都在举办哀悼仪式，然而，遗憾的是，现在我们对大流士去世时举办的仪式和传统都了解甚少。但是最近发现了一份新亚述时期的文本，它是用巴比伦语写成的，或许能让我们了解君主去世引发的情感，以及他的指定继承人为祈祷国王来世生活顺遂无忧而举行的仪式：

> 沟渠里的流水声似哭泣，运河里的河水也发出了应和似的悲戚声音，所有的树木、果实都失去了光泽。鸟儿在哀鸣……我宰杀公马和母马献祭给众神，请求他们安葬我的父亲……我的生父，我轻轻地将他放在无人知晓的陵墓中央，然后用王家膏油涂抹他。这具石棺就是他安息的地方。我用质地坚硬的铜封住了棺口，然后又用黏土加封。我在墓里一一摆放了金银制品，都与棺墓相称，我父在诸神面前所喜爱的君权的象征，我将它们全都放在了墓里，伴我父左右。

大流士的遗体先在苏萨由专业的殡葬师（他们可能是埃及的防腐师）处理好，然后从埃兰运到帕尔斯，放置在纳克什·鲁斯塔姆的石窟墓室里。当由庞大的送葬队伍护送的王家灵车缓慢穿行全国时，波斯民众最后一次目睹了对于大流士大帝辉煌功绩的展示。他的遗体被安置在一辆由 64 匹骡子所拉的大车里，遗体上方罩着黄金华盖，四周垂有网状流苏，上面系着大铃铛，铃铛发出的声音从很远的地方都能听到。送葬队伍还抬着一尊国王的雕像。大车和雕像后面跟着全副武装、衣着华丽的王家卫队。众多民众聚集到一起，缅怀大流士。这场壮观、盛大的葬礼与这位万王之王相称，是对他的恰当致敬。

波斯波利斯的文献明确表明，已故君主和一些高阶官员享受王家祭拜礼。这是古老的埃兰习俗。波斯人也采用了埃兰人礼拜雕像或浮雕石碑的方式，这些雕像或浮雕石碑刻绘的已故人物是祭拜的对象。例如，最近翻译的一篇可以追溯至公元前 485 年（薛西斯统治的第 1 年）的巴比伦文献表明，波斯王室很快就举行了对大流士的祭拜礼，祭拜的焦点是已故国王本人的雕像。泥板文书记载了此次为围绕国王雕像举行的仪式准备的大麦的供给情况：

> 每日为大流士雕像供奉酿造啤酒所需的大麦。奴隶布讷讷-伊布尼负责已故国王的祭物供给……他已经收到了大麦。

波斯波利斯的一块泥板上保存了对王室葬仪的盛况的暗示。它提到了大流士的父亲希斯塔斯佩斯之墓，希斯塔斯佩斯是波斯最伟大的部落首领之一，也是阿契美尼德家族受人尊敬的长者。希斯塔斯佩斯死后理应受到祭拜。王室葬仪由朝臣管理和维系，他们确保已故首领定期收到食物和酒饮的供奉。数世纪以来，埃兰人将这些祭品称为"苏玛尔"（sumar），此词也出现在波斯波利斯泥板文书中。波斯波利斯行政主管的首席助理齐什沙维什为希斯塔斯佩斯苏玛尔的看守人分发了 600 夸脱的谷物。

希斯塔斯佩斯究竟埋在波斯波利斯的什么位置，祭拜他的神殿又设在何处？考古学家早就知道在波斯波利斯附近的塔克特依·戈哈尔（Takht-i Gohar）有一座相当破旧的方形陵墓式建筑。今天它看起来饱经风霜、破旧不堪，但它的平台底座由两层精心打磨并抛光的石块搭建而成，曾经支撑着一间雅致的灰泥砖室。刚竣工时，它看起来有点像居鲁士大帝的陵墓，对于国家高阶官员来说，它将是一个合适的安息之地。在现代修复之前，该遗址的建筑平面图显示，最初在石块之间还有两个与真人大小相当的空间，这两个空间里都挖了很深的埋葬坑。当时在波斯波利斯主持考古发掘工作的芝加哥大学学者恩斯特·赫茨菲尔德认为，这座陵墓属于冈比西斯二世，但现在我们通过波斯波利斯泥板文书可以知道，他其实被埋葬在了其他地方，所以塔克特依·戈哈尔很有可能就是希斯塔斯佩斯的墓地，他死于约公元前 499 年。大流士的母亲伊尔达巴玛有可能也埋葬在这里。令人敬畏的灵魂也正是在此处享用祭品。

有证据表明，当时的人也为已故国王冈比西斯二世举行官方祭拜礼。这要求每月供奉肉类、谷物和酒饮。冈比西斯二世和妻子帕伊杜美（古波斯语名为 Upandush）在一个叫作纳雷扎什（Narezzash，今法尔斯省的内里兹）的地方接受祭拜。一篇文献记载了波斯波利斯的行政长官帕尔纳卡发放了"24 头小牛，用作冈比西斯及其妻子帕伊杜美在纳雷扎什的苏玛尔"。今天，内里兹是一处面积广阔的自然保护区，是伊朗大批野山羊和野驴的家园。我们知道，这里在古代曾是王家狩猎园，当然也非常适合作为王家陵墓。然而，波斯波利斯泥板文书告诉了我们更多有关王家祭拜礼的信息。泥板上的信息表明，在内里兹，冈比西斯的妻子有自己专属的祭品，与她丈夫的祭品是分开的。其中一份文本表明，在"纳雷扎什帕伊杜美的供桌上"摆了24升上等葡萄酒，这证实了波斯的王室女性也可以成为祭拜的对象。其地位和威望给她们带来了这份显赫的独特荣耀。

波斯显然为大流士大帝举行了最隆重的祭拜礼。由于至高无上的地位，大流士大帝显得既遥远又神秘。如果说他算不上是一位神，那么他也超越了人，比其他任何人都要强。他配得上王家祭拜礼的荣誉。尽管没有一位波斯统治者敢将自己视为在世的神，但希腊人一直坚称，阿契美尼德王朝的君主认为自己是神圣的。这个错误理解起来其实很简单。波斯人为已故统治者举行的崇拜仪式很容易导致希腊人相信，波斯人认为自己的国王确实是神圣的。普鲁塔克在一篇文章中试图阐明真正的波斯信仰："在我们的众多优秀习俗中，"一位波斯贵族向一个来访的希腊人解释道，"视国王为万物保护者，尊敬和崇拜他，我们认为这是最好的习俗。"同样，在悲剧《波斯人》中，埃斯库罗斯称已故国王大流士为 isotheos（意为和神明一样的存在）、theion（意为神圣的）和 akakos（意为无错的、无害的）。虽然我们肯定不能从字面意义上理解这位雅典剧作家的这些观点，但他确实曾以这种方式想象阿契美尼德王朝的国王。一些希腊人甚至想象，波斯国王有一个守护神（希腊语为 daimon）或神灵。普鲁塔克坚持认为，朝臣敬畏和崇拜国王的守护神，希腊历史学家塞奥彭普斯甚至说，波斯人为了取悦国王的守护神，会在供桌上堆满食物。在此，我们对波斯王室葬仪的理解显然受到了希腊文献的错误引导。不过，希腊人相信波斯国王有守护神,这倒是对波斯人的"弗拉瓦希"(fravashi),即君主"灵魂"的信仰的合理解释。希罗多德说过,波斯人私下崇拜时有义务为国王和王子们祈祷,这表明至少希腊人明白波斯人是如何将神、国王和帝国等概念混合在一起的。

在波斯帝国,墓葬是非常罕见的,似乎只有王室才享有这种特权。阿契美尼德家族有可能坚守着一种古老的信仰,即土地、水和火一直处于被死亡相关因素污染,尤其是被腐烂的尸体污染的危险之中。将尸体埋在地里,或火化或淹入河湖里,都是在污染活人的世界。土壤和其他元素受到污染一直都是令伊朗人担忧的问题,而尸体腐烂造成的污染尤其可怕。为了避免这种极其恶劣的不良影响,伊朗人可能从很早以前就开始将亡者的尸体暴露在空气中,任由动物将身体组织啃食得干干净净。希罗多德指出,亡者的尸体只有在被猎狗或猛禽撕碎后才会被埋葬,在下葬前,祭司们会用蜡涂抹尸体(这里应该是特指骨头)。富人可能会用一个骨瓮(astōdān)来装尸骨,但只有在身体组织被剔除干净后才能装进骨瓮。骨瓮由石头雕刻而成,并用石膏紧密地包裹起来,以防进一步渗液。在纳克什·鲁斯塔姆和波斯波利斯,阿契美尼德王朝国王令人惊叹的石刻陵墓表明,阿契美尼德家族坚守和践行着一些古老的波斯死亡传统。当一切尘埃落定,由巨型岩石开凿而成、再用大门封住的国王陵墓,就成了巨大的、不朽的骨瓮。

纳克什·鲁斯塔姆长期以来一直是埃兰人的圣地。当大流士大帝选择此地作为自己的安息之所时,埃兰人的形象还出现在墙上的宗教浮雕里。大流士是阿契美尼德王朝第一个将自己的陵墓建在这座古老山崖上的国王。当地人将此地称为"侯赛因山"。他的继任者也亦步亦趋地模仿他,在岩壁凿墓,并且完整地复制了整个建筑布局。岩壁约 64 米高，陵墓本身的外立面则高出地面约 15 米。据有波斯旅居经历的希腊历史学家克特西亚斯记载，大流士最宠信的太监巴加帕特斯在前者去世前守卫了大流士陵墓 7 年，也就是说大流士的陵墓在约公元前 493 年就已完工。陵墓正面被建造成了一个巨大的十字形。墓室入口上方是公牛柱头和埃及式山墙楣饰，墓室则深深地嵌入岩石中。一条狭长的入口走廊沿着岩壁平行延伸，三个矩形墓室从岩壁延伸进岩石深处。墓室的地面比入口走廊处高了 1 米多。里面凿了 9 个石棺，但它们的大小和品质都没有区别，因此无法知道大流士的尸体究竟在哪里。石棺里有可能还放着金属或用金属包裹的棺材，并被整块的大石板覆盖。很明显，这座陵墓的主人不止一个，也许大流士的一些妻妾和子女也葬在这里。在古时候，这些墓室一定摆有精美的随葬品，但那些原本大流士来世要带走的财富，连同那扇曾堵住入口的沉重石门，早已不见了踪影。

在墓室外面，门口上方的嵌板浮雕刻绘了国王站在火坛前的三阶基座上，国王和火坛均由代表帝国 28 个族群的抬王座者支撑着的场景。侧面的嵌板上雕刻有国王的持剑者和侍卫的形象。三种语言的楔形文字铭文被镌刻在岩壁的三块嵌板上，一一列举了 28 个族群的抬王座者的名字，夸耀了国王和他的统治，提醒所有臣民要忠实于国王和神："臣民啊，这是阿胡拉·马兹达的命令，不要觉得反感，不要偏离正确的道路，不要试图反抗！"

第 14 章
薛西斯号令群雄

薛西斯主导了西方人对古代波斯的普遍认知。正是薛西斯有胆量在公元前 480 年入侵希腊，威胁到了神圣的民主发源地。由于希波战争不断被神化，薛西斯仍然在西方人的想象中有着巨大的影响力。美国华纳兄弟娱乐公司制作的《斯巴达 300 勇士》和《300 勇士：帝国崛起》系列电影大获成功，在这些电影中，薛西斯（用他的扮演者罗德里戈·桑托罗的话来说）"不是一个人……也不是一个生物……而是一个缺乏高贵、虔诚和正直品质的独立存在体"。他被塑造成了一个险恶的暴君、性取向模糊的人物、东方恶魔，以及号令亡灵大军的神王。

我们对薛西斯形象的误解，很大程度上要归咎于希罗多德。正是他煞费苦心，成功地将薛西斯塑造成了一个自恋成狂的暴君。在《历史》一书中，希罗多德蓄意而巧妙地歪曲了薛西斯的形象并诽谤了他。他在书中用微妙细致的笔触刻画了薛西斯的形象。例如，希罗多德在讲述薛西斯穿过亚洲向希腊挺进时，他写道，当国王薛西斯到达土耳其西南部大门德雷斯河渡口不远处的卡拉泰博斯镇时，他在路边看到了一棵粗壮、雄伟的悬铃木。他一下就喜欢上了这棵树。他痴痴地望着它、赞美它、崇拜它，并在树上挂满了奢华的礼物，就好像是在送情人礼物一样。薛西斯在树枝上挂满了金饰——项链、耳环和手镯，直到这些树枝在他的慷慨大方下不堪重负，发出低沉的声响。他还安排了一个人待在那里永远地守护这棵树。然后，国王才悲伤地告别了这棵树，继续出发前往萨迪斯。

这是个离奇的故事，除了讽刺薛西斯，没有任何用处。希罗多德就是用这种方式呈现薛西斯精神错乱、散漫随性，不配战胜像希腊人这样优秀的族群。后来，这个故事广为流传。后世的希腊人和罗马人虽然都认为这个故事非常滑稽可笑，但还是相信了。2世纪，作家埃利安甚至宣称薛西斯爱上了一棵悬铃木，这令后者本人显得"滑稽而可笑"。薛西斯"为它安排守卫，就像安排一个太监监视后宫一样"。

同样，《圣经·以斯帖记》中的薛西斯也是一位荒诞不经的人物。他与希罗多德笔下的人物非常相似。在《圣经·以斯帖记》中，这位波斯国王既是超级强权的象征，又是特别无能的象征，多少是个有点可怜的角色。难怪一些评论家认为，他是精心打磨的喜剧人物。犹太教义将他塑造成了一个反复无常的傻瓜和残酷无情的恶棍。

西方古典传统非常迷恋希罗多德笔下疯狂暴君的故事，还将薛西斯愚蠢地迷恋上一棵树的故事搬到了歌剧舞台上。这体现在格奥尔格·弗里德里希·亨德尔创作的喜歌剧《薛西斯》（Serse，1738年）中。这部喜歌剧以一幅奇异的场景开场。薛西斯坐在一棵树下，唱起了著名的《广板》（Largo）向它求爱，歌声优美动听：

从未见过如此可爱、美丽的大树荫。

希罗多德实现了自己的目标,将薛西斯塑造得既邪恶又愚蠢,取得了人格诽谤上的胜利。然而,在希罗多德的荒诞故事和亨德尔音调优美的歌剧背后,是一个关于古代波斯人的事实:他们对树木有一种深厚的虔诚崇敬。这个希腊故事包含了一种重要的古代象征主义表现形式,传统上,古代西亚、北非地区的国王被认为与树相关,甚至就是树。例如,苏美尔国王舒尔吉一度被誉为"栽在水渠边的椰枣树"和"栽在水边的雪松"。众所周知,古代以色列和犹大的国王被描绘成了大卫家族之树的"芽"和"枝",而亚述国王经常被描绘成"生命之树"。树木是古代西亚、北非文学和意象中的常见主题,它们与生育力和神圣制裁的力量息息相关。它们有一种特殊的影响力,被视为神圣之物,是人和神的会聚之处。这就是在一枚圆柱形印章上刻绘薛西斯(其名字被刻在显眼之处)用珠宝装饰一棵树的场景的原因。(图17)他崇拜这棵树,是因为它是他与神相会的神圣渠道(与此类似,人们可能会联想到《圣经·旧约》中耶和华在燃烧的荆棘中向摩西现身的场景)。这枚小巧的印章正是拨乱反正的明晰证据,可用它来对抗希罗多德为嘲笑薛西斯而编造的有倾向性的言论。这枚印章向我们展示了西亚、北非古老的树木崇拜的波斯形式。

图17 一枚印章的印记,描绘的场景是薛西斯正用珠宝装饰一棵树

*

那么，波斯人眼中真实的薛西斯是什么样的呢？当然，臣民并不知道他被称为"薛西斯"。对于他们来说，他是 Xshayarashā——一个寓意美好的古波斯语名字，意思是"号令群雄"或"统治者中的英雄"。这是一个高贵的王族名字，强大而有力，充满了勇士气概，听起来很有自信。公元前486年，大约33岁的薛西斯登上王位，成为万王之王时，他名字中暗藏的那种声势实际上并未得到证实。薛西斯很难效仿大流士的成功之路，从继位初期的铭文来看，他似乎很难摆脱父亲的阴影。几份王室声明表明，薛西斯一直致力于将自己与他尊敬的父亲的遗产紧密联系在一起。他确实在波斯波利斯建造了新的建筑，但他强调说，他只是完成了大流士的工作：

> 我成为国王后，下令建造了许多优质建筑。这些建筑在我父亲在世时已经开始修建，而今由我负责，我还做了其他工作。但我和父亲所做的一切都是承蒙阿胡拉·马兹达的神恩。国王薛西斯宣布：愿阿胡拉·马兹达保护我和我的王国！愿阿胡拉·马兹达保护我修建的建筑，以及我父亲修建的建筑！（XPf）

薛西斯对父亲的崇敬和孺慕之情太明显了，以至他很少提及自己的建筑活动。后来，阿契美尼德王朝的国王纷纷效仿薛西斯，与大流士保持一致，这逐渐成为一种惯例。以薛西斯为例，他从不放过任何说明自己是大流士之子和阿契美尼德家族成员的机会。

公元前 486 年，薛西斯正值壮年。他的身体强健有力，精力无限，这对他非常有利。他似乎是深受众神喜爱的人，因天生的英俊容貌和健壮身材，他自然而然地吸引了所有人的目光。他还深谙谈话技巧，他所说的一切总能吸引住听众，使他们信服。他的面容极具魅力，他有一双杏仁状的黑眼睛、一个微微上翘的鼻子，他的髭须浓密有形，末梢卷曲、优雅下垂，还蓄着一撮独特的方形胡须。他每一缕散发着香味的卷曲胡须都是凸显美容师技艺的杰作。胡须一直垂到他的胸口，不过薛西斯仍希望有一天它可以长到腹部，就像他父亲的胡须一样。他的衣着总能彰显出自己独特的地位。他喜欢穿宽松的宫廷长袍，腰间系着束带。薛西斯认为这身装束会给所有看到他的人留下深刻印象。他是对的，实际上也确实如此。他还选择将衣服染成华丽昂贵的骨螺紫或橘黄色。他长袍上编织的图案——V 形、花苞、条纹和玫瑰花结——缀有金线帖绣的狮首装饰，当他走路时，这些装饰闪闪发光、叮当作响。薛西斯在长袍底下还穿有裤子，他从未忘记自己的游牧祖先，但裤子是用上等白色丝绸制成的，脚踝处配有蓝色的刺绣带子。他双脚穿着深蓝色的软绒面革皮鞋，都用侧边的鞋带系得紧紧的。为了搭配这一造型，他戴上了狮头项环和手镯，以及精致的珐琅彩耳环。他的这身装扮价值不菲，据说大约值 1.2 万塔兰特[*]。在波斯帝国，再没有人能像薛西斯那样光彩照人。就连希罗多德也不得不承认，"就相貌和身材而言，没有人比薛西斯更有资格掌权了"。

我们只知道薛西斯其中一个妻子的名字，即阿梅斯特里斯。

---

[*] 古代世界的货币单位，1 塔兰特约合 26 千克黄金或白银。——编者

她是强大的首领欧塔涅斯之女。欧塔涅斯是曾经与大流士大帝一起密谋推翻国王巴尔迪亚的七人集团的一员。在阿梅斯特里斯30岁出头时，薛西斯成为国王，在接下来的几十年里，她也随之在宫廷政治里扮演颇具影响力的角色。她确实没有辜负自己的名字，"阿梅斯特里斯"在古波斯语里意味着力量。这个美丽的女人拥有纯正的波斯血统，穿着和她丈夫一样华丽的服饰。她至少为薛西斯生下了三个儿子，即达里埃奥斯、希斯塔斯佩斯和阿尔塔薛西斯，还有两个女儿，即阿米蒂斯和罗多贡。她在后宫里小心翼翼地抚养自己的儿子，直到他们应当进入男人的世界；她教导自己的女儿礼仪，使她们为恰当的婚姻做好准备。毫无疑问，薛西斯在后宫有无数妻妾，因为我们知道薛西斯的其他孩子并非阿梅斯特里斯所生。比如公主拉塔莎，公元前486年，还是婴儿的她在记录中短暂出现，之后就再也没见到她的名字了。但是，其他女人都没有获得如阿梅斯特里斯那般的权势。

　　薛西斯身处盘根错节的人情关系圈子的中心。王家宫廷的氛围就像黑手党一样，他与贵族、幕僚周旋，与自己的亲信仆人交流互动。但身处潜在的麻烦制造者之中，他又能真正信任谁呢？对于国王来说，结交朋友、发展亲密关系，不是总伴随着风险吗？下层仆人容易滥用国王的信任，上层贵族则可能试图篡取权力。甚至连妻妾子嗣都有可能背叛统治者，卷入王朝内斗。薛西斯名义上大权在握，而且不可撼动，但他也意识到了家族内部这种基本张力，因此他也寻求绝对忠诚。他在母亲阿托莎身上看到了这一点，母亲是他的主要支持者和帮助者，于是他经常向母亲寻求建议。阿托莎在约公元前475年去世前，一直是宫廷中最有影响力的人物。

＊

薛西斯登基后的主要任务就是挑选一批能干的大臣，他们可以为他出谋划策，当然最重要的还是要忠诚于他。尼多斯的克特西亚斯凭借自己对宫廷内幕的了解，告知我们这些被选中的人都是谁。他记录道："大流士之子薛西斯继位为王。阿尔塔西拉斯之子阿尔塔帕努斯对薛西斯而言非常重要，就像他父亲对薛西斯之父而言一样。老马铎尼斯对他也非常有影响力。"所以，薛西斯在执政初期似乎还是主要依靠那些曾经依附于他父亲的老臣。这种情况并不少见，因为许多政权更迭都需要通过延续旧有的、仍在运转的制度或人员来顺利完成。王家宫廷是薛西斯的"家"，是他的大家庭。在这里，成千上万的人聚集在国王身边。对贵族来说，宫廷生活的吸引力显而易见，权力、威望和报酬都可以靠亲近国王、为国王效劳而获得。宫廷当然也有等级制度，只是想要解读每个王室职位的确切职能相当困难。不过，我们可以肯定一件事：波斯国王身边围着各式各样的朝臣，从总督到小马倌，地位各异。希腊人认为，由于波斯国王的地位太过显赫，无法亲自处理帝国的所有日常事务，他们需要大批幕僚。有一位被我们称为伪亚里士多德的佚名作家曾评论说："亲自管理帝国，实现愿望，以及监督帝国官府，有失薛西斯的身份。这样的职能与一位神不相称。"但有其他材料表明，在过去，国王会通过亲身实践，以艰苦的方式习得帝王之术。居鲁士大帝年轻时，在朝中担任过好几个职位，比如持权杖者之首、侍从之首和侍酒者。大流士曾是居鲁士大帝的持箭袋者和冈比西斯的持矛者。这些官衔是在波斯波利斯泥板文书中找到的此类名称的典型代表，类似的还有抬椅凳者、持弓箭盒者等。

整个宫廷都处于一个有权势的官员（hazārapatish，字面意思是千人之主），或称"千夫长"的监视之下。这位官员负责指挥王家卫队，守卫整个宫廷的安全。他得到了统治者的完全信任，按照朝拜礼仪严格把控接近的人物。其他重要的内廷高官还包括王室管家、王家车夫和国王的侍酒者。宫廷头衔并不一定与拥有这些头衔的官员履行的实际职责相关，享有宫廷头衔的贵族可能只是在国家仪式上"扮演"规定的角色。

阿契美尼德家族创造了一个复杂的金字塔状宫廷结构，国王处在狭窄的金字塔顶端，而奴隶，即库尔塔什，则位于金字塔宽广的底层。相较而言，一小群波斯贵族在这个金字塔状结构中占据高位。他们都是世袭贵族，希腊人称之为"守门之人"（People of the Gate），由于血统和地位，他们有义务在宫廷效劳，侍奉国王。大量中间人在社会金字塔的行政梯级中活动，他们可以向上及向下同其他阶层交流。任何为国王做出重要贡献的人都是"支持者"（benefactor），其名字会被记录在王室档案中。国王会将服饰、珠宝、牲畜和土地等礼物赏赐给这些王室"支持者"。甚至外族人也能从这个御赐体制中受益。色诺芬记录了一位国王向朝臣表达自己恩宠的方式，"他会赏赐惯常的王家礼物，即一匹戴金嚼子的马、一条金项链、一个金手镯、一把金刀和一件波斯长袍"。这种正式的礼物赏赐是波斯君主的重要手段，因为它在贵族和国王之间构建了一种恩惠和从属制度。

有"国王之友"之称的朝臣享有最高特权：有机会与国王同桌而食，或作为贴身仆人侍奉国王。这些都是极其珍贵、通过严格筛选才会授予的特权。强大的亚美尼亚总督蒂里巴祖斯就是一位备受恩宠的"国王（这里指阿尔塔薛西斯二世）之友"，当他远离行省，住在宫里时，"只有他有特权搀扶国王骑上马"。在王家圈子里，卑微的工作却有着重大意义。为国王本人服务是一种提升地位的方式。这也是为何定期在宫廷露面对世袭贵族来说非常重要。像蒂里巴祖斯这样的总督都要离开自己的行省，向国王履行自己的职责。他们将遮阳伞举过国王的头顶，为国王打扇，或者用马毛拂尘驱赶苍蝇。薛西斯的弟弟马西斯特斯虽是遥远的巴克特里亚行省的总督，但他也是宫廷里的常客。长期担任埃及总督的阿尔沙玛从公元前410年开始休假两年，从孟菲斯回到波斯王宫，这样做大大提升了他的知名度。

还有一个重要的侍臣群体不太容易融入这个金字塔状宫廷结构。从理论上来讲，太监可以将自身融入多个宫廷阶层，因此很难将他们牢固地归置于宫廷结构中的某个位置。这些被阉割了的男孩和男人在宫廷担任高阶官员、行政官员、贴身侍从，以及奴仆和苦力。身为被阉割者，他们被看作"第三性别"。正因为如此，他们能够越过并玩弄宫廷中那些可渗透的壁垒。已经得到证实的是，其他古代西亚、北非国家的王宫里也有太监，他们在新亚述世界占有重要地位，除了在宫廷里效力，还在军队中担任职位，甚至还有人担任高级将领。根据希腊人的记录（必须明确指出的是，希腊人很难在心理上接受和适应这种外来的东方习俗），波斯人是因为诚实和忠诚才看重他们。阉割行为使他们像被阉割的马和狗一样，变得温顺，更具可塑性。色诺芬明确肯定，正是基于这个原因，居鲁士大帝首次将太监引入了他的军队。但这并非确凿之言，因为阉割早在居鲁士时代之前就已经是美索不达米亚的一种习俗了。希罗多德还讲述了一个有趣的故事。有一位讲希腊语的年轻人，即佩达萨的赫尔墨提姆斯被人抓了后，又被卖给了奴隶贩子帕尼奥尼乌斯。帕尼奥尼乌斯专门将漂亮的男孩阉割了，再卖给小亚细亚精英阶层的顾客。赫尔墨提姆斯随后辗转到了波斯宫廷里，很快引起了薛西斯的注意，获得了他的青睐。薛西斯责成他教导后宫子嗣，这是一项受信任的特权工作，说明他深受国王信任。希罗多德进一步确认了，巴比伦每年需要向波斯国王进贡 500 名男孩，他们会被阉割，变成阉人。这暗示，他提到的埃塞俄比亚每 3 年进贡的 5 名男孩和科尔基斯人进贡的 100 名男孩可能也变成了阉人。希罗多德还指出，在镇压伊奥尼亚起义时，波斯人阉割了俘虏中最俊俏的男孩，用船将他们运到了波斯。很明显，希罗多德像其他所有希腊人一样，认为阉割之刑令人憎恶，且创造阉人之举有悖人伦。尽管如此，他还是觉得这些人的故事非常引人入胜。波斯人对太监的依赖给了希罗多德一个绝好的机会来批判他们道德沦丧。

我们不需要为阿契美尼德王朝阉割男孩和男人的行为寻找免责的借口。太监制度在西亚、北非一直很普遍，在阿契美尼德王朝及其后的千年里都是如此。对那些被阉割后在宫廷里侍奉的男人和男孩而言，他们收获的回报可能是巨大的。许多太监获得了有影响力、有威望和有财富的职位，但也有一小部分人亲身体验了绝对权力带来的欢愉和痛苦。在薛西斯统治初期，一个名叫纳塔卡斯的太监在宫廷里拥有极大的影响力。这个王家太监非常重要，据说薛西斯曾在征战希腊期间派他去掠夺德尔斐的阿波罗神庙。在居鲁士、冈比西斯和大流士统治期间都有太监在宫廷任职的先例，但在薛西斯统治时期，太监开始获得更为公开的个人权力。他们从公元前 5 世纪 80 年代开始从事间谍活动，有时是为国王效劳，有时是为反抗国王。随后，阴谋和政变接踵而至，以弑君告终。太监主宰了阿契美尼德王朝晚期的宫廷。

能超越宫廷里太监权势的或许是薛西斯的同胞兄弟和同父异母的兄弟（他们当中，有一部分更乐于合作），他们是为薛西斯效劳的朝臣里最有影响力的。宫廷是实际政治决策和帝国权力的中心。波斯的世袭贵族，比如薛西斯的兄弟，在政策制定和帝国治理方面发挥着重要作用。《圣经·以斯帖记》的作者写道："按王的常规，办事必先询问知例明法的人。"没有人比薛西斯的血亲更亲近他了，也没有人比他们更能威胁到他的王位了。薛西斯对他的兄弟严加管束，令他们保持忙碌的状态，无法轻易从事务中脱身。薛西斯的姐妹都嫁给了地位显赫的波斯人为妻。通过联姻，许多贵族之家都被纳入了王位承继的范围。他们及其后代的出现进一步壮大了阿契美尼德家族。薛西斯妻子阿梅斯特里斯的两个兄弟，即国王的姻兄弟，也是这个大家族里的成员。总督佐皮罗斯颇富才干的儿子迈加比佐斯二世也是如此，他是薛西斯之女阿米蒂斯的丈夫。随着战争和叛乱的进行，这些人注定要在薛西斯的统治中扮演重要角色。

*

在公元前486年大流士去世前不久，埃及人意识到波斯的继承危机即将来临，因此开始发动叛乱，反抗阿契美尼德王朝的统治。薛西斯一继位，立即接过军队的统治权，以向埃及的军事行动开启了自己的统治。他成功镇压了叛乱，恢复了埃及的秩序，并任命他的弟弟阿契美尼斯为埃及总督，令他留下来控制埃及人。薛西斯希望，埃及可以在弟弟的治理下安定下来，不再麻烦不断。

薛西斯战胜埃及人一事在很多方面为他的统治定下了基调。它激发了他的自信，即他有资格成为大流士的继承人，也向贵族证明，他像大流士一样，也是一位武士国王。

但在埃及的军事行动告捷后，薛西斯还没来得及喘口气，就收到了巴比伦爆发叛乱的消息。一个名叫贝尔-希曼尼的人赢得了"巴比伦之王、万国之王"的称号，掀起了两次短暂的叛乱。虽然他很快就被消灭了，但这两次叛乱反映了一个事实，即巴比伦不是一片祥和之地。自大流士去世后，这座城市就一直弥漫着一种不安的气息。虽然薛西斯有可能下令拆除巴比伦某个神的贵金属雕像，以示对巴比伦叛乱的惩罚，但可以肯定的是，薛西斯并没有像希腊历史学家后来宣称的那样，摧毁任何一座巴比伦神庙。在邻近的犹大行省，那里的人们也有不满情绪。耶和华神殿的建造因为一系列叛乱而被耽搁了，直到公元前5世纪40年代，这些叛乱才得以真正平息。我们可能无法理解这些短暂却伤脑筋的叛乱背后的细微差别，但我们可以观察到，埃及、巴比伦和犹大的动乱表明，大流士的帝国主义已经到达了它的自然极限。然而，当时薛西斯似乎并没有意识到这一点，他甚至想都没想过。

第 15 章

让战争猛犬四出蹂躏

现在没有充分证据证明,波斯人为何会在公元前 480 年入侵希腊。希罗多德坚持认为,波斯人发动这场战争是为了报复雅典人,因为雅典人曾在伊奥尼亚起义期间帮助过叛军,但我们没有理由只从表面上来看这件事。对这场战争更合理的解释其实是薛西斯本人的领土扩张野心,这与他父亲的雄心壮志非常一致。毕竟,权力的扩张是权力的自然结果。就像罗马人和后来的英国人一样,波斯人也渴望成就一个"无边帝国"(imperium sine fine)。

很明显,从公元前 499 年波斯人开始与希腊人发生军事接触的那一刻起,希腊总有一天会面临入侵。如果大流士将希腊并入帝国版图的野心没有在马拉松战役中破灭,那么雅典人就会同其他被征服的民族一样,被驱逐到美索不达米亚或更远的东方。雅典可能成为波斯人入侵伯罗奔尼撒半岛的行动中心,也可能成为一个行省首府,谁知道呢?薛西斯征服希腊的野心背后是大流士征战希腊的失败。他继位头几年的主要愿望就是将希腊主体部分并入波斯帝国的版图。

波斯史料里完全没有提到薛西斯的希腊战事,就好像它从来没有发生过一样。因此,对于公元前 480 年及之后几年发生的事件,我们得完全依赖于希腊人的描述。我们已经看到了希罗多德是如何严谨地拼凑《历史》一书的,他对这场战争的叙事更是如此。希罗多德带领读者越接近公元前480年发生的事件,他就越着力于将波斯人塑造成来势汹汹的野蛮人——冷酷无情、残忍暴力。然而,《历史》一书的第七卷至第九卷没有进行任何可靠的叙述,来说明公元前480年和公元前479年究竟发生了什么。事实上,希罗多德的叙事大部分都是虚构出来的。例如,希罗多德曾描述过这样一个场景:在苏萨,主要的顾问大臣团团围住薛西斯,其中包括他的表亲兼妹夫马铎尼斯,以及他的叔叔阿尔塔巴努斯。他们中有些人劝说国王将傲慢的雅典人狠狠地踩在脚下,而其他一些人则主张和平。后来,国王离开了议事厅。他躺在床上,噩梦连连。这是灾难的不祥之兆。这些噩梦中,众神将薛西斯逼向了他不可避免的命运。最终,他做出了决定——开战!这些场景值得仔细研读,但不用说,希罗多德根本就不知道国王在议事厅里的谈话,更不可能知道薛西斯在梦中看到了什么。不过,当谈到战事中的军事战略决策时,希罗多德很可能是从家乡哈利卡那索斯的统治者阿忒弥西亚女王那里获得了二手信息。然而,他笔下有关薛西斯、马铎尼斯和阿尔塔巴努斯在遥远的苏萨城里进行的内部讨论完全是虚构的,并不能成为对波斯人为什么要攻击希腊这一问题的确切答案。

我们必须承认,希罗多德的作品读起来令人愉悦。这位"历史之父"的叙述理应在伟大的文学经典中占有一席之地,但谈及薛西斯进军希腊的"历史"时,他只是乱七八糟地讲了一堆由希腊英雄主义和正直主题串在一起的战争功绩的故事。与其说他讲的故事有问题,不如说他的故事将我们蒙在鼓里。这导致我们陷入了两难的境地。我们不能太相信希罗多德所说的,却又不能抛开他的叙述。有关波斯人的一些历史真相可能就隐藏在希罗多德的叙述背后，但我们需要深入挖掘他的作品，透过层层幻想和假象才能找到它们。

*

薛西斯的目标是将希腊并入波斯帝国的版图，而且他知道，想要达成这一目标，需要大量波斯士兵，以便战胜在大流士统治时期就以强悍无畏著称的希腊士兵。为此，薛西斯决定放弃使用王家海军，因为他意识到即使倾尽财力，他也无法建造出足够的舰船来运送如此庞大的军队穿越爱琴海。但他收到了情报，据说希腊人已经建立了一支庞大的三列桨座战船舰队。这份情报使薛西斯感到焦虑。失去海上控制权将是灾难性的。因此，他又开始琢磨自己的作战计划。他深谙自己的军队规模必须得足够大，才能打败希腊城邦盟军，但又不能太大了，否则恐有粮草和水源供应不足之虞。马铎尼斯曾率领波斯军队在希腊北部打赢了一系列战争，因此薛西斯认为就希腊的地形而言，宜发起陆战，这也有利于波斯军队。斥候也向他报告了，从马其顿向南挺进阿提卡的行军道路几乎没有障碍，除了被希腊人称为"德摩比利"，即俗称"温泉关"的狭长通道（希腊人很有可能会在此处防御）。薛西斯得知双方可能会在那里一战后，对此报告非常满意，制订了一项可以发挥其优势的计划。他决定紧密配合着使用陆军和海军。陆军先行一步前去保护海滩，在那里与运送物资的船舰会合；海军则负责保护陆军免受希腊舰队的攻击。

公元前481年，薛西斯先进行了一波心理上的预攻。他派大使前往希腊城邦，要求他们献上土和水。但他故意忽略了雅典和斯巴达，因为早在公元前491年，这两座城邦的人就杀死了大流士派去的使者，他们令人瞠目结舌的不敬行为只会加强波斯人固有的信念，即希腊人是最野蛮的民族，必须得控制住。公元前481年10月下旬，薛西斯的军队开始在萨迪斯集结，国王本人也带着大批随从离开了苏萨。在公元前481—前480年的整个冬季，薛西斯都在和将军们讨论战术，规划行军路线，制订作战计划，训练军队准备作战。他们听取了流亡的斯巴达人德马拉图斯的建议，他是波斯人的坚定盟友。他告诉薛西斯，希腊主体部分的城邦好争吵、不团结，经常互相争斗。他还说，良好的外交可以在不发生冲突的情况下，赢得大多数希腊城邦（独立城邦）的支持。但薛西斯并未被他说服。他知道希腊有许多顽固分子，他们永远不会向他投降，也不会承认他的统治。因此，征服他们、彻底逼迫他们屈服是唯一的选择。情报部门禀明薛西斯，希腊有能力召集4万名重装步兵，其中最优秀的是来自斯巴达的勇士。这支军队将由英武果断的国王列奥尼达及其共治者列奥提基达斯率领，而且他们在伯罗奔尼撒还有许多军事盟友。雅典人会为盟军海军提供大约400艘笨重的三列桨座战船，它们比波斯战舰更重、更具威胁性。薛西斯的斥候很难跟上雅典政治的发展步伐。雅典激进的民主政权似乎每周都在更换领导人，但波斯情报人员最终了解到，菜贩之子塞米斯托克利斯在这座城市大受欢迎，他对于希腊舰队的建设发挥了重要作用。他深受雅典人爱戴。薛西斯凭借独特的洞察力，意识到自己需要密切关注塞米斯托克利斯。

公元前480年春，当灿烂明媚的阳光照耀着萨迪斯总督府，花园里百花盛开、争奇斗艳时，薛西斯率领军队和大批随从前往800英里之外的雅典。他此行的任务是让希腊俯首称臣。

*

根据希罗多德的说法，薛西斯在到达色雷斯的多里斯库斯时，决定清点和编组军队。希罗多德列出了在步兵、骑兵和海军服役的族群分队，描述了他们各自特殊的服饰、头饰和武器。他还说："步兵总数达到了170万人。"这还没算上骑兵、海军、非战斗人员，以及在希腊征召的特遣队人数。总而言之，希罗多德坚称有170万名步兵、517 610名舰队士兵、8万名骑兵、2万名骆驼骑兵和双轮战车士兵，共计2 317 610人。再加上从欧洲征召来的军队，希罗多德得出了一个天文数字：薛西斯的军队有2 641 610名战士。不出所料，军事专家纷纷质疑希罗多德的数据，他们还得出结论，即使减少20%或50%，甚至60%，一支如此大规模的军队也无法执行薛西斯要求的那种战术，因为这支军队实在是太不灵活机动了。希罗多德的士兵名册不应按字面意思来理解。他一心想要创作一幅生动的画像，描绘出他想象中的波斯君主拥有的巨大权力。希罗多德还强调了薛西斯军队的族群多样性，包括色雷斯人、马斯顿人、利比亚人、阿拉伯人，等等。这一点进一步加强了对波斯君主的权力想象。希罗多德暗示，"世界"已经准备好对付希腊了。它利用薛西斯军队族群多样性的壮观景象来凸显波斯军队的人数之众，以此营造希腊军队人数之寡的不对等效果。

对薛西斯来说，在多里斯库斯阅兵的主要作用也是强调帝国的力量和族群多样性。全体士兵着装整齐、武器加身，形成了一个独具一格的画面，这就是波斯波利斯觐见大厅阶梯上雕刻的帝国主题浮雕的鲜活变体。巴比伦的证据证明，这些阅兵仪式也发生在其他时间和地点,驻扎在军事区内的士兵有时也要被征集起来接受王家检阅。为此,他们需要带上合适的装备:"1 匹配有马具和缰绳的战马、1 件带有皮围巾和兜帽的外套、1 副铁甲和面罩、1 个箭袋、120 支带箭头或不带箭头的箭、1 把带鞘的剑,以及 2 支铁矛。"这些由中央政府召集来参与薛西斯阅兵仪式的军队在战役之初就带来了令人震撼的壮观场面。但很明显,他们并没有一起行军前往希腊,更不用说参加战斗了。这项任务被留给了真正的战斗部队。

参战的士兵来自波斯、米底,以及包括印度和中亚在内的东部行省。其中许多士兵都曾在埃及和巴比伦服过役,在那些地区,他们镇压过叛乱。因此,他们是作为一支训练有素的战斗部队来参与希腊战事的。历史学家现在估计,薛西斯派去参与希腊战役的军队大约有 7 万名步兵和 9000 名骑兵。

除了久经沙场的军队,薛西斯还使用了波斯最著名的军队——精锐部队长生军(希腊语为 athánatoi,字面意思是不朽者,又称"万人军")。这支部队属于王家卫队。长生军是阿契美尼德王朝的一支精锐部队,由 1 万名波斯步兵组成。希罗多德称他们为"一支精挑细选的波斯军队",并且通过查明他们之所以被称为"长生军",是因为"如果其中有人阵亡或患病,他留下的空缺会被立即填补上,因此(军队的)人数一直保持在 1 万人左右",从而减弱"长生军"这一称号的光环。在古波斯语中,这支特殊的队伍可能被称为 anushiya,字面意思是"在后面"或"追随者"。然而,这个词源自阿维斯陀语 aosha,意思是"死亡"或"毁灭"。所以,anushiya 可能具有"死亡之后"或"不朽"之意,希罗多德对这个概念的理解是说得通的。长生军被视为一支游离于普通波斯士兵之外的军队。虽然人们普遍认为，阿契美尼德王朝在苏萨修建的宫殿里精美的釉面砖上展现的蓄着胡须、穿着华丽制服的士兵就属于这支精锐部队，但至今尚未发现真正关于长生军的波斯史料。尽管阿契美尼德王朝的国王身边很可能一直陪伴着一支特殊的卫队，但是波斯的书面史料并没有提及长生军。总而言之，围绕着波斯这支特殊部队产生的问题其实比答案还要多。他们负责的确切任务，甚至他们真正的波斯语名字，至今都不为人所知。

薛西斯训练有素、纪律严明的步兵被称为"卡尔达克"（kardake），他们并肩作战，互相提供保护和支持。他们戴着软帽，身着多色袖袍，袍底下还穿着鱼鳞状铁甲和长裤。他们携带短矛和被称为"斯帕拉"（spara）的大柳条盾牌，以及大弓和木箭，右大腿一侧的腰带上还悬挂着匕首。骑兵使用长矛和弓箭远距离射杀敌人，然后御马冲进敌阵近身混战，在敌人逃窜时追捕他们，这是伊朗长久以来的军事传统。但是，薛西斯军队中还有一些拥有不同军事背景的人：有许多伊奥尼亚的希腊重装步兵增援波斯军队，他们主要配备长矛和盾牌，核心战术是使用方阵。后来，当薛西斯率军穿过希腊北部地区时，其余准备为波斯事业奋战的希腊重装步兵也前来与他会合了。

底比斯是希腊北部维奥蒂亚地区最大最强的城市。虽然底比斯城邦的寡头执政者对波斯人的推进一直持一种矛盾的心理，但是对雅典人的深仇大恨促使他们与波斯人站到了一起。甚至伯罗奔尼撒半岛上的阿尔戈斯城邦也派兵北上援助薛西斯。德尔斐也站在了波斯这一边。这对薛西斯来说是一种心理上的胜利，他能够从拥有强大预言能力的阿波罗神庙那里获得支持，对这位波斯国王而言，这也是一种巧妙的政治宣传手段。事实上，希腊人从来没有彻底团结成一股力量，共同击退自希腊主体部分侵入的波斯人。许多希腊城邦认为，与波斯结盟意味着，一旦薛西斯获胜，返回波斯，它们的公民就会得到优待。这一不便说明的事实经常被那些长久延续文明冲突神话的历史忽视，因为它与"自由"和"奴役"或"民主"优于"专制"的简单叙事格格不入。然而，事实确实是，许多希腊人认为在波斯帝国境内可以获得更好的生活，因此他们主动寻求波斯的领导和统治。

那些拿起武器对抗波斯人的希腊人（希腊抵抗军）将支持薛西斯的城邦和个人全都列为通敌者。他们用希腊语动词 Medidzö（意为支持米底人）或名词 Medizmos（意为米底人的支持者）来诋毁那些通敌者。这种表达方式暗指希腊通敌者拒绝希腊世界"自由的"生活方式，反而支持实行奴隶制的东方的堕落行为。支持薛西斯的希腊人都被他们视为卑劣的叛徒。

*

通畅的后勤保障了薛西斯军队有充足的食物和淡水。根据希罗多德的描述，这是靠建造和征召一支庞大的舰队实现的，舰队由约 1200 艘来自亚洲的战船和 3000 艘其他战船组成。不过，希罗多德又一次大大夸大了自己的计算结果。伊奥尼亚、腓尼基和埃及等地提供的战船的实际数量只有约 500 艘，与希罗多德的夸张说法相去甚远。这些战船皆由经验丰富、值得信赖的贵族指挥，包括薛西斯的 12 个兄弟。这是一项战略决策，因为国王在战争期间任命亲人担任要职，发出了一个强烈的信号：对希腊的战争不是他一个人的战争，而是阿契美尼德家族的战争，是整个王朝的事业。

在薛西斯的战役中，真正的英雄大多都未曾被提及，但如果没有他们对战争的贡献，波斯人将在希腊经历一场缓慢的持久战。虽然那些曾经规划运河、桥梁和道路的工匠名字已经湮灭在了历史的长河之中，但他们的专业技术表明，他们曾是胆大自信、壮志凌云的项目管理者。自然景观并没有阻碍他们为薛西斯提供一条快捷、无障碍地进入欧洲的道路。他们切割、挖掘、凿穿岩石，或是临时搭建起桥梁，将亚洲和欧洲连接到一起。早在公元前483年，波斯人就已经开始为入侵希腊做准备了。他们在希腊东北部的阿陀斯半岛开凿了一条运河，那里曾是公元前492年波斯海军的遇难之地。最近，地质学家发现这条运河长1英里、宽100英尺、深10英尺。这意味着薛西斯的舰队可以绕过半岛周围那片危险且可能致命的水域。希罗多德声称薛西斯下令修建这条运河是出于傲慢，但这位国王只是认识到确保军队快速、安全地进入希腊的重要性罢了。更重要的是，薛西斯修建这条运河是放眼未来，当希腊最终并入波斯帝国版图之际，波斯人就可以通过这个伟大的人造工程定期进入希腊。这可以使波斯人与希腊主体部分全年都保持安全稳定的海上联系。

薛西斯监造了赫勒斯滂海峡两座浮桥的修建，它们连接了亚洲和欧洲。每座桥都是由一排顺着水流抛锚的船组成的，人们用莎草和亚麻缆绳将它们捆绑在一起。它们横跨宽阔的赫勒斯滂海峡。薛西斯的士兵在那排船上铺设了一条1英里长的木板路，还在木板路两旁竖起了亚麻隔板，这样战马在过海时就不容易受惊。约公元前513年，在一场与斯基泰人的战役中，大流士曾在博斯普鲁斯海峡上修建桥梁，可能在多瑙河上也修了，但薛西斯的工程在规模和野心上都远胜其父。赫勒斯滂海峡水流湍急、风急浪高，这意味着第一批建成的桥梁必须重建，要比以前更加坚固和耐用。希罗多德描绘了薛西斯面对风暴时的愤怒，这段描述令薛西斯恶名远扬：

> 薛西斯勃然大怒，下令鞭笞赫勒斯滂海峡300下，并将一副脚镣扔进了海里……他还命令鞭笞者在行刑时说些古怪且傲慢的话："你这可恨的水域，我们的主人并未亏待过你，你却不公正地惩罚他，所以他要这样审判你！不管你愿意与否，国王薛西斯必将越过你！不会再有人向你献祭，你就是一条泥泞的咸河！"

和以往一样，希罗多德的故事背后隐藏着一个波斯版本。作为自然之王，薛西斯用祈祷词和赞美诗（而非希罗多德故事中描述的狂暴愤怒）安抚了赫勒斯滂，还为其壮美献上了礼物——金项链和金项圈（而非希罗多德故事中所说的铁脚镣）。赫勒斯滂大桥的修建是工程领域的一次胜利，也是绝妙的政治宣传之举。因为当薛西斯的军队大步跨进欧洲时，他们穿越赫勒斯滂海峡的消息就会传到雅典。雅典人不禁会想："我们怎么能寄希望于打败一个可以远涉重洋的民族呢？"

*

薛西斯的大军以每天约10英里的速度行军。大军被分为三大纵队，纵队之间相隔1英里远，以免阻塞道路。从萨迪斯向北行军进入赫勒斯滂，再穿过浮桥，挺进色雷斯，随后再向西进入马其顿。对新兵来说，这是一片未知的地域，他们正在挺进一个全新的世界。但对薛西斯的老兵，即那些曾在埃及和巴比伦掠夺了丰厚战利品的士兵来说，希腊战事需要长途跋涉，未免有点艰难。而且在希腊，他们获得财富的可能性微乎其微。每个人都知道，希腊人在恶劣的环境中讨生活。从希腊崎岖的岩石地貌中，他们能获取什么战利品呢？它就那样矗立在世界的边缘，能有什么可供掠夺呢，石头、橄榄，还是萝卜？

薛西斯军队气势磅礴的行军场面给北部的希腊人留下了波斯人势不可挡的印象。波斯军队训练有素、斗志昂扬，而且忠君报国，他们不断向前推进，一步又一步，越来越近。色雷斯人对侵略军敬畏不已，以至多年后，在希罗多德的时代，他们仍然可以指出薛西斯大军曾经走过的道路，惊叹于其军队的壮观，因为如此多外族军人的出现，既令色雷斯人感到惊险刺激，又令他们感到紧张不安。当军队途经他们的土地时，他们会快速上前，提供食物和其他补给，但他们也会藏起贵重物品，以躲避波斯人的抢劫，而且还要藏好挚爱的亲人，确保他们不被发现，尤其是漂亮的女孩和男孩。

随后，波斯人进入了马其顿，薛西斯与盟友——藩王亚历山大一世（未来会颠覆波斯帝国之人的祖先）——会合了。然后，他率军南下进入色萨利，在那里，有成千上万的色萨利人加入了波斯军队。从波斯人的角度来看，到此时为此，这场陆战已取得了绝对胜利：薛西斯一场仗没打就已占领了希腊主体部分的一半。他的舰队沿着海岸前进，虽然经过风暴的摧残之后，这支无敌舰队中的有些船只搁浅了，但总的来说，整支舰队仍然状态良好，能为不断扩大的军队提供补给。随着薛西斯行军毫无阻碍的消息传到阿提卡，雅典人、斯巴达人和其他选择抵抗的希腊人（总共约 30 个城邦）组成了一个防御联盟。他们的唯一目的就是阻止波斯军队的前进。他们将发挥自己的优势，尽量利用希腊的地形，将波斯入侵者引入狭窄的关隘和海峡，用武力减少波斯军队的人数。一些希腊人想将波斯人引入伯罗奔尼撒半岛，进行正面交锋，但最终，他们决定在位于希腊中部、雅典西北约 200 千米处的温泉关发起陆上进攻，同时在阿提密喜安海峡发起海上进攻。

由于沉积物的形成和泥沙沉积缓慢积聚，温泉关周围的景观自公元前 480 年以来已经发生了很大的变化。当初，它确实是一条非常狭窄的通道，一边是高低起伏的山脉，另一边则是大海。这个狭窄的峡谷大约有 20 米宽，按希罗多德的说法，相当于一辆马车的宽度。在温泉关东面就是被希腊人封闭的阿提密喜安海峡，从希腊东海岸隔海眺望，对岸就是埃维亚岛长长的海岸线。为了向南移动，并与希腊东海岸保持平行，波斯海军须得挤过这条波涛汹涌、水流湍急的棘手水道。埃维亚岛布满岩石的海崖使这些船没有回旋的余地，只能径直向前航行穿过这道海峡。斥候已经提醒过薛西斯这些天然危险屏障的存在，因此当公元前 480 年 8 月国王抵达温泉关时，陆军和海军都已经对此做好了充分的准备。大约有 700 名希腊士兵，包括国王列奥尼达率领的 300 名斯巴达勇士，正等待着要击退他。希腊联盟的全部战力还没有集结完毕，因为 8 月是希腊的休闲时间，正值奥林匹克运动会举办的时节，大多数希腊人还沉浸在自己最热爱的运动中，没有预料到薛西斯会如此迅速地率军穿过希腊中部。但雅典人塞米斯托克利斯消息灵通，占得先机。他和舰队时刻保持警惕。他们在东海岸集结，耐心地等待波斯舰队进入视野。

尽管西方人痴迷于斯巴达 300 勇士的故事，但温泉关战役只能被解释为波斯军队的大捷。对薛西斯的王权来说，这是一次巨大的胜利。在战斗的最初几天，薛西斯命令军队正面冲击希腊人，消磨他们的斗志，再用波斯丰富的资源压倒他们。薛西斯的斥候很快就找到了一条穿过内陆山脉的小径，他派长生军从侧翼包抄希腊阵地。发现波斯人正步步逼近时，列奥尼达立即命令其他希腊军队撤退，命令自己的斯巴达勇士断后。毫无疑问，这是一次自杀式的行动。列奥尼达留下来毅然赴死的决定被希罗多德描述为出于对盟友的担心和对不朽荣誉（kleos）的追求，就像《荷马史诗》里的英雄所享有的声誉那样。但他留下来断后的主要原因其实更现实：波斯人有弓箭手和骑兵，如果所有希腊人一起撤退，那么关隘便无人看守，他们很快就会被追上，并被屠杀殆尽。因此，他们需要后卫部队封锁道路，在战友撤退时挡住波斯大军。于是斯巴达勇士镇守原地，给其他希腊士兵留出了撤离的时间，但很快，波斯人就包围了斯巴达勇士，将他们全部屠杀。之后，不到 7 天，薛西斯就攻破了与雅典之间的最后一道屏障。他杀死了斯巴达国王，这位"谎言之王"竟敢反抗薛西斯，阻碍他实现将希腊纳入其神赐国度的目标。阿胡拉·马兹达站在薛西斯一边，他赐予了薛西斯伟大的胜利。

　　双方在阿提密喜安海战中势均力敌，两败俱伤。这一海战与温泉关战役同时进行。呈递给薛西斯的信函纷至沓来，令他能够及时了解海上战事的进展。在他们交战的头两天，希腊人就俘获了 30 艘波斯船，还击溃了效忠于薛西斯的奇里乞亚分舰队。然而，到了第三天，波斯人全力出击，一举击败了希腊人。塞米斯托克利斯感觉战败在即，别无选择，只能命令自己的舰队快速撤出海峡，返回雅典。希罗多德将阿提密喜安海战记录为希腊人获得的重大胜利，但即便是他，也不能掩盖希腊人损失惨重的事实。波斯人在阿提密喜安获得了最终的胜利，波斯军队继续向南挺进，穿过友好的维奥蒂亚地区，经过底比斯进入阿提卡。

公元前480年8月底，薛西斯大军进入了雅典。不过，当他抵达时，这里几乎已经成了一座鬼城。许多居民收拾好了最需要的财产后，逃到了萨拉米斯岛，在那里建起了临时棚屋，远离危险，暂时安顿下来。只有少数顽固的雅典人留在了此时显得幽闭、恐怖的雅典城里，他们决心在雅典卫城雅典娜女神（她的雕像也被安全地转移到了萨拉米斯）古老且受人崇拜的圣殿坚守到底。他们在圣山高处竖起了木制防御工事，但仅在对峙几天后，波斯人就突破了屏障，攻入了神圣的卫城。后来，埃斯库罗斯悲叹道："他们不敬神像，烧毁了神庙，夷平了圣坛，还将圣殿整个摧毁，一切都变成了废墟。"雅典卫城的考古调查证实了这位伟大的悲剧作家的哀叹，因为薛西斯的士兵将愤怒发泄在那些曾为卫城的神殿和庭院增光添彩的优雅大理石雕像上。早在20世纪初，考古学家就在这里发掘出了雅典人在战后精心挖掘的"墓坑"，里面埋藏着英俊的年轻男子（kouroi）和优雅的年轻女子（korai）的雕像。由这些被波斯人毁坏的雕像构成的"墓地"被考古学家称为"波斯瓦砾"（Perserschutt）。

薛西斯军队在屠杀完了所有坚守卫城的雅典人后，放火烧了这座城市。一座座用木头和泥砖建成的小房子紧紧地挤在狭窄的街道上，它们就像干燥的火绒一样燃烧起来。很快，这座城市就被笼罩在了一片火光之中。躲在萨拉米斯岛上的雅典人看到了这场大火，备感绝望。但对薛西斯来说，这正是他梦寐以求的时刻。在雅典人纵火焚烧萨迪斯20年之后，终于轮到他们自己的城市被烧成灰烬了。看着这座迅速崛起的傲慢小城邦遍地都是残骸，并沦为一片焦土，薛西斯知道阿胡拉·马兹达正支持着他的事业，并通过他行事。就像他父亲一样，他也粉碎了谎言。薛西斯现在可以夸口，真理已经降临希腊。

然而，战争还在继续。就在萨拉米斯的隐秘海湾里，塞米斯托克利斯让希腊舰队重新集结起来，并为再次战斗做好准备。薛西斯在得知消息后，决定派遣剩余的船只去攻打希腊的三列桨座战船。最后的战斗将在海上打响，希腊终将被收入他的囊中。

后见之明是一个伟大的创造。我们现在认识到，如果薛西斯只向前进军，与希腊人进行陆战，那么就像他以往取得的卓越战绩一样，最终的胜利肯定也属于他。或者，如果他无视萨拉米斯海湾希腊舰队的存在，直接向伯罗奔尼撒半岛进军，那么他轻轻松松就能分裂和摧毁希腊联盟。斯巴达战士很快就会回国保卫自己的家园，抵御波斯军队的掠夺。这样一来，雅典人就会失去盟军和抵御能力。接受塞米斯托克利斯的投降之后，薛西斯大军的数量将超过斯巴达人，后面不管战斗多么激烈，斯巴达人也注定会失败。遗憾的是，事实并非如此。薛西斯派遣舰队攻击塞米斯托克利斯的舰队，这是一个致命的错误。

希罗多德断定，薛西斯的失败源自一个诡计。他认为是塞米斯托克利斯对薛西斯撒了谎，谎称自己已成为波斯的忠实盟友。塞米斯托克利斯还派了一名使者前去拜见国王薛西斯，商讨和平条款。他说，雅典舰队打算放弃海上阵地，如果波斯人进入萨拉米斯岛和希腊主体部分之间的海峡，他们在海上轻轻松松就能击败剩余的希腊人。同时代的埃斯库罗斯也知晓塞米斯托克利斯撒谎的故事，所以后来希罗多德写的故事很可能是真实的。我们知道，薛西斯无视军官和兄弟的建议，甚至连深受他信任的哈利卡那索斯的阿尔忒弥西亚女王的建议也被无视了。而且，有可能是与阿尔忒弥西亚女王关系密切的人将公元前480年9月29日清晨发生的事件告诉了希罗多德。

当天，天还没亮，波斯人就开始进入那条狭窄的海峡。薛西斯在附近的一座小山上观察军情。黎明时分，他看到舰队侧翼遭到攻击。希腊舰队拥有主场优势，因为他们知道水流和风向会如何影响狭窄海峡里的船只，而波斯人处于陌生的水域，对此一无所知。希腊三列桨座战船以惊人的速度拼命向前划行，撞向波斯船只，不仅粉碎了后者的船体，也将波斯桨手撞进了海里。夜幕降临时，波斯舰队在经历多次袭击后，至少三分之一的船只被撞碎，成了漂浮的碎片。溺死的波斯人尸体多到堵住了凯旋的希腊舰队的通道。死者包含薛西斯的几个兄弟和许多波斯贵族。

萨拉米斯海战被纳入了希腊传说。它被埃斯库罗斯写入了伟大的悲剧《波斯人》之中，然后在雅典舞台上反复上演，还在米利都人提摩太的诗歌中不断重现。提摩太的《波斯人》是一首华丽如莫扎特作品的咏叹调，由一位技艺高超的独唱者演唱，他还自己演奏竖琴作为伴奏。表演者模仿一群波斯人，即雅典人在战斗中遇到的那群野蛮人的典型形象。他扮演了一名说着不伦不类的希腊语的士兵，慢慢淹死在萨拉米斯的海域，然后切换角色，扮演薛西斯本人，唱起傲慢而华丽的哀歌：

唉！多少家庭被毁灭！唉！你们这些制造凄凉场景的希腊船，摧毁了众多年轻人！我们的船本要将他们带回家，最终却在熊熊烈火中燃烧，悲伤降临到了波斯大地之上！啊！

不幸的命运将我带到了希腊！不，快来，将我的战车和战船套上轭带走，将我的无数财宝装到马车上，把我的大帐篷烧毁，不要给他们留下哪怕一分一毫！

薛西斯的海军主力在萨拉米斯海战中被击溃，他很难再迅速建立起一支新的舰队。此外，步兵和骑兵也不能再依赖舰队提供补给了。因此，精疲力竭、士气低落的波斯人被迫从阿提卡撤退。薛西斯在底比斯度过了这个寒冬，他反复思考自己的错误，也严厉批评他人。但是征服希腊的努力还远没有结束，薛西斯命令他颇富才干的妹夫马铎尼斯带领一支精锐部队留守希腊，他和其余部队则班师返回萨迪斯。对所有人来说，这趟回程都定然是极为艰难的，但对薛西斯来说尤为痛苦。他打破了其祖先——居鲁士、冈比西斯和大流士——战无不胜的神话。先祖的胜利伴随着帝国规模和实力的增长。现在他却退出了希腊，他也知道自己捅了马蜂窝，留下了一个反叛波斯、不断制造事端的族群，他们对波斯的抵抗会与日俱增。其中最令人头疼的是雅典人。几十年后，他们用曾被薛西斯恶意玷污的雅典卫城的岩石修建了露天剧场，他们坐在剧场里，被阿里斯托芬创作的新的政治喜剧《黄蜂》(The Wasps) 逗得哈哈大笑。满腹牢骚的老黄蜂齐声对雅典的政治阶层嗤之以鼻，并回忆起过去的光辉岁月，那时他们还是年轻的黄蜂，英勇地将波斯人赶出了自己的城市：

我们立刻握着矛和盾向他们冲去，我们心志坚定，前赴后继，跟他们决战到底。黄蜂们彼此紧挨着排成一排，敌人的箭矢如雨点般射向天空，我们仍然咬牙坚守。我们在诸神的帮助下击退了那群混蛋,我们看到了雅典娜的爱鸟,那只小猫头鹰,从我们士兵的头顶上飞过。然后,我们追赶上了敌人,将锋利的毒刺扎进他们宽松的裤子里。当他们想要逃窜时,我们就狠狠地蜇他们的下巴和眉毛。这就是为什么直至今日,所有野蛮人都说雅典的黄蜂最勇猛。

公元前479年8月,希腊盟军和马铎尼斯的部队(包括盟友底比斯的军队)在维奥蒂亚地区普拉蒂亚北部的平原上进行了数次决定性的战斗。在斯巴达人帕萨尼亚斯的带领下,希腊军队集结在波斯人营地附近的山丘上,准备迎战波斯人。起初,双方都不想发动全面进攻,但最终还是波斯骑兵迈出了第一步,他们成功突袭了希腊人的补给车,还封住了给他们供应淡水的泉眼。帕萨尼亚斯等人在一夜之间就转移到了新阵地,并发起反攻。但在破晓时,希腊人疲惫不堪,成了一盘散沙,不堪一击。马铎尼斯认为这是一个绝佳的机会,他下令军队乘胜追击。这次进攻刚好给了希腊重装步兵一个可乘之机,在近距离战斗中,他们逐渐占了上风。古代军备竞赛的局势在此刻发生了变化。希腊士兵抛弃了弓和箭,改用矛和剑。英勇的马铎尼斯在战斗中阵亡了,群龙无首的波斯人士气大减、队形溃散、四处逃窜,在逃跑过程中被雅典人击杀。跟以往的古代战争一样,溃败的军队伤亡惨重,成千上万的波斯人在撤退中或在营地被杀。幸存下来的波斯士兵向北撤退到了色萨利,最终回到了萨迪斯。在回程途中,他们听到了爱琴海地区的最新消息:希腊舰队在伊奥尼亚的米卡尔海角两栖作战,击败了驻扎在那里的波斯军队。这是希腊人在亚洲取得的首次胜利,尽管雅典人和斯巴达人打败的是士气低落的对手,但这一事件依然意义重大。从此刻起，希腊人开始反守为攻。后来希腊人和波斯人之间的战争持续了几十年，但波斯人再也没有入侵过希腊。

*

许多学者仍然坚持认为，普拉蒂亚战役是波斯帝国灭亡的开端，帝国衰落、腐败和缺乏活力的局面都始于薛西斯的战败。但是，这种观点毫无意义，因为波斯帝国又继续统治了150年。它依然强盛，丝毫没有衰落的迹象。事实上，在公元前479年之后竖立的薛西斯王家铭文中，我们还看到了新的领土扩张，帝国的疆域甚至超过了大流士执政的时期：

> 国王薛西斯宣告：承蒙阿胡拉·马兹达的神恩，这都是我在波斯之外称王的地区；我统治它们，它们向我进贡。我说什么，它们就做什么。这就是我的律法，牢牢地约束着它们：米底、埃兰、阿拉霍西亚、亚美尼亚、扎兰吉亚那、帕提亚、阿里亚、巴克特里亚、索格底亚那、花剌子模、巴比伦尼亚、亚述、萨塔吉底亚、吕底亚、埃及、居住在海这边和海那边的伊奥尼亚人的土地、马卡人的土地、阿拉伯、犍陀罗、印度、卡帕多西亚、大益人的土地、饮豪麻汁的斯基泰人（萨卡人）的土地、戴尖帽的斯基泰人（萨卡人）的土地、色雷斯、阿考法卡、利比亚人的土地、卡里亚人的土地和努比亚人的土地。（XPh）

尽管这段铭文的成文时间很可能是在希腊战事之后，但国王的言辞之间并没有提到帝国在西北边境丧失领土一事。事实上，薛西斯还在王家铭文中扩增了罗列帝国领土的标准列表内容，他向世人宣告自己战胜了萨卡人、里海以东的大益人，征服了远在帝国东北方山区的阿考法卡地区（可能在今巴基斯坦境内）。

波斯人（至少在他们的官方说明中）并不认为自己被希腊人打败了。尽管这场战争的真正目的是彻底征服希腊，但波斯人还是厚着脸皮宣称，他们的主要目标已经实现了，雅典已经被占领，还蒙受了极大的羞辱。在波斯波利斯，薛西斯众多铭文中的一篇隐隐提及了这场希腊战争，他说："当我继位为王时，这些地区中……有一个（可能指希腊）动荡不安……承蒙阿胡拉·马兹达的神恩，我征服了那个地区，让它恢复了秩序。"（XPh）波斯人留下的图像也展示了他们与希腊敌人之间的战争。希腊人总是手握矛和盾，但他们被击倒在地或是跪倒在胜利的波斯人面前（图18），而且通常是跪在国王面前。波斯人对其他战争的叙事都不能与之相提并论，但可以肯定的是，希腊人大大夸大了他们胜利的重要性。提摩太的《波斯人》——终极沙文主义、必胜主义的流行经典——充满了希腊人长期以

图 18 一枚印章的印记，描绘的是波斯国王杀死一名希腊重装步兵的场景。该印章可能产于小亚细亚，以"希腊"风格雕刻

来创造的野蛮"他者"的意象。该作品以薛西斯受辱为乐,欢欣地描绘了波斯的衰落。但对于地大物博的波斯帝国来说,薛西斯的希腊战事就像公元前 490 年大流士的战役一样,只不过是在帝国西部边远地区进行领土扩张的又一次尝试罢了。战争中的真理不过是一种幻觉,是用来支持一方、诋毁另一方的骗局。希腊人以对自身有利的方式书写战争史,并放肆地将之呈现在舞台上、歌曲里;但波斯人也有自己的战争史,在这些历史中,他们通过声称自己在战争中没有弱点为自己正名,因为正如薛西斯所说的,他的统治是神的恩赐:"阿胡拉·马兹达立我为王,立我为万王之王、众将之将……阿胡拉·马兹达和其他众神护佑着我和我的王国。"(XPf)

第 16 章

危险关系

在希腊与波斯的这场战争后,薛西斯的思想发生了一些变化。从公元前 479 年开始,他的铭文越来越强调忠诚至关重要和反抗王权的后果,警告臣民要摆正自己的位置,并且要对国王绝对忠诚。一种普遍的不安情绪在帝国内部弥漫,威胁着帝国的安宁。薛西斯连发多篇长文,谴责对所谓"达埃瓦"(daivas)的崇拜,可见他也不安到了极点。

这个古伊朗的语词与表示"闪耀"或"明亮"之义的印欧语系单词相关。它是古代"日光"-天神之名(Dyéus)的复合词,也是表示"神"或"女神"之义的许多印欧语系单词的词根〔梵语和印地语,dev(i);拉丁语,deus;威尔士语,duw;法语,dieu〕。在阿契美尼德王朝,这个词的单数形式有不同且更加邪恶的语义。在琐罗亚斯德教的经典《伽萨》中,"达埃瓦"被明确归类为"不可接受的神"。根据这条教义,提及"达埃瓦"时,薛西斯似乎特指某些不良现象,也许是恶魔、伪神或邪灵。异域还为那些可恶的黑暗生物,即谎言的追随者,举行神圣的仪式,正如薛西斯所说:

帝国有一些地区供奉过达埃瓦。后来,我在阿胡拉·马兹达的帮助下摧毁了达埃瓦崇拜,并下令"禁止供奉达埃瓦"。在凡是以前供奉过达埃瓦的地方,我都在适当的时间、以适当的仪式供奉阿胡拉·马兹达。(XPh)

这篇非同寻常的文本被学界称为"达埃瓦铭文",它就刻在考古学家在波斯波利斯卫戍区(东南角附近的一组建筑)发掘出来的七块石板上。英国波斯研究所则在帕萨尔加德发掘出了一份"达埃瓦铭文"的抄本。铭文内容似乎是薛西斯试图通过一系列宗教改革来加强帝国的中央权威。在这些改革中,阿胡拉·马兹达崇拜被提升为了帝国首选(或者可能是官方)的崇拜。这项政策不仅不同寻常,还很严苛,完全脱离了古代多神论的机制和神学观念,也与波斯帝国以往对宗教生活自由放任的一贯态度脱节。奇怪的是,"达埃瓦铭文"坚持必须优先考虑以正确的礼节和仪式崇拜阿胡拉·马兹达。这强烈表明,薛西斯关心的是向他的臣民传达教义、仪式,甚至道德的要点。他愤怒的焦点("帝国有一些地区供奉过达埃瓦")隐晦不明。他指的是他曾在征战中"蒙羞受难的"埃及、巴比伦或雅典众神吗,还是离波斯更近的"达埃瓦"?那些在波斯腹地仍然受供奉的古埃兰众神真的是"其他神"吗?薛西斯是否在净化那些古老的美索不达米亚信仰,想用更明显的伊朗信仰体系取代它们?但令人恼火的是,这些问题不可能有完全令人信服的答案。但我们可以视"达埃瓦铭文"为意识形态宣言,而非劝人改变宗教信仰的小册子。薛西斯似乎试图通过"达埃瓦铭文",促进全世界忠诚于阿胡拉·马兹达,并由此延伸到效忠于身为阿契美尼德王朝万王之王的他本人。这是对波斯治下和平的利益和美德的最高宣言。"达埃瓦铭文"通过确立薛西斯的守护神至高无上的地位，促进了阿契美尼德王朝治下的和平。

*

如果薛西斯最关心的是王朝的长治久安，那么他在维系王朝命脉这一点上就表现得太失败了。他的家族生活简直一团糟。他有几个兄弟在那场对希腊的战争中死去了，他颇富才干、忠心耿耿的妹夫也丢了性命。马铎尼斯的遗体在普拉蒂亚战场上消失了，再也没有出现过。他的遗孀，即薛西斯的妹妹阿尔塔索斯特为丈夫的死悲痛不已，她的儿子阿尔顿特斯想要将父亲的遗体运回波斯，但最终也是徒劳。薛西斯和阿梅斯特里斯的三个儿子，即达里埃奥斯、希斯塔斯佩斯和阿尔塔薛西斯也已经长成了精力充沛、聪明能干的年轻人，他们每个人都渴望获得权力，均认为自己有资格成为薛西斯的继承人。但是国王已指定长子达里埃奥斯为继承人，因此希斯塔斯佩斯和阿尔塔薛西斯妒火中烧，其野心一目了然。

约公元前478年，薛西斯安排达里埃奥斯娶妻，这明确表明他在培养达里埃奥斯成为下一任国王。薛西斯为达里埃奥斯选了侄女阿尔坦特为妻。她是薛西斯的弟弟马西斯特斯之女。马西斯特斯是对希腊战争的主帅之一、巴克特里亚总督，也是近来的战争中出了名的英雄。在阿契美尼德家族中，没有什么比两兄弟的后代之间的内婚更明确的了。达里埃奥斯和阿尔坦特的婚姻促使薛西斯和马西斯特斯这对兄弟相亲相爱，紧密地联系在一起，实现王朝和谐。也没什么比薛西斯接下来的行为更不稳定的了，因为在婚礼前几个月，薛西斯秘密安排年轻漂亮的准新娘阿尔坦特成为自己的情妇。她热情地接受了这个安排,并兴致勃勃地扮演了这一角色。在她嫁给达里埃奥斯后,薛西斯就更容易接触到她了,因为她作为国王的儿媳和侄女,可以合法地居住在王家后宫中。

薛西斯和阿尔坦特的关系还有一个特别不道德的背景,因为在认识这个女孩前,薛西斯追求的实际上是她的母亲,即马西斯特斯的妻子(遗憾的是,史料中没有透露她的姓名)。当马西斯特斯在米卡尔与希腊人浴血奋战之际,波斯宫廷和军队驻扎在萨迪斯,薛西斯每天都能见到弟媳,继而疯狂地迷恋上了她。回到苏萨后,薛西斯就向马西斯特斯的妻子苦苦求爱,但她坚决地拒绝了薛西斯,甚至不再向他展露迷人的微笑;她的名誉和婚姻都受到了威胁。而薛西斯的想法变幻无常。我们不知道薛西斯第一次看到他的侄女是在什么时候,但很可能那时她的母亲也在场。突然之间,薛西斯决定追求女儿而非母亲,于是阿尔坦特成了他的情人。薛西斯天性痴缠,这令他对阿尔坦特念念不忘。他对阿尔坦特十分迷恋,每天都要抽空陪她好几个小时。其实,薛西斯本来大可以选择帝国中的其他女人。他的后宫里住满了妻妾,她们唯一的职责就是侍候好他。所以,他做出的这个决定真是令人难以置信。当然,除非是阿尔坦特处于主动地位。也许是她将薛西斯当傻瓜一样玩弄。国王的迷恋使她的母亲名誉扫地,也令她的父亲蒙羞。或许,阿尔坦特可以做些什么,以使薛西斯摆正自己的位置。随后发生的事情也表明,情况确实如此。

薛西斯的妻子阿梅斯特里斯对丈夫的婚外情毫不知情。薛西斯的世界里美女如云,所以她不太关心丈夫的情感生活。只要其他妻妾给予她身为王储之母应有的尊重,她就心满意足了。就像古代世界精英阶层的大多数女性一样,她把大部分时间都花在编织和缝纫上了。有一天,她送给薛西斯一件漂亮的带袖长袍,这是深受波斯人珍视和喜爱的古伊朗风格外套。这件衣服用彩线精心编织而成,还饰有华丽复杂的图案。更重要的是,这是她亲手织成的礼服,是她数个小时辛勤劳动的产物。阿梅斯特里斯的礼物是宫廷礼仪中精英义务的重要表现形式。通过赠送如此珍贵的礼物给薛西斯,阿梅斯特里斯将她的丈夫带入了一种义务关系。薛西斯非常喜欢这个礼物,很快便穿上了这件礼服。在那一刻,正如所有波斯人都会认识到的,这件礼服本身被赋予了威严的本质,即那种特殊的被称为"荣光"或"赫瓦雷纳"的神圣魅力,它慢慢渗入国王的身体,并逐渐散发出来,萦绕在国王的身体周围。虽然任何国王穿过的带袖长袍都会充满浓厚的王家荣光的宗教气息,但由国王的妻子亲手织就的礼服尤为特别。这样特殊的礼服最昂贵的款式是用紫色、白色和金色的线制成的,上面还饰有闪耀金光的老鹰图案。克特西亚斯指出,正是这套礼服令波斯人对国王产生了近乎宗教般的敬畏。薛西斯的这件带袖长袍是一种神奇的护身符,波斯人相信它带有国王的超自然力量。

薛西斯穿着这件新礼服去见阿尔坦特。薛西斯心情十分愉悦,他告诉阿尔坦特,她可以提任何要求,他保证会满足她的要求,以表达他对她的恩宠。阿尔坦特对薛西斯的话表示怀疑,因此薛西斯发誓一定会将阿尔坦特最想要的赏赐给她。阿尔坦特要求得到这件礼服。薛西斯惊呆了。他反悔了,试着给她其他礼物——城池、无尽的金子、属于她自己的军队,但全都没有用。除了这件礼服,她什么都不想要。薛西斯眉头紧锁、头脑发晕,困惑于刚刚发生的事情,之后他竟真的将礼服脱给了她。她兴高采烈地穿上了这件礼服，还以此为荣。

阿尔坦特想要这件礼服的原因远不止看上去那么简单。她索要这件具有象征意义的礼服，实则是在暗地里宣示对于波斯的统治权。当然，这不是为了她自己，因为根据波斯传统，女人不可能凭借自己的力量实行统治。这是为了她已经十分显赫的家族。阿尔坦特取得这件礼服，不是要给她的丈夫，即薛西斯指定的继承人达里埃奥斯，而是为了交给她的父亲。这件王袍是阿契美尼德王权合法性的有力象征。薛西斯的弟弟马西斯特斯雄心勃勃，认为自己值得比东部总督高得多的地位。事实上，他的名字源于古波斯语"马希什塔"（mathishta，意为最伟大者），据此，我们可以从另一个维度了解他的性格。"马希什塔"可能是他的昵称或绰号，如果真是如此，这无疑是一个大胆的声明。即便薛西斯意识到了阿尔坦特的诡计是让其父更接近王位，但由于他深陷在美人计中，他没有对此采取任何行动。

然而，不久之后，阿梅斯特里斯就发现这件礼服竟到了阿尔坦特的手里，她一眼就看穿了儿媳此举背后的动机。不过，阿梅斯特里斯没有大发雷霆，也没有提醒丈夫他即将被背叛，而是决定从长计议，等待一个合适的时机一举拿下她。这个时机很快就来了。那天，薛西斯举行了一场特别盛大的宴会。那是一年一次的盛会，是为庆祝国王的生辰而举行的盛宴。根据传统，每年的这一天，国王都会用最好的香油抹头，还会赐予家人和朝臣精美奢华的礼物。这是彰显王室慷慨的时刻。在薛西斯的生辰宴上，阿梅斯特里斯向薛西斯索要赏赐，因为她知晓，按照礼仪，他必须赏赐给她想要的礼物。阿梅斯特里斯要求将马西斯特斯的妻子用锁链铐起来，押到她面前来。薛西斯对她的要求大吃一惊，但马上意识到，他的妻子，乃至此时的整个宫廷，都知道自己和儿媳的事情。这不会有什么好结果。阿梅斯特里斯重复了自己的请求，还引用了长期以来一直秉持的王家晚餐"准则"为自己提高说服力，即在这样的吉日里，任何人的请求都不应该被拒绝。因此，薛西斯只好很不情愿地答应了。他在告诉妻子那个女人任由她处置后，起身离开了筵席。随后，他立刻写信给自己的弟弟（希望能挽救自己的名誉，避免更多的麻烦），在信中，他请求马西斯特斯立即休妻，并将她逐出家门。薛西斯承诺，作为回报，他会将自己的女儿嫁给马西斯特斯，从而让他们之间的关系更加牢固紧密。马西斯特斯无法理解薛西斯的离谱要求，他拒绝休妻。他说，他的妻子出身名门，是位品格高尚的女人，还为他生下了多个儿子，是位好母亲。她永远都是他的妻子。

与此同时，阿梅斯特里斯以残酷血腥、令人胆寒的决心迅速采取了行动。虽然国王还被蒙在鼓里，但阿梅斯特里斯明白，阿尔坦特索取礼服本身就是一种叛国行为，她要确保儿子达里埃奥斯的继承权。不过，阿梅斯特里斯没有将怒火发泄在阿尔坦特本人身上，因为她身为王储达里埃奥斯的妻子，很可能会是阿契美尼德王朝未来王储的生母。因此，阿梅斯特里斯将怒火发泄在了阿尔坦特的母亲身上。从王朝的角度来看，她与阿梅斯特里斯不相上下。帝国的女家长阿梅斯特里斯为了阻止马西斯特斯及其家族对王位的野心，将矛头指向了一位未来会同她竞争后宫之主的女人。阿尔坦特索取并获得了国王的礼服一事，证明了该家族视自己为波斯的未来统治者。

阿梅斯特里斯召来王家卫队的士兵，将马西斯特斯的妻子押到了王宫。她在宫里遭受严刑拷打，所受的刑罚堪比一个卖国贼承受的程度。刺穿刑、焚烧刑、鞭刑、绞刑、石刑、挖眼、割鼻、削耳、割唇、断手、断臂、割舌、烙刑、剥去皮肤的刑罚和十字架刑都是波斯酷刑系统的构成部分，刑罚不会因受刑者的性别而有所减轻。然而，马西斯特斯妻子受到的残酷刑罚并不是由战争或叛乱带来的，而是缘于复仇心切的阿梅斯特里斯所下的命令。这是一位主母在对付另一位主母。刑罚结束时，阿梅斯特里斯还下令割下马西斯特斯妻子的双乳——母性和生育力的象征，将它们扔给围坐在宫殿庭院里的狗。因为狗被认为是肮脏的食腐动物、专吃垃圾的动物，所以它们在酷刑中的存在尤其能说明问题。在古代西亚、北非的诅咒中，食腐犬以尸体或残缺的肢体为食的形象是一种常见的特征。因此，亚述的一个反对巫术的仪式设想了被惩罚者在死后要遭受的一系列折磨："愿老鹰和秃鹫啄食你的尸体，愿沉默和颤抖降临于你，愿公狗和母狗将你撕裂，分食你的肉体！"阿梅斯特里斯使用狗来对付马西斯特斯的妻子，就是要消灭她的存在。尽管如此，王家卫队的士兵还是得到指示，要使这个女人留一口气，直到马西斯特斯归来见到她。于是，她就在那种悲惨的状态下被送回了家。我们不知晓她最终究竟是死是活，但是我们知晓当马西斯特斯看到妻子受到如此残忍的对待时，他立即与儿子商议了策略，带着他们的私人军队动身前往巴克特里亚了，目的就是煽动叛乱，反抗任由此等恶事发生的薛西斯国王。然而，最终什么也没有发生，东部行省也没有爆发叛乱。雄心勃勃的马西斯特斯、他可怜的妻子，以及痛苦不堪的儿子全都消失了。阿尔坦特也在此事件中消失了。她当然没有成为波斯国王的妻子，因为她及其家人很有可能都被处死了。

虽然阿梅斯特里斯对马西斯特斯妻子的报复骇人听闻，但对于此事我们不能妄加评论，必须得置身于当时的古代王朝背景中谨慎看待此事。通过平息马西斯特斯家族酝酿的反叛，阿梅斯特里斯确保了帝国的福祉，而且最终确保了薛西斯统治的延续和达里埃奥斯的继承权。阿梅斯特里斯之所以这样做，并不是因为她个人受到了马西斯特斯妻子或女儿的伤害。从个人层面来看，阿尔坦特与薛西斯暗中偷情也没有影响到阿梅斯特里斯本人。但从更深远的层面来看，阿梅斯特里斯非常清楚自己的荣誉和身为后宫之主的地位受到了阿尔坦特的蔑视和挑战，后者的野心昭然若揭。阿梅斯特里斯这样做是为了维护自己在王宫中的至高地位，可以说，她就是波斯的第一夫人。她这样做也是为了维护王权。因此，她的报复没有止境。

*

薛西斯在统治的最后几年醉心于建筑。他修建了自己的后宫，扩大了波斯波利斯的宫城。他还修建了精美绝伦、引人注目的万国门，门上刻有精巧的楔形文字，这些文字重申了他的名字和头衔："薛西斯，伟大的王、万王之王，大流士王之子，阿契美尼德族人。"（XPa）规模宏大的百柱大殿也在快速修建之中，但竣工还需一段时日。公元前484—前482年的波斯波利斯府库泥板文书记录了他繁忙的建筑活动，它们反映了卡里亚、叙利亚、伊奥尼亚、埃及和巴比伦尼亚的劳力经常在波斯波利斯的建筑工地周围活动。此地以前一定是相关手工业的聚集区。20世纪70年代初期，对苏萨的考古挖掘工作证明，薛西斯的建筑活动并不局限于波斯波利斯一地。有两段篇幅短小的铭文证明了他在苏萨卫城建造了一座宫殿，修了巨大的大流士门，还从埃及将两尊比真人还大的大流士雕像带了回来，将它们竖立在苏萨的大地上。

由于命运的一次奇怪转折，薛西斯在生命的最后阶段赢得了一位新的希腊朋友和支持者。这位新朋友就是他在公元前480年的老对手。萨拉米斯战役的赢家塞米斯托克利斯被性情古怪无常的"民主"雅典人驱逐出了家乡，他只得前往阿尔戈斯、马其顿、萨索斯和伊奥利亚寻求庇护，最终在伊奥利亚的闭塞小镇埃伽伊找到了一处容身之所。就在这座小镇上，他与达斯基利翁总督府里的人搭上了线。该行省由阿尔塔巴佐斯统治，他曾在薛西斯对希腊的战争中负责指挥帕提亚人和花剌子模人作战。总督阿尔塔巴佐斯准许塞米斯托克利斯写信给大帝。令塞米斯托克利斯惊讶的是，薛西斯竟然邀请他前往波斯会面。薛西斯满心欢愉地迎接了塞米斯托克利斯，因为他的到来意味着波斯有了一位新的希腊事务顾问，他的到来"点燃了国王心中想要目睹……希腊世界被奴役的希望"（按照修昔底德的说法）。塞米斯托克利斯成了一名波斯朝臣，还学得了一口流利的波斯语。薛西斯将马格尼西亚、迈乌斯等小亚细亚城镇的税收赐给了他，于是他摇身一变，成了极其富有的人。后来，他还受到薛西斯继任者的青睐。

薛西斯统治末期的铭文反映了当时的时代。铭文中不乏诚挚的祷文："愿阿胡拉·马兹达护佑我、我的王室，以及这个国家免受邪恶侵扰！我向阿胡拉·马兹达祈祷，愿阿胡拉·马兹达应允我所求之事！"（XPg）然而，薛西斯的家族生活仍旧一片混乱，于是他四处寻求帮助。家庭失和之事仍然不可避免地继续在帝国上演。据记载，阿契美尼德王朝的王公萨塔斯佩斯（也是大流士的外甥）强奸了佐皮罗斯尚在闺中的女儿，此事令这位强大的部落首领蒙羞、名誉扫地。在波斯，与众多古代社会一样，人们普遍认为家族荣誉存在于女性的身体里,而违背传统规范的女子,包括那些被强奸和虐待、自身并无过错的女性,会给她们家族的男性带来耻辱。因此,佐皮罗斯要让萨塔斯佩斯偿命,还要求剥夺他的权力。萨塔斯佩斯的母亲是薛西斯的姑姑,她请求国王饶她儿子一命。薛西斯赦免了萨塔斯佩斯的死罪,但判他流放,远离宫廷。数年后,薛西斯的姑姑逝世,萨塔斯佩斯愚蠢地回到了波斯,随后被判刺穿刑而死。国王并没有忘记他犯下的罪行。

下一场家庭危机发生在薛西斯女儿阿米蒂斯的家里。长期以来,这位公主多次不忠于婚姻,她的丈夫迈加比佐斯已经不堪忍受,开始公开指责妻子的不道德行为,并动用各种办法想要与她断绝关系。薛西斯为此感到脸上无光。他已经承受不起更多的家族丑闻了,也不希望与忠诚勤勉的迈加比佐斯决裂。因此,薛西斯毫不含糊地训诫了阿米蒂斯,她也答应以后会以阿契美尼德王朝公主的礼仪来规范自己的言行举止。但是,迈加比佐斯还是对这些尴尬的丑闻感到痛苦不堪。

根据克特西亚斯记录的宫廷生活,大约在公元前470年,即薛西斯统治末期,薛西斯深受王家卫队首领阿尔塔巴努斯和太监阿斯帕米特雷斯的影响。阿尔塔巴努斯也是一名颇有权力的太监,他来自里海东南方的希尔卡尼亚。对波斯来说,这个时期尤为艰难。这个国家正遭受严重的饥荒(根据波斯波利斯泥板文书的记载):粮食供应短缺,王家仓库空空如也,粮食的价格比平常高出了许多倍。帝国内部充斥着不满的情绪,反叛的威胁席卷了波斯。薛西斯应对这种威胁的办法是罢黜100多名行政官员,希望以此平息居民对粮食供应管理不善的愤怒。后来,薛西斯越来越逃避责任,他将政事交给阿尔塔巴努斯和阿斯帕米特雷斯处理。

然而，这不是解决问题的办法。

在薛西斯统治的第 21 年，巴比伦历的第 5 月，一位占星家在泥板上记录了月食。这是他的日常工作。但在公元前 465 年 8 月 4 日至 8 日之间的某个时刻（那块楔形文字泥板已经损坏，我们无法确定确切的日期），他记录了一件非同寻常的事情：

在埃波月第 14 日（可能是这个日期），薛西斯之子弑父。

这块引人注目的楔形文字小泥板虽然残缺不全，却是我们知晓的西亚、北非地区唯一有关薛西斯被谋杀的证据。其他参考资料均源自三位古希腊、罗马作家，即希腊历史学家克特西亚斯、西西里的狄奥多罗斯和罗马历史学家查士丁。他们详细讲述了薛西斯遇刺的故事，但讲述的故事各有不同，而且他们在讲述薛西斯是"如何"，以及"为何"遇刺上也没有达成一致意见。他们三人都只遵循了一个基本情节，即位高权重的阿尔塔巴努斯是始作俑者。阿尔塔巴努斯说服了薛西斯的小儿子阿尔塔薛西斯，令他相信是他的长兄兼王储达里埃奥斯杀死了他们的父亲。狄奥多罗斯指出，薛西斯次子希斯塔斯佩斯远在自己的巴克特里亚行省，因此洗清了嫌疑。但达里埃奥斯坚称自己无辜（克特西亚斯也这么说）。根据狄奥多罗斯的说法，薛西斯是在睡觉时被人谋杀于床上的。有些学者怀疑这一说法，他们认为在对这个场景的描述中重复使用了希腊文学主题。但是，这种怀疑毫无根据。狄奥多罗斯的叙事合乎逻辑又内容充实，而且在床上被杀的君王大有人在，正如色诺芬所言："没有什么比吃饭、喝酒、洗澡和睡觉的时候更容易受伤了。"因此，我们没有理由质疑薛西斯死在床上一事。

狄奥多罗斯接着叙述,阿尔塔巴努斯想办法得到了太监米特里达特斯的帮助和支持,因为米特里达特斯可以进出国王的寝宫,随后阿尔塔巴努斯开始策划谋杀薛西斯的三个儿子。克特西亚斯补充了一些细节,阿尔塔薛西斯迅速以弑君和弑父的双重罪名处决了兄长达里埃奥斯。之后,当阿尔塔巴努斯宣誓效忠薛西斯次子希斯塔斯佩斯(虽然他还在遥远的巴克特里亚,但他是王位的顺位继承人)时,阿尔塔薛西斯下令杀死了这位雄心勃勃的王家卫队首领。

阴谋诡计、尔虞我诈、谋杀就是波斯宫廷生活的现实情况。有时,阴谋可能会迅速升级为反叛,甚至是弑君。阿契美尼德王朝的宫廷是冷酷之地,这里爆发的暴力活动经常影响着王朝政治。波斯由一位绝对主义统治者治理,这不是东方主义的陈词滥调,而是事实。绝对君主制会产生一种独特的政治紧张局势。这种政治紧张局势往往聚焦于王室自身,并有可能导致直接使用个人暴力。在阿契美尼德王朝的12位国王中,至少有7位死于某种刺杀(只有3位寿终正寝)。此外,还有至少2位王储死于谋杀(或处决)。

但究竟是谁杀了薛西斯呢?在多地令人眼花缭乱的古典文献中,对薛西斯的叙述都是其中极为重要的一部分。鉴于此,在某种程度上,阿尔塔巴努斯弑君的可能性很大,但又如何看待巴比伦文献记录的薛西斯死于自己儿子之手呢?做这件事的是这三个儿子中的哪一个呢?希腊人写的故事带有阿尔塔薛西斯王子精心掩饰的气息。他很有可能联合了阿尔塔巴努斯及其他几个太监一起反叛了薛西斯。在这次政变中,阿尔塔薛西斯王子利用这次机

彩图 10　波斯波利斯阿帕达纳宫东侧的阶梯上雕刻着各种各样的人物、动物和植物图像，而且这些图像曾经都涂有鲜艳的色彩。洛朗·加尔布兰摄

彩图11 一尊比真人还大的大流士大帝雕像,头部现已丢失。这样的雕像本有一对,但现在只剩这一尊了。该雕像建造于埃及,但被薛西斯运回了苏萨,1972年出土于苏萨王宫的大门处。劳埃德·卢埃林-琼斯摄

彩图12 在波斯波利斯发现的一尊绿松石小头像。该人物可能是一名王室女性,也可能是一名年轻男子或是一名太监,现在难以确认。劳埃德·卢埃林-琼斯摄

彩图13 波斯波利斯的大流士宫殿门框上雕刻有一名优雅的年轻太监,他手持一个香水瓶和一块布。劳埃德·卢埃林-琼斯摄

彩图14 波斯波利斯造型精美的人首狮身雕像。帕日曼·阿克巴尔扎德摄

彩图 15　吕底亚使团带着餐具、珠宝和马匹等礼物来觐见波斯大帝。波斯波利斯阿帕达纳宫东侧阶梯上的浮雕，劳埃德·卢埃林-琼斯摄

彩图 16　叙利亚人进贡纺织品和绒毛蓬松的公羊。波斯波利斯阿帕达纳宫东侧阶梯上的浮雕，洛朗·加尔布兰摄

彩图 17　一位波斯大臣牵着一名亚美尼亚使者往前走。这位使者进献给国王的贡品是一匹健壮结实的尼西安马。波斯波利斯阿帕达纳宫东侧阶梯上的浮雕，洛朗·加尔布兰摄

彩图 18　一个巴克特里亚人用绳子牵着一头脾气暴躁的骆驼。波斯波利斯阿帕达纳宫东侧阶梯上的浮雕，洛朗·加尔布兰摄

彩图 19　阿尔塔薛西斯一世的银碗。碗口内沿刻有古波斯楔形文字铭文："阿尔塔薛西斯，伟大的王、万王之王、万国之王，国王薛西斯之子，薛西斯乃国王大流士之子，阿契美尼德族人，此银碗乃阿尔塔薛西斯宫中御制之物。"现存于美国大都会艺术博物馆，1947年通过罗杰斯基金购入（开放获取资源）

彩图 20　一只银制角状杯（底部有孔的饮酒器），杯身为一只呈下跪姿势的公山羊。现存于美国大都会艺术博物馆，1989 年诺贝特·席梅尔信托机构所赠（开放获取资源）

彩图 21　苏萨的彩色釉面砖墙上刻绘的长生军士兵形象。洛朗·加尔布兰摄

彩图 22　波斯萨珊王朝的君主在纳克什·鲁斯塔姆王陵附近凿刻的巨大浮雕，他们以此将自己与阿契美尼德王朝的君主联系在一起。洛朗·加尔布兰摄

会除掉了自己的父亲和兄长，大胆无畏、雄心勃勃地（而且成功地）夺得了王位。巴比伦文献表明，谋杀薛西斯的凶手显然就是他的儿子，并非他人。阿尔塔薛西斯或许就是这场致命阴谋的唯一主谋。当然，他的野心得到了很好的回报。公元前464年1月，阿尔塔薛西斯被公认为新的伟大的王。在遥远的埃及南部的象岛，有一份莎草纸文献上记录着：

薛西斯在位第21年的基色娄月第18日，也就是托特月第7日，阿尔塔薛西斯继位为王，开启了他的统治生涯。

第 17 章

时代正在变化

阿尔塔薛西斯一世尽职尽责地将父亲安葬在纳克什·鲁斯塔姆的王家墓地里。随后,他开始着手清除薛西斯为促进宗教改革而颁布的令人烦恼的"达埃瓦铭文"。他下令清除"达埃瓦铭文"的所有抄本,使它们不再出现在公众视野里。20世纪30年代,在波斯波利斯发掘的考古学家发现,这些雕刻精美的石板被移到了偏远的地方:有三块石板成了卫戍区的板凳,一块成了门槛石,还有一块成了排水系统中的一部分。薛西斯的宗教改革就到此为止了。

阿尔塔薛西斯的宫廷波谲云诡,阴谋诡计层出不穷。正是基于这个原因,阿尔塔薛西斯下令将矗立在波斯波利斯觐见大厅北侧和东侧楼梯中心醒目位置的两块巨大浮雕移走。这两块引人注目的彩绘石雕刻画了阿契美尼德王朝一位国王及其王储参加觐见仪式的场景。虽然我们不能确定这对父子的身份(是大流士一世和王储薛西斯还是薛西斯和王储达里埃奥斯),但是这位新统治者显然对王位继承的意外变化非常敏感,这两块浮雕刻绘的继承顺序此时已不合时宜,因此阿尔塔薛西斯决定将那些令他不适的浮雕全都移走。它们被放置在府库庭院里的隐秘位置,远离公众的视线。

很快，阿尔塔薛西斯一世就展开了一系列"审判秀"，拷打并处决了那些参与谋杀他父亲的人，尽管朝臣心知肚明，大多数受害者都只是替罪羊，与阿尔塔薛西斯一世自己犯下的弑君罪行并无关联。随后阿尔塔薛西斯一世便开始培养自己的势力，重组帝国事务，一系列针对那些曾为他父亲效劳的大臣和顾问的大屠杀接踵而至。阿尔塔薛西斯一世罢黜了对他怀有敌意的总督，从朋友和支持者——那些看起来最有能力和最忠诚的人——中挑人接任。罢黜老臣、重新任命新臣的行为只同阿尔塔薛西斯一世有关，阿契美尼德王朝的其他国王没有尝试过这样激进的做法。这强烈地表明了，新国王决心与薛西斯的统治决裂。

然而，另一方面，为了不辜负他父亲的一番心血，阿尔塔薛西斯一世确实完成了波斯波利斯百柱大殿的修建，而且还在这座新建成的建筑中刻下铭文，承认自己是薛西斯之子，也许更重要的是，承认自己是大流士大帝之孙：

> 我是阿尔塔薛西斯，伟大的王、万王之王、万国之王、这片广袤大地之王，国王薛西斯之子，薛西斯乃国王大流士之子，阿契美尼德族人。阿尔塔薛西斯王宣布：在阿胡拉·马兹达的庇佑下，我建成了父亲薛西斯王下令修建的宫殿。愿阿胡拉·马兹达与众神保护我，保护我的王权，保护我创造的一切！（A^{1}Pa）

一只造型雅致的银碗碗口内沿刻了一行古老的波斯楔形文字，内容与以上铭文相似，碗底还有典型的莲花图案。铭文写道："阿尔塔薛西斯，伟大的王、万王之王、万国之王，国王薛西斯之子，

薛西斯乃国王大流士之子，阿契美尼德族人，此银碗乃阿尔塔薛西斯宫中御制之物。"（A^{1}VSa）

不用说也知道，这位新君的铭文，无论大小，都丝毫没有提及他为登上王位而进行的血腥残杀。相反，宫廷的政治宣传（我们也可以在希腊史料中发现）赋予了阿尔塔薛西斯一世所有标准的帝王美德。这位国王因其威严俊美的身姿、温文尔雅的气质和高贵正直的精神而备受赞誉。人们对他的昵称是"长臂"（Long Arm）。这是一个奇怪的绰号，我们可以从两个维度来解释：要么是阿尔塔薛西斯一世的身体异于常人，一只手臂比另一只手臂长，要么是从他的帝国疆域范围来看，他"可达到的距离"扩展到了地球的尽头（这一点更有可能）。第二种解释符合波斯王室的政治宣传，大流士和薛西斯在铭文中也表达了类似的观念。

关于阿尔塔薛西斯一世的后宫，我们只知道其中一位妻子的名字，即达玛斯皮亚。尽管不能确定她是否来自阿契美尼德家族，但她肯定出身波斯贵族。她为国王诞下了一个儿子（已知的），即薛西斯王子。阿尔塔薛西斯一世也许还有其他妻子，肯定还有很多妾。克特西亚斯保存了其中 3 名妾（都是巴比伦人）的名字：王子索格迪阿努斯之母阿洛吉尼、王子奥库斯和阿里斯特斯之母科斯马尔提德恩，以及王子巴加帕厄斯和公主帕瑞萨蒂丝之母安蒂亚。阿尔塔薛西斯一世的其他妻子和妾还给他生了至少 13 个儿子，而且肯定还有其他女儿，至少克特西亚斯是这样记载的。后宫由阿梅斯特里斯一手管控，这位盛气凌人的薛西斯一世的遗孀此时贵为国王之母，正是得意之时。没有任何证据表明，她与薛西斯一世被谋杀一事有任何牵连，我们也无法确定她对长子达里埃奥斯之死的感受。即使她真的为长子之死感到悲痛万分，她也不会让此事影响到自己与阿尔塔薛西斯一世的关系，她热情地投身于王母的角色之中。阿梅斯特里斯很可能完全了解政变的计划，而且还支持阿尔塔薛西斯一世的野心。毫无疑问，她与达里埃奥斯的关系因为阿尔坦特的丑闻而转淡。由于他前途未卜，她转而支持小儿子争夺王位。但或许正是由于她参与暗杀薛西斯一世的谣言，希罗多德将她描绘为一个残忍的女人，为了延长自己的生命，夺走了无辜孩子的性命。"我听说，"希罗多德写道，"薛西斯一世之妻阿梅斯特里斯年老时，为了延长自己的生命，与冥界之神做了交易，活埋了14个男孩，他们都是波斯贵族的后代。"但是，波斯史料里没有关于这一令人毛骨悚然的活人献祭的记载。这无疑是另一种恐怖的希罗多德式幻想。不过，这个故事确实突出了一个事实，即阿梅斯特里斯之名在希腊语世界广为人知，她的权势也几乎是众所周知的。

*

在那场令薛西斯一世丧命的政变发生后不久，阿尔塔薛西斯一世就开始了同哥哥（巴克特里亚总督希斯塔斯佩斯）的争斗。希斯塔斯佩斯被剥夺了王位，于是发兵反抗篡夺父亲王位之人。双方在巴克特里亚进行了多场战斗，结果显示势均力敌，谁也无法更进一步，但最终希斯塔斯佩斯被迫撤军。由于对手的缺席，阿尔塔薛西斯一世取得了胜利，整个巴克特里亚都臣服于他。一批刻画波斯人与身着中亚服饰的男子作战的印章可能就是当时为了庆祝挫败这场叛乱而制作的小型纪念品（图19）。如果是一些高级军官或者他们的家人命人制作了这些纪念品来纪念这些值得庆祝的事件，这倒并不罕见。这些附带产生的手工制品成为阿契美尼德王朝精英定义和铭记波斯历史的象征。这些印章代表了波斯人对战争的看法，是阿契美尼德王朝与其对手之间政治冲突的重要视觉记录。它们是重建阿契美尼德王朝政治史的依据。毕竟，文本记录并不代表全部的故事。

由于沉重的赋税和粮食存储管理不善，公元前460年，埃及爆发了一场大起义。起义头领是利比亚人伊纳鲁斯，他的父亲是普萨美提克（这个名字促使我们相信，伊纳鲁斯是埃及舍易斯王朝的王室后裔）。一篇来自哈里杰绿洲的世俗体埃及语铭文大胆地宣称伊纳鲁斯为"起义军之王"，因为在他

图19 一枚印章上的印记，表现的是一名波斯士兵杀死游牧战士的场景，画面上方还盘旋着阿胡拉·马兹达

的领导下，尼罗河三角洲的民众在愤怒中揭竿而起了。埃及人将波斯税吏赶出了三角洲，尼罗河流域其他地区也迅速效仿这种做法。只有上埃及和北部的督府孟菲斯还在波斯人手中。不过，在哈马马特干谷发现的证据表明，伊纳鲁斯并非在埃及各地都受到欢迎：一份阿尔塔薛西斯一世在位第五年的莎草纸文献仍赋予这位波斯统治者一贯的头衔，即"上下埃及之主"。

时任埃及总督是阿尔塔薛西斯一世的叔叔阿契美尼斯。薛西

斯一世继位时，埃及爆发了叛乱，薛西斯一世就将埃及的控制权交给了弟弟阿契美尼斯。此时，阿契美尼斯集结好了军队，前去攻打北方的叛军，他们将于帕普雷米斯决战。但波斯军队被彻底击败，人员伤亡惨重。大约20年后，希罗多德到帕普雷米斯战场游历时记录道：那里到处都是波斯人的头骨。阿契美尼斯也不幸阵亡了，伊纳鲁斯下令将他的尸体运到波斯，以此刺激阿尔塔薛西斯一世。国王的叔叔战死，他的尸身还受到侮辱，这导致波斯朝廷一片哗然。阿梅斯特里斯尤为尊重她丈夫的弟弟，对他的死感到悲痛不已，她发誓要为阿契美尼斯的死和他遭受的耻辱报仇雪恨。

伊纳鲁斯野心勃勃地想要统治整个埃及，于是跑去请求希腊人派军援助。不久之后，一直渴望看到波斯在埃及的霸权彻底结束的雅典人答应提供帮助，派出了200艘战舰支持埃及叛军。雅典人先航行到一直亲波斯的塞浦路斯，洗劫了该岛，然后驶入埃及三角洲，沿着尼罗河逆流而上，在尼罗河上迅速击败了波斯海军。随后，雅典人向波斯驻军所在地孟菲斯进军。他们占领了这座城市，波斯军队被迫转移到孟菲斯的堡垒里避难，埃及人将这座堡垒称为"白墙"（White Wall），希腊人则称之为"白堡"（White Castle）。

孟菲斯白堡被围困了一年多，雅典人、埃及叛军、波斯人，以及忠于波斯的埃及人全都遭受了饥饿、疾病和不可避免的死亡。公元前456年，阿尔塔薛西斯一世派遣妹夫迈加比佐斯（叙利亚总督）率领一支陆军和一支腓尼基舰队前往埃及支援。他率军冲破了叛军的防线，重新夺回了孟菲斯。伊纳鲁斯及其追随者，连同雅典人，一起逃到了三角洲的普罗索皮提斯岛。他们被迈加比佐斯的军队围困在该岛长达一年半。最后，波斯人成功修建了一座连通普罗索皮提斯岛和大陆的堤坝,然后袭击了该岛,屠杀了成千上万的叛军和雅典人。伊纳鲁斯在与迈加比佐斯的激烈肉搏中臀部受伤,他同意向迈加比佐斯投降,只要对方饶自己一命。迈加比佐斯请示了阿尔塔薛西斯一世,同意了他的条件。最终,伊纳鲁斯被俘。

经过 6 年漫长的血腥战斗,这场埃及起义最终于公元前 454 年结束了。享有"王室之子"(亚兰语为 bar bayta,通常可解释为王子)之称的大流士大帝之孙阿尔沙玛被派到孟菲斯担任新总督。他担任埃及总督长达 47 年(公元前 454—前 407 年)。一枚出土于黑海地区但现存于莫斯科的圆柱形印章的印记表现出了当时的气氛:这枚印章上的阿尔塔薛西斯一世头戴王冠,手持长矛,背着大弓和装满箭的箭袋;他的身后跟着 4 个颈上戴着枷锁的俘虏,每个俘虏身上都穿着希腊风格的围裹式服装;伊纳鲁斯正跪在地上。(图 20)

图 20 一枚印章的印记,表现阿尔塔薛西斯一世为埃及之主

这枚小小的印章宣布了一个重大的帝国声明：埃及再次被纳入了波斯帝国的版图。

*

但这次起义也给耶胡德行省（犹大）带来了不安。随着士兵和商人在耶路撒冷城穿梭，大量谣言传到了那些易受攻击的城镇和村庄。埃及起义使居住在耶路撒冷及周边乡村的少数族群感到恐惧。这股恐惧使犹太人相信不祥的审判日即将来临。这是《圣经·玛拉基书》预言的中心主题。玛拉基的预言可以追溯到这个时期：

> 那日临近，势如烧着的火炉，凡狂傲的和行恶的必如碎秸，在那日必被烧尽，根本枝条一无存留……在我所定的日子，他们必如灰尘在你们脚掌之下。这是万军之耶和华说的。

以斯拉踏入了这个充满恐惧的世界。他是一个犹太文士和祭司，在波斯出生和受教育。他受阿尔塔薛西斯一世之命，带着王家权威回到故土，执行当地的犹太律法，并确保波斯法律得到尊重。在离开美索不达米亚之前，以斯拉发起了动员所有犹太人返回家园的运动。他穿梭于巴比伦尼亚的各个城镇，告诉犹太人他们即将返回应许之地，也会重建所罗门神殿。但是几乎没有人理会他的话，大多数犹太人选择留在巴比伦尼亚。以斯拉携带大量金银回到耶路撒冷建造神殿，阿尔塔薛西斯一世似乎授予了他一定的民事权力。以斯拉开始重建耶路撒冷的城墙，以加固这座城市，确保其居民的安全，但是一群强大的撒马利亚人强烈反对修复城墙。撒马利亚人是从犹太人分离出来的族群,他们声称自己才是逃离了埃及奴役的早期希伯来人的真正后裔。他们用亚兰语写信给阿尔塔薛西斯一世,以表达他们的不满。他们抱怨道,当居鲁士大帝下令准许犹太人返回家园时,也允许他们重建神殿,但是并没有允许他们重建耶路撒冷城。他们还说,重建耶路撒冷的城墙,是犹太人威胁要造反的明显迹象。国王及时回复了他们,做出了以下回应:

> 你们送来的信,我已经命人翻译并读给我听了。我已命人考查,得知此城古来果然背叛列王,常有反叛悖逆的事。从前耶路撒冷也有大君王统管河西全地,人就给他们进贡、交课、纳税。现在你们要出告示,命这些人停工,使这城不得建造,等我降旨。你们当谨慎,不可迟延,为何容害加重,使王受亏损呢?

撒马利亚长老一读完这封信,就急忙前去见以斯拉和耶路撒冷的犹太人,强迫他们即刻停止所有建筑工程,包括建造城墙和神殿。几年后,犹太高官尼希米设法说服了国王准许他前往耶路撒冷,继续修建那里突然中断的城墙工事,尼希米曾经担任阿尔塔薛西斯一世的侍酒者。阿尔塔薛西斯一世批准了尼希米的请求。公元前445年8月,尼希米开始重建耶路撒冷的城墙。耶路撒冷弃置的防御工事曾让其民众陷入了大麻烦,甚至面临巨大的耻辱,因为犹太人长期以来一直认为,倒塌的城墙是他们被上帝遗弃的标志。重建城墙表明,他们的上帝仍在犹大,这也是在向他们的敌人表明,上帝仍与他的子民同在。这道城墙为遭受上帝审判的子民提供庇护，为他们带来尊严，由于以斯拉和尼希米的奔走努力，耶路撒冷得以修复，重新赢得了上帝的青睐。根据《圣经·旧约》的记载，神殿建成于大流士二世统治的第 6 年，即公元前 418 年左右。但是这个时间并不能被完全确定，因为对《圣经·旧约》文本涉及的波斯帝国时期事件进行年代测定是出了名地困难。

与此同时，波斯内部也不和谐。伊纳鲁斯及追随他的希腊人因为享有王家赦免特权，没有遭到法令制裁。阿梅斯特里斯对此愤怒不已，尤其是他们还造成了波斯帝国卓越的王子阿契美尼斯之死。她请求儿子将伊纳鲁斯交给她，她要亲自制裁伊纳鲁斯，但是阿尔塔薛西斯一世拒绝违背王家赦免的规定。阿梅斯特里斯不死心，又找了迈加比佐斯，劝他将囚犯交给她。迈加比佐斯明确告诉她，他深受王恩，以自己的荣誉发过誓言，不会伤害囚犯，所以无法理会她的请求。但阿梅斯特里斯还是不听劝。她反复请求阿尔塔薛西斯一世，希望他将囚犯交给她。她就这样一直缠着儿子，5 年后，她终于得偿所愿。伊纳鲁斯和希腊人全都落入了她手中。凡是落入她手中的希腊人，全都被她砍了头，数量总共有 50 个。不过，她不想让伊纳鲁斯轻轻松松就死了，她决定要当着天下人的面慢慢折磨他。他被施以了十字架刑，对于反叛者和叛国者来说，这是最合适的惩罚，大流士一世就是这样做的。叛军头领伊纳鲁斯被绑在十字架上。他经历了多日的痛苦折磨之后才咽气。

反叛者之死，尤其是伊纳鲁斯之死，令迈加比佐斯感到惊骇不已。但阿尔塔薛西斯一世的软弱更令他生气，国王居然准许其母亲如此行事，更重要的是，他违背了自己所发的赦免反叛者的誓言。迈加比佐斯请求回到自己的管辖地叙利亚，然后集结了一支强大的军队，反抗国王。迈加比佐斯率军与阿尔塔薛西斯的军队打了两场仗，都大获全胜。

这两场胜利证明了迈加比佐斯的能力，而且让阿尔塔薛西斯一世知道自己对帝国的控制并不牢固，他的权力很容易就会被夺走。迈加比佐斯明言自己想要签订和平协定，但他并不想去见国王。讲和的前提条件是他可以留在叙利亚，在叙利亚，他才是安全的。阿尔塔薛西斯一世询问了最能说服人的王宫太监阿尔托克萨雷斯，以及已与迈加比佐斯分居的妹妹阿米蒂斯的意见。阿尔托克萨雷斯出生于帕夫拉戈尼亚，还是亚美尼亚极富有影响力的总督。这两人力劝阿尔塔薛西斯一世求和，国王不情愿地同意了，但他要求迈加比佐斯回到王宫，在王座前行正式的觐见之礼。于是，阿尔托克萨雷斯和阿米蒂斯动身前往叙利亚，请求迈加比佐斯同他们一道返回波斯。迈加比佐斯虽然知晓前路凶险，但还是默然接受了，他们一起回到了王宫。国王亲切地欢迎他，并宽恕了他。

几个月后，阿尔塔薛西斯一世在外出狩猎时，被一头凶猛的小狮子袭击了。多亏了迈加比佐斯，国王才得救了。当小狮子凌空跳起时，迈加比佐斯投枪刺中了它。阿尔塔薛西斯一世非但没有表达对迈加比佐斯的感激之情，反而勃然大怒，他本来有机会亲自猎杀小狮子，但迈加比佐斯在他动手之前杀死了它。于是国王以狩猎中的失礼为借口，下令将迈加比佐斯斩首。阿梅斯特里斯、阿米蒂斯和太监阿尔托克萨雷斯立刻跪到国王面前，乞求、哄劝并恳请阿尔塔薛西斯一世饶迈加比佐斯一命。回想起迈加比佐斯在对希腊战争（薛西斯统治时期）中的英勇功绩，阿尔塔薛西斯一世心软了。最终，迈加比佐斯所受的刑罚由死刑改为流放。在一支武装护卫的监视下，迈加比佐斯被迫移居到红海边上的库尔塔城。太监阿尔托克萨雷斯因经常在国王面前替迈加比佐斯求情，也被驱逐出了王宫，回到了亚美尼亚。阿尔塔薛西斯一世决心不再听任何令人厌烦的、有关复仇的消息了。

克特西亚斯在《波斯志》一书中用大量篇幅讲述了迈加比佐斯的故事。克特西亚斯似乎直接从迈加比佐斯的家人处获得了他的信息，或许也是在他们的要求下，将迈加比佐斯写成了一个悲剧英雄，一个李尔王式的悲剧主角。迈加比佐斯在库尔塔城孤独地度过了5年，他思念家人，渴望回家与他们团聚。然后克特西亚斯写道，迈加比佐斯伪装成麻风病人逃离了库尔塔城，长途跋涉孤身回到了波斯。多年的流放生活已将他折磨得不成人样，阿米蒂斯差点都没认出他来。她说服迈加比佐斯去请求国王的宽恕。多亏了阿梅斯特里斯和阿米蒂斯从中斡旋，阿尔塔薛西斯一世欣然与迈加比佐斯和解了，他们又重新成为"朋友"。克特西亚斯所写的故事结局是尊贵的迈加比佐斯在76岁时与世长辞，国王敬重他，由衷地为他哀悼。

*

波斯波利斯泥板文书表明，阿契美尼德宫廷里的许多宫人都来自帝国各族群。显然，宫廷中外族人占有很大比例，但他们都不如被带到波斯专门为王室诊治的希腊医师重要。波斯国王一直较为看重希腊医师的医术，并且认为他们甚至超过了在波斯宫廷任职的埃及医师，比如为后世人所知的乌加霍列森尼（效忠于冈比西斯二世和大流士一世的埃及人）、塞姆图特纳赫特和温奈奈菲尔。虽然宫中已有埃及医师，但波斯国王一直积极地在帝国各地寻找希腊医师。在大流士一世统治期间，久负盛名的克罗托医师德莫塞德斯在战争中被俘，被迫在波斯宫廷担任医师。后来，在一次王家狩猎中，大流士一世摔了一跤，导致脚踝扭伤，埃及医师皆束手无策，最后是德莫塞德斯帮大流士一世复位了脚踝。之后，他还治好了大流士一世之妻、薛西斯一世之母阿托莎的乳房脓肿之症。大流士一世大力奖赏了他的医术：他住在苏萨的一栋豪华宅邸里，还与国王同桌而食，据说，他对大流士的决策有很大的影响力。在多大程度上，宫廷医师的工作是自愿的，这个问题仍有待商榷。我们知道，乌加霍列森尼在波斯宫廷效劳多年，后来在国王的祝福下（也许还有一笔可观的退休金）回到了故土。但是，德莫塞德斯一直视自己为囚犯。后来他逃出了王家宫廷，潜逃回了克罗托。在克罗托，他得到了民众的保护，没有被带回波斯。

无论外族医师的人身自由程度如何，他们都在王家宫廷中发挥着重要作用。科斯岛的阿波罗尼德斯就是一位特别受人尊敬的希腊医师。他在阿尔塔薛西斯一世统治时期以御医的身份为人所知。在薛西斯一世被暗杀后，帝国爆发了内乱，迈加比佐斯在平定叛乱时身受重伤，幸好阿波罗尼德斯治好了他，随后阿波罗尼德斯开始声名鹊起。但在迈加比佐斯死后，阿波罗尼德斯与他的遗孀阿米蒂斯（也是阿尔塔薛西斯一世的妹妹）有染，所以这位希腊医师的荣誉很快就变成了耻辱。阿米蒂斯早就因与朝臣私通而臭名昭著，尽管阿尔塔薛西斯一世曾试图掩盖她的风流韵事，但她的行径还是成了宫廷的丑闻。据克特西亚斯记载，阿波罗尼德斯深知阿米蒂斯的风流名声，于是他利用自己的职业和名声接近她，进入了她的住所。虽然公主的社会地位比他高得多，但他一看到公主，便迷恋上了她。

在阿米蒂斯公主生病的时候，阿波罗尼德斯有了接近她的机会。起初，她的病症很轻，并不严重（看起来如此）。她的骨盆处出现了不规律的疼痛和痉挛。这是宫颈癌初期的症状（按照我们的诊断）。阿尔塔薛西斯一世命阿波罗尼德斯去医治他的妹妹。这位医师开始有机会与阿米蒂斯私下交谈，这是一个享有特权的职位，即使是对封闭的内廷世界的医师来说，也是如此。他在给公主诊断时耍了花招，借机告诉她，如果她继续定期与男人发生性关系，她就会恢复健康，因为他坚持认为公主患有子宫疾病。他反复主张，激烈的性行为会治愈她的许多病痛。阿波罗尼德斯提出的治疗方式实际上是当时最先进的一种诊断方法，许多希腊医师，尤其是希波克拉底学派的医师，都热衷于此。所有优秀的医师（必然是男性）都知道，女性的子宫并不固定，它几乎有自己的生命，很容易在身体内部游走，对其他器官造成挤压，从而导致严重的疾病，甚至死亡。当子宫处于游走的状态时，女性会昏厥、月经疼痛，以及丧失语言连贯性。为了阻止事态恶化，子宫需要被引导回体内的正确位置。希波克拉底学派的医师给出的一种治疗方式是在阴道口放芬芳的草药或香料，并在鼻子处放置难闻的药水（一般是用动物和人类的排泄物混合啤酒泡沫而成），以引诱子宫回到女人的腹股沟位置，然后固定下来。定期性生活被认为是另一种刺激子宫保持原位的方式。因此在希腊的医学思想中，性生活（当然，只有同她丈夫才可以）活跃的女人身体健康。

阿波罗尼德斯利用当时最新的西方医学理论愚弄了阿米蒂斯，然后给这位公主开了她最需要的药。他开始定期与她发生性关系。她对这位医师的喜爱随着每次诊治而增加，但他本人并没有给出任何情感承诺。恶性疾病正在逐渐吞噬公主的身体，但阿波罗尼德斯没有采取任何措施来阻止这种疾病的扩散。毫无疑问，阿波罗尼德斯发现了阿米蒂斯患病的真正缘由，因为希波克拉底学派的希腊医师已经确诊了多种癌症（称它们为 karkinos，即希腊语中的"螃蟹"一词），尽管古希腊禁止尸检，医师只能描述和绘制皮肤、面部和乳房上肉眼可见的肿瘤。医师还知道恶性肿瘤是可触及的，这些肿块摸起来很硬、很凉，形状不规则，有时周围还会形成溃疡。他们观察到肿瘤会引起肿胀，有时会出血。他们还记录了肿瘤会引发剧烈疼痛。至于治疗，由于希波克拉底学派的所有诊断法都基于体液理论，癌症被认为是体内冰冷的黑色胆汁积聚的结果。因此，必须排出胆汁，否则患者的癌症会继续扩散。为了去除恶性的黑色胆汁，医师可能会进行静脉切开术，如果此术不管用，他们就会通过切割和放血来移除肿瘤。但对患者来说，这个过程极其痛苦难熬，而且还不太可能奏效。

阿米蒂斯日渐消瘦。她吃不下多少食物，疾病使她变得如此虚弱可怜，以至于阿波罗尼德斯开始厌恶她的外表，终止了他们的性关系。阿米蒂斯知道自己被嘲笑、抛弃了，身体还承受着极度的疼痛，她意识到自己即将死去，干脆开始绝食了。在病榻上，也许是在良心的谴责下，她在病床上向母亲阿梅斯特里斯坦白了一切，并请求后者替她向阿波罗尼德斯复仇。阿梅斯特里斯将自己听到的一切告诉了阿尔塔薛西斯一世。一方面，她震惊于自己的女儿与野蛮的希腊人私通，玷污了王室血统；另一方面，她看到自己女儿的病势如此沉重，感到心都要碎了。国王也对此震惊不已，但又摇摆不定，于是让母亲处理这种尴尬的局面。阿梅斯特里斯打定主意要让阿波罗尼德斯受到惩罚。她折磨了阿波罗尼德斯两个月，直到阿米蒂斯去世那天，他才被活埋了。

阿波罗尼德斯与阿米蒂斯的故事除了痛苦和悲伤，还充满了谎言、诡计、秘密和虚假消息。这名医师不仅有违自己的职业和道德原则，还公然冒犯自己的王室主人，破坏了宫廷礼仪的规范。他在精神和身体上摧毁了公主。如果我们选择相信克特西亚斯对此丑闻的叙述（也没有明显理由不相信），那么对阿波罗尼德斯不道德行为的惩罚就是一个警告：无论医师可以提供多么有价值的服务，他们依然只是国王的仆人，他们的生命也由国王支配。

*

除了波谲云诡的宫廷生活与离奇的家族闹剧，阿尔塔薛西斯一世的统治还具有国际性。例如，希腊人的存在对阿尔塔薛西斯一世的统治有何影响？自从公元前479年雅典人在普拉蒂亚战役和米卡尔海角战役中大败波斯人以来，他们就一直想要建立起自己的帝国。在薛西斯被暗杀之前，爱琴海域的莱斯沃斯岛、希俄斯岛和萨摩斯岛相继成功脱离了波斯的控制，雅典决定庇护它们。但到了公元前478年，随着提洛同盟的成立，这种庇护转变成了防御性的所有权。提洛同盟是希腊城邦组成的一个联盟，旨在反抗波斯对爱琴海地区的进一步干涉。提洛同盟原本是由平等的城邦组成的联盟，但是雅典很快就控制了它，还将自己强大的海军力量部署到了各成员城邦，使各成员城邦成了快速扩张的雅典的行省。尽管雅典规模相对较小，但它的崛起在很多方面都与波斯帝国的崛起相似。雅典人有组织、有谋划地掠夺领土，并要求各附属城邦和臣民进贡。因此，建立帝国产生的效益自然也给雅典城带来了荣耀。雅典城的白色大理石闪闪发光。

同时，雅典的陆军和海军还在不断壮大。然而，提洛同盟从来都没有对阿尔塔薛西斯一世的帝国产生实质性的生存威胁。无论在波斯帝国的边境蚕食了多少领土，它都不可能倾覆波斯帝国。事实上，希腊人无法沿着伊奥尼亚海岸或其他地区，将势力投射到遥远的内陆地区。例如，尽管萨迪斯离海岸不到100英里，但在公元前5世纪70年代，提洛同盟未能从波斯人手中夺走萨迪斯。

无论如何，提洛同盟的成立和雅典崛起成为富裕的海军强国，导致雅典人与斯巴达人的关系开始恶化。因为斯巴达人有理由认为，雅典人成功施行的保护政策不过是激进的夺权骗局，是一种威胁。阿尔塔薛西斯一世察觉到了这两个强大的希腊城邦之间的紧张关系，便派遣使者前往斯巴达游说。如果斯巴达人同意进攻雅典，解除雅典对波斯帝国境内伊奥尼亚各城市的威胁，波斯愿意为他们提供金钱和军队。尽管斯巴达人拒绝了这一提议，但是阿尔塔薛西斯一世对这个伯罗奔尼撒半岛上的强大城邦的提议为阿契美尼德王朝的外交政策引入了一种新趋势，这意味着波斯人越来越热衷于以外交（和金钱）手段作为干涉爱琴海地区事务的首选方式。公元前450年，波斯人和希腊人起草了《卡里阿斯和约》（Peace of Callias，以出生于雅典的政治家、军人和负责谈判该和约的外交官卡里阿斯的名字命名），旨在结束波斯和雅典之间的敌对状态，并确定爱琴海地区的新政治地图。雅典人承诺不再进攻波斯领土，作为回报，波斯人同意授予伊奥尼亚沿海城市自治权。双方划定了领土界限，并发誓留在各自的主权范围内。

公元前431年，即大约在《卡里阿斯和约》签订后20年，伯罗奔尼撒战争（公元前431—前404年）爆发了，波斯重新夺回西北边境控制权的机会到来了。伯罗奔尼撒战争是雅典和斯巴达为争夺希腊的军事霸权而展开的长约26年的殊死斗争。斯巴达人意识到，寻求波斯的援助是对抗雅典的海军和财政优势的最佳策略。虽然阿尔塔薛西斯一世无意用一个斯巴达保护国同盟取代雅典，但他仍然遵守支持斯巴达人致力于使希腊摆脱雅典的腐败影响的承诺，并同意与斯巴达达成协议。公元前425年，阿尔塔薛西斯一世派遣使者前往斯巴达协商相关计划。

第 18 章

幸福或不幸福的家庭

公元前 424 年初，阿梅斯特里斯逝世了，终年 90 多岁。根据巴比伦文献的记载，不久之后，在公元前 424 年 12 月 24 日至公元前 423 年 1 月 10 日之间的某一天，她的儿子阿尔塔薛西斯一世也逝世了。他逝世时 60 多岁。新的统治者也确立了。阿尔塔薛西斯一世在位长达 41 年，在他逝世后，王权被自然和平地过渡给了他的儿子薛西斯二世。这位新统治者的名字源自其祖父薛西斯一世，他是阿尔塔薛西斯一世和妻子达玛斯皮亚唯一的儿子（可能还有其他孩子，但早夭了），因此阿尔塔薛西斯一世在世时没有发生任何争夺王位之事。阿尔塔薛西斯一世很可能在逝世前 10 年就已指定薛西斯二世为储君，但是他还有几个妃子生的儿子，他们视阿尔塔薛西斯一世逝世为夺取王位的机会。其中，索格迪阿努斯（该名字的意思是索格底亚那人，旨在纪念他父亲初登王位时在东方取得的胜利）王子在两位重臣梅诺斯塔涅斯（有一定地位的将领）和太监弗拉纳西亚斯的教唆、帮助下，制造了一个针对自己同父异母兄长的阴谋。薛西斯二世刚登上波斯王位 45 天，就在床上休息缓解酒醉时被谋杀了。虽然索格迪阿努斯夺得了王位，甚至也有了梅诺斯塔涅斯的支持，但他没能赢得军队的支持，因为军队责骂他杀死了自己的兄长，扰乱了继承顺序。

阿尔塔薛西斯一世的另一个儿子，即奥库斯，一直担任希尔卡尼亚的总督。他得知索格迪阿努斯夺权后，急忙返回波斯，并迅速获得了一群贵族的支持，其中就包括索格迪阿努斯的前骑兵统领阿尔巴里奥斯，从亚美尼亚流放归来的太监阿尔托克萨雷斯，以及赫赫有名、家财万贯的埃及总督阿尔沙玛。之后，奥库斯被波斯人尊为国王，还取了一个王名（阿契美尼德王朝历史上首次明确证明有此种做法），即大流士二世。这位年轻的国王选择大流士这个名字，是要将自己与波斯最重要的统治者之一联系起来。实际上，大流士二世曾许下豪言壮志，声称要开启帝国新的黄金时代。但要达到此目标，他首先得除掉对手索格迪阿努斯。

大流士二世在担任希尔卡尼亚总督期间，娶了同父异母的妹妹帕瑞萨蒂丝为妻。这个女人注定要在阿契美尼德王朝的政治中发挥前所未有的关键作用。和大流士二世一样，她也是巴比伦妃子的孩子。虽然我们不知道他们的婚姻是父母之命还是自由恋爱，但很明显，他们成功发展出了一种非常亲密且相互依赖的关系。帕瑞萨蒂丝是一个聪明睿智而且雄心勃勃的女人。她为自己精心打造了一个合适的角色，即她丈夫的知己和顾问，反过来，大流士二世也让世人知道，他一直特别重视妻子的辅佐。我们很容易将帕瑞萨蒂丝描绘成一个事事都要干涉、唠唠叨叨的女人，容易被琐事激怒，而非出于政治策略行事。更糟糕的是，她很可能被解读为麦克白夫人般的恶棍，即一心想要掌权，因自己的野心掀起血雨腥风，冷酷无情。但这些都是对她的中伤。她是阿契美尼德王朝有史以来最伟大的政治家之一。她小心翼翼地看护着家族的前途，攻击和消灭敌人，保卫和支持忠诚的追随者。在他们婚后最初几年，那时候大流士二世尚未即位，她就已经履行了自己的王朝职责，诞下了两个孩子：女儿阿梅斯特里斯二世和儿子阿尔西卡斯（或称阿尔西斯，在有些史料中出现的是这个名字）。在大流士二世即位后，帕瑞萨蒂丝生了两个儿子，分别取名为居鲁士和欧塔涅斯。之后，一个接着一个，帕瑞萨蒂丝又生了九个孩子，但个个都早夭了。最后一个儿子奥克森德拉斯活得倒是足够长久，足以看到这个家族终结。正是对孩子的爱和恨，驱使帕瑞萨蒂丝获得了大流士一世统治时的阿托莎和薛西斯一世统治时的阿梅斯特里斯都不曾获得的权力。对帕瑞萨蒂丝而言，王朝的延续意味着一切。然而，她用来维持和延续王朝的方法将产生灾难性的影响。

正是帕瑞萨蒂丝给大流士二世出主意，要对付他同父异母的兄弟索格迪阿努斯，并将其赶下王位。她向大流士二世建议，对待篡夺王位的索格迪阿努斯要以劝说为主、武力为辅，最终劝诱索格迪阿努斯主动放弃王位，她强调索格迪阿努斯的王位是通过血腥谋杀得来的。大流士二世遵照帕瑞萨蒂丝的建议，告知了索格迪阿努斯一些确凿无疑的事实，即他缺乏军队和朝臣的支持，军队鄙视他，朝臣不承认他，但同时又放软态度，苦口婆心地承诺，如果他主动禅位，那么过往诸事都会被宽恕，一切都会被遗忘，不会有任何报应。索格迪阿努斯或许有些天真，竟然相信了大流士二世之言。因此，他很快就被俘虏了，还被判处了死刑。具体的处决方式也是波斯特有的：在冰冷的灰烬中窒息而亡。这是一种怪异可怕的刑罚，专门用于惩治最恶劣的罪犯，尤其是那些犯有叛国罪的人。波斯人在一个高大的空心砖塔里填满任何易燃物焚烧过后的灰烬，然后将被判处死刑的索格迪阿努斯关到里面。他站在齐腰高的灰烬里，一连好几个小时，呼吸着微小的灰烬颗粒，直到最终累倒，一头栽进灰烬里，将它们深深地吸进肺里。就算他能再爬起来，他的肺里也填满了灰烬，迟早会慢慢窒息而死。索格迪阿努斯的统治只延续了6个半月。巴比伦从未承认过他的统治，所以巴比伦的楔形文字泥板未记载这段历史。

大流士二世登上了王位。在他处理政事时，太监阿尔托克萨雷斯、阿尔提巴赞内斯和阿托乌斯会向他提供建议。尽管这三名太监在国事上很有天赋，但当帕瑞萨蒂丝辅佐国王时，他们也会向她行敬拜礼。所以，当另一场继承危机爆发，威胁大流士二世根基尚浅的统治时，波斯迫切需要她的敏锐和远见。这次的威胁来自大流士二世的同胞兄弟阿里斯特斯，他背叛了大流士二世，声称自己身为阿尔塔薛西斯之子，也拥有与大流士二世一样的王位继承权。由于有关新一轮反叛的史料记载残缺不全，我们对此事件知之甚少。阿里斯特斯似乎得到了迈加比佐斯之子阿尔提菲乌斯的支持，发动了两场战役，但均以失败告终，最后向国王投降了。尽管国王不想杀死自己的兄弟，但帕瑞萨蒂丝还是建议国王将阿尔提菲乌斯和阿里斯特斯扔进灰烬里。帕瑞萨蒂丝部分通过劝说，部分通过发脾气，最终确保判处阿里斯特斯及其支持者死刑。

*

公元前423年，也就是大流士二世统治的第1年，2月16日，巴比伦尼亚尼普尔的著名商人恩利尔-纳丁-舒姆签订了一份租赁契约，以1.5磅白银的惊人高价租了巴比伦的一栋房子。这份契约规定,租期将"持续到国王离开"。他是在大流士二世巡视巴比伦尼亚时签署的这份租约。在处死了两个麻烦的兄弟之后,大流士二世终于可以放心地去巡视他的新帝国、游览巴比伦了。他想欣赏巴比伦的美景,也想巩固自己在此地的统治。恩利尔-纳丁-舒姆特意前来,就是想见到国王。他巴结大流士二世的随从,迫切地想要觐见国王,想要向优雅的帕瑞萨蒂丝夫人致敬。他有诸多事宜需要与国王商谈。他是古老而显赫的穆拉舒家族(Murashu and Sons)*的首领,非常希望可以赢得大流士二世的支持。毕竟,已故国王阿尔塔薛西斯一世曾是这个家族友好的王室盟友,那么王室的庇护为何不能延续下去呢?

尼普尔的穆拉舒家族因为高利率而臭名昭著。相比银行家,他们更像放高利贷的,他们设定的年利率高达40%,大约是巴比伦历史上记录的以往利率的两倍。按照惯例,穆拉舒家族的男子会拿借款人的土地作为抵押,然后以此赚钱,直到借款人偿还贷款,如果他们还得上的话。这般攫取暴利之事已经持续了数十年,丝毫不受王室的谴责和干预。这表明穆拉舒家族会取悦波斯当局。他们会定期向王家国库慷慨捐赠,以换取王室的庇护,或者至少争取使王室睁一只眼闭一只眼。难怪恩利尔-纳丁-舒姆如此渴望觐见波斯国王,即使要花上1.5磅白银的租金。但是巴比伦城中人山人海,人们都渴望能亲吻国王的双脚,恳求他的恩惠,所以恩利尔-纳丁-舒姆空有一颗渴望面圣的心,但没有觐见国王的机会。大流士二世离开了,启程去往苏萨。在签订租房合同11天之后,沮丧的恩利尔-纳丁-舒姆回到了尼普尔的家中,

---

* 商业家族,业务涉及金融、农业、贸易等多个领域。——编者

按惯例向借款的两个女人索取了40%的贷款利率，以弥补此行的损失。

恩利尔-纳丁-舒姆的巴比伦之行只是我们从考古学家在尼普尔的遗址中发掘出的大量楔形文字档案里获得的一个细节。穆拉舒家族档案由近900块泥板文书组成，它们记录了穆拉舒家族成员的商业活动，涉及哈丁之子穆拉舒，以及他的三个儿子、三个孙子，还有他们各自的客户。他们在公元前5世纪下半叶的尼普尔及其周边地区生活和工作。该档案记录了该家族对农田和水域的管理，这些土地和水源都是该家族从当地的土地所有者手里租来的，租用的前提是服兵役和纳税。其中的大部分土地，连同地上的动物，以及其他必要设备一起都被转租给了穆拉舒家族的佃户。此外，这个家族还向土地拥有者发放抵押贷款。这些人以自己的财产为抵押，获得高息贷款。这是一件利益丰厚的事情，但该档案还揭示了，波斯帝国是如何，以及为什么在课税负担下变得摇摇欲坠的。

波斯本土不纳税，但帝国的其他地方每年都须缴纳高额税款。据估算，米底缴纳了450塔兰特白银，同时还进贡了10万只羊；苏萨支付了300塔兰特白银；亚美尼亚支付了400塔兰特白银和2万匹珍贵的尼西安马；利比亚和埃及都上交了700塔兰特白银，以及渔业产品和12万袋粮食；阿拉伯人提供了价值1000塔兰特白银的乳香；埃塞俄比亚每两年进贡一次黄金、乌木和象牙；巴比伦尼亚的税负最重，达到了1000塔兰特白银，而且每年还要进贡3次沃土生产的粮食，以供养波斯宫廷。每年征收的黄金、白银和贵重物品的价值高达14 560塔兰特，其实际购买力比这个总和还要高出许多倍。我们知道，金银经常被熔化，然后倒入双耳细颈陶瓶中冷却硬化，做成金银块，有些则被铸成了硬币。虽然企业还可以继续使用信贷，但许多企业，比如穆拉舒家族的商行，都要求用现银偿还。人们越来越倾向于用白银缴税。不久之后，放高利贷者和总督就掌握了市场上的大部分铸币，这加剧了通货膨胀，导致各类商品的价格飞涨。最后，整个帝国的非波斯人都损失惨重。

这样的经济压力意味着在大流士二世统治期间叛乱频发。有些总督和朝臣所在的家族在各自的辖地内经营了数代，获得了权力基础，他们发动了叛乱，与国王抗衡。比如帕夫拉戈尼亚的阿尔托克萨雷斯，他曾帮助大流士二世登上王位，此时却在王家宫廷密谋推翻大流士二世。这次政变没有成功，且发生的具体时间也无法确定，但很可能发生在约公元前 419 年。克特西亚斯简要叙述了这次政变的细节，不过读起来荒诞可笑：

> 对国王影响颇深的太监阿尔托克萨雷斯密谋反叛国王，因为他想自己登上王位，一统天下。他命令一个女人弄来了一撮胡子，使他看起来像个男人。但这个女人告发了他，因此他被逮捕了，然后被交给了帕瑞萨蒂丝。最终，他被判处死刑。

假胡子和狡猾的阉人形成的蒙提·派森*式的场景似乎令人发笑，但在男人必须蓄须的时代，太监（如果在青春期前被阉割，就永远都长不出胡子了）肯定与社会格格不入，他们充其量

---

* 英国的六人喜剧团体。——编者

算是"半人",最差的则会被说成"类人"。克特西亚斯想要阐明的是,若想成为国王,就必须要有国王的风范。这项工作的关键饰品就是浓密的王族胡须。但是阿尔托克萨雷斯自己长不出胡子,于是借助于当时流行的假毛发,戴了一撮假胡子。克特西亚斯的叙事中保留了一个真正的波斯信仰,即君主是人中佼佼者,他的统治能力和维护宇宙秩序的能力是通过阳刚的男性化外表来体现的。

埃及跟以往一样,麻烦不断。年迈的埃及总督阿尔沙玛与大流士二世一直保持定期通信(其中一些信件因写在皮革上而留存下来)。信中涉及土匪、绑匪、盗贼四处犯案等危险事件,还暗指了公共领域的骚乱或反叛。在阿斯旺,埃及人和犹太人之间的紧张局势最终演变成了暴力冲突。自公元前597年巴比伦入侵耶路撒冷以来,在尼罗河上的象岛就有犹太人定居。他们看到所罗门神殿被毁,就在象岛建了一座新的神殿,在里面焚香祈祷,用动物献祭,敬奉亚伯拉罕的上帝。他们也庆祝安息日和逾越节。然而,岛上还有一座供奉公羊头人身的赫努姆神的神庙,赫努姆神庙的祭司对犹太人定期献祭绵羊和山羊之事深恶痛绝。和谐共处了数个世纪之后,埃及祭司联合当地的波斯长官摧毁了犹太人的神殿。阿尔沙玛及时惩罚了罪魁祸首,但他也感到有必要取缔祭祀仪式中屠宰山羊的行为,以避免未来发生争端和动乱。

公元前420—前415年,吕底亚总督比苏提尼在萨迪斯反叛,由将领吕孔率领从希腊招募而来的雇佣军为他而战。大流士二世则派了声名赫赫的贵族叙达尔涅斯之孙提萨斐尼前去镇压。提萨斐尼不仅擅长打仗,还擅长谋略。他设法贿赂了吕孔的雇佣兵,让他们背叛比苏提尼,还以宽大为怀为饵引诱比苏提尼到了苏萨。比苏提尼被处决了,提萨斐尼取代他成为吕底亚的总督。提萨斐尼在小亚细亚的逗留标志着在伯罗奔尼撒战争期间波斯开始加剧对希腊事务的干扰。雅典人在大流士二世登基伊始就对他甚是熟稔,大流士二世刚即位,他们似乎就开始与他展开了谈判。因为我们有充足的证据证明,在大流士二世统治初期,雅典使者频频拜访波斯王宫,而且似乎还有许多地位较高的雅典人拜访过他的王宫。这或许有助于解释当时雅典为何流行一种红彩陶器,这些陶器上所绘的图像展示(或称虚构)了波斯国王享受宫廷乐趣的场景:为他打扇的宫女、衣着华丽的朝臣,还有舞者和乐师,这是东方享乐主义的传统主题场景。公元前408年,欧里庇得斯也将类似的东方享乐主义场景通过戏剧《俄瑞斯忒斯》(Orestes)搬上了舞台,这部作品含有大量"一千零一夜"风格的主题元素。

公元前413年,雅典人干涉波斯内政,支持比苏提尼之子阿摩基斯发动叛乱。雅典和波斯的关系因而急转直下。大流士二世派提萨斐尼镇压叛乱,还要他确保及时收缴小亚细亚希腊城邦未上交的贡赋,并将它们送到波斯。但是,提萨斐尼有他自己的计划。他与斯巴达人结盟一起对抗雅典,并在公元前412年率军为波斯夺回了伊奥尼亚的大部分地区。雅典的纨绔子弟阿尔西比亚德斯将军以黑暗、不择手段的政治活动而恶名昭彰。他说服了提萨斐尼,认为此时波斯的最大利益在于雅典和斯巴达互相掣肘,保持稳定的平衡,而不是让其中一方战胜另一方。提萨斐尼乐于看到希腊人可以平静下来,不生事,这样一来他就可以将精力转去遏制自己最大的敌人,即野心勃勃、想扩张领地的赫勒斯滂-弗里吉亚总督法尔纳巴佐斯二世。法尔纳巴佐斯二世也曾试图参与伯罗奔尼撒战争，支持斯巴达人。为此，修昔底德解释道：

> 国王最近向他的官府讨要贡金，但由于雅典人，他无力从希腊城镇收齐一直拖欠的贡金。因此，他盘算着，只要削弱雅典人，他应该就可以更好地获取贡金，同时还可以吸引斯巴达人与国王结盟。

所以，极有可能是法尔纳巴佐斯二世在斯巴达的要求下，安排人谋杀了阿尔西比亚德斯。公元前 408 年，大流士二世决定正式支持斯巴达，专门投钱打造了一支舰队来对抗雅典。作为回报，斯巴达人给了波斯人自由决定权，让他们按照自己的意愿去重新夺回小亚细亚的希腊城邦。这对大流士二世而言是一个巨大的成功。

约公元前 407 年，大流士二世罢免了提萨斐尼的吕底亚总督之职，将他调到了次一级的卡里亚行省。小亚细亚的局势也随之发生了变化。大流士二世将吕底亚、卡帕多西亚和弗里吉亚的治理权（换句话来说，就是整个安纳托利亚西部）交给了他的儿子居鲁士（以伟大的居鲁士大帝之名命名，史称"小居鲁士"）。其实是帕瑞萨蒂丝说服大流士二世将这个重要的帝国官职授予小居鲁士的。她溺爱这个男孩，崇拜他、珍爱他。她娇惯他、宠爱他，尽管他才 16 岁，但她轻轻松松就让大流士二世相信，她的宝贝具备担任这个最负盛名的职位必需的才能和气度。在很多方面，帕瑞萨蒂丝都是对的。小居鲁士才华出众，是天赋异禀的领袖，他头脑敏捷、聪明果敢且英勇无畏。然而，他所受多年的宠爱和非自然的母爱意味着，他也以自我为中心、残酷无情、报复心强且野蛮无礼。他喜怒无常、阴晴不定，对待朋友就跟对待敌人一样，不加考虑就折磨他们，甚至下令对他们施加最痛苦的残害手段或更残酷的处决方式。我们必须承认，小居鲁士有一些反社会的特质。提萨斐尼也对他心怀怨恨。

第 19 章

血亲兄弟

　　色诺芬在其著作《长征记》的开篇这样写道："大流士二世和帕瑞萨蒂丝生有二子*……小居鲁士得到了母亲帕瑞萨蒂丝的支持，因为她爱他胜过爱长子。"《长征记》是色诺芬的回忆录，回忆的是他身为雇佣兵，在波斯为小居鲁士效劳时的生活。约公元前370年，色诺芬写下这些文字时，世人早已知晓帕瑞萨蒂丝偏爱次子，她赋予次子比长子阿尔西卡斯王子还要高的特权。但是大流士二世看到了阿尔西卡斯的优秀品格，认为此子聪慧、有耐心、做事考虑周到且有条理，所以册封他为储君。大流士二世认为，阿尔西卡斯的弟弟小居鲁士性格太急躁，不适合继承王位。大流士二世册封阿尔西卡斯为波斯帝国的储君一事令帕瑞萨蒂丝非常恼火。脾气暴躁的帕瑞萨蒂丝失去了理智，竟煽动两个儿子互相争斗，甚至让小居鲁士反抗他父王。对小居鲁士的盲目偏爱强烈地压过了她处理王朝政务时的谨慎之心。为了能让次子登上王位，她不停地扫清障碍，奔走努力。结果，小居鲁士在长大后很容易做出反社会的行为，而且往往盲目地以自我为中心。他还没有准备好接受现实生活的考验。

----

* 原文如此，学界大多认为他们至少育有四子（如前文所述）。——编者

小居鲁士深知自己的未来完全取决于母亲的支持。尽管他觉察到，母亲的控制欲强大得令人窒息，但他也明白，没有母亲的支持，自己什么都不是。如果他想当上国王，就得跟着她的节奏走。所以，毫不奇怪，小居鲁士在担任吕底亚总督的那些年里，反倒因为远离王家宫廷，与帕瑞萨蒂丝相距颇远，幸运地在政务和个人事务上获取了一定程度上的独立。这位王子在19岁或20岁时，在萨迪斯的宫殿里打造了自己的后宫，迎娶了一位或多位妻子，但我们没有关于他婚姻的详细记录。不过，我们确实知道他深爱着一个希腊姑娘，即出身贫寒的佛西斯姑娘阿斯帕西娅。

佛西斯的阿斯帕西娅美名远扬，神赐予了她摄人心魄的美貌。她的倾慕者以抒情手法写道："她头发金黄，发梢微微卷曲，她的双眼顾盼生辉，肌肤娇嫩，脸庞如玫瑰花般娇艳欲滴……双唇红润，皓齿洁白如雪……声音甜美柔滑，曾听过她说话的人皆可直言自己听到了海妖塞壬的声音。"除了倾城之貌，她还以心地纯洁、谦逊端庄、坚定果断、坚毅不屈的道德品质著称。在伊奥尼亚的战争中，有许多年轻女子沦为战俘，被献给了小居鲁士，她便是其中之一。那时，他正在打造自己的后宫，广纳年轻女子为妾充盈后宫。一天晚上，在小居鲁士享用完丰盛的晚餐之后，有人将阿斯帕西娅送到了他面前。那天晚上，他和朋友一起去喝酒，这在波斯上流社会中很常见（只有吃完饭后才能享用美酒）。就在喝酒的时候，四个希腊女孩被带到了他面前，阿斯帕西娅就是其中之一。她们打扮得精致漂亮，身上穿的都是用像雪纺一样的上等亚麻布、轻薄透明的棉布和闪闪发光的丝绸制成的华服，戴的也都是后宫所能提供的最精致的珠宝。她们用了眼线墨，涂着口红，手指甲、脚趾甲都用指甲花染过，上面还画着各种各样的图案。她们头上系了金色发带,脸上戴着彩色的透明面纱。太监教导她们如何在小居鲁士面前表现自己,以获得他的宠爱。当他靠近她们时,不要转身避开;当他抚摸她们时,不要害羞忸怩,而是落落大方,任他亲吻自己。其他女孩都争先恐后想要夺得宠爱,只有阿斯帕西娅感到烦闷沉郁,拒绝出卖色相。她被太监用藤条打了好几下,最终被迫穿戴上了昂贵的衣服和珠宝去见王子。

当女孩们来到小居鲁士身边时,其他三个女孩嘴角扬起得体的微笑,双颊也红得恰到好处。只有阿斯帕西娅双眼满含泪水,目不转睛地盯着地面。当小居鲁士命她们在他身边坐下时,其他三个女孩立刻顺从地坐下,只有阿斯帕西娅拒绝了,直到一名太监用力将她推倒。当他抚摸其他三个女孩的脸颊、手指时,她们都欣然接受。但当他走近阿斯帕西娅时,她潸然泪下,哭诉诸神会惩罚他的行为。当他伸手去触碰阿斯帕西娅时,她直接站了起来,要不是太监拦住她,将她逼回座位,她早就跑了。小居鲁士被端庄而美貌的阿斯帕西娅深深迷住了,当场就宣布阿斯帕西娅是他最爱的女子,并封她为位阶最高的妃子。她被一路护送到了后宫,享有一间最高级的私人房间,所享待遇堪比国王的妻子。

小居鲁士爱阿斯帕西娅胜过爱其他任何女人,无论是他的妻子、其他妃子还是母亲。几个月后,他们之间建立起了信任和爱慕的纽带,并很快发展成了深深的爱恋。随着他对阿斯帕西娅的爱恋首先传到伊奥尼亚和小亚细亚,然后传入希腊,他们的故事很快就在整个波斯帝国传开了,甚至传到了希腊世界。甚至连波斯国王都知晓了此事。帕瑞萨蒂丝自然也知道了。当她知晓自己的儿子将心交给了别的女人时,一种母亲特有的嫉妒之情油然而生。受小居鲁士庇护的人和他的追随者开始向阿斯帕西娅请愿,用礼物讨好她,希望她能向王子说说好话,因为他越来越依赖她的建议。据说,他做任何决定之前都要和阿斯帕西娅商量一番。传说希腊雕刻大师斯科帕斯曾送给阿斯帕西娅一条做工非凡的项链;这是一件精美绝伦的礼物,是用极小的金石榴和青金石莲花花蕾串成的精致的花丝工艺品。它是一件杰作。她一看到这件礼物,就立刻言明"只有国王的女儿或母亲才配戴它",然后迅速将它送给了帕瑞萨蒂丝。帕瑞萨蒂丝欣然收下了此礼。阿斯帕西娅此举是出于谨慎,因为这条精致非凡的项链满足了帕瑞萨蒂丝的虚荣心,安抚了她。阿斯帕西娅送礼一事表明了这个姑娘对帕瑞萨蒂丝的顺从。

王储阿尔西卡斯也坠入了爱河,不过他心心念念的女人有着无可挑剔的波斯血统。事实证明,对帕瑞萨蒂丝来说,阿尔西卡斯喜爱的女人确实比任何希腊妃子都要麻烦得多。斯妲忒拉的父亲是位高权重的首领叙达尔涅斯三世,她的家族曾帮助大流士大帝登上王位。她是波斯帝国地位最高的女性之一,同时坚决保持警惕,守护自己的地位。论家世血统,她轻而易举就赢过了帕瑞萨蒂丝。帕瑞萨蒂丝虽然贵为国王之女,但她母亲只是个外族妃子,这类事情对宫廷女性来说相当重要。斯妲忒拉也是个美人,但她没有阿斯帕西娅那般白皙的皮肤和金色的头发。她是个典型的波斯美人。她有一双深邃的黑眼睛,披着一头柔顺发亮的乌发,还长着一只鹰钩鼻。宫廷诗人赞美她的脸庞比太阳还要温和美丽,她的双颊就像绽放的石榴花,她的双眼好比花园里并蒂绽放的水仙花,又长又黑的睫毛微微颤动,乌黑发亮的长卷发分成两绺顺着白皙的脖颈垂到腰部,发丝间还散发着麝香味。简而言之,"她从头到脚,美如天仙"。她圆润丰满的身材十分符合波斯人的审美。色诺芬到波斯帝国旅行时,很快就注意到了他遇到的波斯女人的美貌。他形容她们"美丽而修长",即意指她们体态优美,身材很好。

斯妲忒拉的父亲叙达尔涅斯与正妻育有数名子女,儿子有声名狼藉的小亚细亚总督提萨斐尼和爱出风头的热血青年特里图赫姆斯。我们知道斯妲忒拉还有一个妹妹,即罗克珊娜。尽管克特西亚斯说叙达尔涅斯还有两个女儿,但她们的名字已不可考。勤勉的叙达尔涅斯身为亚美尼亚的总督,一直忠心耿耿,为大流士二世效劳。在那段时间里,他小心运作,将孩子们安排进了王室,希望能为他的孙辈谋一个高贵的出身。因此,喜欢争斗的特里图赫姆斯迎娶了大流士二世和帕瑞萨蒂丝的长女,即公主阿梅斯特里斯二世,而斯妲忒拉则嫁给了王储阿尔西卡斯。

在父亲叙达尔涅斯去世后,特里图赫姆斯继承了亚美尼亚总督一职。他本有希望前往亚美尼亚,远离宫廷圈。但就在他准备启程前往自己的行省时,他的婚姻陷入了危机。据说,他对自己的妹妹,即美丽迷人的罗克珊娜,产生了强烈的情感。克特西亚斯形容她"拥有艳丽的容貌,还是经验丰富的弓箭手和标枪手"。他们暗地里开始了一段关系,据说两人还坠入了爱河。然而,要休掉国王的女儿并非易事。当特里图赫姆斯开始想办法摆脱阿梅斯特里斯二世时,他发现最好的办法是直接除掉阻止他们离婚的主要障碍,也就是说国王大流士二世必须得死。特里图赫姆斯软禁了阿梅斯特里斯二世。他的本意(根据克特西亚斯的说法)是将阿梅斯特里斯二世装进一个口袋里,然后用长矛刺穿她。据称,大约有300人支持此次叛乱。这个数字无疑有些夸大了,但可以肯定的是,阿梅斯特里斯二世面临致命危险。大流士二世请求特里图赫姆斯立即释放他的女儿,但特里图赫姆斯置若罔闻。国王意识到了,特里图赫姆斯发动此次叛乱意在弑君夺位,于是他立即采取行动,对付女婿特里图赫姆斯。大流士二世的卫队袭击并杀死了特里图赫姆斯,后来他的诸多追随者也被处决了。但这还不足以让帕瑞萨蒂丝解恨,她下令活埋特里图赫姆斯的母亲、兄弟,以及他的两个妹妹(不包括斯妲忒拉)。这件事的根源,即罗克珊娜,则遭受了极刑。此外,帕瑞萨蒂丝还毒死了特里图赫姆斯的小儿子。

当国王还要下令处决斯妲忒拉时,叙达尔涅斯家族似乎就要被彻底灭族了。阿尔西卡斯王子"泪流满面"(按克特西亚斯的说法),请求母亲出面干涉,挽救妻子的性命。难得帕瑞萨蒂丝竟被长子感动得生出了怜悯之心,同意会与大流士二世商议此事。她的干预在某种程度上起了作用,国王同意免去斯妲忒拉的死罪。不过,他凭借敏锐的先见之明警告帕瑞萨蒂丝,她终有一天会后悔让斯妲忒拉活着。大流士二世警告她,叙达尔涅斯家族幸存下来的最后一个女儿将成为王室内部无休止争斗的根源。因为自己的妻子最终幸免于难,阿尔西卡斯对父亲的仁慈心怀感激,他努力做一个勤奋听话的儿子来表达自己的感激之情,他认真地向父亲学习治国之术,总是渴望讨好父亲。

然而,斯妲忒拉死里逃生后,并没有心存感激。她始终牢记大流士二世和他爱管闲事的妻子是自己的家族惨遭屠戮的罪魁祸首,她蔑视他们。感谢上苍,她哥哥提萨斐尼还活着,因为他聪明勤劳,是国王不可或缺的左膀右臂。他也是斯妲忒拉唯一的保护者了。虽然帕瑞萨蒂丝救了斯妲忒拉,但斯妲忒拉并不领情,反倒对她愤恨不已。斯妲忒拉想方设法地冒犯、贬低和诋毁帕瑞萨蒂丝，用尽各种招数激怒后者。例如，斯妲忒拉下定决心要获得波斯民众，即她未来臣民的爱戴。她这样做主要也是为了激怒帕瑞萨蒂丝。斯妲忒拉习惯乘坐有篷马车游历波斯，只要将遮光帘拉开，民众就能看到她。在旅途中，她经常走走停停，时常停下马车，和当地妇女说话。这些妇女挤在马车的车轮旁，想要一睹王妃的芳容，甚至想要亲吻她的手。帕瑞萨蒂丝认为她行事过于荒诞出格。这样露骨地表达感情的方式极大地损害了国王妻子的地位。帕瑞萨蒂丝认为，未来国王的妻子应该高贵端庄、超然脱俗，远离普罗大众。帕瑞萨蒂丝不擅于与民众直接接触，所以她宁愿避开。因此，每当帕瑞萨蒂丝出行时，马车上的帘子总是拉得紧紧的。

这两位女性都足智多谋且意志坚定，她们开启了一场漫长而痛苦的礼仪冷战。这场冷战长达约20年。礼仪成了她们争斗的首选武器，宫廷变成了战场。女人之间的战争也同其他所有重大战争一样，会造成无数人伤亡，而且还会有许多意料不到的人因为被殃及而丢失性命。

*

公元前405年，深秋，大流士二世身患重病，卧床不起。所有见到他的人都清楚，他的生命很快就要走到尽头了。大流士二世本人也意识到了这一点，于是下令让孩子们前来苏萨与他会合。阿尔西卡斯和弟弟奥克森德拉斯、妹妹阿梅斯特里斯二世很快就赶到了苏萨，但直到公元前404年初，小居鲁士才从萨迪斯长途跋涉而来。经历了漫长的数月之后，小居鲁士终于又安全地回到了帕瑞萨蒂丝的怀抱，她热情地迎接和问候次子。她紧紧地抱住小居鲁士，在他耳边低声嘱咐道："紧跟着我行事，没有我的同意，什么都不要做。"小居鲁士踏上内陆之旅，回到苏萨，满心希望他母亲有足够的魄力影响国王，进而使自己能被指定为王位继承人。眼下大流士二世就要死了，小居鲁士意识到，这是让国王改变继承人人选的最后机会了。我们可以想象一下这个场景。国王大流士二世躺在病床上，面容枯槁，当他强撑着坐起来时，背后还垫着许多柔软的枕头，身边那几个照顾他的妃子也一直伸手扶着他。帕瑞萨蒂丝伏在国王面前，额头紧贴着地面，一遍又一遍地恳求他："陛下呀，您自己也知道应当立居鲁士为王，因为他是在你继位为王时出生的，而您的大儿子出生时，我们尚未显达。"国王不为所动，帕瑞萨蒂丝又试着逐一亲吻了国王手上那些珠光璀璨的戒指，恳求道："陛下呀，一旦您长眠，我和儿子居鲁士就会被当成罪犯。我们母子二人会被阿尔西卡斯和他的妻子（叙达尔涅斯之女）杀死的。"她使出了浑身解数，讨好、恳求、责骂和哭诉，但都无济于事。大流士二世仍然坚持原先的决定：阿尔西卡斯是储君，他亲自教导过阿尔西卡斯治国之术。公元前404年初，大流士二世于在位19年后去世，他的长子阿尔西卡斯继承王位。为了向卓越非凡的祖父致敬，这位新王在即位后取王名为阿尔塔薛西斯二世。

在大流士二世的葬礼过后，波斯宫廷迁到了帕萨尔加德。按照祖制，新王阿尔塔薛西斯二世要在此地举行登基大典，正式成为阿契美尼德王朝的新一任国王。就在登基大典举行过程中，刚从小亚细亚赶回波斯参加神圣仪式的国王内兄提萨斐尼走近阿尔塔薛西斯二世，禀告他自己发现了一个阴谋：小居鲁士试图发动政变夺取王位，而且在主持此次大典的麻葛之中，已经有一部分人成了他的支持者。提萨斐尼证实，小居鲁士的计划就是事先埋伏在女神安娜希塔的圣殿里，以便在国王更衣准备参加仪式时发动攻击，一举杀死国王。现在，我们很难判断这个故事的真实性，因为即便是这个故事的主要信息来源，即克特西亚斯本人也无法确定。他只是指出："有人说这是诬告，它导致小居鲁士被捕，有人则说小居鲁士进入了圣殿，不过被一名祭司发现藏身于此。"

不管真实情况如何，阿尔塔薛西斯二世显然都认为已有足够的证据证实小居鲁士蓄谋造反，于是下令处死他。正当长生军士兵要拖走这位王子时，帕瑞萨蒂丝发出一声哀号，扑向小居鲁士。她一把扯掉面纱，将她的头发披散在他身上，用她的头抵住他的头。她不停哀叫和哭泣，恳求国王宽恕小居鲁士，将他遣送回吕底亚的萨迪斯。她继续哭诉，等小居鲁士回到小亚细亚，他就可以再次证明自己是忠心耿耿的臣子、深爱兄长的弟弟。她声泪俱下的表演实则尖刻犀利，直插国王的软肋。提萨斐尼和斯妲忒拉提醒阿尔塔薛西斯二世，不要因帕瑞萨蒂丝的表演而心慈手软，要记住小居鲁士野心勃勃，他想要谋权篡位的心思永远都不会熄灭。但是这位新王天性温文尔雅（希腊人称阿尔塔薛西斯二世为 Memnon，意思是体贴入微的人，他们在描述阿尔塔薛西斯二世的统治时称他的主要特征就是和蔼可亲），他赦免了小居鲁士。按照帕瑞萨蒂丝的请求，小居鲁士被遣送回了吕底亚，继续治理自己的行省。但克特西亚斯发现，"小居鲁士并不满足于自己的地位，他铭记的不是自己蒙恩获释，而是自己曾锒铛入狱，内心的愤怒使他比以往更渴望夺得大位"。

小居鲁士在回到位于萨迪斯的家中之后，在阿斯帕西娅的关爱、支持下，开始认真谋划夺取王位。除了夺回他认为本该属于自己的王位，我们很难厘清他还给自己设定了什么目标。或许他希望削弱波斯贵族的影响力，比如难缠的叙达尔涅斯家族，提萨斐尼和斯妲忒拉就是这个家族的成员，两人破坏力极强，总是坏他大事。或许他想要建立一个更加中央集权的政府。他是小亚细亚的"卡拉诺斯"（karanos，源自古波斯语 kāra，意为军队），或称"最高统帅"。他统领的军队在帝国数一数二，所以他确实拥有夺取王位的实力。毕竟，他文武兼备，在行政上是整个小亚细亚的总督，在军事上也是整个小亚细亚的最高统帅。小居鲁士开始组建一支步兵和骑兵军队，约有 2 万人，他还拥有 1.2 万名雇佣兵，其中 1 万人是希腊重装步兵。几个世纪以来，希腊人一直在西亚、北非地区的军队中效劳。他们还帮助波斯帝国西部的总督击退了雅典人的进攻，尽管他们的数量就这么多，但小居鲁士集结的这支军队已然是有史以来规模最大的雇佣军军队了，提萨斐尼也没有轻视他们。虽然已然集结成军，小居鲁士还是继续装出一副忠心耿耿的样子，依然向阿尔塔薛西斯二世缴纳自己的行省内各地的贡金。因此，他一直没有引起波斯中央政府的过度关注。

希腊重装步兵雇佣兵是古代世界最优秀的战士之一。他们都是久经沙场的老兵，拥有多年的战斗经验。只要价格合适，他们愿意承担任何任务。他们被分成多支战队，每支战队都由一位将军统领，其中最厉害的是斯巴达的克利阿科斯。他曾在伯罗奔尼撒战争期间指挥斯巴达在赫勒斯滂的海军行动，并在这次行动中成功占领了拜占庭城。但是他脾气暴躁、刚愎自用，开始在拜占庭城施行恐怖统治，这触怒了遥远的斯巴达当局，当局很快就解除了他的职务。克利阿科斯因为未能维持和平而被判处死刑。但他侥幸逃过一死，公元前402年初，他投入了小居鲁士麾下。小居鲁士欣赏克利阿科斯展现出来的能力，给他提供资金，指示他训练雇佣兵。克利阿科斯最终成了整个希腊军队的统帅，并且一直忠心耿耿地为小居鲁士效劳。

被小居鲁士纳入麾下的另一名希腊人是反对民主制度的雅典贵族色诺芬，当时他约28岁。不过他加入这位波斯王子的麾下更多是作为一个彬彬有礼的冒险家，而非一个真正的战士。尽管他注定要成为古代史学的巨擘之一，但在公元前401年他加入小居鲁士麾下之前，人们除了知道他与苏格拉底的关联，以及据说他曾在雅典的骑兵团服役，对他其实知之甚少。他的《居鲁士的教育》是从古代流传下来的最杰出的文学作品之一。这部作品表面上好像是在研究居鲁士大帝，实则是对小居鲁士的赞歌。在色诺芬看来，小居鲁士是天生的领袖。

公元前402年春，小居鲁士率领军队和随军侍从离开萨迪斯前往波斯内地，这些侍从包括他的厨师、管家、太监和妻妾，阿斯帕西娅也在其中。士兵们只知道他们是在向东行进，但他们不知道去往何地，也不知为何而去。小居鲁士因为担心大军不愿与波斯国王对抗作战，隐瞒了此次向内陆进军的真正目的。只有克利阿科斯和少数享有特权的波斯人知晓此次调动大军的真相。军队向东推进，途经歌罗西、佩尔塔、提尔泰翁、以哥念（今科尼亚）和塔尔苏斯。在塔尔苏斯差点发生了兵变，克利阿科斯不得不出面干涉，恢复秩序。之后，小居鲁士率军越过托罗斯山脉，穿过奇里乞亚门，再经由叙利亚北部挺进美索不达米亚腹地。仲夏时节，小居鲁士的军队抵达幼发拉底河河畔一个叫塔普萨卡斯的地方。直到此时，小居鲁士才向下属透露，他实际上是带领他们反叛自己的兄长,即波斯国王。正如他所预料的那样,希腊重装步兵不愿继续前进,他只能许诺大幅增加佣金,以此诱惑他们。最终,大军同意继续作战。他们渡过河流,沿着幼发拉底河东岸南下,一路上不曾遇到任何反抗。直到8月,他们抵达了巴比伦尼亚。

提萨斐尼提前禀明国王阿尔塔薛西斯二世,小居鲁士正率领一支庞大的军队向东行进,这些年来他一直忙着扩充军队,此时已集结大约4万名战士。于是,阿尔塔薛西斯二世在提萨斐尼的陪伴下向巴比伦尼亚进军,到达了巴比伦以北50英里处一个叫库纳克萨的小村庄。国王的计划是引诱小居鲁士前来找他,所以他下令在库纳克萨安营扎寨,确保士兵吃饱喝足、休息好。

公元前401年9月3日,距小居鲁士率军离开萨迪斯已经整整180天(根据色诺芬在《长征记》里的详细叙述,他们共行军84天,休息96天)了。这一天,小居鲁士的军队在烈日炎炎下行进了一整天,完全迷失了方向,不过最终还是抵达了库纳克萨。当小居鲁士的军队越过地平线,出现在视野里时,阿尔塔薛西斯二世的大军就开始准备战斗。但两军又花了两小时来整理战斗队形。下午3点左右,双方军队均已就位,他们的战线穿过沙漠,朝着幼发拉底河延伸了1英里多。

两名目击者为我们讲述了接下来的战斗过程。一直观察小居鲁士言行的色诺芬,以及一直紧跟着阿尔塔薛西斯二世的尼多斯的克特西亚斯都记载了库纳克萨战役,不过两人的叙事视角有所不同。克特西亚斯到达波斯的确切时间和原因已然不可考。西西里的狄奥多罗斯认为,他是作为战俘被带到了波斯,但是这个说法的可靠性并无任何保证,所以有一些学者不相信这个说法。他们宁愿相信克特西亚斯是因为医术出众而在公元前405年左右受阿尔塔薛西斯二世之邀来到了波斯，并受到了阿尔塔薛西斯二世的亲切接待。不管怎样，我们可以确定当时克特西亚斯身处战争的中心库纳克萨，因为他要照顾阿尔塔薛西斯二世，为他包扎和治疗伤口。这也有力地证明了，克特西亚斯在小居鲁士反叛之前就是阿尔塔薛西斯二世的御医。当然，在战事结束后，国王大力奖赏了克特西亚斯。但克特西亚斯究竟是出于什么缘由来到了波斯，这仍然是一个谜。

这两名目击者皆言明，是小居鲁士率先发动了攻击。克利阿科斯率领希腊雇佣军坐镇战场右翼，小居鲁士命令他从中间正面攻击敌人，但克利阿科斯不愿放弃自己在河岸边的阵地，因为这个位置为他右侧提供了掩护，确保他不会被包围。小居鲁士骑着一匹桀骜不驯的纯种马——根据克特西亚斯的记录，它叫帕萨卡斯——冲进了阿尔塔薛西斯二世军队的中央。小居鲁士看到兄长就在正前方，于是不顾一切地向国王猛扑过去，举起长矛刺过去。长矛一下就刺穿了国王的胸甲，刺伤了他的胸部，伤口约有两指深。阿尔塔薛西斯二世受了这样猛烈的冲击，立刻从马上摔了下来，但他还是想办法站了起来，和包括克特西亚斯在内的其他几个人一起占领了附近的一座小山，然后隐蔽了起来。小居鲁士则被自己的马带到了敌人中间。此时天色已黑，小居鲁士没有被认出来，他就这样加入了战斗。他对着士兵和骑兵大喊，命令他们清出一条路。呐喊声和命令声使他逐渐成为全场的焦点。士兵们意识到是谁在发号施令时，纷纷侧身让开，伏在地上。就在这时，一个名叫米特拉达梯的波斯年轻人跑过来，对着小居鲁士扔出了一支长矛。长矛击中了小居鲁士的脸，差点就伤到了他的眼睛。

小居鲁士惊吓过度,再加上血流不止,一下子晕倒在地,直到附近的太监前来将他扶了起来。他本想要自己走,但头晕目眩,不得不靠着仆人的支撑一步一步慢慢往前走。他走得跟跟跄跄,像是喝醉了似的。这时,国王麾下一个不清楚小居鲁士身份的卡里亚士兵拿着长矛从后面刺中了小居鲁士。小居鲁士腿后部的血管破裂了,他再次倒在了地上,先前受伤流血的太阳穴撞到了一块石头上。他当场就死了,年仅22岁。

太监们立即发出了仪式性的哀号,这引起了正骑马经过的"国王之眼"阿尔塔西拉斯的注意。克特西亚斯将他们的谈话记录了下来:"当他看见一群太监在哀恸哭号时,就问他们当中看起来最忠厚老实之人:'你们在为谁哀悼?'他们回答道:'阿尔塔西拉斯,难道你看不见吗?小居鲁士死了。'"小居鲁士的那匹马跑掉了,有人看到它在战场上游荡,它的马鞍毡垫上浸满了这位王子的鲜血。阿尔塔西拉斯尽职尽责地向阿尔塔薛西斯二世(当时他的身体状况不佳,胸部受伤严重)报告,他亲眼看到了小居鲁士的尸体,这位王子肯定死了。国王下令派遣他最信任的太监马萨巴特斯带领30名手下,举着火把连夜搜寻小居鲁士的尸体。最终,马萨巴特斯奉命带回了小居鲁士已死的证据。马萨巴特斯站在小居鲁士的尸体旁,按照波斯的习俗,将尸体的右手和头颅砍下来,直接送到了阿尔塔薛西斯二世的面前。国王吓得目瞪口呆,但又欣喜若狂,既震惊不已又如释重负。他沉默了一会儿,接着似乎下了极大的决心,才鼓起勇气一把抓住小居鲁士乱蓬蓬的长发,将那颗头颅高高举起,让所有人都能看到。这是他获得的终极战利品,它能证明他的王位安稳无忧,他的统治可以继续下去,因为他最大的敌人已经死了。

阿尔塔薛西斯二世在库纳克萨战役中大获全胜。小居鲁士一死,那些为他效劳的希腊雇佣兵突然发现自身深陷敌军领地,一时之间进退维谷。克利阿科斯想方设法让希腊军队集结在一起,率领他们一边与波斯人周旋,一边向底格里斯河上游撤退,直到他被提萨斐尼俘虏,希腊雇佣兵群龙无首为止。公元前399年,即库纳克萨战役两年后,这支希腊军队在经历了穿越叙利亚和安纳托利亚时艰难且危险的撤退后,终于成功抵达了黑海和伊奥尼亚,但他们已从最初的1.2万人大幅缩减到了5000人。对此,色诺芬在精彩的《长征记》(世界上现存的第一部由士兵所写的回忆录)中从目击者的视角为我们娓娓道来。

*

在库纳克萨战役结束后的次日清晨,当太阳升起,照耀尸横遍野的战场时,阿尔塔薛西斯二世感谢阿胡拉·马兹达再次将真理带到波斯帝国,在他的庇佑下,自己赢得了如此关键的一战。克特西亚斯称阿尔塔薛西斯二世一方收到了9000具尸体,尽管在他看来,阵亡的敌军至少有2万人。之后,胜利者开始清理叛逃者,根据他们所犯的罪行一一进行惩处。例如,一个名叫阿尔巴塞斯的米底人在战役中叛变,投靠了小居鲁士,但在小居鲁士死后又回到国王阵营,他被指控犯有懦弱胆小的罪名,被处以特殊的刑罚,即带着一名妓女到处走动一整天。另有一人除了叛变,还谎称自己杀死了两个敌人,最终被处以更传统的割舌刑。而那些为阿尔塔薛西斯二世英勇作战的人都像克特西亚斯一样,得到了应有的赏赐。米特拉达梯因为刺中小居鲁士的脸得到了国王的丰厚赏赐;那名卡里亚士兵因为击中了小居鲁士的膝关节而得到了大量赏赐，成了非常富有的人。留在库纳克萨的小居鲁士残军被俘，他们连同其他战利品——小居鲁士的精美帐篷、马匹、猎狗、服饰、珠宝、营地侍从和随军妻妾——一并被上交给了胜利者阿尔塔薛西斯二世。胜利者在小居鲁士的众多妻妾中努力寻找阿斯帕西娅的身影，因为阿尔塔薛西斯二世听过她的美名，想要亲眼看看那个将他弟弟迷得神魂颠倒的妃子。于是，阿斯帕西娅被捆了起来并被堵住嘴，然后被带到了国王面前。国王一看，顿时大怒，将抓她的人全都打入了大牢，然后吩咐宫人给她准备一件华服。他命令太监悉心照顾她，满足她的每一个需求。阿斯帕西娅要为小居鲁士守丧，但阿尔塔薛西斯二世还是将她纳入了自己的后宫（这也是他通过征服获得的），并且竭力讨好她，希望她忘记小居鲁士，能像爱他弟弟一样爱他。但是阿尔塔薛西斯二世想要达到这个目标还需要很长时间，因为阿斯帕西娅对小居鲁士的爱真切而深刻，并不容易遗忘。

聚集到巴比伦的王家宫廷正焦急地等待着战斗的结果，最终获胜的是谁，是阿尔塔薛西斯二世，还是小居鲁士？阿尔塔薛西斯二世派遣信使迅速赶往巴比伦，告诉帕瑞萨蒂丝她心爱的次子阵亡了。信使一到达王宫，就被领进了帕瑞萨蒂丝的寝殿。他跪倒在帕瑞萨蒂丝的脚边，亲吻她的凉鞋，仿佛一个卑躬屈膝的奴隶。克特西亚斯称自己亲耳从帕瑞萨蒂丝口中听到了接下来发生的事。信使讲述小居鲁士英勇无畏地战斗，这使帕瑞萨蒂丝既高兴又担心。她问道："阿尔塔薛西斯怎么样了？"信使回答道："他受了伤，从战场上逃走了。""好吧，"帕瑞萨蒂丝反驳道，"但这都是提萨斐尼造成的。"然后，她又问："现下居鲁士在何处？"信使回答道："在勇敢之人必须扎营的地方。"他继续忐忑不安地将消息逐一告诉帕瑞萨蒂丝,一点一点地说到了事件的高潮。帕瑞萨蒂丝逐渐感到不耐烦,开始对他发怒。她责骂他,直到他最终脱口而出:"我们的居鲁士王子阵亡了!"克特西亚斯说,一听到这个消息,帕瑞萨蒂丝震惊得说不出话来。过了好一会儿,她才缓过神来,开始为小居鲁士轻声哀悼,回忆起他的孩提时光,述说他的马儿、猎狗和武器,以及自己是多么爱他。回忆痛彻心扉,令她潸然泪下。一连多日,她都哀泣不已。

当阿尔塔薛西斯二世回到巴比伦时,他没有举行庆祝自己凯旋的游行,也没有表现出任何喜悦的样子,他在母亲面前始终保持体面的沉默。帕瑞萨蒂丝则身穿丧服,在儿子面前按照祖制行敬拜礼,因为阿尔塔薛西斯二世已是公认的唯一的波斯国王。他恭恭敬敬地扶起母亲,引着她坐到自己右侧的尊贵座位上。尽管她每次看到斯妲忒拉和提萨斐尼都满心怨恨,但她不再对儿子提起小居鲁士,也不再提起这场战争。她瞒着国王,私底下逐渐查到了库纳克萨战役的具体情况。在这件事情上,她得到了她所信任的克特西亚斯的帮助。慢慢地,小居鲁士在此次战役中的表现,以及与小居鲁士之死相关的事件连成了一整幅图,浮现在她眼前。最终,帕瑞萨蒂丝列出了应为儿子之死负责的人员名单,然后开始向他们复仇。

很容易就能找到帕瑞萨蒂丝复仇的第一批受害者。首当其冲的就是那个用长矛击中了小居鲁士的卡里亚人。他仍然陶醉于自己的好运,内心不断膨胀,竟开始吹嘘是自己亲手杀死了小居鲁士,但由于国王嫉妒他的英勇战绩,对此事闭口不言,他的名声被不公正地埋没了。此话自然传到了阿尔塔薛西斯二世的耳里,他当场便勃然大怒,下令要将此人斩首。根据克特西亚斯的记载,阿尔塔薛西斯二世下令时，他的母亲也在场，她插话说："陛下！不能这样轻易地放过这个可恶的卡里亚人！请将他交给我，我会让他为自己说过的大逆不道之话付出代价！"于是，国王将这个人交给帕瑞萨蒂丝处置。帕瑞萨蒂丝命令王家护卫去抓捕这个事后惊恐万分的卡里亚人。她唯一的目的就是让这个卡里亚人痛不欲生，只有死亡才能使他解脱。因此，这个卡里亚人被绑在刑架上10天，整个人被折磨得奄奄一息。最后，他在痛苦的抽搐与挣扎中咽气了。

接下来，自然就是用长矛刺伤了小居鲁士脸的米特拉达梯了。他也因为自己的愚蠢而落得了一个凄凉悲惨的下场。一天，他受邀前去参加帕瑞萨蒂丝的太监举办的晚宴时，竟然毫不遮掩地穿戴着阿尔塔薛西斯二世赏赐的金饰和衣服。随着夜色渐深，酒兴渐浓，帕瑞萨蒂丝手下最有权势的太监斯帕拉米齐兹对他说："米特拉达梯，国王赏赐给你的衣服多么华丽呀！还有项链和手镯，多么漂亮呀！这把宝剑看起来也很昂贵！国王使你成了一个受众人祝福和敬仰的人！"已经喝得酩酊大醉的米特拉达梯反驳道："斯帕拉米齐兹，这些东西算得了什么呢？我那天的壮举证明了我配得上国王更大、更美的赏赐。"斯帕拉米齐兹面带笑容，回答道："米特拉达梯，没有人不愿给你那些更大更美之物呀。"虚荣和美酒不断鼓舞着米特拉达梯，使他逐渐变得健谈起来，同时也开始放松警惕。最后，他当众说道："你们爱怎么说就怎么说，但我告诉你们，我用这只手杀死了小居鲁士。我的长矛可不是乱扔的，我击中了他，刺破了他的脸颊，差一点就刺瞎了他的眼睛，这一下让他摔倒在地。他就是因这个伤口而死的。"房间里骤然安静下来，其他宾客纷纷低头不语，他们已经感知到了米特拉达梯的命运。但斯帕拉米齐兹只随口说了一句："米特拉达梯，我的朋友，快别说这些了，这可不是我们能聊的话题呀，快让我们一起举杯畅饮，共祝国王好运吧！"晚宴过后，这名太监来到了帕瑞萨蒂丝的寝殿，告诉了她当晚发生的事情。接着，帕瑞萨蒂丝将这件事告诉了国王，最终国王下令处死米特拉达梯。

米特拉达梯被押送到了城墙外一个荒无人烟的地方，这是为处决他而专门找的一个空旷之地。他看到地上挖了一个洞，里面放着一艘小船。这种小船在幼发拉底河上频繁往来，为这座城市提供淡水鱼。米特拉达梯双手双脚被捆缚着塞进了船里，背贴着船，头则支在船头外。然后，三名卫士又带着另一艘小船走了过来。这艘小船与那艘装着米特拉达梯的船差不多大，不过它底朝上倒扣着。他们把它放到洞里的那艘船上，两两相合，再用绳子将两艘小船紧紧地绑在一起，然后用泥浆涂满这两艘小船。当泥浆变干后，这两艘小船就形成了一个奇怪的茧状物。接着，卫士竖起这个茧状物，开始往洞里回填土，直到洞被填满，仅留米特拉达梯的头在外面，其他部位都位于地下中空处。

在接下来的几天里，米特拉达梯被强制喂食各种各样的食物，而且量非常大。每当他不配合、拒绝进食时，卫士就用木片扎他的眼睛，强迫他吞咽。他吃完后，卫士就给他喝用牛奶和蜂蜜混合调制的饮料。他们将饮料倒进他嘴里，洒到他脸上，直到他完全喝不下，甜美的饮料从他嘴里流出来。日复一日，牛奶和蜂蜜被源源不断地送来，米特拉达梯的头和脸也在烈日下炙烤着。很快，苍蝇、黄蜂和蜜蜂成群而来，爬得他满脸都是，有的甚至钻进了他的嘴巴，爬进了他的鼻孔，连耳朵也不放过。此外，那些被强制灌入的蜂蜜牛奶导致米特拉达梯严重腹泻，这使得他感到虚弱并有脱水的症状。一连好多天，他都在经历着这种磨难。日子就这样一天天过去了。等米特拉达梯终于死了，守卫们才移开上面的船，船体散发出的气味相当难闻。米特拉达梯足足挨了17天才得以一死解脱。

正如我们所见，这种"船刑"是阿契美尼德王朝死刑的几种形式之一。有时，我们很难将这样一种残忍暴力的波斯形象与波斯波利斯觐见大厅阶梯浮雕上展现帝国和谐的和平波斯形象联系起来。"船刑"很容易被看作一场壮观的残酷戏剧，也很容易引发东方主义视角的解读：波斯人可以被视为残忍的暴徒，他们炮制了极端恐怖和复杂的刑罚来取悦残暴的君主。但从波斯视角来解读这种刑罚，事情则复杂得多，而且这种刑罚肯定与波斯人对宗教纯洁性的看法相关。在波斯人看来，受"船刑"一定是一场地狱般的噩梦，因为波斯人非常重视洁净和纯洁的宗教内涵。这是那些自愿追随谎言的人，即卖国贼、叛乱者和其他违背真理的人，应得的最终归宿。受"船刑"而死，连同"船刑"过程中的苍蝇、粪便、牛奶和蜂蜜一道，创造了一幅人间地狱的景象。

帕瑞萨蒂丝名单上最后一个与小居鲁士之死相关的人是太监马萨巴特斯，他砍下了小居鲁士尸体的头颅和手臂。他是阿尔塔薛西斯二世最重要、最有权势的仆人。由于他一直行事小心谨慎，不曾留下任何把柄，帕瑞萨蒂丝不得不仔细盘算如何在不引起儿子注意或不显露自己过分关注这名太监的前提下处死他。为此，她需要做长远打算，等待时机成熟。

*

自从阿尔塔薛西斯二世和小居鲁士决出胜负之后，帕瑞萨蒂丝就逐渐与阿尔塔薛西斯二世和解了。国王很高兴能重新得到母亲的爱。当兄弟俩还年幼时，帕瑞萨蒂丝经常和他们一起玩掷骰子的游戏，她骰子掷得相当不错。事实上，在库纳克萨战役前，她也经常和国王玩掷骰子，这时她又开始陪国王一起玩了。总之，她使阿尔塔薛西斯二世几乎没有机会与斯姐忒拉享受二人世界，因为她对儿媳的仇恨一日比一日强烈。除此之外，她还想增强自己对国王的影响力。

经过数月的刻意接近，她与阿尔塔薛西斯二世的关系越来越好。有一天，帕瑞萨蒂丝向他发起掷骰子的挑战，赌金高达1000枚大流克。他欣然接受了赌约，而帕瑞萨蒂丝故意输给他，接着依照赌约将金币递给他。随后她假装很生气，想要拿回自己的钱，提议再玩一次游戏。但这次的赌注不再是金币，而是一名太监。谁赢了，这名太监就属于谁。阿尔塔薛西斯二世同意了这个条件。这一次，帕瑞萨蒂丝不再假装自己玩得不好，而是以钢铁般的决心全力投入到这个游戏之中。她本来就擅长掷骰子，所以最终她赢了。她向国王索要马萨巴特斯作为奖赏，而马萨巴特斯也被适时地转移到她的名下。帕瑞萨蒂丝赶在国王怀疑之前，命令马萨巴特斯去她殿里等候。她匆匆向国王道过晚安，之后将马萨巴特斯交给了刽子手。

国王不堪忍受母亲的行为。他被她用诡计蒙骗，被她用虚情假意愚弄，更被她冷血地玩弄于股掌之间。实际上，马萨巴特斯没有做错什么，只是严格执行了王命，但因帕瑞萨蒂丝无法面对小居鲁士死亡的事实而无辜惨死。即使小居鲁士已经死了，被砍了头，帕瑞萨蒂丝仍然爱他，阿尔塔薛西斯二世永远也体会不到这样深沉浓烈的爱。国王已经意识到了这一点，为此十分伤心。不过，尽管他很生帕瑞萨蒂丝的气，他仍然渴望母亲的爱，渴望她的爱抚。当阿尔塔薛西斯二世终于鼓起足够的勇气斥责母亲，责备她对马萨巴特斯的处决时，她竟然假装不知情，还面带微笑（克特西亚斯这样记载），愉悦地说道："你真可爱！竟为了一个没用的老太监而生母亲的气，真是好样的！我掷骰子输了1000个金币的时候，可是一言不发就接受了损失呀。"阿尔塔薛西斯二世听到她说的话，心都碎了。

  时光悄然流逝。尽管国王后悔自己曾经信任帕瑞萨蒂丝，尽管母亲的报复和欺凌继续伤害着他，但他仍旧保持沉默，尽最大努力与母亲和睦相处。为了帝国的利益，王室内部的和谐相当重要。但是斯妲忒拉对帕瑞萨蒂丝的厌恶就像一个无法愈合的伤口，不停地溃烂化脓。她谴责帕瑞萨蒂丝残暴和无法无天的报复行为，以及帕瑞萨蒂丝贬低国王，残忍地利用他实施阴谋诡计的方式。斯妲忒拉开始在宫廷的日常事务中与帕瑞萨蒂丝公开作对，维护自己作为国王正妻和王嗣之母的地位；开始推行自己的计划，分散帕瑞萨蒂丝的势力，逐渐削弱她的权威。斯妲忒拉发誓，她不会再让帕瑞萨蒂丝获得一丝一毫的权力。

第 20 章

女人当心女人

公元前 401 年，初冬时节，帕瑞萨蒂丝终于停止了针对库纳克萨战役中阿尔塔薛西斯二世的合谋者的大屠杀。此时，距离她最爱的儿子小居鲁士战死已有两个月了，他那血淋淋的头颅和右手终于再次与身体结合，然后被放置在空旷的露天场所，很快，他的皮肉和肌腱就被沙漠里的秃鹫与豺狼啃食得干干净净。帕瑞萨蒂丝虽然内心仍旧痛苦，但至少她让人血债血偿的欲望似乎终于不再那么强烈了。就在这时，小居鲁士麾下备受尊敬的斯巴达将军克利阿科斯被押送到了巴比伦。

在库纳克萨战役中败北之后，克利阿科斯就率领希腊军队向底格里斯河上游撤退，他们选择了一条与进入巴比伦尼亚时不同的路线。在撤退过程中，克利阿科斯被总督提萨斐尼俘虏了，提萨斐尼给他戴上镣铐，还使劲殴打他。在此之前，狡猾的提萨斐尼邀请克利阿科斯参加一场宴会。在宴会上，总督用美酒相诱，并向克利阿科斯许诺，他不久就能返回家乡斯巴达，然后趁其不备抓住了他及其同伴，将他们押送到了巴比伦。他们的双手被紧紧地绑在背后，脖子上也戴着镣铐，一个接一个地用链子拴在一起，就像穿越美索不达米亚的驮畜一样被驱赶着前进。当帕瑞萨蒂丝得知克利阿科斯进了巴比伦城，她心口刚愈合的伤疤又裂开了。她听人汇报过克利阿科斯在库纳克萨战场上的英勇事迹。事实上,她很喜欢听别人讲这些故事,因为她喜欢听所有跟小居鲁士相关的故事。她乐于获知克利阿科斯是如何忠诚英勇地支持儿子的崇高事业的。她认为,克利阿科斯是最值得世人敬佩的希腊人,不应该蒙受沦为战俘的耻辱。

阿尔塔薛西斯二世对克利阿科斯的看法则大不相同。在他看来,这个斯巴达人就是一个麻烦精,就是一个出身低贱、一无是处、德不配位的希腊人。不仅如此,他还是王权的叛徒、干涉帝国内部事务的异族人。他选择追随谎言,蓄意破坏真理的精妙平衡。他如此卖力地拥护小居鲁士,实际上是在蔑视阿胡拉·马兹达的智慧。国王认为克利阿科斯活该受辱,而且更应该判处他死刑。国王命令大臣将镣铐加身的克利阿科斯带到殿前的庭院里,他要亲眼瞧一瞧这个人。在这一点上,阿尔塔薛西斯二世得到了妻子斯妲忒拉的支持。一向警惕和敏锐的斯妲忒拉已经意识到,库纳克萨战役的痛苦经历,以及战后可怕的后续事件,对阿尔塔薛西斯二世的健康和行为造成了很大的影响。在小居鲁士死后的两个月里,他一直焦躁不安、心烦意乱,因为他侥幸逃过一劫,保住了性命和王位,所以她知晓他肯定极度不安,甚至感到焦虑。为了使自己保持心智健全、精神正常,他必须将过去抛在脑后,重新执掌政府。当然,如果此事发生在今天,我们可以说阿尔塔薛西斯二世需要在心理上得到平静。

斯妲忒拉催促、恳请并乞求阿尔塔薛西斯二世赶快行使绝对权力,处死这个令人生厌的希腊人;千万不能让帕瑞萨蒂丝插手此事。提萨斐尼也和妹妹一起请求国王硬气一点,直接当场处决克利阿科斯及其追随者。但是,阿尔塔薛西斯二世仍旧决定先把他们打入大牢。即便如此，得知库纳克萨战场上的英雄遭受如此轻蔑的对待，像普通罪犯或野兽一样被关在牢房里时，帕瑞萨蒂丝还是大吃一惊。她一再诚挚地恳求儿子释放这位将军。她知道，每拖一天，克利阿科斯就离刽子手的刀更近一步。她下定决心要确保他从监狱里释放出来，让他回到斯巴达。然而，对于她每一次绝望的请求，阿尔塔薛西斯二世都置若罔闻。他已厌倦了母亲令人恼火的无休止干预，他甚至还能闻到王宫四处因遭母亲毒手而枉死之人的鲜血发出的令人作呕的恶臭。他的鼻孔里全是这些臭味，经久不散，他受够了。于是，这个希腊人就一直被关在大牢里，等待国王的下一步命令。

帕瑞萨蒂丝只要醒着，就一直惦记着克利阿科斯被监禁一事。一想到他被关在大牢里，遭受无端的羞辱，她就无法安心休息。只要克利阿科斯还活着，她就还能保留一点与死去的小居鲁士稍微沾边的模糊联系。正是这种脆弱的联系，让她想起了自己的御医曾在库纳克萨为阿尔塔薛西斯二世疗伤。这个医师也说希腊语，他可以和克利阿科斯交流。

我们不知道尼多斯的克特西亚斯同意担任帕瑞萨蒂丝与克利阿科斯的传话人究竟是由于惧怕国王母亲的权力，还是同情克利阿科斯（这名将军与克特西亚斯同为希腊人，却遭囚禁，还远离家乡），抑或是出于个人野心，也许这三者都有。我们确实知道，克特西亚斯为帕瑞萨蒂丝效劳，能使自己接近她身边的人，在17年里，他一直在波斯宫廷这座镀金牢笼里全心全意为帕瑞萨蒂丝及其家人服务，赢得了她的信任和称赞（后来，帕瑞萨蒂丝和阿尔塔薛西斯二世赐予了他两把精雕细琢的宝剑）。不可思议的是，克特西亚斯成了帕瑞萨蒂丝的知己，正是因为这层关系，我们才得以保存了如此多的关于阿尔塔薛西斯二世统治时期波斯帝国核心地区的生活细节。

第一次到关押克利阿科斯及其士兵的大牢里探视时，克特西亚斯惊讶地看到这位将军憔悴而消瘦，送给克利阿科斯的口粮都被镣铐加身的士兵们吃了，他们只留了一点粮食给这位荣耀尽失的领袖。克特西亚斯改善了他们的处境，他（在帕瑞萨蒂丝的同意和理解下）给克利阿科斯发放了更多的口粮，另外也给士兵们发放了更多的物资。克特西亚斯还给克利阿科斯带了他最想要的东西——一把梳子。斯巴达人非常重视他们的头发，会精心梳理他们涂了油的长发。这种行为与其说是整理仪容，不如说是一种仪式。对于斯巴达人来说，这是一种社会治疗手段，它是一种奇特的群体活动，斯巴达人通过相互梳妆来建立友情和忠诚。因此，克利阿科斯的梳子对他而言就像一条安抚巾。为此，他特别感谢克特西亚斯，给了后者一枚带有印章的戒指作为报答。印章上刻着女像柱。但在发现自己的日常口粮里有火腿时，克利阿科斯请求克特西亚斯送他一把小刀，藏在火腿里送进来，这样他就能结束自己的生命，不用再忍受国王的残忍对待。不过，克特西亚斯害怕被阿尔塔薛西斯二世发现，不愿意满足他的要求，也不再插手此事了。

不知用了何种方法（当然这也是不可避免的），斯妲忒拉听说了因为帕瑞萨蒂丝的干预，克利阿科斯在大牢里获得了优待的事。此事令斯妲忒拉气愤不已。当然，她能理解帕瑞萨蒂丝帮助希腊人的动机，而且她见识过帕瑞萨蒂丝是如何被强烈的欲望驱使，想要确保小居鲁士的这把火焰继续燃烧下去的。她意识到，在这种情形下，阿尔塔薛西斯二世也不会心安。她还意识到，克利阿科斯周围偶然形成的情况刚好让自己处于一个绝佳的位置，可以给帕瑞萨蒂丝一些苦头吃。她最终得出结论，此时此刻，克利阿科斯命悬一线，这给了她一个千载难逢的机会可以直插帕瑞萨蒂丝心口一刀，让帕瑞萨蒂丝痛苦不堪，陷入深深的绝望。斯妲忒拉在沉着冷静地思索了一番之后，轻松说服了阿尔塔薛西斯二世，克利阿科斯必须被处死。她说，为了帝国的利益、王位的安全和他母亲的健康，克利阿科斯必须死去，因为这个危险的野蛮人的存在，他母亲才一直紧紧抓着过去的亡灵迟迟不肯放手。

于是，这个斯巴达人及其士兵在巴比伦城墙外被集体处死了，他们的尸体暴露在荒野中。之后，突然奇迹般地（当然，这不太可能）吹起了一阵旋风，带来了很多沙土，盖住了克利阿科斯的尸体，沙土越堆越厚，形成了一个土堆。这股风还吹来了几颗枣核，散落在土里。没过多久，土堆里就长出了一片枣树林，遮蔽住了这片土地。这个奇幻的故事很可能源于帕瑞萨蒂丝身边人之口，她又一次试图戏剧化一位忠诚将军的非凡命运，以此加深世人对小居鲁士的记忆。当阿尔塔薛西斯二世看到一片繁茂的小树林装点着克利阿科斯的临时"坟墓"时，"流露出了悲伤之情，国王认为被他处死的克利阿科斯是受众神喜爱之人"，克特西亚斯这样记载。换句话来说，帕瑞萨蒂丝的支持者散布的政治宣传为克利阿科斯赋予了一个王室意识形态的象征，即与保障其繁荣的神祇之间的特权关系。克利阿科斯受到了没有人为干预就茁壮成长的植物的崇敬，因为这是众神以神圣小树林的形式亲自创造了一个天堂，这片树林为巴比伦城墙外干旱地区的坟墓提供了荫翳。正如克特西亚斯所写的，通过克利阿科斯，"众神发出了一个信号",他们在小居鲁士死后证实了,他声称自己为王位继承人的确是受众神认可的。

*

在克利阿科斯被处决后的数月里,甚至几年间,波斯王家宫廷里呈现出一种反常的平静态势。随着王室仪式的开启,王家宫廷的日常事务也恢复了运作,国王巡视国土,监察他的领地,并像过去一样接见帝国的外交使者。

阿尔塔薛西斯二世就像他的祖先一样,也视自己为建筑大师,在王家建筑项目上花费了大量时间和金钱。他在埃克巴坦那修建了觐见大厅,下令在巴比伦新建了一座夏宫(它一直矗立在那里,直到公元前2世纪末)。根据考古发现和铭文记载,他还在苏萨的御座高台下方新修了一座宫殿。就是在这座宫殿里,他满怀深情地重建了大流士一世华丽壮观的觐见大厅,因为在阿尔塔薛西斯一世统治初期发生了一场大火,大流士一世修建的觐见大厅被付之一炬了。修复后的建筑上盖有巨大的雪松木屋顶,屋顶下有刻有凹槽的大圆柱作为支撑,圆柱下方的鼓座上镌刻着新的楔形文字。阿尔塔薛西斯二世在铭文中强调了自己的王室血统,还表明该建筑是向伟大的祖先大流士一世的致敬:

阿尔塔薛西斯二世,伟大的王、万王之王、万国之王、世界之王,王大流士二世之子,大流士二世乃王阿尔塔薛西斯一世之子,阿尔塔薛西斯一世乃王薛西斯一世之子,薛西斯一世乃王大流士一世之子,大流士一世乃希斯塔斯佩斯之子,阿契美尼德族人。阿尔塔薛西斯二世如是说:我的祖先

> 大流士（大帝）建造了此觐见大厅，但在我祖父阿尔塔薛西斯一世统治期间，它被烧毁了，不过我又在阿胡拉·马兹达、安娜希塔和密特拉的神恩下重建了此觐见大厅。（A^{2}Sa）

然而，阿尔塔薛西斯二世在统治期间的主要任务是维护帝国边境的安全。当他继承王位时，埃及发生了叛乱，开始脱离帝国的掌控，实质上它渐渐由一个地方王朝独立统治。20年以来，波斯帝国曾多次借助花费高昂的希腊雇佣兵发动战役，试图再次把埃及纳入帝国的控制之下，但都没有成功。虽然阿尔塔薛西斯二世应对埃及叛乱的策略比较消极，尤其是在库纳克萨战役之后，这使得埃及巩固了独立的根基，但是直到公元前401年，阿尔塔薛西斯二世仍然是埃及部分地区公认的统治者。虽然在埃及的失败确实挫伤了阿尔塔薛西斯二世的自尊心，但公元前381年成功镇压塞浦路斯岛萨拉米斯王国国王埃瓦戈拉斯的叛乱，以及成功镇压伊奥尼亚、帕夫拉戈尼亚与西部其他地区的叛乱使他士气大振。像往常一样，小亚细亚又出问题了，因为这个地区一直都是帝国良善管理的势力与治理不善的势力相互抗衡斗争的战场，阿尔塔薛西斯二世往小亚细亚派遣了一个又一个总督，希望可以找到一个有能力镇守各方势力、使此处重归太平的军政官员。但问题是，当时的总督一职在某种程度上已经变成了世袭职务。总督们觉得自己已经脱离了帝国中央政府，可以不受国王控制，独立统治辖地。自公元前368年之后的10年里，一些西部行省——从埃及到比提尼亚，从卡里亚到叙利亚——组成了反抗中央的联盟，甚至铸造起了自己的钱币。当然，这场起义（如果它配得上这样一个激动人心的称号的话）在阿尔塔薛西斯二世派军挺进安纳托利亚时就被镇压了。一些总督被赦免,回到了自己的辖地,另有一些总督则为此事付出了生命的代价,当然,这更多是为了杀鸡儆猴,而非为了平息国王的一己之怒。这次起义并没有对阿尔塔薛西斯二世造成任何威胁。但由于阿尔塔薛西斯二世的平庸无能,帝国治理的内在活力或许还是被削弱了。如果说他遭遇的诸多困难最终都迎刃而解了,那么这要归功于他周围那些才能出众的人,比如提萨斐尼,特别是他的母亲帕瑞萨蒂丝。

在小居鲁士的叛乱被终结时,提萨斐尼因忠于国王而受到了嘉奖。国王特地将公主赐婚于他,还再次任命他为吕底亚总督。然而,提萨斐尼也无法逃脱命运的纠缠。一位名叫提斯劳图斯的大臣邀请提萨斐尼参加一场晚宴,这场晚宴在安纳托利亚南部最负盛名的城市之一歌罗西举行。结果,提萨斐尼刚一现身晚宴,就遇到了在库纳克萨战役中曾与小居鲁士并肩作战的阿里亚乌斯,然后就被他谋杀了。希腊历史学家波利艾努斯详细地记载了整个事件的经过:

> 提萨斐尼事先并没有怀疑有人要谋害他,所以当他离开萨迪斯军营前去见阿里亚乌斯时只带了 300 名来自阿卡狄亚和米利都的士兵。到达目的地后,他卸下剑准备洗漱一番,阿里亚乌斯就率领仆从抓住了他。他们将提萨斐尼绑在一辆有篷马车上,然后载到提斯劳图斯处,把人交给了他。接着,提斯劳图斯又把人秘密送到了凯莱奈,在那里砍掉了他的首级,送到了国王面前。国王将提萨斐尼的首级送到了母亲帕瑞萨蒂丝面前,因为她一直对小居鲁士之死耿耿于怀,一心想要处决提萨斐尼以报仇雪恨。

杀死提萨斐尼的命令无疑出自帕瑞萨蒂丝，她心中对那些造成小居鲁士之死的人的恨意丝毫未曾消减，而且此事牵连甚广。提萨斐尼本是阿尔塔薛西斯二世最忠诚的仆人，一个享有崇高荣誉和名望的贵族。可悲的是，由于一直忠心为国王效劳，提萨斐尼成了帕瑞萨蒂丝的死敌。然而，阿尔塔薛西斯二世没有采取任何行动来保护这个捍卫了自己王位的人。最终，提萨斐尼成了帕瑞萨蒂丝向叙达尔涅斯家族复仇的又一个牺牲品。

*

此后多年，随着王家宴会、狩猎和觐见在一个永恒不变的圈子里进行，一些令人意想不到的惊奇事件发生了。其中一件就是太监特里达特斯毫无预兆但自然而然地死了。他是阿尔塔薛西斯二世最宠爱的太监，曾被盛赞为亚洲最英俊的青年，因此他自然也被认为是宫中最漂亮的阉人。据说国王与他有很深的情谊，尽管史料对古波斯的此类事件未置一词（实际上是相当含蓄），但男性与男性之间的情谊很可能是当时生活的一个特征。

特里达特斯之死令阿尔塔薛西斯二世悲痛万分，他甚至宣布整个宫廷都要为此哀悼一段时日，每个人都必须遵从这一命令。没有哪个官员敢上前安慰他，因为他们认为他的悲伤实在是过于沉重了。但妃子阿斯帕西娅犹豫了3天后，还是穿着黑色的丧服来到了国王面前。她低声哭泣，双眼紧盯着地面，身体一动不动地站着。"陛下，我来了，"她轻声说道，"若您愿意，请让我来减轻您的悲伤与痛苦吧；您若不愿，那我便退回房去。"看到她对自己这般关心，国王很高兴，命阿斯帕西娅先回房，安心等他前去。不一会儿，他拿着特里达特斯穿过的衣服，来到了阿斯帕西娅的房里，并示意她穿上它们。身着太监服饰的阿斯帕西娅引发了他的感情，他就这样和穿着这个男孩衣服的阿斯帕西娅共度时光。此后，国王要求阿斯帕西娅在他面前时要一直穿着这些衣服，直到他内心的悲伤完全消散。因此，比起斯妲忒拉在内的其他女人，佛西斯的阿斯帕西娅（他弟弟的爱人）更能安慰他，减轻他的痛苦。特里达特斯和阿斯帕西娅的故事一定符合西格蒙德·弗洛伊德所称的"移情"（Übertragung）理论，并且是历史上已知的最早案例之一。

*

随着时间的流逝，帕瑞萨蒂丝和斯妲忒拉建立了一种奇特的"友好协定"关系，主要就是避免彼此接触。当她们在正式场合相遇时，彼此都表现出了应有的礼仪与尊重。斯妲忒拉总是按照宫廷礼仪的要求，对自己的婆婆谦卑顺从，行匍匐跪拜之礼。帕瑞萨蒂丝也总是按照礼节扶起自己的儿媳，亲吻她的脸颊。她们之间的冷战气氛似乎有所缓和。阿尔塔薛西斯二世看到自己的母亲和正妻开始有礼貌地寒暄，甚至是开玩笑，感到很高兴，大大松了一口气。虽然她们之前互相猜疑、龃龉不合，但这时她们开始经常现身于同一场合，甚至一起用餐。共有的恐惧和防备促使她们总是吃相同盘子里的食物，因为她们都害怕对方下毒。

我们必须承认，中毒在波斯王家宫廷是一种常见的危险。事实上，中毒可以说是司空见惯。周密谋划、巧妙地投毒往往不会引起任何人的怀疑。到过波斯的外国游客带着难以置信和颤抖不安的心情，公开道出了那些惹人烦的朝臣是如何死于熟练的下毒人之手的："没有哪个地方因毒药而丧命或受伤的人会比王家宫廷还多。"色诺芬这样强调道。对波斯人来说,使用毒药就类似于创作优美的诗歌,这是一种极其复杂的宫廷技艺。因此,我们了解到王家试菜者在波斯宫廷中起着重要作用。这份工作虽然非常危险,但也享有特权。试菜者要在准备食物时前去御膳房,品尝每一道菜,仔细咀嚼并吞入腹中,接着等待这些饭菜是否会产生任何影响,之后传菜的人才能获准将菜肴呈送到国王面前。与王家试菜者一起工作的是王家侍酒者。只有君主最信任的朝臣,才能担任这个享有很高声望的官职。例如,希伯来人尼希米就曾担任阿尔塔薛西斯一世的侍酒者(身为侍酒者,尼希米才得以与国王日常亲密接触,这使他后来成为犹大的总督)。侍酒者负责管理宫廷里所有的斟酒师和品酒师,但他只须将国王的酒倒入御盏,然后用银勺舀出来,品尝一口国王要喝的酒,检查酒是否有毒。谨防他人投毒或许就是国王只饮用独属于自己的葡萄酒的一个原因,比如从叙利亚进贡的恰里波尼安佳酿,以及特意抽取自埃兰的科阿斯佩斯河、储存在王家特制铜壶里的水晶般清澈的水。

既然有人谨防自己被毒死,那么也就有人密谋下毒。专业投毒者的存在众所周知,而且作为药剂师和草药师,他们是可以被收买的,进而施展他们有利可图的技能。他们可以快速炮制出一批毒物,迅速且无痛地结束一个人的生命,也可以制造出一小瓶让人长久痛苦不堪、四肢麻木的毒药。古波斯甚至还专门设立了针对投毒者的死刑:"他们把投毒者的头按在一块大石头上,然后用另一块石头使劲地砸。"这种血腥、残酷的死刑的存在意味着当局十分重视下毒的威胁。

当然,帕瑞萨蒂丝就因擅长这种最致命的宫廷技艺而闻名,但任何法律都奈何不了她。她曾用毒药杀死了特里图赫姆斯的儿子,可能还有更多像特里图赫姆斯之子这样的受害者。毕竟,克特西亚斯还记录了,在整个帝国仅有帕瑞萨蒂丝和国王两人可以接触到一种独特且稀有的印度毒药。这种毒药存放在王宫里,用于使人迅速死亡。它的主要成分似乎是鸟粪:

> 印度有一种体形非常小的鸟,它们在高耸的岩壁上或所谓的"质地较软的石灰岩峭壁"上筑巢。这种小鸟只有鹧鸪蛋那么大,羽毛还是橙色的。如果在酒饮中放入一点点它们的粪便,饮用的人当晚就会死。这种死亡就像睡着了一样,非常愉悦、毫不痛苦,诗人们将这种死法称为"四肢放松、轻松舒适"。印度人不遗余力地得到了这种鸟粪,并把它列入珍贵的贡品,献给波斯国王。波斯国王也视它为比其他贡品更重要的礼物。在波斯,除了国王本人与他的母亲,没有人能拥有此物。

当时,所有惯于投毒的人都认为,用同一种配方混合不同的成分,可以起到解毒的作用,甚至可以制作药物或药膏。因此,克特西亚斯指出,国王和帕瑞萨蒂丝"贮藏印度毒药,用作治疗不治之症的药品和解毒剂,以防他们自己染上不治之症"。为了安全起见,他们储存了很多种类的珍贵解毒剂,用以破解当时他们知道的所有毒药。

因此,帕瑞萨蒂丝凭借自己熟练的用毒手法报复了斯妲忒拉。我们获得的有关她如何实施谋杀的细节记录,就好像是童话故事里的情节一样:恶毒的老王后与天真可爱的白雪公主。但是通过克特西亚斯和其他人的复述保留下来的详尽细节,我们可以确信帕瑞萨蒂丝对付斯妲忒拉的阴谋最终演变成一场冷血且有预谋的谋杀，经过精心策划和利落执行，它展现了真正的技巧和锐气。

这场谋杀就发生在苏萨后宫的核心区域（凛冬将至，宫廷迁到了阿尔塔薛西斯二世新建的河畔宫殿），就在帕瑞萨蒂丝布置华美的寝殿里，这两个女人纠缠已久的故事终于要迎来大结局。帕瑞萨蒂丝邀请斯妲忒拉参加一个非正式的晚宴，以证实她们新建立起来的和谐局面。总是小心翼翼避免冲突的斯妲忒拉满心戒备地走进了帕瑞萨蒂丝的寝殿，但她心里明白，礼节要求她必须积极回应国王母亲的邀请，而且如果她成功地完成了对那些神圣内室的参观，那么她就会赢得自己丈夫的感激。这是一次值得冒险的尝试。

那天晚上，筵席上都有哪些菜肴呢？我们对波斯精英的饮食习惯有所了解。希罗多德指出，波斯人"只吃几道主菜，但是他们经常吃各种各样的小点心，这些小点心不是一起端上来的，而是在整个用餐过程中随机端上桌的"，色诺芬也证实了波斯人喜欢"精美的配菜、各式各样的酱汁与肉类"。这些小菜以糖浆和奶油甜点作为收尾，这些甜点特别受爱吃甜食的波斯人的青睐。毫无疑问，专业的烹饪大师制作了这些可口小吃，以取悦帕瑞萨蒂丝和斯妲忒拉，她们一起斜躺在长榻上用餐。遗憾的是，我们对王家大厨调制的食谱知之甚少。不过有一篇文献有助于我们了解他们烹饪时使用的食材。波利艾努斯的《战略》（*Stratagems*）记录了一份据称是由马其顿的亚历山大发现的铭文清单，上面列出了每天为波斯国王及其家人提供的食物：小豆蔻、芥菜籽、大蒜、欧芹、土茴香、茴芹花、芫荽和甜瓜子；腌酸豆；芝麻油、甜杏仁油、醋；绵羊肉和羔羊肉、羚羊肉、马肉、鹅和雏鸠；鲜牛奶，加了乳清、增添了甜味的酸牛奶；甜葡萄酒；肉桂乳脂；棕榈酒和葡萄酒、蜂蜜、藏红花香米饭。王家大厨偶尔也会挑战自我，烹饪一些特别丰盛的高级菜肴，比如精心烤制一种波斯人喜爱的珍贵的鸟（波斯人称之为 rhyntaces）。这种鸟只有鸽子大小，全身都可食用（因为身体里全是脂肪），波斯人称此鸟只靠空气和露水过活。

在苏萨的那个宿命之夜，斯妲忒拉面前就摆放了这盘带有些许神奇色彩的独特菜品。帕瑞萨蒂丝命侍女吉吉丝用一把小刀将这盘珍贵的烤鸟肉切分成两半。这把小刀有一面已经涂了毒药，吉吉丝动刀时将毒药全部擦在其中一半鸟肉上，然后将未被污染、干干净净的另一半鸟肉递给了帕瑞萨蒂丝。帕瑞萨蒂丝接过鸟肉，放进嘴里，吞了下去。下了毒的另一半鸟肉则被递给了斯妲忒拉，她没有起丝毫疑心，吃了下去。

那晚深夜时分，斯妲忒拉在自己的寝殿里痛得抽搐痉挛，最终死去了。帕瑞萨蒂丝此前一直在等待时机，她仔细挑选毒药，目的就是让斯妲忒拉痛苦缓慢地死去，要让后者充分意识到自己即将来临的命运却又无力挣扎。不过，当斯妲忒拉因毒药几乎瘫痪、奄奄一息时，她还是设法让国王知道了自己对帕瑞萨蒂丝的怀疑。在此之前，国王就已经非常清楚他母亲的冷酷无情。

于是，阿尔塔薛西斯二世即刻派人去搜捕帕瑞萨蒂丝身边负责侍候餐食的仆人及随从，把他们全都抓起来严刑拷打。吉吉丝很快就得到了帕瑞萨蒂丝的庇护。当国王要求帕瑞萨蒂丝交出吉吉丝时，帕瑞萨蒂丝断然拒绝了。但在后宫躲藏数周之后，吉吉丝自己请求回家照顾家人。国王听到风声，便设下埋伏抓捕了她，然后判处了她死刑。就像其他因投毒而被处死的人一样，吉吉丝的脸和头骨被砸碎了。

　　阿尔塔薛西斯二世以前所未有的决心将母亲驱逐出王宫，流放到了巴比伦尼亚，并发誓只要她在那里，他就永不踏入此地。帕瑞萨蒂丝在整个宫廷里颜面扫地：试问有哪个母亲会被自己的亲生儿子赶出家门？为什么她要受到这样屈辱的对待？她究竟做错了什么，竟要蒙受这样的耻辱？被流放到巴比伦尼亚是我们能获得的关于帕瑞萨蒂丝被驱逐出宫的唯一记载。但这并不是说帕瑞萨蒂丝的流放生活特别艰苦，因为她在巴比伦尼亚有自己的祖地（毕竟，她的母亲就来自巴比伦），而且大流士二世为她在该行省置办了许多庄园和土地。我们知道，帕瑞萨蒂丝在巴比伦尼亚行省的尼普尔有许多田地和花园。最近还有证据表明，她在巴比伦附近还有其他地产。我们可以通过穆拉舒家族档案追踪她的财产情况（时长约 30 年）。穆拉舒家族负责帕瑞萨蒂丝地产的日常管理，他们经常与帕瑞萨蒂丝派出的代表结算账目。这位代表是犹太人，名叫玛坦亚，他是"波斯负责收取某些地区税款和监管土地持有情况的官员（Ea-bullissu）的仆从，也是帕瑞萨蒂丝的雇员"。公元前 401 年，色诺芬从库纳克萨返乡时途经了"国王及小居鲁士之母帕瑞萨蒂丝名下的一些村庄"。这些土地在底格里斯河沿岸，离伊拉克北部的阿舒尔城不远，她在那里应该也有庄园。帕瑞萨蒂丝拥有巨额财富，这一点在整个帝国广为人知，这也证明了强大的帕瑞萨蒂丝在经济上的独立性和敏锐性。

　　然而，在斯妲忒拉被毒杀之后，国王的愤怒并没有持续多久。在他将帕瑞萨蒂丝流放到巴比伦之后，克特西亚斯写道，他"确信母亲具有与王室相称的智慧和勇气，于是又与她和好了，并派人去找她"。事实上，帕瑞萨蒂丝的政治影响力原本已式微，但在她除掉儿媳后开始大幅度提升。克特西亚斯说道："她从阿尔塔薛西斯二世处获得了巨大的权力，国王满足了她的所有要求。"很快，她就利用自己的影响力，授予那些向国王表述忠诚的人特权。这是我们理解帕瑞萨蒂丝本性的关键：历史学家欣然接受了关于她的那些耸人听闻的传言，将她描述成一个败坏王室血统、加速王室堕落和帝国失败的恶人，但他们误解了帕瑞萨蒂丝的初衷，因为她就像阿契美尼德王朝的其他女家长一样，一切的出发点都是王朝的安稳。当丈夫大流士二世为争夺王位而战时，帕瑞萨蒂丝为儿子阿尔西卡斯（即阿尔塔薛西斯二世）与强大的叙达尔涅斯家族的斯妲忒拉订下了婚约，还将女儿阿梅斯特里斯二世许配给了斯妲忒拉的弟弟特里图赫姆斯。这两桩联姻对加固大流士二世的权力和威望非常有用。但在登基为王、稳固王权之后，大流士二世就没有什么心思再去寻求（或维持）王族间的联姻了。毕竟，他和帕瑞萨蒂丝是同父异母的兄妹，血管里都流淌着阿尔塔薛西斯一世的血，这赋予了他们在家族等级制度中所需的一切权威。过度与其他贵族联姻、增加继承人的数量，最终会削弱阿契美尼德家族对帝国的控制。这就是为何阿尔塔薛西斯二世在生命的最后几十年里又相继娶了自己的两个女儿，即阿托莎二世和阿梅斯特里斯三世（两人都分别以王朝强大的先祖名字命名）。这种内婚制并非像大多数希腊人认为的是一种残暴的变态行为，而是王朝启动的一种防止王室血统稀释的预防措施。

斯妲忒拉的兄长提萨斐尼早已被杀，因此斯妲忒拉之死意味着整个叙达尔涅斯家族被彻底灭族了，帕瑞萨蒂丝用毒刃，确保了帝国的控制权没有落入一个已生异心的家族手中。阿契美尼德王朝的强大女性——阿托莎、阿梅斯特里斯和帕瑞萨蒂丝——扮演着王朝守卫者的角色，虽然她们确实会残害或摧毁那些与之为敌的人，但这是因为她们在保护王室，谨慎地保持王室血统的纯洁性。

我们不知道帕瑞萨蒂丝死于何时，她在促成儿子与孙女成婚后不久就从历史记录中消失了。帕瑞萨蒂丝是古代史上最伟大的女性之一，虽然活在男性的阴影下，但十分擅长操纵他们，她取得了堪称卓越的成就。她是忠贞不渝的妻子，也是甘于奉献的母亲，始终一心一意为帝国效劳。但在朝廷幕后，不管小居鲁士本人是否想要继承王位，她都将自己的大部分时间用于替小居鲁士谋划成为大流士二世的储君。当小居鲁士在库纳克萨战役中阵亡后，她又开始勤勉地辅佐阿尔塔薛西斯二世，成了他的首席顾问。帕瑞萨蒂丝的悲剧在于，正如她的女先祖所遭遇的一样，波斯帝国的体制无法为像她这样有才干的女性提供展示能力的官方空间。显而易见，她为自己权力的有限深感挫败。她掌管宫廷生活多年，即使帕瑞萨蒂丝去世时无人为她公开悼念流泪，波斯帝国也必须得承认，随着这样一位令人敬畏的伟大女性与世长辞，一个时代也就此画上了句号。

第 21 章

残暴的欢愉终将以残暴结束

阿尔塔薛西斯二世统治的最后几年问题百出，因为王室自身不堪重压，开始从内部瓦解崩溃了。竞争、敌对和王权争斗标志着他长达45年的统治生涯的结束。斯妲忒拉和阿尔塔薛西斯二世生养了三个儿子，即达里乌斯（长子）、阿里亚斯佩斯和奥库斯（幼子），但阿尔塔薛西斯二世至少还有150个儿子，是他和其他妻妾生养的。当然，他也有许多女儿，而且他还娶了其中两个，这种象征性的婚姻结合强调了王朝的"排外性"。

约公元前385年，也就是在帕瑞萨蒂丝去世前不久，阿尔塔薛西斯二世的麻烦就已经来了。当时有几位贵族效忠于他，他决定通过联姻来奖励他们，让他们跟王室的关系更进一步。阿帕玛公主被许配给了贵族法尔纳巴佐斯二世；罗多贡公主则被许配给了大臣奥龙特斯。阿梅斯特里斯三世公主也即将嫁给强大的总督蒂里巴祖斯（亚美尼亚的总督，后来还担任吕底亚的总督），蒂里巴祖斯比其他人更受国王青睐。然而，就在婚礼前不久，阿尔塔薛西斯二世反悔了，他违背了诺言，竟然自己娶了阿梅斯特里斯三世为妻。阿尔塔薛西斯二世的冷落让蒂里巴祖斯感到羞辱和愤怒。于是，国王另外安排更小的女儿阿托莎二世嫁给这位总督，以示安抚。蒂里巴祖斯对此感到满意，但是国王再一次出尔反尔，自己娶了这个女儿。第二次羞辱比第一次更加刺痛人心,蒂里巴祖斯最终成了阿尔塔薛西斯二世的死敌。蒂里巴祖斯经常出言反对国王,并且公然批评国王的人品。当蒂里巴祖斯不受国王宠信时,他既没有收敛态度,也没有就此缄默不言,而是不断猛烈挑战阿尔塔薛西斯二世的王权。

阿尔塔薛西斯二世在斯妲忒拉生养的三个儿子中选择立长子,即已到知命之年的达里乌斯为王储。小儿子奥库斯是出了名地脾气暴躁、缺乏耐心,但他在朝中有许多追随者。他不满自己落选,希望赢得父亲的支持,改立自己为王储。他向自己的妹妹兼继母阿托莎二世承诺,在父亲死后,自己会迎娶她(事实上,宫廷中流传着这样的谣言:甚至在阿尔塔薛西斯二世还活着时,奥库斯就已是阿托莎二世的情人了),于是他获得了阿托莎二世的支持与帮助。她利用自己的身份,对阿尔塔薛西斯二世吹枕头风,诋毁达里乌斯,同时为奥库斯说好话。

根据王室传统,被立为王储者可以向国王提一个请求,如果该请求在国王的权力范围内,那么国王就必须满足他。因此,达里乌斯请求纳阿斯帕西娅为妾。此女先是小居鲁士的妾,后又成为阿尔塔薛西斯二世的妾。虽然阿斯帕西娅风韵犹存,但她已不复年轻时的美貌,而且已经过了生育年龄。这些因素没有打消达里乌斯的念头。此举的目的不是多生孩子(他有由妻妾所生的成年儿女),而是因为阿斯帕西娅象征权力的转移。当她从阿契美尼德王朝的一个王子身边来到另一个王子身边时,她的身体早已成了王权转移的有效象征。这个女人本身也就成了一个强大的统治图腾,即谁拥有阿斯帕西娅,谁就拥有帝国的统治权。达里乌斯把阿斯帕西娅纳入自己的后宫,是想要证明他无疑是波斯的下一任国王。达里乌斯纳阿斯帕西娅为妾的请求就是在向他野心勃勃的弟弟发出明确的信号，告诉他放弃争夺王位。

起初，尽管阿尔塔薛西斯二世心有不甘，但他还是同意将阿斯帕西娅让给王储，但不出所料，后来他反悔了，不让她离开。不久之后，阿尔塔薛西斯二世就任命阿斯帕西娅为埃克巴坦那安娜希塔神庙的女祭司，此举一劳永逸，达里乌斯永远也得不到她了。这样一来，王储心中自然对国王怨恨不已，开始接受蒂里巴祖斯的提议。蒂里巴祖斯鼓励他勇敢地对抗阿尔塔薛西斯二世，以维护自己作为王储的权威，尤其是此时他的弟弟奥库斯正通过后宫暗中插手国家大事。更何况，阿尔塔薛西斯二世是出了名地反复无常，所以他的话不值得信任。蒂里巴祖斯多次谏言，既然达里乌斯已经被封为王储，那么他就有权不受阻碍地登上王位。他们一起密谋杀死阿尔塔薛西斯二世，并期望众多朝臣能追随他们，其中包括阿尔塔薛西斯二世的至少50个儿子。

奥库斯在目睹国王与王储之间的关系破裂后，对自己的光明前景满怀信心，但阿托莎二世敦促他迅速果断地采取行动。奥库斯利用一名太监作为中间人，提醒他父亲达里乌斯和蒂里巴祖斯二人正在酝酿阴谋。于是，达里乌斯及其子嗣被带到了阿尔塔薛西斯二世的面前。国王命令王家法官审判达里乌斯，并给出最终判决。当法官们一致判定达里乌斯犯有叛国罪并下令处决他时，没有一个朝臣或阿尔塔薛西斯二世的儿子站出来为他求情。阿尔塔薛西斯二世听到判决后，命人将达里乌斯带到自己面前。这位王储匍匐在他父王面前，谦卑地恳求父王的原谅，但国王没有宽恕他，而是一把抓住他的头发，把他的脸按在地上，然后用刀割断了他的脖子，直接杀死了他。国王走到王宫庭院的阳光下，举起血淋淋的双手，做出祈祷崇拜的姿势，然后开口说道："波斯人呀，安静地离开吧！去告诉你的同党，伟大的阿胡拉·马兹达是如何报复那些编造谎言、掩盖真理的人的！"除了一个婴儿，达里乌斯的其他儿子都被处决了。阿契美尼德王朝又一次经历了王权和平交接程序的失败。阿尔塔薛西斯二世在指定继承人时非常谨慎，在这一点上，他遵循了先祖的模式，但最终，就像以往发生的一样，王储的地位和体制不足以防御和抵抗反对势力。阿契美尼德王朝最大的失败就在于无法处理王室继承问题，无法使权力有序地从一个统治者移交到下一个统治者手里。

奥库斯就这样无声无息地赢了达里乌斯，但他仍然担心哥哥阿里亚斯佩斯在国王心中的影响力。阿里亚斯佩斯为人低调、谦逊有礼且小心谨慎，在波斯人中相当受欢迎，许多波斯人都认为他配当他们的国王。阿尔塔薛西斯二世也很器重他，而且他很可能是最受国王宠爱的孩子。国王的另一个儿子阿尔沙米斯是阿尔塔薛西斯二世的妃子所生。他既聪明智慧又公平正义，与国王的关系很亲密，国王非常看重他的智慧，这些事实都没有逃过奥库斯的眼睛。所以，他密谋除掉这两个人。奥库斯联合一群太监策划了一场行动，恐吓可怜又多疑的阿里亚斯佩斯。奥库斯暗示哥哥阿里亚斯佩斯，国王怀疑他是达里乌斯的同谋。这样一来，国王早晚会逮捕和折磨他，最后也会杀死他。阿里亚斯佩斯对自己的未来感到绝望，变得烦躁不安，渐渐有点神经质，最后他选择了自杀。虽然奥库斯是斯姐忒拉最后一个幸存的儿子，但阿尔塔薛西斯二世没有就此倾心于他，而是宣布自己打算封阿尔沙米斯为王储。于是，阿尔沙米斯也陷入了极度危险的境地。几个月后，阿尔沙米斯王子被谋害身亡。经过多年的谋划，奥库斯终于消灭了所有主要的对手。在老国王阿尔塔薛西斯二世去世前不久，奥库斯终于被封为储君。公元前359年12月，老国王去世，享年86岁。正如普鲁塔克带着哀怜评价的那样，阿尔塔薛西斯二世以温和的统治而著称，是"臣民的朋友"。

奥库斯登上王位后，取王名为阿尔塔薛西斯三世，以此表达自己的孝心。在帕萨尔加德举行登基大典时，麻葛预言在他统治期间，穰穰满家，国库丰盈，但也会发生许多流血事件。麻葛刚说出预言，部分预言就应验了：为了防患于未然，新国王下令处决了所有男性近亲。仅在一天之内，他就杀了80个兄弟。另一天，阿契美尼德王朝的100多名贵族，无论老少，全都被赶进了一个空院子里，一阵箭雨过后，无一幸免。工于心计、曾经努力让奥库斯获得老国王欢心的阿托莎二世最终也没有成为新国王的正妻。她被自己的哥哥兼情人下令活埋了。之后，奥库斯娶了自己的外甥女（可能是阿托莎二世的女儿）和苏萨总督阿尔沙米斯之子欧克斯雷斯的女儿（欧克斯雷斯是国王大流士三世的弟弟）。除此之外，我们对阿尔塔薛西斯三世的私人生活知之甚少。这两位妻子的名字也不为后世所知。

*

普鲁塔克说："论残忍和嗜血，阿尔塔薛西斯三世胜过其他所有人。"阿尔塔薛西斯三世有着坚不可摧的钢铁意志，以蛮力统治波斯帝国长达21年（公元前359—前338年）。他将控制政府的缰绳牢牢地握在手里，竭尽全力重建帝国，巩固中央集权，期许波斯帝国重现昔日辉煌。这位新王在登基后立即镇压了叙利亚和小亚细亚爆发的叛乱，还歼灭了一直在伊朗西北部劫掠生事的卡杜西亚部落。一个名叫阿尔塔沙塔（Artashiyāta，古波斯语，意为真正的快乐，希腊人称之为"科多曼努斯"）的人在镇压卡杜西亚人期间表现出色，阿尔塔薛西斯三世为此授予他亚美尼亚总督一职。

为了击溃小亚细亚那些不断制造麻烦的总督势力，阿尔塔薛西斯三世下令解散雇佣军，此后禁止总督再集结军队。总的说来，总督还是得对国王俯首听命。但负责监督弗里吉亚和指挥小亚细亚所有波斯军队的阿尔塔巴佐斯拒绝服从，并在密细亚总督奥龙特斯的支援下起兵反抗阿尔塔薛西斯三世。公元前352年，他们遭到了严厉的打击和惩罚。然而，公元前349年，阿尔塔薛西斯三世遇到了更大的威胁。当时，腓尼基诸城在埃及人的支持和挑唆下纷纷发动叛乱，抗议波斯帝国的统治。在此次叛乱的中心西顿，叛军袭击并摧毁了总督钟爱的督护府和美丽的花园。他们砍倒了花园里的树木，焚烧了为波斯骑兵准备的草料，还摧毁了城墙和城门。公元前346年，埃及法老内克塔内布二世派遣了4000名希腊雇佣兵前往西顿支援。他们成功击退了河西地区的总督贝利斯和奇里乞亚总督马扎亚斯发起的两次进攻。叛乱之火迅速蔓延到了犹大和叙利亚，甚至燃烧到了塞浦路斯岛。岛上的9位国王联合腓尼基人终结了波斯人的统治。

阿尔塔薛西斯三世受够了波斯军队在前方战场上接连败北的战报。公元前345年，他御驾亲征，率领波斯军队（大约3万名步兵、3万名骑兵和300艘三列桨座战船）向西顿进军。西顿人英勇作战，但最终被自己的统帅泰恩斯出卖了。他向波斯人敞开城门，让他们畅通无阻地进入了西顿。阿尔塔薛西斯三世决定杀鸡儆猴，用最残酷的方式惩罚西顿人，以震慑那些想要摆脱波斯统治的民族。约 4 万男男女女，包括孩童，都被他下令屠杀了。这座城市被大火夷为平地，财富也被掠夺得一干二净。幸存下来的人则被卖为奴隶，几经辗转，到了巴比伦尼亚和埃兰。

不出所料，其他腓尼基城市纷纷偃旗息鼓，向阿尔塔薛西斯三世投降了。腓尼基诸城邦被并入了奇里乞亚行省，由总督马扎亚斯治理。马扎亚斯谨遵王命，残酷地统治反叛波斯的腓尼基人。那些在犹大起兵反叛国王的犹太人则被驱逐到了里海边上的希尔卡尼亚，直到公元 5 世纪，他们仍然定居在那里。至于塞浦路斯岛，当阿尔塔薛西斯三世命令卡里亚王公伊德里埃斯将该岛夷为平地时，该岛的独立大业遭到了致命打击。塞浦路斯岛上的统治者为了争夺阳光下的独立权而付出了惨痛的代价。

公元前 343 年冬，内心愤怒但无比坚定的阿尔塔薛西斯三世向埃及进军了，决心要把它重新纳入波斯帝国的版图。法老内克塔内布二世集结了 6 万名埃及士兵和 2 万名希腊雇佣兵前往尼罗河三角洲最东边的边境要塞培琉喜阿姆，与波斯军队正面交锋。阿尔塔薛西斯三世刚一抵达埃及，便下令将 33 万名波斯士兵和 1.4 万名希腊雇佣兵分成数支队伍，每支队伍都由一个波斯将领和一个希腊将领联合统率。波斯军队抵达培琉喜阿姆后，迅速在谋略上胜过了埃及军队，迫使内克塔内布二世逃往孟菲斯。波斯军队随之快速深入尼罗河三角洲，一路直逼孟菲斯，沿途如风卷残云一般袭击和摧毁了无数下埃及的城镇与村庄。内克塔内布二世逃离了埃及，前往埃塞俄比亚寻求庇护。阿尔塔薛西斯三世的军队就这样彻底击败了埃及人，占领了整个下埃及。上埃及的民众也很快就屈服于阿尔塔薛西斯三世，但即使如此，也难以平息阿尔塔薛西斯三世心中的怒火，上埃及和下埃及都没能躲过此劫。

它们的城镇和神庙被洗劫一空,徒留断壁残垣;堡垒被夷为平地;庄稼被拦腰割断,烧成灰烬。《世俗体埃及语编年史》记录了埃及民众的哀泣:

> 池塘和岛上一直回荡着人们的呜咽声。埃及人失去了自己的房屋,无家可归。有人说,这一次"波斯人必使他们毁灭;波斯人必抢走他们的房屋,自己入住其中"。

一名埃及贵族在一块献给赫拉克利奥波利斯的主神赫里舍夫的石碑上简短而生动地记录了阿尔塔薛西斯三世入侵埃及之事。他认为,当波斯军队和希腊雇佣军猛烈攻打埃及时,正是神赫里舍夫救了他一命。他说:"他们在我身边屠杀了100万人。"接着,他不敢置信地补充道:"但是没有人袭击我。"至于当时还在埃及的犹太人群,他们大部分被遣散到了各地,要么被逐去了巴比伦,要么被逐去了里海沿岸地区,早些时候,腓尼基城市的犹太人也是被放逐到了里海沿岸。

据说,阿尔塔薛西斯三世以亵渎神灵的方式,在埃及延续恐怖统治:他屠杀了阿匹斯神牛,然后还把它制成烤肉,尽情享用了;他还下令处决埃及祭司、玷污神庙。当然,这些传闻都是典型的反波斯政治宣传,埃及宣传者也曾用同样的招数陷害冈比西斯二世。然而,尽管阿尔塔薛西斯三世不太可能处死阿匹斯神牛(更不可能吃它了),但是我们必须承认,埃及遭受波斯入侵,以及随后埃及再次被波斯化,肯定经历了比冈比西斯二世统治时期更为残酷的暴力统治。埃及在独立了约60年之后,重新回到了波斯帝国的版图之中。因此,在埃及历史上,公元前343年标志着

"波斯在埃及的第二次统治"的开启或第三十一王朝的建立。阿尔塔薛西斯三世最大的政绩就是降伏了叛变的埃及,因为波斯人再次拥有了尼罗河三角洲的丰富资源,而且红海的贸易路线也可以再次正常运作了。

阿尔塔薛西斯三世在启程离开埃及前看到了乌加霍列森尼破旧的雕像。乌加霍列森尼虽然是埃及官员,但曾经非常忠诚地为冈比西斯二世和大流士一世效劳。此时它已破旧不堪,还蒙上了厚厚的灰尘。于是阿尔塔薛西斯三世下令修复这座雕像,还在雕像上留下了一段铭文,告知世人:"各位达官显贵,各位学者,我发现大医师乌加霍列森尼的雕像已经破败不堪,虽然他已逝世177年了,但我要让大医师之名继续流芳百世。"我们尚不清楚阿尔塔薛西斯三世为何要修复这座雕像,但此举表明了,他想重振乌加霍列森尼的荣耀,因为他是波斯人在埃及大业的重要支持者,是一位颇具才干且精力充沛的合作者。

公元前343年,埃及因为被迫重新融入波斯帝国而黯然失魂,因为失去自治权而绝望不已。阿尔塔薛西斯三世启程离开了已经归顺的埃及,回到了波斯。他任命菲伦达底担任埃及的新总督,任命在培琉喜阿姆战役中表现出色的罗得岛人蒙托为统领埃及和小亚细亚西部波斯军队的大将军。但埃及并非一块福地,菲伦达底无力平息该地区日益严重的动乱。约公元前340年,一位名叫佩托西里斯的埃及官员死后被安葬在图纳·埃尔-盖巴的墓地里,墓碑上记载着他的生平。他原是赫尔莫波斯托特神的祭司,侍奉塞赫美特、赫努姆、阿蒙-拉和哈索尔等神。他为自己恢复了所在神庙的财富而感到自豪,但也为埃及的整体状况感到悲哀。在他看来,埃及法纪不明,混乱无序:

尽管一位外邦国王（即阿尔塔薛西斯三世）完全控制了这片土地，但我还是在神庙里侍奉了7年托特神。埃及中部战火纷飞，南部一片混乱，北部爆发叛乱。民众颠沛流离……神庙中亦无事可做，因为外邦人来了，他们入侵了埃及。

阿尔塔薛西斯三世实现了恢复波斯帝国过往疆界的雄心，以极强的军事领导力重新统一了帝国。的确，波斯帝国似乎正在被带回大流士大帝的辉煌时代，往昔的荣耀又回来了。事实上，阿尔塔薛西斯三世在波斯波利斯的一系列政治宣传铭文里明确提出了这一概念。这些铭文主要使用古词和古句法，这一点证明他认真利用了帝国的历史。例如，阿尔塔薛西斯三世在波斯波利斯阶梯上的铭文沿用了大流士一世曾在纳克什·鲁斯塔姆陵墓外墙的铭文中使用的措辞，不过阿尔塔薛西斯三世的铭文还包含了自阿尔塔薛西斯一世统治以来逐渐声名显赫、地位尊崇的密特拉神：

伟大的阿胡拉·马兹达下造地，上造天，为人类造幸福，立阿尔塔薛西斯为王，万王之王、万国之王。

伟大的王阿尔塔薛西斯，万王之王、万国之王、世界之王，言：我乃国王阿尔塔薛西斯（二世）之子。阿尔塔薛西斯（二世）乃国王大流士（二世）之子。大流士（二世）乃国王阿尔塔薛西斯（一世）之子。阿尔塔薛西斯（一世）乃国王薛西斯（一世）之子。薛西斯（一世）乃国王大流士（大帝）之子。大流士（大帝）乃希斯塔斯佩斯之子。希斯塔斯佩斯乃阿契美尼德族人阿尔沙米斯之子。

国王阿尔塔薛西斯言：这段石制阶梯乃我在位时下令建造的。国王阿尔塔薛西斯言：愿阿胡拉·马兹达和密特拉保佑我、我的国家，以及我所建造的一切。（A^{3}Pa）

最重要的是，这段铭文显示了阿尔塔薛西斯三世如何充满信心地将自己列入了以大流士一世为始的阿契美尼德王朝国王之列。值得注意的是，这还说明了当时继大流士登上王位已有约170年之久，这个王朝与居鲁士大帝所属的泰斯佩斯家族之间的虚假关系已经完全不重要了。

*

即使强大如阿尔塔薛西斯三世，也躲不过宫廷的尔虞我诈和圈套。这位国王的身体和精神随着年龄的增长日益衰弱，他逐渐被那些权欲熏心的人视为必须除去的眼中钉。他被除掉只是时间问题。一块记录公元前338年8月或9月巴比伦日食的泥板就是我们拥有的证明阿尔塔薛西斯三世之死最为可靠的证据。它记录了"在以禄月，乌玛库什（Úmakush，即阿尔塔薛西斯三世）走向了命运的终点。他的儿子阿尔舒（即阿尔塞斯）登基为王"。然而，这个简单的事实陈述掩盖了王朝灾难性破裂的另一缘由，即阿尔塔薛西斯三世是为宫廷大太监巴戈阿斯大胆策划的阴谋所害。巴戈阿斯生性腐败堕落，在宫廷里混得如鱼得水，野心勃勃地想要夺得国家的最高权力。于是，他谋杀了国王。

在重新征服埃及的过程中，巴戈阿斯在国王面前名声大噪，当时他与罗得岛人蒙托一起在培琉喜阿姆战役中指挥波斯军队的主力和希腊雇佣兵。后来，在洗劫埃及城市布巴斯提斯时，巴戈阿斯被俘虏了，但之后被蒙托救出，接着便被阿尔塔薛西斯三世派往波斯帝国东部恢复"上行省"（这是众人对它的称呼）的秩序，同时也赋予了他治理这些地方的最高权力。和阿尔塔薛西斯三世之间的友谊使他变得非常富有，他在巴比伦附近拥有诸多著名的漂亮花园，在苏萨也有自己的宫殿。他因阿尔塔薛西斯三世的仁慈和慷慨享有权力和财富，但他仍不知足，还渴望得到更多。他想要统治整个帝国。他决心要除掉阿尔塔薛西斯三世。这名太监为此选择的武器是毒药。他把致死剂量的毒药倒入国王的酒中。老国王在痛苦的煎熬中慢慢死去了。当时他的咽喉收紧闭合，几分钟后，这位埃及的征服者就窒息而死了。

巴戈阿斯意识到，作为阉人，自己永远不可能真正成为国王，于是扶持阿尔塔薛西斯三世之子阿尔塞斯登上王位，通过在背后操纵他，实现自己统治帝国的野心。阿尔塞斯王子30岁左右，已有自己的孩子。他非常听话，没有给巴戈阿斯制造任何麻烦。巴戈阿斯担任帝国的首席行政大臣，日常主持王室觐见仪式，批阅请愿书，整体规划帝国的治理。阿尔塞斯即位后称阿尔塔薛西斯四世，只负责展示王权仪式性的一面，手中不掌握任何实权。在执政第二年，阿尔塞斯开始渴望履行更多实质性的君主职责，确信自己身为国王有能力拿回实权。于是他开始限制巴戈阿斯对王家议事会的控制权和职责管辖范围，以此边缘化巴戈阿斯。然而，阿尔塞斯在执政的第二年末，也就是公元前336年夏，就被心怀不满的巴戈阿斯暗杀了。此外，阿尔塞斯的妻妾和子女也未能逃过一劫。《巴比伦王朝预言》(*The Babylonian Dynastic Prophecy*) 是一份残缺不全的阿卡德语楔形文字泥板文书，据称，它是预言未来的神谕（虽然它成文于相关事件发生之后）。它是目前西亚、北非唯一幸存的记录了阿尔塔薛西斯四世被谋杀的证据。它记录道：

……众王……他父亲……他将为王三年。这位国王会被一个太监谋杀。

许多心怀偏见的希腊作家（比如历史学家埃利安和普鲁塔克）也讲述了阿尔塞斯与阿契美尼德王朝其他国王被推翻和谋杀的故事，他们习惯用邪恶太监的传统主题来展现阿契美尼德王朝晚期国王的软弱无能。但巴比伦的楔形文字泥板文书不偏不倚地直接承认了阿尔塔薛西斯四世被谋杀的事实，这就迫使我们严肃对待此事。与其继续沉溺于太监操纵"傀儡主人"的东方主义幻想之中，不如承认绝对主义君主的朝廷在高压下紧张地运作，往往会导致叛乱爆发，有时甚至会导致弑君夺位。毕竟，近距离接触阿契美尼德王朝的国王给了太监弑君的绝佳机会。正如我们所见，尽管阿契美尼德王宫表面上美轮美奂，但实际上危机四伏。一份亚述楔形文字文书用"狮子坑"来形容宫廷，以及宫廷中各个包藏祸心（有时痛下杀手）的居住者，一组至少可以追溯到公元前2900年的苏美尔谚语证明了这个观念是多么古老：

宫殿像一条巨大的河流；其内部就像一头到处冲撞的公牛……宫殿里滑溜溜的，在里面行走要小心。如果你说："让我回家吧！"当心脚下，因为宫殿……是荒漠。正如自由人避不过劳役，公主也逃离不了这个妓院。

阿契美尼德王家宫廷是王朝和政治生活的中心，阴谋诡计、派系斗争和复仇雪耻的戏码以惊人的规律性在这个舞台上不断上演着。宫廷政治的紧张局势渗透到了王室的方方面面，阴谋诡计层出不穷，很少有人能完全不受它们的影响。宫廷贵族极易受到政治阴谋和私人争端的影响。《圣经·以斯帖记》就清楚地证明了这一点，因为它本身就基于一个毁灭性的阴谋。当然，这并非波斯所独有，因为各地所有时期的宫廷社会都要承受强权和维系权力的压力。我们应该认真对待那些叙述波斯国王及其妻子、朝臣无理取闹、反复无常和恶毒残忍的故事。其实，关于薛西斯一世、阿尔塔薛西斯三世、巴戈阿斯或帕瑞萨蒂丝的故事与广为人知且被证实了的亨利八世、伊凡四世（或称"恐怖的伊凡"）或中国古代唯一的女皇帝武则天的故事有不少现成的相似之处。即使考虑到不同制度带来的一些差异，波斯宫廷也承受着与绝对君主制下的宫廷所面临的一样的压力，这种压力一直持续到现代。

《巴比伦王朝预言》记录了阿尔塔薛西斯四世被谋杀一事，然后还记录了：

> 一个反叛的王子……将会攻打并（夺取）王位。他将执政五年。

这位"反叛的王子"是谁？只有一个可能，那就是另一个王位竞争者阿尔塔沙塔。这位常胜将军在征服卡杜西亚人的战争中获胜后，因为英勇威武而被任命为亚美尼亚总督，之后又被任命为帕尔斯总督。阿尔塔沙塔身为大流士二世的曾孙，尽管出身于王室旁支，在血缘上也是一位阿契美尼德王子。他的父亲阿尔沙米斯曾担任苏萨总督，他不只有一个妻子，其中之一是高阶贵族女子西西甘比斯。她也是阿契美尼德族人，可能是阿尔塔薛西斯三世的堂妹。在征服卡杜西亚人的战争中大获全胜使阿尔塔沙塔的英勇之名和精于一对一单挑肉搏之名传遍了整个帝国，他因此奉命治理波斯波利斯和帕尔斯。他的职责或许跟波斯波利斯卫城泥板文书上记载的大流士大帝时代高官帕尔纳卡的类似。约公元前340年，阿尔塔沙塔迎娶了堂妹，即公主斯妲忒拉二世。他们两人生有一个儿子，取名为奥库斯。他还与其他妻妾生有三个女儿。

阿尔塔薛西斯四世死后，接连谋杀了两位国王的巴戈阿斯又支持阿尔塔沙塔登上王位，拥立他为国王。巴戈阿斯之所以这么做，毫无疑问是因为（根据希腊史料）阿尔塔沙塔在战场上英勇无畏的名声促使波斯首领和贵族都接受他为国王。阿尔塔沙塔与王室的血缘关系，以及阿尔塔薛西斯三世对他的赞赏，肯定也促使他们接受他。巴戈阿斯肯定认为，阿尔塔沙塔此前一直置身于错综复杂的宫廷社会之外，除了依靠他的建议和支持，别无选择。但必须要说的是，阿尔塔沙塔王子与这名太监之间似乎不存在多少情谊。注定要到来的一刻终于到来了。当阿尔塔沙塔开始完全掌控自己新获得的王室身份时，巴戈阿斯有些惊慌失措，他再次大胆谋划，试图除掉阿尔塔沙塔；他还是采用老办法，偷偷地在国王的酒杯里下毒。国王早一步洞悉了巴戈阿斯的阴谋，于是这位新王宽宏大量地"奖励"巴戈阿斯先饮一杯。就像狄奥多罗斯所记录的，"国王要求巴戈阿斯先干一杯，还把自己的杯子递给他，强迫他喝下了自己下了毒的酒"。

从近来我们用于拼凑关于阿尔塔薛西斯三世及阿尔塔薛西斯四世被谋杀之事的零散、可疑史料来看，这一时期的可靠证据明显已经遗失了，而我们现有的史料混乱难懂、令人沮丧。但可以肯定的是，阿契美尼德王室再一次因无力控制继承权而遭受危机。阿尔塔薛西斯三世曾是一位强大的统治者，但随着年龄的增长，他的权力逐渐被削弱，未能彻底镇压迅速萌发的宫廷派系争斗。我们不知道他为什么对选择继承人一事兴致索然，他似乎在统治期间一直未曾确立王储，至少没有迈出和平交接王权的第一步。然而，如果像学界长期以来所做的那样，将这些宫廷阴谋和暗杀故事当作波斯帝国衰落的证据，不仅徒劳无益，而且完全错误。阿尔塔沙塔登基大典前夕的波斯仍然是一个强大的国家，它在世界舞台上的权威丝毫未减。虽然在阿契美尼德王朝的暴力历史中不断上演阴谋和暗杀，但这个家族从未失去对帝国的控制。事实上，阿尔塔薛西斯三世坚定地重塑和强化了波斯作为世界霸主的地位。多亏了他，阿尔塔沙塔继承了一个国库丰盈、社会稳定、运转良好且繁荣昌盛的帝国。这位新王取王名为大流士三世，将自己与大流士大帝的事迹、记忆结合在一起。作为一位声名显赫的战士，他与这位先王的联系合情合理。大流士三世意志坚定，做事专心，具备扩大波斯领土、使帝国繁荣富强的野心和能力。他的统治注定是辉煌的。

*

自公元前512—前511年马其顿国王阿敏塔斯一世向大流士大帝投降以来，马其顿人和波斯人就一直保持密切的联系。马其顿归顺波斯发生在大流士大帝征战斯基泰人期间，当时庞大的阿契美尼德军队准备入侵巴尔干半岛。在前往巴尔干半岛的途中，波斯人征服了富产黄金的色雷斯和黑海沿岸的希腊城市，以及马尔马拉海沿岸城市佩林托斯。之后他们派遣使者前去谒见阿敏塔斯一世，为大流士大帝索要土和水。阿敏塔斯一世接受了波斯的统治，他的继任者也成了波斯国王的臣子。事实上，马其顿的统治者在波斯的帮助下收获颇丰，他们开始扩张领土，从巴尔干半岛诸部落和希腊人手中夺得了土地。罗马历史学家查士丁曾言，马其顿的亚历山大一世扩张他的领土，"既基于他自己的英勇，也得益于波斯的慷慨"，而且马其顿人"是波斯人心甘情愿且有用的盟友"。公元前480年，亚历山大一世盛情款待了前去征服雅典和斯巴达的薛西斯一世，马其顿士兵也在随后的战役中与薛西斯一世的军队并肩作战。

马其顿拥有丰富的自然资源：境内群山延绵，森林茂盛，木材丰富。雅典人大量购买马其顿的橡树、冷杉和松树来建造他们的三列桨座战船，黄金源源不断地流入马其顿的金库，马其顿的国王变得非常富有。虽然雅典人和其他希腊人乐于与马其顿人有贸易往来，但他们认为，马其顿其实是一个危险重重、律法不明之地，实际上，它就是一个强盗之国。希腊人视马其顿人为异族人、非希腊人和野蛮人，虽然这有一定道理，但可以肯定的是，马其顿人认为自己属于希腊世界。阿吉德家族是自约公元前700年起统治马其顿的家族，其起源可追溯到伯罗奔尼撒的阿尔戈斯。阿吉德王朝的国王宣称，自己是希腊世界最伟大的半神英雄赫拉克勒斯家族的后裔，他们与希腊宇宙密不可分，这样一来，他们就将王朝的起源神话化了。

尽管马其顿王室具有希腊特征，但在过去几十年里，马其顿变得越来越波斯化，尤其是王家宫廷，几乎完全模仿波斯原型而建。马其顿最杰出的统治者腓力二世在公元前359年即位后建立了自己的权力基础，然后认真照搬了波斯帝国的许多制度，比如任命王家书吏，建立档案馆，并效仿波斯帝国，从贵族或王族之中挑选成员担任王家侍从和伙友骑兵（hetairoi）。腓力二世坐在仿照波斯样式建造的王座上，端着阿契美尼德风格的银制酒杯畅饮。他的战马佩戴上了波斯式的马饰。他的多妻制家庭也遵循了波斯王室的模式，七位妻子分别被安置在埃伽伊和佩拉王宫的内院之中，每位妻子都为他带来了与邻近首领和贵族有利的经济和政治关系。总而言之，如果一个波斯人游历马其顿，他在腓力二世的宫廷里一定会感到非常自在。事实上，马其顿宫廷就是一个带有希腊特色的小型波斯宫廷。

腓力二世采纳阿契美尼德风格的宫廷装饰和制度，以及他不断扩张的领土收益，都引起了波斯人的注意。同时，波斯人还注意到了，腓力二世的宫廷为那些对波斯国王心怀不满的波斯人提供了安全的避风港。而且，这样的事情时有发生。在阿尔塔薛西斯三世统治期间，罗得岛人蒙托和蒙农两兄弟支持波斯人阿尔塔巴佐斯二世接替他父亲法尔纳巴佐斯二世担任赫勒斯滂-弗里吉亚的总督。为了巩固与这两兄弟的同盟关系，阿尔塔巴佐斯二世迎娶了他们的妹妹，同时把自己的女儿芭西妮许配给了蒙托（在蒙托死后，芭西妮又嫁给了蒙农）。后来，阿尔塔巴佐斯二世起兵反叛阿尔塔薛西斯三世，但这场叛乱的持续时间非常短暂。公元前352年，在军队被击溃后，阿尔塔巴佐斯二世和蒙农潜逃到了马其顿；而蒙托则逃到了埃及，最终他重新赢得了阿尔塔薛西斯三世的青睐。腓力二世庇护了阿尔塔巴佐斯二世，也欢迎他的家眷来到马其顿宫廷，芭西妮肯定也在此列。因为佩拉更加热情好客的气氛而来到马其顿的逃亡者大有人在，比如逃离阿尔塔薛西斯三世统治压迫的两名波斯大臣西西尼斯和阿明那皮斯。这些逃亡者使腓力二世的宫廷对于波斯传统、思想和规则有了更多认知；更重要的是，他们也带去了古波斯语。因此，腓力二世的世界融合了马其顿、希腊和波斯的价值观念、风俗习惯与生活方式。

腓力二世最大的雄心壮志是提高马其顿的军事与政治实力。他从核心处入手重组了马其顿军队，改进了训练方式、武器装备和战术，并且用配备萨里沙长矛（一种长约4米至6米的长矛）和西福斯剑（一种双刃单手短剑）的重装步兵替代了过时的方阵。一旦他解决了国内的动乱，下一步就是向外扩张。凭借这支强大的新的战斗力量，腓力二世将色雷斯地区从哈尔基季基延伸到爱琴海的大片土地，纳入了自己王国的版图，而且有条不紊地消灭了巴尔干半岛的沿海城市，赢得了一场又一场战役，极大地提升了自己的国际威望。

阿尔塔薛西斯三世一直密切关注腓力二世在色雷斯和希腊的军事进展，尤其是在公元前4世纪30年代初，腓力二世积极支持小亚细亚的地方统治者反抗波斯国王或是挑拨他们起兵反叛，以此赢得他们的支持。马其顿和波斯之间的首次冲突发生在公元前340—前339年。当时，腓力二世试图征服波斯控制的佩林托斯、拜占庭，以及位于半岛之上，与亚洲隔海相望，甚至几乎连接着亚洲的色雷斯诸城。有两座城市很快就获得了弗里吉亚和卡里亚总督的支援，焦急的阿尔塔薛西斯三世下令全力支持被腓力二世入侵的受害者，这也是因为波斯国王一直了解腓力二世的野心，密切关注事态的发展，所以他才能够在波斯领土遭受不可挽回的破坏之前采取行动，摧毁敌军。腓力二世决定撤回全部军队，率军回到了佩拉。

公元前338年夏，腓力二世在喀罗尼亚战役中大胜雅典和底比斯。一夜之间,希腊和巴尔干半岛的势力均衡局势就发生了变化。在称霸希腊后,腓力二世准备入侵波斯的野心已然昭然若揭,为此他建立了学界所谓的"科林斯同盟",即希腊众城邦在马其顿的霸权领导下联合起来,以征服波斯帝国为最终目标的联盟。而当腓力二世在喀罗尼亚浴血奋战、逼迫希腊臣服时,阿尔塔薛西斯三世被谋杀了,这个时机真是恰到好处。弑君者巴戈阿斯拥立傀儡阿尔塔薛西斯四世为王,波斯宫廷陷入了内乱之中。波斯人自顾不暇,其注意力完全集中在宫廷事务上,似乎忽略了腓力二世在公元前336年夏派往小亚细亚的1万名马其顿士兵的存在。这些士兵由马其顿最厉害的帕门尼翁将军和阿塔罗斯将军指挥。在波斯大将蒙农的全力反击下,马其顿军队被迫退出了波斯领地,但在混战中,腓力二世的士兵可能还是保留了一些军事基地。这些基地在接下来的几个月里发挥了极为重要的作用。尽管腓力二世兵败色雷斯和小亚细亚,但他不为所动,仍然计划全面入侵波斯。

　　阿尔塔薛西斯三世曾担心马其顿会崛起为一个西方大国。他对腓力二世采取的行动表明,比起弱小的希腊城邦,腓力二世更令他忧虑和忌惮。但是,他的继任者对此是什么态度呢?大流士三世是如何看待马其顿的统治者及其建立帝国的野心的呢?波斯密探会定期向大流士三世汇报情报,提醒他马其顿人及其盟友正在备战。每周都会传来腓力二世要开战的情报。公元前336年10月,大流士三世收到了一条情报,称腓力二世在进入埃伽伊的一家剧院时被一名侍卫刺杀了。当时,贵族和大军立刻拥护腓力二世的儿子,即年仅20岁的亚历山大为王。看到这则情报,大流士的大脑肯定飞快地运转了起来。

第22章

人们尊敬亚历山大

公元前336年,在大流士三世即位几个月之后,亚历山大登上了马其顿的王位。命运让这两位有着相似经历的国王狭路相逢。这两位国王都是在经历了长期的血腥动乱之后才登上王位的,前任国王被弑留下的不仅是耻辱,还有创伤。两人都是战场上久经考验的战士和英明杰出的领袖,轻而易举就能赢得军队的尊重和效忠。他们都雄心勃勃、魅力超凡,而且充满自信。在短暂却关键的5年里,整个世界都充满焦虑、屏息凝神,等待命运宣告谁将成为胜出的万王之王,究竟是亚历山大还是大流士三世。无疑,他们的生命交织在了一起,但是当大流士三世失去一切之时,亚历山大获得了一切。命运注定使这两人的名字永远联系在一起,与此同时,大流士三世和亚历山大的故事演变成了一个自我成就的神话。

事实上,许多历史学家在尝试撰写马其顿的亚历山大生平时遇到的挫折在于,几乎不可能将这位伟人与围绕他的传说区分开来。创造神话的过程很早就开始了,始于亚历山大还在世时,之后在5位伟大的"亚历山大历史学家"的作品中达到了高潮。这些作品都是在亚历山大死后200年或更晚一些编纂的:西西里的狄奥多罗斯叙述了公元前1世纪晚期的世界史;阿里安撰写了

《亚历山大远征记》(*Anabasis of Alexander*)；昆图斯·库尔提乌斯·鲁弗斯著有《亚历山大大帝史》(*History of Alexander*)；2世纪，查士丁在《〈腓力史〉概要》中用拉丁语概括了庞培·特罗古斯书中遗失的亚历山大生平；《亚历山大传》(*Life of Alexander*)是普鲁塔克所著的《希腊罗马名人传》(*Parallel Lives*，在书中，普鲁塔克将亚历山大和尤利乌斯·恺撒并列做比较)中的一篇。不过，这些后世文本通常都是相互矛盾的，尤其是阿里安和狄奥多罗斯的叙事，他们似乎在每个细节上都有分歧，而他们对亚历山大的总体描述也形成了鲜明的对比。不幸的是，与亚历山大同时代人所撰写的史料，比如卡利斯提尼、阿里斯托布鲁斯和克来塔卡斯(他们全都认识亚历山大或他手下的老兵)的著作早已失传了。这意味着我们只能通过经过精心修饰的后世记录来了解亚历山大的一生。这些对亚历山大生平和战役的叙事都带有作者的偏见，都暗藏作者自己的解读方式。这些文本并非毫无恶意，也并不可靠。

相比之下，由于波斯人对书写历史不感兴趣，我们没有与大流士三世相关的宏大叙事，也没有描述他在战场上英勇奋战的史诗。遗憾的是，即使是在他自己的统治范围内，也少有文献提及他的姓名。即便偶尔出现，他的名字也只是作为日期落款的一部分出现在行政文献中，这种公式化的书写多少有些令人失望。考古学和钱币学能提供的物证也好不到哪里去，因为它们没有提供任何有关大流士本人或他作为统治者在治国政策方面的实质性信息。所以归根结底来讲，对于阿契美尼德王朝文献中记录大流士三世的只言片语，我们所能做的最好的处理方式是将它们融入后来古典时期的文献所能提供的证据体系之中。波斯现存的文献没有为大流士三世的统治提供任何新的见解，它们只是丰富了希腊与罗马作家笔下的亚历山大的故事。

因此，我们遇到了非常严重的史料来源问题。一方面，关于亚历山大大帝，有大量用希腊语和拉丁语撰写的神话般的冒险故事，扣人心弦、惊险刺激、引人入胜；另一方面，只有一组残缺的史料能证明大流士三世的生活和事迹。自然而然地，我们会想要通过古典时期作家的丰富叙事来充实自己对于大流士三世的了解。而且，事实上，数个世纪以来，历史学家一直在坚定地使用这种方法。他们在解读经过古典时期作家精心打磨的段落时很随意，而这些段落淡化了大流士作为战士的卓越能力，宣扬了他的无能和怯懦。但是我们必须要抵制这种做法。比起希腊语或拉丁语文献，本书一直更加重视波斯文献。尽管在谈及大流士三世时，这种置波斯文献于希腊语、拉丁语文献之上的努力会变得极其困难，但要更直接地将他置于焦点之中，以一种新的清晰视角和新的理解方式来看待他，也并非不可能。古典时期的作家认为大流士三世胆小怯懦的看法并不能得到证实。然而，鉴于波斯史料的匮乏，任何想要找到新证据的尝试都是徒劳的。我们能做的就是尝试透过波斯人的双眼来看待亚历山大的战争，并在可能的情况下优先考虑阿契美尼德王朝对事件发展的理解。

*

公元前334年春，天气明媚温暖，亚历山大率领约3万名步兵和约5000名骑兵越过了赫勒斯滂海峡，挺进了亚洲。波斯密探把此消息传给了大流士三世：亚历山大已抵达波斯领土。一名斥候向大流士三世禀报："亚历山大在抵达大陆后，先将自己的长矛猛地插入土里了。"这名斥候接着解释说，这位年轻的马其顿国王就是来到波斯大陆的"第二个阿喀琉斯"，他要让亚洲战火纷飞，要为薛西斯入侵希腊时丧失生命和生计的希腊人报仇雪恨。阿喀琉斯？这个名字对大流士三世来说毫无意义。薛西斯一世的希腊之战？大流士三世倒是回忆起了这件事，因为他小时候听说过薛西斯一世的故事。他回忆道，薛西斯一世杀死了一个希腊国王，战胜了那些骗子和伪君子，后者统治着遥远、混乱的海滨之地。听到亚历山大登陆的情报，大流士三世没有表露出明显不安的情绪。他肯定还是有信心的，因为波斯有2万名骑兵，还有一支由2万名雇佣兵组成的步兵部队。虽然步兵的数量比亚历山大的少一些，但波斯骑兵本就比马其顿骑兵厉害，所以大流士三世并不担心。此外，大流士三世手中还有充足的财政支持。他坐拥巴比伦、波斯波利斯、埃克巴坦那和苏萨的府库，还拥有各行省的库银，比如萨迪斯的巨额财富、西部行省的铸币厂。总而言之，权衡各方利弊，局势显然对大流士三世更有利。

也许正是这种自信使得大流士三世没有采取任何清晰明智的行动，因为从事后来看，他在早期就应该动用阿契美尼德王朝海军和步兵的全部军力死守赫勒斯滂海峡，封锁马其顿人进入亚洲的通道，逼迫亚历山大退回大海，从而将此次入侵扼杀在摇篮之中。毕竟，大流士三世并不是不知道马其顿已经集结了军队和战船。但大流士三世完全按兵不动。他曾为自己辩解，说阿契美尼德王朝没有调动全军的先例。而且，公元前334年春，大流士和他的智囊团很有可能将马其顿人的登陆行动视为再一次在小亚细亚挑起小规模叛乱的尝试，他们认为这种尝试注定会失败。结果证明，他们错了。波斯帝国历史上第一次遇到了决心要进行一场全面战争并且将这一决心坚持到底的对手。这将是一场征服战争。

大流士三世在面对冲突时遵循了波斯的传统做法，命令当地总督应对马其顿人的威胁。弗里吉亚总督阿里斯特斯接到了大流士三世的命令，迎战亚历山大。他迅速组建了一个由当地各位总督组成的战争委员会。希腊雇佣兵罗得岛人蒙农效忠于大流士三世，他受邀成为战争委员会的一员。他主张采取焦土政策，摧毁庄稼、农田和亚历山大可能用来供给士兵粮草的其他所有渠道；切断马其顿人的粮草供应是一种代价高昂但能有效阻止他们进军亚洲的策略。一想到要摧毁自己利润丰厚的土地，各位总督就感到震惊，连忙拒绝了这个提议。战争委员会对自己的军队和战术的优越性充满信心，因而决定在小亚细亚西北部的村庄泽雷亚集结联军，迎战即将到来的马其顿人。泽雷亚在格拉尼库斯河附近，离特洛伊城不远。他们会在那里等待亚历山大，与他交战，打败他，并将马其顿人赶走。

说起来，格拉尼库斯河战役虽然规模相对较小，却是一场混乱的厮杀，是一场马对马、士兵对士兵的混战，交战双方都在拼尽全力求取胜利。亚历山大及其骑兵装备了远比波斯长矛更有利的长矛，因而在战斗中占了上风。同时，他的轻装步兵在战马间穿行，骑兵和步兵合作默契，这引起了波斯军队的恐慌。两位波斯总督，即罗萨斯和斯皮塔米尼斯，在激战中发现了亚历山大，双双向他冲了过去。罗萨斯出剑击中了亚历山大的头，不过亚历山大凭借头盔承受住了这一击，立刻反手就用长矛刺穿了罗萨斯的胸腔。出乎意料的是，斯皮塔米尼斯突然出现在亚历山大身后，欲举起长矛刺过去。好在紧急关头，亚历山大的大将克莱图斯疾驰而至，一刀将斯皮塔米尼斯高举的手臂连带长矛全部斩断。

马其顿骑兵最终给了波斯军队致命一击，胜利就这样轻轻松松地落在了亚历山大头上。那些尚有余力行走的波斯人都四散奔逃。大流士三世收到军报：在此战中，他损失了1000多名骑兵，而且还有多位总督战死沙场。阿契美尼德王朝贵族中的精英就这样在战场上凋零散落了。大流士三世还得知，亚历山大俘虏了为波斯效劳的众多希腊雇佣兵，称他们为叛徒，最终将他们全都杀了。大流士三世还听说亚历山大的大军一路南下，穿过小亚细亚，"解放"希腊城市，惩罚所有的反抗者，并推翻了忠于波斯国王的当地王朝。大流士三世很快就得知，是萨迪斯向亚历山大敞开了大门，并欢迎他进城，但话说回来，萨迪斯一向就是个麻烦之地。

从格拉尼库斯河战役逃出来的大部分波斯军队驻扎在米利都，罗得岛人蒙农接管了他们的指挥权。他率领军队前往哈利卡那索斯，并在那里扎营保卫这座城市。波斯军队誓死保卫城池的坚定决心意味着双方必将经历一番苦战。果然，公元前334年冬，亚历山大未能完全占领或平定哈利卡那索斯，因而拔营前往吕基亚。接着，大流士三世获悉了亚历山大如何横扫吕基亚和潘菲利亚海岸，如何进军安纳托利亚内陆，如何将他的将军"围城者"德米特里乌斯安插在大弗里吉亚的首府凯莱奈的消息。公元前333年春，亚历山大来到了戈尔迪翁，得到了希腊和马其顿的兵力增援。这迫使大流士三世命令蒙农迅速重新征服海岸地区。尽管这次蒙农打了一场漂亮的反击战，但在公元前333年7月，他还是死在了莱斯沃斯岛米蒂利尼的城墙外。之后，亚历山大继续前进，一路畅通无阻地向奇里乞亚进军，绕过了已归顺自己的卡帕多西亚。得知亚历山大竟然胆大到试图重新设定波斯帝国的疆域时，大流士三世惊呆了，但直到他发现亚历山大在塔尔苏斯铸造自己的钱币时,他才决定并宣布御驾亲征,率军攻入叙利亚,试图一劳永逸地结束马其顿人发起的这场令人厌烦的入侵。

大流士三世率军从巴比伦出发,他的家人亦跟着王家随从队伍一同出发。宫廷里的贵族女性乘坐华丽的四轮大篷马车同行:大流士三世尊敬的母亲西西甘比斯、美丽的妻子斯妲忒拉二世、女儿斯妲忒拉三世,以及她的妹妹德莉比娣丝都在此列。5岁的王位继承人奥库斯和这些女人同行。大流士三世的随行队伍里还包括阿尔塔薛西斯三世的三个女儿和一个遗孀,以及罗得岛人蒙农的遗孀芭西妮。当然,队伍里也有大流士三世的众多男性亲属,包括阿契美尼德王朝的众多王子:阿尔塔薛西斯三世唯一幸存的儿子比萨尼斯,此人似乎在大流士三世心中占有特殊地位;阿尔塔薛西斯二世的孙子阿布帕勒斯,他曾与女婿米特里达特斯在格拉尼库斯河战役中与亚历山大交战;巴克特里亚总督贝苏斯王子、乌克西亚总督马达提斯,以及希斯塔斯佩斯王子。每位王子都在军队中担任要职,与大流士三世并肩作战。欧克斯雷斯是大流士三世的兄弟,深受国王的喜爱,这次他跟随大军一同出征。当庞大的随从队伍抵达大马士革时,为了安全起见,后宫家眷和辎重车辆都留在了城里,大军则直接向前线进发。

公元前333年11月5日,一个寒冷阴湿的日子,两军在伊苏斯狭路相逢,此地靠近今土耳其东南部的伊斯肯德伦湾的一个平原。据保守估计,大流士麾下有10.8万名士兵,而亚历山大麾下的士兵则不超过4万。双方沿着皮纳鲁斯河河岸展开了激战。伊苏斯战役的具体细节现已不得而知,因为"亚历山大历史学家"的描述大相径庭。不过,我们可以肯定,这场战事对大流士三世而言并不顺利。然而,对亚历山大来说,这场战事正在按计划进行,一切尽在掌控之中:先是步兵方阵猛攻,突破敌军防线,接着骑兵迅速冲入敌方中心(亚历山大的常规战术策略),最终赢得了胜利。尽管这两位指挥官都有坚实可靠的计划,但亚历山大及其军队在近期积累了更多的实战经验,这意味着他们能够比波斯士兵更有效地执行战术策略。一旦战斗打响,亚历山大便能够迅速抓住时机,洞悉大流士三世的动向,并逐一进行反击。这场战斗很快就变成了近身肉搏战,激烈而血腥。刀剑插入肉身,箭矢刺穿胸膛、腿部和脖颈,长矛猛力刺中目标。很快,战斗的呐喊声和金属的碰撞声就夹杂着伤员的惨叫声,在战场上不停地回荡。亚历山大再次率领骑兵全速冲向波斯侧翼。在一片震耳欲聋的叫喊声中,亚历山大穿过重重尸体,以及垂死的马匹和士兵,向波斯军队冲了过去。

波斯军队驻扎在皮纳鲁斯河河岸,就在亚历山大军队的对面。大流士三世站在战车上,看到中央为步兵方阵、两翼为骑兵的马其顿军队向他的军队快速逼近。他惊愕地看着亚历山大率领着部队一路带头猛攻过河,粉碎了波斯军队的左翼,然后转攻位于波斯军阵中心的希腊雇佣军。突然,大流士三世和亚历山大对视了。亚历山大双颊通红,眼睛里闪烁着坚定的光芒,举起一柄长剑,朝着大流士三世疾驰而来。大流士三世的弟弟欧克斯雷斯率领的王家骑兵将国王围在中心,小心保护着。他们虽然作战英勇,却仍然不是马其顿士兵的对手。箭矢接二连三地射中了拉着大流士三世战车的战马,它们痛得发狂,开始惊慌乱跑,还将一脸不甘愿的大流士三世拖进了希腊人的阵线。大流士三世努力控制战马,而亚历山大则继续挥舞长剑,一头扎进混战中,无视一切危险,即使有人用匕首扎进了他的大腿,他也不曾放下长剑,退出战场。

大流士三世失去了自己的弓、盾和矛，眼见着周围的侍卫一个个相继战死。于是，他放弃战车，骑马飞奔到了安全之地。这一行为听起来像是怯懦之举，古典时期的大多数历史学家肯定会如此表述，但事实并非如此。大流士三世当时唯一的想法就是保住帝国的未来，而这个未来自然是维系在他身上。为了阿契美尼德王朝的事业胜利，王位之主不能被俘虏或被杀。这一点至关重要。大流士三世骑马逃到了幼发拉底河沿岸的小城塔普萨卡斯避难。

波斯军队迅速追随他们的国王撤退，但仍有数千人在惊慌失措的撤退中被亚历山大的骑兵屠杀了。一些溃逃的波斯步兵甚至被己方的骑兵误杀了。最终，亚历山大取得了压倒性的胜利。他只损失了7000人，大流士三世则损失了2万人。幸存的波斯骑兵沿着波斯御道一路向北行进，最后在卡帕多西亚和帕夫拉戈尼亚安营扎寨。过后不久，波斯军队的指挥官就开始大量征募新兵，意图重新征服整个小亚细亚。

与此同时，亚历山大的手下在战场的另一边发现了大流士三世的大本营。里面有诸多物品可供他们掠夺。马其顿人洗劫了波斯人的帐篷，抢走了制作精良的盔甲、镶嵌着装饰的家具、华丽的挂毯，以及用亚麻和丝绸缝制的衣服，还有无数的金银器皿。但大流士三世的财物没人敢动，因为它们此时属于亚历山大。当疲惫不堪、浑身是血的亚历山大走入大流士三世的帐篷时，他决定先洗漱一番，于是下令将浴缸（来自波斯国王的财物）找出来，说（正如普鲁塔克所记载的）："现在就让我们在大流士的浴缸里洗走战争的疲累。""不是呀，"他麾下一名士兵回答道，"应该是在'亚历山大的浴缸'里。"被征服者的财产此时属于征服者了。沉入温暖、香气四溢的水中，闻着空气中弥漫的芬芳气味，亚历山大扭头看向随侍在侧的人,做了个手势,说:"看来,这就是王权。"

随着公元前333年最后几周的临近,大流士三世得知亚历山大已经率领大军进入大马士革,俘获了波斯的辎重车队,并接管了自己的后宫家眷。对此,大流士三世震惊不已。他的母亲、妻子、孩子,包括他年幼的继承人,都落入了敌人之手。还有几位波斯贵妇也被掳走了,其中就有芭西妮。亚历山大或许还记得,在自己年幼时,芭西妮在佩拉获得过腓力二世的庇护。所以,她被俘之后不久就成了亚历山大的情人。亚历山大夺取了波斯王室家眷。这不是一个单纯的战后人质事件,而是一个非常厉害的政治手段,因为绝对不能忽略公元前333年亚历山大抓住大流士三世全部家眷的象征意义,以及对大流士三世而言,王室女性被掠夺意味着多么沉重的打击。占有前任统治者的后宫,尤其是王室女性,能确认继任者对王位的掌控。控制后宫能使新的统治者有可能通过占有前任君主的女人来合法化自己的统治。可以回想一下,大流士大帝就是利用这一点来争夺王权的,他娶了居鲁士大帝家族里所有可娶的王室女性为妻。同样,对大流士三世而言,马其顿国王控制波斯王室后宫,预示着阿契美尼德王朝统治的终结,因为亚历山大占有了波斯王室后宫女眷的生育能力,就立即危及了大流士三世统治的合法性。

在伊苏斯战役之后的数周,甚至数月里,大流士三世因家眷被抓而痛苦不堪。为了营救他们,他至少向亚历山大发出了三次外交提议。据称,大流士三世许诺将自己的女儿嫁给亚历山大,甚至愿意以幼发拉底河为界(换句话说,是帝国疆域的一半),将波斯帝国的一部分领土作为嫁妆(根据古典文献记载)割让给他。难道大流士三世真的打算交出一半领土吗？这很值得怀疑。事实上，大流士三世的家眷是享有特权的战俘。在人们看来，准备好支付高额的赎金以确保家眷返回的做法完全合理，但是二话不说，就把波斯领土赠予亚历山大的想法，与他的军事策略和统治风格大不相符。直到生命的最后一刻，大流士三世都决心不惜一切代价来捍卫帝国，并保持其领土完整，所以他不可能会同意放弃任何领土，直接交到敌人手中。当大流士三世在伊苏斯战场上弃兵而逃时，他完全清楚自己所冒的风险。在逃离战场时，他主动做出了抛弃家眷的决定。而且，他意识到了，能否再次见到家眷取决于自己作为战士或统治者的实力。如果他能在未来的战斗中击败亚历山大，那么他的家眷就安全了。但是在那之前，他们就只能留在马其顿人手中。整个波斯帝国的存续危在旦夕。对大流士三世来说，这意味着他首先要维系阿契美尼德家族的统治，这比保护任何一个家族成员都更重要。毕竟，将来可以迎娶新妻，生养更多孩子，但眼下务必要保住王朝的存续。

*

待伊苏斯战役尘埃落定之后，大流士三世回到了巴比伦。在接下来的两年里，他遵循王家宫廷四处迁移的常规节奏，同时不断补充军队，征召和训练新兵，并且指导他们使用最新的武器，包括马其顿式长矛。波斯人很快就掌握了新的战斗技术，渴望能尽早将其付诸实践。密探们定期送来有关亚历山大动向的报告：他占领了腓尼基城邦；他夺取了尤巴城和加沙城；他还进入了埃及，在那里他被誉为解放者和在世的神王。公元前331年春，在重组了埃及的行政机构之后，亚历山大再次展开行动。他平息了撒马利亚叛乱，向北进军至推罗，然后取道大马士革和阿勒颇，向东朝着幼发拉底河进发。大流士三世预料到了马其顿人的进攻，他率领庞大的军队（人数在 5.3 万到 10 万之间）向西北进军，进入了巴比伦尼亚，在距离尼尼微不远处安营扎寨，等待马其顿人的到来。大流士三世选择了一座驼峰形状的小山山脚下的一块开阔平原作为战场。特殊的轮廓赋予了这座山名字，它源自闪米特语中的骆驼（Gammalu）一词，马其顿人称之为"高加米拉"（Gaugamela）。

9 月 20 日傍晚，太阳刚下山，大流士三世及其大军发现月亮先是变成了血红色，然后又变成了黑色。巴比伦的天文日志记录了这一轰动时刻，同时还记下了这一现象表露的预兆：

> 大流士三世在位第 5 年以禄月的第 13 日有月食。随着木星降落，月亮完全变黑。土星离月亮只有 4 指远。到全食阶段时，西风刮起来了；当月亮变得再次可见时，东风刮起来了。在月食期间，有死亡和瘟疫降临。

麻葛和占星术士在漆黑无月的天空中只看到了厄运。波斯阵营里士气低落。9 月 23 日凌晨，一颗流星划过夜空，天空中又出现了新的预兆。波斯大军的士气更加低迷了。这颗流星意味着什么呢？占卜师和祭司对此毫无头绪，但第二天早上，大流士三世就得知了妻子斯妲忒拉二世因为难产去世的消息。大流士三世心里一定充满了疑虑、痛苦和失落。

古典文献记载了亚历山大是如何有礼貌地对待大流士三世后宫女眷的，以及他是如何将大流士三世之母西西甘比斯当作自己的母亲，西西甘比斯又是如何满意地回称他为"儿子"的。这样的故事也许是真的。亚历山大当然有充分的理由促使西西甘比斯保持身体健康、心情愉悦：因为释放她时，他可以得到一笔丰厚的赎金。他与大流士三世之妻斯妲忒拉二世的关系则更值得关注。斯妲忒拉二世大概是在公元前332年夏被亚历山大俘虏的，当时亚历山大截获了大流士三世留在大马士革的王家随军队伍。约公元前331年9月23日，她在分娩时因难产去世。在这种情况下，她在生命最后几小时诞下的婴儿很可能不是大流士三世的子嗣，而是亚历山大的。虽然阿里安在叙述波斯战役时试图让读者相信，有着骑士风度的亚历山大从未碰过大流士三世的妻子，但我们有充分的理由相信，斯妲忒拉二世是在诞育亚历山大的孩子时难产死了。

　　那么，这件事的背景是什么？斯妲忒拉二世是被亚历山大强奸了吗，还是被引诱了？她爱上他了吗？这很难说清楚，尽管亚历山大的动机很清楚：不管采取何种方式，他都将自己对波斯帝国的权力主张通过大流士三世的妻子表现了出来。如果她为亚历山大生下一个活蹦乱跳的儿子——一个同时拥有阿吉德王室和阿契美尼德王室血脉的孩子，那么亚历山大就有了一个现成的继承人。但事情并不如亚历山大所愿。

　　斯妲忒拉二世去世的消息给了大流士三世重重一击。但局势很快就变得更加糟糕了。公元前331年10月1日清晨，亚历山大集结大军（约4.7万人），准备战斗。战斗阵地仍然是由大流士三世决定的，他命令士兵碾平平原上的所有植物，开辟出一条畅通无阻的通道，以便他麾下的战车可以碾压马其顿军队。按照波斯的常用战术，大流士三世身处己方大军的中心，而亚历山大则将大军兵分两股,这是双方在伊苏斯战役中所排兵阵的再现。马其顿人率先发起进攻,他们直接朝波斯大军中心进军。但是亚历山大采用了一个出人意料的战术,他召集骑兵向右驰去,引诱波斯骑兵向左翼移动以攻击他。这样一来,波斯大军中线处就出现了一个缺口。暴露位置的大流士三世顿时很容易受到攻击,于是他命令战车全速前进,攻击亚历山大的军队。但当他们冲锋过去时,马其顿人挥舞萨里沙长矛,杀死了波斯战马和控制战车的士兵。最终,波斯人还是设法渗透进了希腊人的防线,但就在此时,亚历山大发起了大规模的战略进攻,切断了波斯人防线的后部,然后猛攻波斯大军的中心。伊苏斯战役的情形重现了,大流士三世再次意识到亚历山大有机会攻击他,便熟练地调转战车,驶离了战场。亚历山大本可以轻易地追上大流士三世,然后当场杀死他,但他选择留在战场,与大将帕门尼翁共同御敌,因为当时帕门尼翁的左翼正遭受波斯人的重创,急需兵力支援。尽管如此,这场战役仍以亚历山大获胜告终。

离开高加米拉后,大流士三世逃到了阿尔贝拉,从那里越过扎格罗斯山脉,进入伊朗高原。然后他立即前往埃克巴坦那,开始召集更多的军队。在他看来,这场战争还没有结束。与此同时,亚历山大南下至巴比伦,并迅速控制了这座城市,巴比伦热烈欢迎他及其大军的到来。事实上,这座城市的统治阶级,包括阿契美尼德王朝的官员和贵族,全都走出城门,亲迎他入城。就像居鲁士大帝一样,亚历山大也煞费苦心,与当地祭司合作,他表明自己是巴比伦众神的忠实崇拜者。他下令庇护巴比伦人,使他们免受抢劫或掠夺,并向马尔杜克神庙表示敬意。该城及其官员的支持使亚历山大得以顺利统治巴比伦尼亚。他延续了古巴比伦君王的古老传统,甚至效仿波斯国王,采用了巴比伦君主"万国之王"的称号。

失去巴比伦对波斯帝国来说是一个真正毁灭性的打击。大流士三世本人对失去巴比伦深感羞愧。但随后传来的消息使形势变得更加糟糕。亚历山大已进军苏萨,苏萨未做任何抵抗就沦陷了,然后他攻打乌克西亚人。乌克西亚人是一个顽强的游牧部落,他们控制着伊朗西南部法赫林和"波斯之门"(Persian Gates)之间的唯一路线。亚历山大的军队还驻扎在波斯帝国的瑰宝波斯波利斯及其周围。波斯波利斯落入了蛮族人之手。波斯人肯定没有想过波斯波利斯竟然会沦陷,这简直是灾难性的打击,而且极其丢脸。大流士三世必定会为此感到悲戚。

此前,亚历山大全速穿过扎格罗斯山脉,决心尽快抵达波斯波利斯,不留任何时间给波斯人部署军队来保卫这座宫城。公元前330年1月中旬,亚历山大兵临波斯波利斯城墙下。在那里,主管府库的官员提里达特斯为马其顿大军打开了城门。但是没有人群欢迎他们,没有人发自内心大喊"亚历山大!亚历山大!",也没有巴比伦式的凯旋入城仪式。民众都躲在自己的家里,他们害怕来自苦涩之海(Bitter Sea,即地中海)对岸的野蛮人会杀死自己,然后吞噬他们的尸体。马其顿士兵逐渐变得焦躁不安,但到此时为止,他们仍然保持纪律,尽管他们一直认为自己有权掠夺经过的任何地方。诚然,波斯波利斯肯定能提供给他们巨额财富,亚历山大不是已经许诺过他们波斯波利斯的财富,而称它为亚洲最令人憎恨的城市了吗?当马其顿大军抵达城门口时,士兵们就陷入了疯狂的贪欲之中。他们想要带走能得到的一切,包括财富、美酒、美食和女人,然后把剩下的一切付之一炬,慢慢观赏这场漫天大火。

亚历山大占领了御座高台，在王家宫廷里安顿下来，并允许士兵自由掠夺周边地区。在一天多的时间里，马其顿士兵就跑遍了整个波斯波利斯，洗劫了每一座民宅。他们偷取财物，强奸、折磨民众，并杀死男女老幼。波斯波利斯的民众被绑在一起，沦为奴隶。房屋和作坊都被烧毁了，数以千计的农业牲畜被屠杀，马匹也被偷走了，庄稼被点燃。波斯波利斯遭遇的暴力惨不忍睹，这场劫难持续了很久，男女老幼都没能逃过这一劫。局面完全失控了。最新发掘出的考古证据表明，尽管亚历山大下令禁止士兵登上御座高台，但这组宫殿建筑群显然还是受到了马其顿军队的攻击。在高台下面的水渠里出土了十几具人类和其他动物的遗骸。当时，当地的民众显然躲在这些黑暗的渠道里避难，希望能够侥幸逃出生天，但他们最终还是被马其顿士兵找到，然后被残忍地屠杀了。这些令人痛心的证据不言自明，它们告诉我们，亚历山大麾下的士兵显然不仅会为钱财而杀戮，还以杀人为乐。

御座高台上也发生了劫掠之事，考古发掘发现了马其顿士兵留下的掠夺痕迹。考古学家在1939年的发掘报告中指出，亚历山大麾下的士兵"彻底清空了波斯波利斯的府库"，拿走了所有值钱的财物，"他们似乎没有落下任何一件珍贵的金属器皿。但那些王家石制餐具会加重他们的行李负担，且不能带来多少好处。我们毫不怀疑，他们砸碎了数百件不愿带走的器皿。"马其顿人打碎了600多件用雪花石膏、大理石、青金石和绿松石制成的器皿；他们还打碎了圆柱形印章、珠宝和宝石，然后将它们肆意抛洒在各处；他们撕毁并焚烧了地毯、服饰和纺织品壁挂；连仪式用品也未能幸免，祭坛和香炉要么被盗走，要么被损坏了。当然，被毁坏的不只是阿契美尼德王朝的艺术品。薛西斯一世在洗劫雅典时将一尊著名的希腊大理石雕塑带回了波斯波利斯，小心翼翼地存放在府库里，它被誉为"波斯波利斯的珀涅罗珀"（荷马神话史诗中奥德修斯聪明智慧的妻子）。考古学家在波斯波利斯的府库里发现了它，但它早已被砸碎，散落在废墟中。它是无差别暴行的又一个牺牲品。在这次纯粹的破坏行动中，"波斯波利斯的珀涅罗珀"被人用一柄沉重的马其顿利剑一击斩首。它精致的手臂也被砍断了，整座雕像只剩下躯干和坐着的双腿，由于太过沉重，不容易运走。它的大理石手臂和头颅被当作战利品带走了，并且后来再也没有出现过。

最后，在当地的波斯人经历了一整天难以想象的恐怖袭击之后，亚历山大才命令麾下众将士停止烧杀劫掠。那时候也已经没有什么可抢了，没有几个人可杀了。波斯波利斯成了一座鬼城，到处都是尸体。这真是一个难以言喻的恐怖场景。在波斯波利斯，到处都是孤儿和寡妇，豺狼和狐狸出没其中，整座城市都萦绕着悲伤的哀悼气息。

*

4个月以来，亚历山大一直无法决定如何开展下一步行动。他明知大流士在北方，正在组建军队，但他似乎不愿意离开波斯波利斯。确实，亚历山大曾拜访过帕萨尔加德的居鲁士大帝之墓，向这位传奇大帝表示了敬意，但他在帕尔斯并不受欢迎。帝国西南腹地的波斯人在他的控制下怒不可遏，扬言要发动叛乱和公开的战争。因此，在公元前330年春作战的一个月里，马其顿士兵在伊朗高原上通过摧毁农田、焚烧屋舍来惩罚当地民众。狄奥多罗斯在一份颇具说服力的评价中指出，亚历山大根本"不信任当地民众，对他们怀有强烈的敌意"。为了镇压日益高涨的波斯爱国主义和反马其顿情绪，亚历山大在公元前330年5月放火焚烧了波斯波利斯，许多宫殿都在这场大火中灰飞烟灭了。这并非像古典时期的一些作家后来声称的是对薛西斯一世烧毁雅典卫城的报复，毕竟，亚历山大对雅典感情不深。事实上，这是一次遏制波斯军队在帕尔斯村镇和波斯中部要塞负隅顽抗的切实尝试。波斯波利斯的毁灭向波斯人发出了一个明确无误的信号：他们的辉煌时代已经结束，帝国荣耀的日子已经远去，此时他们是亚历山大的臣民。尽管如此，波斯波利斯被毁代价高昂。其实，亚历山大的军师帕门尼翁事先曾提醒亚历山大，摧毁波斯波利斯会带来灾难性的后果。亚历山大本人后来也哀叹，这次纵火剥夺了他在阿契美尼德人祖地核心的权力。但从短期来看，毁灭波斯波利斯对他很有好处：这是马其顿国王意志的声明，他将成为亚洲的唯一之主。为了强化这一事实，亚历山大开始追捕大流士三世。毕竟，大流士三世是阿契美尼德王权的最后象征，也是亚历山大征服波斯的最后一个障碍。这场最后的角逐拉开了序幕。

大流士三世在波斯波利斯以北400英里处，即米底的埃克巴坦那度过了公元前331—前330年的寒冬。他在该地集结了一支由约1万人组成的令人印象深刻的军队，其中包括可信赖的希腊雇佣兵。然而，他心里很清楚，自己没有足够的兵力正面对抗马其顿大军。他计划率领军队向东朝着巴克特里亚群山进发，沿途烧毁田地和村庄，希望这场人为的灾祸能将紧随其后的亚历山大的军队变成一群饥饿的幽灵。一旦安全进入巴克特里亚，大流士三世就可以在总督贝苏斯的支持下调集军队向西回攻，重新夺回他的帝国。这个计划非常好。一旦大流士三世安全越过巴克特里亚的边界,进入兴都库什山脉及山谷,他就可以拖住马其顿军队数年,同时通过来自帝国其他地方的攻击来消耗亚历山大的资源,转移他的注意力,拖垮马其顿大军。

亚历山大敏锐地察觉到了大流士三世的焦土政策(定期的情报确定了这一点),唯恐后者的计谋成功,他下定决心要尽快除掉大流士三世。要想将波斯帝国完整地收入囊中,就要阻止大流士三世到达巴克特里亚。亚历山大内心深处明白,在波斯贵族和波斯军队的眼里,除非大流士三世死了,否则他们永远也不会承认他为国王。因此,等到波斯波利斯和埃克巴坦那之间积雪覆盖的山口融化到可以通行的程度,亚历山大在留下一支强大的马其顿卫戍军驻守波斯波利斯之后,就率军沿着扎格罗斯山的山脊一路向北疾驰。

接下来便是一场耗时费力的猫捉老鼠游戏了。为了在大流士三世离开埃克巴坦那之前截住他,亚历山大驱使士兵每天行军20多英里,经过将近3周这样的疾行,也就是大约走了270千米[*],他得知大流士已经从斯基泰人和里海得到了兵力增援,并且决定在埃克巴坦那城外与马其顿人交战。得知此消息,亚历山大非常高兴,这正是他所希望的结果。他指示辎重部队保持原速,继续向前行进,之后他率军以极快的速度赶到了米底。但是没过几天,他就收到了一份情报,称大流士三世因见援军迟迟未到,就安排辎重车队南下前往"里海之门",而他自己则骑马前往雷伊以东的山区。雷伊是一座闭塞小镇,后来发展成德黑兰,大流士三世

---

[*] 原文如此。——编者

就是要取道此地去往巴克特里亚。大流士三世逃走的消息是由叛变的比萨尼斯王子告诉亚历山大的，比萨尼斯曾经在伊苏斯战役中与大流士三世并肩作战。比萨尼斯认为，大流士三世原本就是一个无权继承王位却自命不凡的新贵，为了未来自己可以荣登大位，现下可以先帮助亚历山大。所以，比萨尼斯泄露了大流士三世的行军路线，而且还提醒亚历山大一个重要事实，即大流士三世的辎重车队带有足够的黄金，这些钱财能支撑他的军队和雇佣兵很长一段时间。

亚历山大听说这个消息后非常心慌，立即带领一支快速移动的骑兵和步兵离开了埃克巴坦那，决心要追上大流士三世。许多步兵精疲力竭，落在了后面。一些战马也因行军速度过快，猝死在道上。最终，他们还是在11天之内赶到了雷伊，此地距离埃克巴坦那约400千米。但是他们得知大流士三世早已远远领先于他们，穿过了"里海之门"。亚历山大在雷伊过夜时，意外接待了一个使团，这个使团由两位高级波斯官员巴基斯萨尼斯和安提贝鲁斯组成。他们是从大流士三世的随军人员中潜逃出来的，为亚历山大带来了至关重要的情报：巴克特里亚的总督贝苏斯非但没有援助波斯国王，反而囚禁了他，不过还没有采取任何废黜他的行动。

贝苏斯本身就是阿契美尼德王朝的一名王子，曾在高加米拉战役中与大流士三世并肩作战。他与大臣那巴赞斯，以及阿拉霍西亚-扎兰吉亚那的总督巴散妥司合谋，试图推翻大流士三世的统治。他们坚持认为，此时的情形已经证明，这位曾经强大的战士已经沦为一个失败者。大流士三世屡次败于马其顿侵略者之手，这意味着为了剩余的帝国利益，他们必须要除掉他。因此，贝苏斯被拥护为阿契美尼德王朝所有军队的统帅。巴克特里亚士兵（完全忠诚于贝苏斯）抓住了国王，粗暴地对待他，还用铁链锁住了他。当贝苏斯、那巴赞斯和巴散妥司直言不讳地告诉大流士三世，他的统治已经结束了，他只不过是与马其顿人大战的谈判筹码时，他们对神赋予他的王权的所有敬意统统消失了。他们把他推进了一辆后宫女人乘坐的封闭式马车里（大概是为了把他藏起来），然后将他运送到了更东边的地方。

亚历山大立即从"里海之门"出发，甚至都没有等到新的粮草补给打包完毕。他带领一支由迅捷步兵和轻快骑兵组成的精锐部队连夜赶路，次日就抵达了大流士三世被俘的营地，仅用了短短18个小时就行进了惊人的80千米。他得知，贝苏斯已在勇猛的巴克特里亚骑兵的支持下取王名为阿尔塔薛西斯五世，并称自己是新任国王。这时，亚历山大需要调整自己的任务，不再寻求杀死大流士三世，而是活捉他，因为如果有人要终结大流士三世的统治和性命，那个人必须是他本人。而且，他还需要解决自命不凡的贝苏斯。亚历山大继续率军追击大流士三世，与贝苏斯不同，他们选择穿过一条干涸的古老河道。虽然这条路让马其顿人绕了将近50英里的远路，但他们省去了穿越沙漠的艰苦跋涉。他们骑着快马，在夜间全速疾驰，轻轻松松就跑完了这几十英里路。果然，到了黎明时分，亚历山大就看到了不远处贝苏斯的军队。

虽然巴克特里亚的骑兵人数远超亚历山大的小分队，但许多骑兵看到亚历山大这么快就追了上来，还是纷纷惊慌失措地逃散开来。他们早就听说过亚历山大屡战屡胜的威名了。随后两军发生了一场小规模战斗，贝苏斯本想将载着大流士三世的马车从混乱的马群、战车和士兵中拖走，但这辆马车实在是太笨重了，移动得非常缓慢。亚历山大快速向前冲去。于是贝苏斯手持长矛，飞快地爬进了有篷马车里。大流士三世坐在马车地板上，背靠着垫子。他双眼噙着泪水，明显哭了很久，虽然眼泪已经干了，但脸上留下了一道道混有眼线墨的泪痕。他的嘴唇干裂而疼痛，双颊凹陷，手腕由于被绑得太紧，被铁链割破，血迹斑斑。贝苏斯走近大流士三世，一刀捅入了他的腹部，并再次用力深深地刺了进去。贝苏斯看着大流士三世流血不止，就将他弃置不顾，留他自己在马车里等待死亡。他还杀死了跟随国王的侍从（两名）和车夫，砍断了两匹拉着马车的战马的脖子。之后，贝苏斯带着他的骑兵逃进了东部山区。

亚历山大误以为大流士三世与贝苏斯的军队在一起，于是立刻派一支搜索队冒险进入山区寻找，而且命令他们要将他毫发无损地带回来。与此同时，亚历山大麾下数名士兵看到了那辆破烂不堪的马车，以及地上大睁着眼睛的死马。一个名叫波利斯特拉图斯的年轻马其顿士兵精疲力竭、口渴难耐，而这辆被废弃的马车旁刚好有一个小小的泥水坑，于是他走到了马车旁。正当他用头盔汲水时，车厢里传来了轻轻的呻吟声，他拉开车帘，发现万王之王本人正躺在里面，浑身是血、奄奄一息。从拼凑起来的信息来看，我们可能会怀疑，大流士三世之死的真实情况远没有这么戏剧化，尽管在某种程度上是悄无声息的悲剧。当波利斯特拉图斯进入这辆有篷马车、跪在大流士身边时，大流士三世已经说不出话来了，只做了个要喝水的手势。这名年轻士兵将国王的头搂在怀里，扶着他从头盔里喝了几口水，润湿了他干裂的嘴唇。然后，大流士三世，伟大的王、万王之王、万国之王，阿契美尼德族人，闭上了双眼，悄然死去了。那是公元前330年6月或7

月，大流士三世去世时才 50 岁左右。

不出所料，希腊和拉丁作家浓墨重彩地描绘了大流士三世的死亡场景。数世纪以来，每位作家都为围绕这一历史事件发展起来的各种传说增添了自己的叙述。有些故事还将亚历山大编排在垂死的大流士三世身旁，让这位马其顿国王有机会在如此高贵的对手去世时流下荷马式的眼泪。其他版本还叙述了大流士三世与波利斯特拉图斯的谈话（想必用的是蹩脚的希腊语），大流士三世让波利斯特拉图斯转告亚历山大，请求亚历山大照顾他的母亲和其他家人，并将帝国托付给亚历山大治理。当然，这些传说都经过了精心的编排，以显示亚历山大是波斯的合法国王，并且得到了阿契美尼德王朝最后一位君主的祝福，因为正是亚历山大本人转而利用了大流士三世被杀一事。在之后的几个月里，为了融入阿契美尼德家族，亚历山大迎娶了大流士三世的长女斯妲忒拉三世。他还娶了阿尔塔薛西斯三世之女帕瑞萨蒂丝二世，她是阿契美尼德王朝仅剩的几位显贵女性之一。亚历山大刚与被谋杀的大流士三世建立起家族联系，就发誓要为这位国王报仇雪恨。公元前 329 年春，贝苏斯被捕获了，他遭受了酷刑，最后也被处死了。不久之后，亚历山大就得以自称为大流士三世复仇的人和他的合法继承人。为了公开表达自己的悲痛，他为大流士三世举行了国葬，安排豪华的送葬队列将大流士三世的遗体运回波斯波利斯安葬（最近发现了大流士三世未建造完成的陵墓，位于波斯波利斯高台坚固的城墙以南 482 米处）。当大流士三世的遗体踏上漫长而庄严的旅程，穿越伊朗高原时，亚历山大肯定默默地流下了高尚的眼泪，但之后必定露出了微笑。

后 记
曾经的波斯，现在的伊朗

阿契美尼德王朝是伊朗历史上最辉煌灿烂的时段，那么在波斯后来的历史时期，它是如何被接受和铭记的呢？它在集体记忆中是否已经逐渐消逝，还是说它仍然作为文明的灯塔，在人们的想象中保有活力？它在伊朗当代的国家意识中起到了什么作用？令人高兴的是，由于伊朗对自身在前伊斯兰时期的历史认知，以及伊朗人对阿契美尼德王朝的利用，本身就有着丰富的历史，我们可以对这个话题详述一二。从中世纪早期到伊斯兰共和国，世世代代的伊朗人都在回顾居鲁士大帝、大流士大帝和薛西斯一世的时代，从中寻找灵感和方法，以评论当代的政治、宗教和社会。要讨论伊朗对于阿契美尼德王朝的认识之丰富性、多样性和影响力，我们需要另写一本书，可以通过政治小册子、宣传、散文、诗歌、歌谣、绘画、雕塑、戏剧、建筑、摄影、时尚和电影，将此种认识娓娓道来（谁知道呢，这本书可能迟早会问世）。然而，在这里，我们就像拍快照一样，观察伊朗对其第一个伟大帝国的漫长接受史中的两个时刻：最后一个前伊斯兰王朝，即萨珊王朝的统治者对阿契美尼德王朝的利用；围绕古代波斯国王的诗歌与神话在伊朗史诗叙事中的发展。

自古希腊时代以来，西方主流历史学家一直倾向于认为，历史是一种可以通过客观主义来实现真理的解释过程。换句话来说，历史的当务之急是把故事讲清楚。但在本书开头，我们就看到，在古代伊朗出现了一种对过去的不同解读，而且伊朗的"历史"概念一直以来就有些模糊，直到现在仍然如此。伊朗人传统上对待过去的方式与西方不同。在波斯古代，人们可以通过口头传播歌谣、诗歌和叙事史诗传承过去，伊朗人从未感到有追寻西方的法医学、希腊式史学（historiē，意为探究）的脉络来形成他们的历史概念的需要。后来，在伊斯兰王朝统治下的中世纪，诸如塔巴里、巴勒阿米、伽尔迪齐和贝哈奇等波斯学者在追寻更早的前伊斯兰时期的波斯历史时，确实撰写了许多精确且真实的"历史"，每个人都为建立历史研究的创新方法留下了深刻的印迹。但是，这些有学问的人与那些学者型的诗人、学识渊博的祭司交好，后者保留了自己对于过去的理解，这些理解通常反映在诗歌或赞美诗里。历史学家、诗人和祭司没有为过去的"真实性"而互相争论，而是允许思想的同步流动和相互交织，进而发展出了一种新的、融合的诗歌历史编纂学形式。伊朗人开放包容、不受限制的"过去"概念也由此产生。伊朗最终还是采用了西方的历史书写形式，但它花了很长时间才在伊朗获得认可。直到伊朗立宪革命（1905—1911年），伊朗人才开始更多地了解欧洲的历史研究方法。

尽管伊朗的散文历史和诗歌历史，无论是书面的还是口头传播的，往往都基于相同的历史材料（最好不要称它们为"事实"），并被加工为不同版本的"过去"或对"过去"的不同解读，但各个版本之间并没有孰优孰劣之分，因为所有版本都在伊朗人传播他们的"历史"的过程中占有一席之地。过去确切发生了什么，或者据说过去发生了什么，或者实际上过去可能发生了什么，或者可能根本什么都没有发生，这些都构成了波斯人对前伊斯兰时期的历史的理解。

*

我们很难想象波斯帝国曾经是多么长久不衰的存在。对于生活在大流士三世统治时期的臣民来说，这个帝国就是整个世界，比任何人能回忆起来的帝国都更古老、不朽、持久和强大。波斯帝国存续了如此之久，经历了如此多的风风雨雨，以如此充沛的精力重新焕发活力，又如此彻底地在世界景观中留下印记，以至没有人会想到它有一天会结束统治。但它确实终结了。

在大流士三世死后约150年，希腊历史学家波利比乌斯向他的读者提出了一个问题："你们认为，波斯人和波斯统治者或马其顿人及其国王……会相信在我们生活的时代，'波斯人'这个名称会彻底消失吗，他们曾经可是整个世界之主？"波利比乌斯指的自然是阿契美尼德家族及其帝国。波斯帝国举世瞩目而且长盛不衰，这个超级大国的覆灭标志着古代历史上一次翻天覆地的转变。更具体来说，对于伊朗人，这预示着一段低迷时期的到来，如果不算是彻底衰落的话，至少就国际政治而言是这样。后来，马其顿的亚历山大的直接继承者开创的塞琉古王朝（以亚历山大的杰出大将塞琉古命名）放弃了伊朗高原。在该王朝统治的几个世纪里，统治者越来越多地受到西部的地中海的影响。伊朗高原上古老的城市苏萨和埃克巴坦那都成了一潭死水，它们的政治功能已经不复存在，几乎完全被人遗忘。波斯波利斯的大部分地区也成了一片废墟，还被当地的弗拉塔拉卡统治者吸走了最后一点生命力。他们一步一步地运走波斯波利斯的石料,用来建造附近自己的小宫殿。朝代不停更迭,波斯帝国的腹地帕尔斯就此衰败。

就在波斯似乎正经受自己版本的倒退并开始分裂成部落单位时,伊朗历史上的下一个"强者",即帕提亚人(亦被称为安息人)出现了,他们来自东部的荒漠草原。数个世纪以来,他们一直居住在里海以东地区,此时积蓄力量,准备重振波斯。他们慢慢地渗透进了伊朗高原,通过融合希腊文化与更传统的伊朗特质,秘密移居到了塞琉古王朝统治下的希腊城市与定居点。到公元前2世纪40年代,帕提亚人已经进入了伊朗西南部——古老的阿契美尼德族人聚居地,以及美索不达米亚的大部分地区。他们开始向叙利亚希腊化的东部边境挺进,进入黎凡特。公元前53年,西部新兴的自信大国罗马共和国对其军团(约4万名士兵)彻底败在了鲜为人知的帕提亚人之手一事感到尤为震惊。手持弓箭、在欧亚大草原上历练马术的帕提亚人,在美索不达米亚北部的卡莱战役中歼灭了罗马军队。一个新的东方超级大国出现了,它对整个欧洲都产生了巨大冲击。然而,帕提亚人并不想以阿契美尼德王朝的方式成为帝国创建者。事实上,他们对阿契美尼德王朝的历史毫无兴趣,对这个旧王朝也毫无好感。帕提亚人是另一种"类型"的伊朗人,他们关注的焦点在美索不达米亚北部(为了控制贸易路线)。此外,他们依赖旧伊朗贵族的忠诚及其世袭治理体系,尽管伊朗首领的忠诚从未得到保证。在古老的波斯腹地,帕提亚人受欢迎的程度不高。224年,伊朗西南部的波斯人阿尔达希尔击败了最后一位帕提亚统治者,建立了萨珊王朝(224—651年)。该王朝的名字源自一位名叫萨珊的波斯祭司,他是这个家族备受尊敬的祖先。

萨珊王朝统治着伊朗高原、中亚部分地区、高加索地区、美索不达米亚，以及有时候被纳入其疆域范围内的叙利亚和安纳托利亚的部分地区，其统治期长约 400 年。萨珊王朝的统治者会回顾过去阿契美尼德王朝的辉煌岁月，以寻找治国的灵感。与阿契美尼德王朝一样，这个新王朝也起源于帕尔斯。为了加强统治权，萨珊王朝的统治者自豪地利用了他们与最古老、最受尊崇的伊朗王朝——埃兰王朝和阿契美尼德王朝的统治者共享家园的事实。萨珊王朝的统治者切实且极其巧妙地促进了自身与阿契美尼德王朝的联系，并将自己定位为过去大帝的继承人。颇有影响力的波斯历史学家和神学家塔巴里撰写了著名的《历代先知与帝王史》(History of Prophets and Kings) 一书，其内容涵盖了萨珊王朝和同时期的阿拉伯人。此书开篇便详细追踪了阿尔达希尔的家族世系，由其祖先证实了他与大流士三世的联系：

> 阿尔达希尔假装要为大流士三世报血海深仇，在波西斯揭竿而起……大流士三世与亚历山大战斗，最后被自己的两个内侍谋杀了。阿尔达希尔想要将王权重归于合法的家族，将其恢复到在那些小王（即帕提亚王朝）之前的他的祖先生活的时代存在的状态，将帝国重新置于一个首领、一个国王的统治之下。

所谓的《坦萨尔书信》其实就是萨珊王朝的政治宣传，最初创作于阿尔达希尔的统治时期。它将帕提亚人描绘成了异教暴徒，并利用对阿契美尼德王朝的记忆来为自身接管伊朗正名，还宣扬了他们要重现波斯帝国辉煌的雄心：

> 今天，万王之王（阿尔达希尔）将自身的帝王威严投向所有承认他卓越地位并向他进贡的人……此后，他会集中精力向罗马人发动战争，持续与这个民族斗争。他不会停下脚步休息，直到他向亚历山大的后裔（"西方人"）报了大流士三世之仇，重新填满自己的金库和国库，俘虏当时摧毁了伊朗城市的亚历山大士兵的后代，重建被亚历山大摧毁的伊朗城市。他必使他们俯首进贡，就像从前埃及和叙利亚向我们的君主进贡一样。

300多年来，萨珊王朝统治者一直与罗马帝国的皇帝不和。由于对帝国边界的权力斗争一次又一次地爆发成了全面战争，战争一直困扰着东西双方。对阿契美尼德王朝的记忆仍然萦绕在沙普尔二世（309—379年）的脑海中。沙普尔二世是在位时间最长的萨珊王朝君主，或许也是最伟大的君主。这位好战的领袖受到阿契美尼德祖先扩张领土的启发，在他写给罗马帝国皇帝君士坦提乌斯的信中，就利用了阿契美尼德君主的胜利来为自己的领土扩张野心正名。他强调，曾经半个世界都属于他的祖先，现在是他夺回它们的时候了：

> 我，沙普尔，万王之王、群星的伙伴、日月的兄弟，向我的兄弟"恺撒"君士坦提乌斯致以最诚挚的问候……我将简短陈述提议，回顾一下我已多次重申的话语。我祖先的帝国疆域一直延伸到了斯特里蒙河和马其顿的边界，就连你们

自己的古代文献记录也能证实这一点；所以我索要这些土地是正当的要求，因为（但愿我说此话不会显得傲慢无礼）我在文治武功和诸多耀眼的美德方面胜过古代诸王。

伊朗的自然环境，尤其是帕尔斯的，也被萨珊王朝利用来表达他们对阿契美尼德王朝历史的依恋。波斯波利斯后宫的宫墙上刻绘了阿尔达希尔、他的兄弟及其父亲的画像，这表明他们与这个纪念性遗址之间有着密切联系。阿尔达希尔一世在菲鲁扎巴德的宫殿，以及他儿子沙普尔一世在比沙普尔的宫殿，都融入了波斯波利斯风格的雕塑和建筑元素。在大流士一世于波斯波利斯的宫殿南柱廊的北墙上发现了沙普尔二世的兄弟沙普尔·沙坎沙留下的巴列维语（或称"中古波斯语"）铭文。该铭文记载，萨珊王朝的这位王子为曾经建造"这座宫殿"的已故祖先的灵魂祈祷。它进一步证实了，萨珊王朝唤起了人们对他们杰出的阿契美尼德祖先的记忆。但到这时为止，萨珊王朝与阿契美尼德王朝记忆互动最清晰、最令人印象深刻的纪念物其实是他们在纳克什·鲁斯塔姆古老的岩刻王陵阴影中竖立的巨大浮雕。这个与波斯古老的埃兰王朝、阿契美尼德王朝历史紧密联系的遗址成了萨珊王朝的历史主题公园。在这里，他们可以愉快地将自己的帝国野心与先前更伟大的帝国功业融合在一起。

在《战争与和平》（*War and Peace*）一书中，列夫·托尔斯泰评论道："国王是历史的奴隶。"我们可以理解他的意思，即君主可能比其他任何人都更容易受制于变化莫测的记忆。与其他历史人物相比，他们的生活、事迹和遗产更容易被滥用、美化、歪曲、神话化、英雄化和邪恶化。美名也好，恶名也罢，名声容易使他们受到记忆的影响。其实，在探讨居鲁士大帝的生死传说时，我们就已经见识过这个概念。我们看到，为了达到宣传的目的，统治者是如何塑造这些故事的。在整个阿契美尼德王朝，居鲁士大帝之名就是"帝国""荣耀"和"波斯性"的简略表达方式，而犹太人和希腊人对他宽宏大量、辉煌成就的描述只不过进一步增强了他作为天下最强大、最公正和最明智的统治者的声誉。谁会忘记居鲁士大帝之名呢？然而，他确实被遗忘了。到了萨珊王朝的统治时期，他的名字早已被忘却，他统治的具体细节也被遗忘，他的传说也被淡化和误记，甚至消失在了历史的长河之中。萨珊王朝的文献没有提及"居鲁士"或"薛西斯"之名，他们的记忆中只有"大流士"这个名字，但他们回忆的也不是大流士大帝，而是最后一位大流士，那位曾与可怕的亚历山大作战，最终悲惨地失去了生命和帝国的波斯国王。

随着漫长的萨珊王朝的统治慢慢接近尾声，阿契美尼德王朝诸多国王的身影变得越来越模糊，如同幽灵，直到历史的距离最终抹去了仅存的那点记忆。651年，萨珊王朝落入了南方的阿拉伯人之手，波斯变成了一个伊斯兰国家。新的伊斯兰征服者颠覆了波斯数千年的政治、社会和文化制度与传统。这意味着波斯人要想获得权力，就要接受阿拉伯主义和伊斯兰教。旧日的萨珊王朝精英逐渐采纳了新的教义，并由此重获权威地位。他们提倡只使用书写神圣的《古兰经》的阿拉伯语。这样一来，书面波斯语开始衰落，而且它消亡的危险一直存在。到9世纪初，甚至波斯语口语也面临消亡的威胁，只有一种混杂了波斯语与阿拉伯语的方言还在流行。200年的时间令曾属于萨珊王朝的民众变成了穆斯林，此后又经历200年，另一种发源于远离伊斯兰中心地带的伊朗东部的波斯语流行起来，即新波斯语。本质上，新波斯语就是我们现今认知的现代波斯语。

阿布尔-卡西姆·菲尔多西来自伊朗东北部呼罗珊地区的图斯城，是他采用了新形式的波斯语，迎来了波斯文化复兴的一次胜利。在他的努力下，一个新的文人阶层在波斯发展起来。正是通过他的写作，新波斯语到达了成熟的巅峰。他的《列王纪》（Shahnameh）是世界上最伟大的文学作品之一，也是伊朗的民族史诗，至今仍然深受波斯语世界近亿民众的喜爱（并被经常引用）。这是有史以来由单个署名的作者所写的篇幅最长的诗歌。

经过数个世纪的阿拉伯人统治，菲尔多西决心通过撰写波斯国王的编年史来恢复波斯的语言与文化。《列王纪》讲述了大约50位君主的统治，从第一位传奇统治者凯尤·玛尔斯到伊嗣俟身死。命途多舛的伊嗣俟是萨珊王朝的末代国王，他在逃亡躲避阿拉伯人的追击途中遇刺身亡。菲尔多西笔下的国王和英雄，比如萨姆、鲁斯塔姆和夏沃什，经常参与战斗、狩猎和宫廷庆典。"宴飨与战猎"（bazm va razm）是战士守则和贵族消遣的核心主题。这部史诗主要分为三部分：神话传说、英雄传奇和历史故事。史诗的历史部分以阿契美尼德王朝的覆灭和亚历山大征服伊朗开篇，以萨珊帝国的瓦解结束。这意味着初步看来，菲尔多西与他的读者并不认为阿契美尼德王朝的国王真实存在，认为他们是从伊朗悠久的历史中虚构出来的神话人物。他们的统治之地叫作"塔赫特·贾姆希德"（Takht-e Jamshid，意为贾姆希德的御座），它是一座由石头和宝石建造的宏伟宫殿，是伟大的贾姆希德从天上带下来的，他是所罗门式的人物，统治这个世界长达千年之久。在菲尔多西的时代，波斯波利斯的古老遗迹从覆盖着它们的沙漠沙土中显现出来，被当时的人视为那座从天上下来的伟大宫殿的遗迹。时至今日，伊朗人仍将波斯波利斯的考古遗址称为"塔赫特·贾姆希德"。

对菲尔多西来说，将阿契美尼德王朝概念化意味着必须要模糊神话和历史的界限；他笔下的大帝在有记载的过去和虚构的传说之间徘徊。然而，这些大帝就在《列王纪》成千上万的诗句中，可以说就隐藏在菲尔多西笔下国王的声名与事迹背后。例如，聪慧勇武的凯·霍斯鲁没有像凡人那样死去，而是升入天界，在那里获得了永恒之名。在这一形象背后的是至高的万王之王居鲁士大帝，与其说他死了，不如说他超越了时间。菲尔多西笔下的古什塔斯帕就是老希斯塔斯佩斯；埃斯凡迪亚尔就是薛西斯的化身；巴赫曼就是阿尔塔薛西斯一世；达拉布就是大流士二世；而达拉就是大流士三世。

达拉的故事出现在菲尔多西的叙事将神话转换为历史的节点上，在这个交会点，他用"怎样更好"取代了"发生了什么"。根据菲尔多西的叙事，达拉布娶了罗马（或西罗马）国王菲尔基斯（即腓力二世）之女纳希德，但他们婚后不久，达拉布就开始嫌弃纳希德（这个可怜的女孩有非常可怕的口臭），并将她送回罗马。但是，达拉布不知道她已经怀有身孕。孩子生下来之后，菲尔基斯给他取名为伊斯坎达尔（即亚历山大），并把他当作亲生儿子抚养长大。与此同时，达拉布又娶了一位波斯妻子，他们生下了儿子达拉。在菲尔基斯死后，当时已成为波斯国王的达拉向罗马索要贡品，但伊斯坎达尔决定拒绝进贡，此时伊斯坎达尔已经成年。于是两个王国之间爆发了战争，伊斯坎达尔在三次战斗中接连打败达拉，并占领了伊什塔克尔（波斯波利斯周边地区）。在第四次战斗中，达拉不幸被自己的两名手下杀死。菲尔多西称这两人为马哈亚尔和贾努萨亚尔。伊斯坎达尔找到了奄奄一息的达拉，看到波斯国王遭此大罪，他的眼泪夺眶而出。达拉将自己的女儿罗莎纳克（Rhoshanak，即罗克珊娜）许配给了伊斯坎达尔，也把波斯帝国托付给了他，然后永远地闭上了双眼。菲尔多西如此描绘这个场景：

> 他亲吻了伊斯坎达尔的手掌，说道：
> 我祈祷，神会一路护送你，引导你前进。
> 我的肉身将归于尘土，我的灵魂将归于神，
> 现在我的王权归你继承。

这是此部史诗叙事的关键时刻，也是伊朗历史概念化的关键时刻：伊斯坎达尔凭借其强大的军事才能和魅力超凡的领导才能，被授予了波斯帝国的统治权。但正如菲尔多西促使他的读者意识到的那样，波斯帝国的统治权是他与生俱来就能拥有的，也是血统赋予他的。作为达拉布的长子，伊斯坎达尔注定要坐上波斯王位，而伊斯坎达尔同父异母的弟弟达拉之死实则是纠正了王朝继承的错误，最终还是命运获得了胜利。波斯王子伊斯坎达尔获得了自己应有的地位，在过去的大帝之中占有了一席之地。

在伊朗悠久的历史中，马其顿入侵其实是一个真正血腥和灾难性的时刻。那么，为什么菲尔多西觉得有必要重写马其顿入侵的历史呢？为什么他要把亚历山大三世改写成阿契美尼德王子、继承人和国王来恢复他的名誉呢？答案肯定与阿拉伯人入侵伊朗有关。因为对菲尔多西来说，阿拉伯人的征服是如世界末日般的

灾难事件，是波斯悠久、辉煌历史的最低点。为了彻底丑化阿拉伯人，以及他们对波斯恶毒的全面占领，他需要竭尽所能重写马其顿人对伊朗的血腥入侵，将其转化成正面的事件。《列王纪》里只能容纳一个恶棍，那就是阿拉伯入侵者。

*

为什么在世界历史上，一些帝国可以持续数世纪之久，而另一些帝国却在短短几代人的时间内就崩溃瓦解了呢？归根结底，我们能从波斯帝国和统治它的阿契美尼德诸王身上得出什么结论呢？毋庸置疑，波斯帝国是世界上最重要的帝国之一。尽管它因发展快速而经历了一些严重的动荡，但它仍然作为全球第一个超级大国而屹立于世间两个多世纪。大流士一世和薛西斯都试图将欧洲领土纳入帝国版图，但都失败了。虽然他们在希腊都未能强加持久的直接控制，但纵观波斯历史，帝国并没有遭受任何实质性的领土损失。埃及曾从波斯统治中挣脱出来，但不久又被重新征服，再次被纳入帝国的疆域版图。在维系帝国方面，波斯人非常具有前瞻性，他们允许不同地区继续采用最适合自身的传统统治方式。波斯人没有改变他们久经考验的统治方式，没有将任何自己的东西强加给被征服的民族，并且对那些被征服民族的文化保持敏感。波斯人没有强迫被征服的民族使用波斯语、信奉波斯神祇或采用波斯的"体制"。阿契美尼德王朝的国王满足于接受各地的贡赋，当财富源源不断地从各地流入中央政府时，他们仍是沉着、温和的主人。阿契美尼德王朝统治形式的多样化不应被视为帝国软弱的迹象。相反，波斯人经历的政治互动的多样性，以及他们实行的灵活治理方式，是一个重大的积极因素。这证明了帝国还有另一种模式。但可悲的是，后来的西方文明——主要是罗马帝国、大英帝国和工业化世界的其他帝国，纷纷选择忽视波斯的帝国模式。帝国从来就不是一种幸福的存在状态，它对受统治的民族来说不是一件好事，但以波斯模式运行的开明帝国要比罗马帝国统治的残酷性和强制执行的罗马化政策要好得多。强大的工业化欧洲帝国主义者把白人至上意识形态带给非洲、印度、中东和南亚的被征服民众，这也与波斯帝国形成鲜明对比。如果欧洲的伊顿公学和桑赫斯特皇家军事学院等学校能教授学生波斯版本的历史，而不那么强调罗马帝国是帝国的典范，或许在全球范围内，有数百万人至少可能会生活得更有尊严一些。

阿契美尼德王朝的国王是绝对的统治者。他们不受外来势力的挑战，独占王权。削弱他们的不是外部强权，而是内部的家族纷争。他们没有建立起一个有组织体系的长子继承制度，这意味着每当一位君主去世，以及随之而来的、几乎不可避免的继承危机出现，王朝的弱点就会暴露出来。父子关系通常非常紧张，兄弟关系也可能充满敌意且血腥残酷。如果阿契美尼德家族能停止内讧、团结一致，帝国可能会经受住亚历山大的进攻，运行更长的时间，因为尽管这个家族本身经历了重重考验和磨难，但波斯帝国在被马其顿征服时仍然非常强大，而且运转良好。传统的"兴衰"情节不符合波斯的发展情况。波斯帝国直到最后被亚历山大入侵时仍然生机勃勃、充满活力。而亚历山大在短时间内就将它玩弄于股掌之间，思索自己是想成为一位帝王还是马其顿征服者。最终，他大刀一挥，斩在了它的咽喉上。它顿时鲜血四溅，慢慢丧失了生机。但亚历山大坚信自己不仅能恢复大流士大帝时古老帝国的辉煌，还能进一步扩大它，让它成为一个长盛不衰的国家。然而，公元前

323 年，即在将波斯波利斯化为废墟和灰烬 7 年后，亚历山大在巴比伦去世了。在他生命的最后几年，他开始酗酒，沉溺于奢靡的生活，对帝国疏于管理。他的帝国梦随着他的去世而消逝了，最终他未能完成超越居鲁士、大流士和薛西斯的使命。

*

阿布尔-卡西姆·菲尔多西是一个非常聪慧的人。他清楚唤醒伊朗古代历史的重要意义，也对它的遗产深感自豪。他在《列王纪》中写道：

> 曾经古代列国诸王纷纷来朝觐见，
> 年年向我朝进贡外邦的奇珍异宝。
> 我们曾强大无敌，而且在一切事情上，
> 希腊王国都向波斯国王俯首称臣。

菲尔多西也是一个现实主义者。他知道伊朗还会遭受更多的战争和入侵。它是一个富裕的国家，容易遭受侵略。他是正确的。许多世界大国在它们自身的帝国创建过程中都曾试图控制伊朗。它们试图摧毁伊朗的文化，破坏其身份。然而，绵延多个世纪的入侵伊朗的外部势力——阿拉伯人、蒙古人和突厥人，最终都被他们试图摧毁的文化征服了。波斯文明的绝对力量、悠久深厚的历史遗产，使他们为之倾倒，变得彻底"波斯化"了。谁知道伊朗接下来会面临什么威胁，或者它的古老历史将如何被重新激活？即使身处国际社会对伊朗自由的威胁之中、西方媒体喜爱制造的危言耸听之中，以及伊朗人民日常生活面临的困难之中，波斯历史被再次遗忘的危险也是不复存在了。居鲁士大帝和古代的其他大帝都是极大自豪感的象征,甚至可能是雄心壮志的象征,因为现今他们代表了身为伊朗人的意义。

主要人物

> 波斯人的名字，凡是与他们的仪表和高贵的身份相符合的，其末尾的那个字母都是相同的。多里斯人将这个字母称为"桑"（san），而伊奥尼亚人则称之为"西格玛"（sigma）。任何人只要注意一下，就会发现波斯人的名字均以这个字母结尾，无一例外。
>
> ——希罗多德，《历史》（第一卷第139节）

古波斯语是一种屈折语。因此，就像希罗多德所说的伊奥尼亚希腊语一样，其后缀，即单词的词尾部分，会根据不同情况而发生变化。希罗多德观察到的很有可能是古波斯语人名的主格形式，在古波斯语中，人名可以用 -sh 结尾，它与多里斯语"桑"和伊奥尼亚语"西格玛"表示的 -s 接近，但并不相同。希腊人翻译的波斯人名中，有许多显然是错误的，这只是其中一例，而且通常情况下，在我们看到这些名字时，它们早已经历了许多语音流变。在此处，你可以找到本书中主要人物的名字，其中一些或者在古波斯语中有据可查，或者已根据其希腊语和外来语翻译重构出了它们的原始语言形式。

波斯国王

阿契美尼斯（希腊语为 Achaiménēs；古波斯语为 Haxāmanish，意思是了解朋友的想法；约公元前 8 世纪晚期—前 7 世纪初期），阿契美尼德王朝的传奇创始人。

阿尔塔薛西斯一世（希腊语为 Artaxérxēs 或 Makrókheir，意思是长臂；古波斯语为 Artaxshaça，意思是以神圣真理统治；约公元前 465—前 424 年在位），薛西斯一世之子。

阿尔塔薛西斯二世（希腊语本名为 Arsicas 或 Arsës；古波斯语王名为 Artaxshaça，意思是以神圣真理统治；公元前 404—前 359 年在位），大流士二世与势力强大的帕瑞萨蒂丝之子，他在统治初期经历了与胞弟小居鲁士的血腥内斗。

阿尔塔薛西斯三世（希腊语本名为 Ōchos；巴比伦语本名为 Úmakush；古波斯语王名为 Artaxshaça，意思是以神圣真理统治；公元前 359—前 338 年在位），通过一系列阴谋诡计除掉了所有兄长，然后登上王位，其统治时期是波斯历史上的一段动荡时期。

阿尔塔薛西斯四世（希腊语为 Arsës；古波斯语本名为 Arshaka，意思是有男子气概的；古波斯语王名为 Artaxshaça，意思是以神圣真理统治；公元前 338—前 336 年在位），阿尔塔薛西斯三世之子，在父亲被谋杀后登上王位，但很快也像父亲一样被毒死了，他的儿子也未能幸免。

巴尔迪亚（希腊语为 Smerdis；古波斯语为 Bardīya 或 Gaumāta，前者的意思是崇高的；公元前 522 年在位），居鲁士大帝的幼子，在同父异母的兄长冈比西斯二世死后登上波斯王位，但是大流士一世在他刚即位那年发动政变，声称巴尔迪亚其实是麻葛高墨达，此人在谋杀了真正的巴尔迪亚后篡夺了王位。

大流士一世（希腊语为 Dareîos；古波斯语为 Dārayavaush，意思是坚守仁善；公元前 522 年 9 月—前 486 年 11 月在位），大流士大帝，希斯塔斯佩斯和伊尔达巴玛的长子，通过发动政变推翻巴尔迪亚获得王权。

大流士二世（希腊语为 Nothos，意思是私生子；希腊语本名为 Ōchos；古波斯语本名为 Vauka 或 Vaush；古波斯语王名为 Dārayavaush，意思是坚守仁善；公元前 423 年 2 月—前 404 年在位），阿尔塔薛西斯一世和巴比伦妃子之子，打败同父异母的兄长索格迪阿努斯后登上波斯王位。

大流士三世（拉丁语为 Codomannus；古波斯语本名为 Artashiyāta，意思是因真理而幸福；古波斯语王名为 Dārayavaush，意思是坚守仁善；公元前 336—前 330 年在位），波斯帝国最后一任国王，在阿尔塔薛西斯四世及其继任者被谋害后登上波斯王位。

冈比西斯一世（古波斯语为 Kambūjiya，阿卡德语为 Kambuziya，约公元前 600—前 559 年在位），安善之王，居鲁士一世之子，居鲁士大帝之父。

冈比西斯二世（古波斯语为 Kambūjiya，阿卡德语为 Kambuziya，约公元前 530—前 522 年在位），从父亲居鲁士大帝手中继承了波斯王位，因统治期间吞并埃及而闻名。

居鲁士一世（希腊语为 Kūros；古波斯语为 Kūrush，意思是敌人的羞辱者；大约生活于公元前 7 世纪中晚期），泰斯佩斯之子，继承了安善王位，也是冈比西斯一世之父。

居鲁士二世（希腊语为 Kūros；古波斯语为 Kūrush，意思是敌人的羞辱者；约公元前 590—前 530 年），居鲁士大帝，万王之王、世界之王、伟大的王，发动了一系列军事战争，建立了波斯帝国。

索格迪阿努斯（古波斯语为 Sughudash，意思是索格底亚那人；公元前 424—前 423 年在位），阿尔塔薛西斯一世之子，统治时间很短。

泰斯佩斯（希腊语为 Teispes；古伊朗地区的语言为 Tishpish；巴比伦语为 Shîshpîsh；公元前 675—前 640 年在位），波斯安善的泰斯佩斯王朝之王。

薛西斯一世（古波斯语为 Xshayarashā，意思是号令群雄；公元前 486—前 465 年在位），继承了父亲大流士一世的波斯王位，在统治初期镇压了埃及和巴比伦的叛乱，在希腊主体部分发起了一系列战役。

波斯贵族

阿尔沙玛（古波斯语为 Arshāma，意思是拥有英雄之力；希腊语为 Arsámēs；约公元前 454—前 407 年在职），埃及总督，大流士二世的忠实追随者，曾助大流士二世在公元前 423 年推翻了索格迪阿努斯。

阿尔沙米斯（古波斯语为 Arshāma，意思是拥有英雄之力；约公元前 520 年殁），阿里亚拉姆涅斯之子，希斯塔斯佩斯之父，居鲁士大帝的忠实追随者。

阿尔塔巴努斯（古波斯语为 Artasūra，意思是因神圣真理而强大；埃兰语为 Irdashura；公元前 6 世纪中期—前 5 世纪初期），大流士一世之弟，薛西斯一世的叔叔。

阿尔塔巴佐斯二世（埃兰语为 Irdumasda；古波斯语为 Artavazdā，意思是坚持真理；大约生活在公元前 390—前 325 年），在大流士三世统治期间任赫勒斯滂-弗里吉亚总督。

阿契美尼斯（希腊语为 Achaiménēs；古波斯语为 Haxāmanish，意思是了解朋友的想法；死亡时间不详，大约是公元前 460—前 450 年中的某个时刻），大流士一世之子，在伊纳鲁斯起义时任埃及总督。

阿司帕提涅斯（古波斯语为 Aspačanā，意思是喜爱马；大约生活在公元前 6 世纪中期—前 5 世纪中期），七人集团成员。

奥龙特斯（古波斯语为 Arvanta，意思是迅速的；约公元前 401—前 344 年），巴克特里亚人，先后任亚美尼亚总督、密特亚总督。

贝苏斯（希腊语本名为 Bessos；古波斯语王名为 Artaxshaça，意思是以神圣真理统治；公元前 330—前 329 年在位），著名的巴克特里亚总督，在发动政变推翻大流士三世之后匆忙自立为波斯国王。

比苏提尼（古波斯语为 Pishishyaothna；大约活跃于公元前 5 世纪晚期），吕底亚总督，曾得希腊将军吕孔相助在萨迪斯发动叛乱，但以失败告终。

达里埃奥斯（希腊语为 Dareîos；古波斯语为 Dārayavaush，意思是坚持仁善；公元前 465 年殁），薛西斯一世之子、王储，与家人关系脆弱。他的妻子阿尔坦特是他父亲的情人。

蒂里巴祖斯（古波斯语为 Tīrivazdā，意思是在神的帮助下坚持不懈；约公元前 440—前 370 年），亚美尼亚总督，后又任吕底亚总督，最终被处以死刑。

法尔纳巴佐斯二世（希腊语为 Pharnábazos；古波斯语为 Parnavazdā；约公元前 413—前 387 年在职），曾任赫勒斯湾-弗里吉亚总督。

戈布里亚斯（希腊语为 Gobryas；古波斯语为 Gaubaruva，意思是拥有很多牛的人；约公元前 6 世纪），是帕尔斯的帕蒂斯乔里亚部落的首领，也是七人集团的成员。

哈帕格斯（希腊语为 Arpagos；巴比伦语为 Arbaku；约公元前 6 世纪），米底将军，助居鲁士大帝登上王位。

马铎尼斯（希腊语为 Mardonios；古波斯语为 Marduniya，意思是温文尔雅之人；公元前 479 年殁），戈布里亚斯之子，希波战争期间波斯军队的统帅，在普拉蒂亚战役中战死。

马西斯特斯（希腊语为 Masistēs；在古伊朗地区的语言为 Masishta；古波斯语为 Mathishta，意思是最伟大者；公元前 478 年殁），大流士一世之子、薛西斯一世的胞弟，在兄长统治期间任巴克特里亚总督。

迈加比佐斯一世（古波斯语为 Bagabuxsha，意思是神佑；约公元前 6 世纪中期—前 5 世纪初期），七人集团成员。

迈加比佐斯二世（古波斯语为 Bagabuxsha，意思是神佑；大约活跃于公元前 485—前 440 年），迈加比佐斯一世之孙、佐皮罗斯之子，波斯将军，曾多次参与在希腊与埃及的军事行动。

欧塔涅斯（古波斯语为 Utāna，意思是拥有出类拔萃的后代；约公元前 6 世纪晚期），七人集团成员。

帕尔纳卡（古希腊语为 Pharnákēs；埃兰语为 Parnakka；约公元前 565—前 497 年），波斯波利斯行政主管，阿尔沙米斯之子，希斯塔斯佩斯之弟，大流士一世的叔叔。

萨塔斯佩斯（古波斯语为 Satāspa，意思是拥有数百匹马；巴比伦语为 Shatashpa；公元前 5 世纪初期—中期），在强奸了佐皮罗斯之女后，获薛西斯一世的赦免逃过一死，但最终还是被绳之以法，处以死刑。

特里图赫姆斯（活跃于公元前 5 世纪晚期），叙达尔涅斯的后裔，阿梅斯特里斯二世之夫，亚美尼亚总督。

提萨斐尼（古波斯语为 Čiçrafarnah，意思是拥有闪耀的灵光；公元前 445—前 395 年），叙达尔涅斯一世之孙，吕底亚总督。

乌格布劳（古波斯语为 Gaubaruva，意思是拥有很多牛的人；希腊语为 Gobryas；约公元前 6 世纪），巴比伦贵族，曾帮助居鲁士大帝推翻新巴比伦王国国王那波尼德的统治。

希斯塔斯佩斯（希腊语为 Histáspēs；古波斯语为 Vishtāspa，意思是他的马跑了；约公元前 6 世纪），先任巴克特里亚总督，后来担任波西斯总督，大流士一世之父。

希尔卡尼亚的阿尔塔巴努斯（古波斯语为 Artabānush，意思是真理的荣耀），波斯王家卫队首领，在太监阿斯帕米特雷斯的帮助下谋杀了薛西斯一世。

小居鲁士（希腊语为 Kūros；古波斯语为 Kūrush，意思是敌人的羞辱者；约公元前 423—前 401 年），大流士二世的次子，阿尔塔薛西斯二世的弟弟，曾在公元前 404 年发动叛乱，试图推翻刚登基的兄长，但最终功亏一篑。

叙达尔涅斯一世（古波斯语为 Vidarna，意思是智者；约公元前 521—前 480 年在职），七人集团成员，米底总督。

音塔弗列涅（古波斯语为 Vindafarnā，意思是发现灵光之人；约公元前 6 世纪中晚期），七人集团成员，被大流士一世处死。

波斯女性

阿尔杜斯托涅(埃兰语为 Irtasduna;古波斯语为 Artastūnā,意思是神圣真理的柱石;约公元前 6 世纪),居鲁士大帝之女,巴尔迪亚之妹,后嫁给了篡夺她兄长王位的大流士一世为妻。

阿尔塔索斯特(阿维斯陀语为 Ashazaothra,意思是向神圣真理献祭;公元前 6 世纪晚期—前 5 世纪初期),大流士一世之女,嫁给了马铎尼斯为妻。

阿尔坦特(公元前 5 世纪中期),马西斯特斯之女,王储达里埃奥斯之妻。

阿梅斯特里斯一世(古波斯语为 Amāstrīs,意思是力量;希腊语为 Ámēstris;大约公元前 424 年殁),薛西斯一世之妻,阿尔塔薛西斯一世之母。

阿米蒂斯一世(古波斯语为 Umati,意思是拥有善念),米底国王之女,后嫁给居鲁士大帝。

阿米蒂斯二世(古波斯语为 Umati,意思是拥有善念),薛西斯一世之女,迈加比佐斯二世之妻。

阿托莎(古波斯语为 Utautha,意思是厚赐;阿维斯陀语为 Hutaosā;埃兰语为 Udusana;约公元前 550—前 475 年),居鲁士大帝之女,冈比西斯二世的妹妹兼妻子。丈夫去世后,她又改嫁给大流士一世,生下王储薛西斯一世。

达玛斯皮亚(古波斯语为 Jāmāspī;希腊语为 Damáspiā;约公元前 424 年殁),阿尔塔薛西斯一世之妻,薛西斯二世之母。

法拉达贡(生活在公元前 5 世纪初期),阿尔塔涅斯之女,大流士一世之妻。

吉吉丝（约公元前 400 年殁），帕瑞萨蒂丝的侍女，因谋杀罪被处以死刑。

卡桑达涅（希腊语为 Kassandanē，约公元前 6 世纪），帕尔那斯佩斯之女，冈比西斯二世和巴尔迪亚之母，居鲁士大帝之妻。

罗多贡二世（生活在公元前 4 世纪初期），阿尔塔薛西斯二世和斯妲忒拉一世之女，奥龙特斯之妻。

罗克珊娜（古波斯语为 Rhauxshnā，意思是闪耀光辉的人；约公元前 6 世纪中期—前 6 世纪晚期），冈比西斯二世的妹妹兼妻子。

玛尼亚（希腊语为 Manía，意思是狂怒的；约公元前 440—前 399 年），小亚细亚达达努斯藩王泽尼斯的遗孀，波斯总督法尔纳巴佐斯任命她为女藩王。

曼丹尼（古伊朗地区的语言为 Mandanā，意思是愉悦的、欢快的），米底国王阿斯提阿格斯之女，安善之王冈比西斯一世之妻，居鲁士大帝之母。

帕尔米斯（古波斯语为 Uparmiya，意思是始终不渝的；约公元前 6 世纪晚期—前 5 世纪中期），巴尔迪亚之女，篡位者大流士一世之妻。

帕瑞萨蒂丝（古波斯语为 Parushyātish；约公元前 5 世纪），阿尔塔薛西斯一世之女，嫁给同父异母的兄长大流士二世为妻，是阿尔塔薛西斯二世和小居鲁士之母。

帕伊杜美（古波斯语为 Upandush；约公元前 6 世纪晚期），欧塔涅斯之女，冈比西斯二世和巴尔迪亚之妻。

斯妲忒拉一世（约公元前 400 年殁），位高权重的首领叙达尔涅斯三世之女，特里图赫姆斯之姐，阿尔塔薛西斯二世之妻，最终被帕瑞萨蒂丝谋害。

斯妲忒拉二世（约公元前 331 年殁），大流士三世之妻，被亚历山大大帝俘虏后怀上了亚历山大的孩子，死于难产。

斯妲忒拉三世（约公元前 323 年殁），大流士三世与斯妲忒拉二世之女，亚历山大大帝之妻。

伊尔达巴玛（生活在公元前 5 世纪初期），大流士一世之母，拥有大量土地。

内侍与朝臣

阿尔托克萨雷斯（古波斯语为 Artaxshara；公元前 5 世纪），从亚美尼亚流放归来的帕夫拉戈尼亚太监，据说因密谋反叛新登基的国王大流士二世，最终被处死。

阿斯帕米特雷斯（古波斯语为 Aspamitra，意思是根据契约拥有马匹；生活在公元前 5 世纪），谋害薛西斯一世的协助者。

巴加帕特斯（古波斯语为 Bagapāta，意思是受众神保护；约公元前 6 世纪—前 5 世纪初期），太监，巴尔迪亚的总管事，他背叛了巴尔迪亚。

巴戈阿斯（古波斯语为 Bagui；希腊语为 Bagōas，公元前 336 年殁），阿契美尼德王宫内的大太监、大臣，接连毒杀了阿尔塔薛西斯三世和阿尔塔薛西斯四世两位国王，在试图毒害大流士三世时饮下了自己下毒的酒而死。

拉什达（生活在公元前 5 世纪初期），大流士一世之母伊尔达巴玛的大管家。

齐什沙维什（埃兰语为 Zishshawish；古波斯语为 Ciçavahu，

意思是血统优良者；大约活跃于公元前 504—前 496 年），帕尔纳卡的首席助理，负责记录波斯波利斯的配给信息。

特里达特斯（古波斯语为 Tīridāta，意思是神赐的；生活在公元前 4 世纪早期），阿尔塔薛西斯二世最宠爱的太监。

非波斯人

阿斯提阿格斯（巴比伦语为 Ištumegu；古波斯语为 Rishti Vaiga，意思是投掷标枪者；约公元前 585—前 550 年在位），米底的最后一任国王，被居鲁士大帝打败。

腓力二世（希腊语为 Philippos，意思是喜爱马；公元前 359—前 336 年在位），马其顿国王，公元前 336 年被暗杀。

佛西斯的阿斯帕西娅（希腊语为 Aspasia，意思是一个欢迎的拥抱；约公元前 5 世纪晚期—前 4 世纪中期），小居鲁士的希腊妃子。

基亚克萨雷斯（阿卡德语为 Umakishtar；古波斯语为 Uvaxshtra，意思是优秀的统治者；公元前 625—前 585 年在位），米底国王，阿斯提阿格斯之父。

吉米路（巴比伦语为 Gimillu，意思是寻找恩惠的人；大约活跃于公元前 540—前 520 年），小偷、骗子和暴徒。

科斯岛的阿波罗尼德斯（希腊语为 Apollōnidē，意思是阿波罗之子；大约活跃于公元前 5 世纪），希腊医师，阿尔塔薛西斯一世的御医。

内克塔内布二世（埃及语为 Nahkt-hor-hebit，意思是强大如荷鲁斯；公元前 360—前 343 年在位），第三十王朝的第三位法老，即埃及在被阿尔塔薛西斯三世重新占领之前的最后一位当地法老。

塞米斯托克利斯（希腊语为 Themistoklēs，意思是法律的荣耀；约公元前 524—前 460 年），雅典政治家和将军。

托米莉丝（斯基泰语为 Tahmirih，意思是勇敢；约公元前 6 世纪中晚期），马萨革泰女王，曾在战场上打败居鲁士大帝。

乌加霍列森尼（约公元前 6 世纪晚期），效劳于冈比西斯二世及其继任者大流士一世的埃及大臣。

亚历山大一世（希腊语为 Aléxandros，意思是人类的保护者；大约公元前 498—前 454 年在位），阿契美尼德国王的马其顿藩王。

亚历山大大帝（希腊语为 Aléxandros，意思是人类的保护者；公元前 336—前 323 年在位），在父亲腓力二世被暗杀后登上马其顿王位，向波斯帝国发动了一系列声名狼藉的军事战争。

伊纳鲁斯（约公元前 5 世纪中期殁），利比亚贵族，公元前 460 年在埃及领导了反抗波斯的起义。

延伸阅读

以下是我精挑细选的书目，基本上涵盖了我参考借鉴的英语学术著作。我希望它们能对那些渴望以更加学术的方式进一步探究问题的读者有所帮助。为此，我在每条书目后都添加了注释，以说明我为什么觉得这部作品值得一读。

参考书目

Allen, Lindsay. 2005. *The Persian Empire*. London. 这是一本插图精美、构思巧妙的阿契美尼德王朝的历史概说。

——. 2005. "Le Roi Imaginaire: An Audience with the Achaemenid King" in O. Hekster and R. Fowler (eds.), *Imaginary Kings. Royal Images in the Ancient Near East, Greece and Rome*. Stuttgart. 39–62. 这是一本对王室参与或举行的活动和礼仪的研究佳作。

Álvarez-Mon, Javier. 2020. *The Art of Elam CA. 4200–525BC*. London. 这是关于埃兰物质文化的最新研究。

Asheri, David, Alan Lloyd, and Aldo Corcella. 2007. *A Commentary on Herodotus Books I–IV*. Oxford. 这本书是对希罗多德《历史》前四卷的一流评注，包含了很多关于希罗多德对波斯、

居鲁士二世、冈比西斯二世和大流士一世的看法的有价值的内容。

Balcer, J. M. 1987. *Herodotus and Bisitun: Problems in Ancient Persian Historiography*. Stuttgart. 遗憾的是,这本书早就绝版了,但很值得寻找一本。

Boardman, John. 2000. *Persia and the West: An Archaeological Investigation of the Genesis of Achaemenid Art*. London. 这是关于阿契美尼德王朝艺术的概述,插图精美。

Briant, Pierre. 2002. *From Cyrus to Alexander: A History of the Persian Empire*. Winona Lake. 这是研究阿契美尼德王朝历史的杰作,有点厚重,结构也比较复杂,整体学术性较高。

Briant, Pierre, Wouter Henklemann, and Matthew Stolper (eds.). 2008. *L'archive des Fortifications de Persépolis. État des Questions et Perspectives de Recherches*. Paris. 这本书内含对波斯波利斯楔形文字史料的最新分析,其中许多章节都是用英语撰写的。

Brosius, Maria. 1996. *Women in Ancient Persia (559-331 BC)*. Oxford. 这是唯一一本研究阿契美尼德王朝女性的书,所以比较有用,但遗憾的是,该书研究视角有些狭窄,所以很快就过时了。

Bullough, Vern L. 2002. "Eunuchs in History and Society" in S. Tougher (ed.), *Eunuchs in Antiquity and Beyond*. London.1-17. 这本书观察入微,叙述了成为一名太监的过程,内容既引人入胜,也令人热泪盈眶。

Canepa, Matthew. 2018. *The Iranian Expanse: Transforming Royal Identity through Architecture, Landscape, and the Built Environment, 550 BCE-642 CE*. Oakland. 这是一项对伊朗考古遗址的研究,所涉时间范围广;一部难得的佳作。

Colburn, Henry. 2019. *Archaeology of Empire in Achaemenid Egypt*. Edinburgh. 这是一部关于波斯统治下的埃及的新作,从艺术和考古学的角度进行研究。

Collon, Dominique. 1987. *First Impressions: Cylinder Seals in the Ancient Near East*. London. 这是一部研究古代西亚、北非地区印章图像使用情况的优秀作品。

Cook, John M. 1983. *The Persian Empire*. London. 在古典学与波斯历史分离的时代,一位勤学好问的古典主义者对波斯帝国的历史进行了精彩的叙述。

Curtis, John. 2013. *The Cyrus Cylinder and Ancient Persia. A New Beginning for the Middle East*. London. 该书有效地综合了目前对波斯这份政治宣传作品的研究成果。

Curtis, John and St John Simpson (eds.). 2010. *The World of Achaemenid Persia. History, Art and Society in Iran and the Ancient Near East*. London. 这是一本优秀的学术论文集,里面是从大英博物馆举办的"被遗忘的帝国"研讨会上摘录的学术文章。

Curtis, John and Nigel Tallis (eds.). 2005. *Forgotten Empire. The World of Ancient Persia*. London. 这本书是展览目录,满是精美的图片。

Curtis, Vesta Sarkhosh. 1993. *Persian Myths*. London. 这是一本有趣的书,对初学者很有用。

Daryaee, Touraj (ed.). 2017. *King of the Seven Climes: A History of the Ancient Iranian World (3000 BCE-651 CE)*. Irvine. 这是一系列非常易读的学术论文,涵盖了伊朗前伊斯兰时期的历史。

Davis, Dick (trans.) 2006. *Shahnameh: The Persian Book of

Kings. New York . 这是菲尔多西伟大史诗的精彩译著（缩略版本），为必读书。

Dusinberre, Elspeth R.M. 2003. *Aspects of Empire in Achaemenid Sardis*. Cambridge. 这是一份对波斯人在小亚细亚的有趣调查。

Edelman, Diana, Anne Fitzpatrick-McKinley and Philippe Guillaume (eds.). 2016. *Religion in the Achaemenid Persian Empire: Emerging Judaisms and Trends*. Tübingen. 这是一部优秀而且发人深省的论文集。

Finkel, Irving L. (ed.) 2013. *The Cyrus Cylinder: The Great Persian Edict from Babylon*. London. 这是一本出色的研究著作，其中包括对巴比伦文本的新翻译。

Finkel, Irving L., and Michael J. Seymour (eds.). 2008. *Babylon: Myth and Reality*. London. 这是大英博物馆精美的插图版展览目录。

Frye, Richard N. 1962. *The Heritage of Persia*. London. 这是一位拥有伊朗人灵魂的学者写给波斯的一封优美情书。

Garland, Robert. 2017. *Athens Burning: The Persian Invasion of Greece and the Evacuation of Attica*. Baltimore. 这本书叙述了薛西斯征服雅典的故事，内容扣人心弦。

Hallock, Richard T. 1969. *Persepolis Fortification Tablets*. Chicago. 至今仍然是现存的波斯波利斯楔形文字泥板文书的最佳文集，全部附有英文翻译。

Harper, Prudence O., Joan Aruz, and Françoise Tallon (eds.). 1992. *The Royal City of Susa: Ancient Near Eastern Treasures in the*

Louvre. New York. 这本书细致地研究了苏萨悠久的历史，内附有许多插图。

Harrison, Thomas. 2011. *Writing Ancient Persia*. London. 这本书对关于阿契美尼德王朝的现代历史研究与写作做出了耐人寻味且深思熟虑的批判。

Head, Duncan. 1992. *The Achaemenid Persian Army*. Stockport. 这本书深入研究了波斯军队的性质，尤其是装备方面，非常值得一读。

Heckel, Waldemar. 2020. *In the Path of Conquest: Resistance to Alexander the Great*. Oxford. 作者是最优秀的研究亚历山大的历史学家之一，全面描述了亚历山大的战役。

Henkelman, Wouter F. M. 2008. *The Other Gods Who Are: Studies in Elamite-Iranian Acculturation Based on the Persepolis Fortification Texts*. Achaemenid History XIV. Leiden. 这本书是对阿契美尼德王朝宗教的开创性研究。

Jacobs, Bruno, and Robert Rollinger (eds.). 2021. *A Companion to the Achaemenid Persian Empire*. Hoboken. 这是由诸多著名学者撰写的有关阿契美尼德王朝及其帝国方方面面的两卷本文集。

Kaptan, Deniz. 2002. *The Daskyleion Bullae: Seal Images from the Western Achaemenid Empire*. 2 Vols. Leiden. 这是一项具有启发性的研究，聚焦于如何用印章图像来理解波斯帝国。

Kuhrt, Amélie. 2007. *The Persian Empire: A Corpus of Sources from the Achaemenid Period*. London. 这是一本不可或缺的原始资料集，内含阿契美尼德铭文、亚兰语、世俗体埃及语、希腊语和拉丁语文献，以及艺术和考古资料。艾米丽·库尔特是古代西亚、北非研究领域的优秀专家。她对古文献的翻译都带有精辟的评注。若想要进一步研究阿契美尼德王朝的历史，此书是必读的。

  Khatchadourian, Lori. 2016. *Imperial Matter: Ancient Persia and the Archaeology of Empires*. Oakland. 这是对阿契美尼德王朝考古证据的大胆挑战。

  Lincoln, Bruce. 2007. *Religion, Empire and Torture: The Case of Achaemenian Persia, with a Postscript on Abu Ghraib*. Chicago. 这是一项对阿契美尼德王朝发人深省但备受争议的研究。

  Llewellyn-Jones, Lloyd. 2012. "The Great Kings of the Fourth Century and the Greek Memory of the Persian Past" in J. Marincola, L. Llewellyn-Jones and C. Maciver (eds.), *Greek Notions of the Past in the Archaic and Classical Eras: History Without Historians*. Edinburgh. 317–346. 这本书探索了古典时代晚期希腊人对波斯人的看法。

  Llewellyn-Jones, Lloyd, and James Robson. 2010. *Ctesias' History of Persia: Tales of the Orient*. London. 这本书是克特西亚斯波斯内幕史的英文译著，附有历史介绍。

  Manning, Sean. 2021. *Armed Force in the Teispid-Achaemenid Empire: Past Approaches, Future Prospects*. Stuttgart. 这是非常急需的对阿契美尼德王朝军队的新分析。

  Morgan, Janett. 2016. *Greek Perspectives on the Achaemenid Empire: Persia through the Looking Glass*. Edinburgh. 这本书富有想象力和创新性地呈现了希腊和波斯之间的互动，可读性非常强。

  Mousavi, Ali. 2012. *Persepolis: Discovery and Afterlife of a World Wonder*. Berlin. 这是一项优秀的波斯波利斯考古研究。

Olmstead, A. T. 1948. *History of the Persian Empire*. Chicago. 这是一部年代久远但可读性很强的历史书，是关于波斯历史的学术佳作之一。

Perrot, Jean. 2013. *The Palace of Darius at Susa: The Great Royal Residence of Achaemenid Persia*. London. 这是一本关于苏萨考古的杰作，里面附有很多彩色插图。

Potts, Daniel T. 1999. *The Archaeology of Elam: Formation and Transformation of an Ancient Iranian State*. Cambridge. 这本书翔实可靠地描述了埃兰的考古情况。

Potts, Daniel T. (ed.). 2013. *The Oxford Handbook of Ancient Iran*. Oxford. 这是一本论文大合集，内容涉及前伊斯兰时期伊朗的方方面面。

Root, Margaret Cool. 1979. *The King and Kingship in Achaemenid Art: Essays on the Creation of an Iconography of Empire*. Leiden. 这本书是波斯研究领域的杰作。

Shayegan, M. Rahim. 2012. *Aspects of History and Epic in Ancient Iran: From Gaumāta to Wahnām*. Cambridge. 这本引人入胜的书重新解释了大流士的贝希斯敦铭文。

Stoneman, Richard. 2015. *Xerxes: A Persian Life*. New Haven. 这本书描绘了波斯最臭名昭著的国王，可读性非常强。

Strassler, Robert B. (ed.). 2007. *The Landmark Herodotus: The Histories*. New York. 这本书不仅提供了《历史》一书的优秀译本，还附有各种介绍材料和评注。

Stronach, David. 1978. *Pasargadae. A Report on the Excavations Conducted by the British Institute of Persian Studies from 1961 to*

1963. Oxford. 这是对居鲁士大帝宫殿和花园的最佳研究。

Waters, Matt. 2014. *Ancient Persia: A Concise History of the Achaemenid Empire, 550–330 BCE*. Cambridge. 这本书重点突出,是一本非常有用的教材。

Wiesehöfer, Josef. 1996. *Ancient Persia: From 550 BC to 650 AD*. London. 这本书精彩地介绍了阿契美尼德王朝、帕提亚王朝和萨珊王朝的波斯人。

Wilber, Donald N. 1969. *Persepolis: The Archaeology of Parsa, Seat of the Persian Kings*. New York. 这是一本插图精美的波斯波利斯历史与考古指南。

Zarghamee, Reza. 2013. *Discovering Cyrus: The Persian Conqueror Astride the Ancient World*. Washington, D. C. 这是一项关于居鲁士大帝的有趣又充满活力的研究。

网络资料

以下网站提供了与阿契美尼德王朝相关的各种资源,非常值得探索。

门户网站

探索阿契美尼德王朝,网址:http://www.achemenet.com/。

伊朗百科,网址:http://www.iranicaonline.org/。

若想了解更多关于波斯历史和文化的信息,请访问英国波斯研究所的网站 www.bips.ac.uk(每年会收取少量的会员费,但非常值得)。

阿契美尼德亚兰语史料和阿尔沙玛档案

http://arshama.classics.ox.ac.uk/

波斯波利斯

http://www.persepolis3d.com/

编辑后记

本书由劳埃德·卢埃林-琼斯教授倾力撰写，不仅是对波斯帝国历史的一次深情回顾，更是对这一古老文明在现代伊朗所留下遗产的深刻解读。本书的出版是对波斯历史的一次致敬，也是对其文化传承的一次探索。

在这部作品中，我们跟随教授的笔触，穿越回公元前550年，见证了居鲁士大帝征服米底王国，并开创波斯帝国的壮丽篇章。伴随着他对吕底亚、巴比伦和埃及等地的征服，居鲁士大帝成了历史上不朽的传奇。而大流士大帝的改革更是将波斯帝国推向了鼎盛阶段，其疆域之广、文化之多元、族群之多样，无不令人赞叹。

然而，正如书中所述，阿契美尼德王朝未能建立起稳定的继承制度，每当君主更迭，继承危机便随之而来。家族纷争等内部因素最终导致了波斯帝国在公元前330年被亚历山大大帝征服。尽管如此，波斯帝国在被征服时仍生机勃勃，其文化至今仍在伊朗乃至世界范围内有着深远影响。

卢埃林-琼斯教授的学术背景和研究经历，为这部作品的撰写提供了坚实的基础。从赫尔大学到加的夫大学的求学岁月，以及从爱丁堡大学到加的夫大学的学术之路，都体现了他对古代希腊和伊朗研究的热爱与追求。他的研究兴趣广泛，尤擅服饰和视觉文化研究，这些无不展现了他深厚的学术素养和独到见解。本书是卢埃林-琼斯教授多年研究成果的结晶，也是他对古代波斯文化深入研究的展示。本书不仅详细记录了波斯帝国的历史事件，更深入探讨了其文化、宗教、法律和社会制度等方面，为读者提供了一个全面了解波斯帝国的窗口。

最后，我们期待读者在阅读本书的过程中，能够感受到波斯帝国的文化魅力，理解其历史价值，并从中获得启发。愿《波斯人》成为连接过去与现在的桥梁。在此，我们对参与本书翻译、编辑和出版工作的所有人员表示衷心的感谢。由于时间和编辑水平有限，本书可能存在一些错误，还请各位读者批评指正。

后浪出版公司

2024 年 8 月